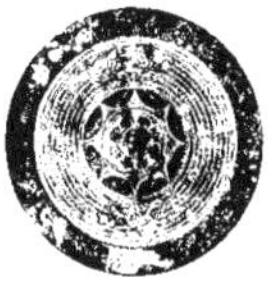

倭国創世紀

ヤマトタケルの物語

敬文舎

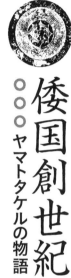

装丁・デザイン　竹歳　明弘
地図・図版作成　蓬生　雄司
編集協力　阿部いづみ

凡例

・時間については、1日を12辰刻、1辰刻を4刻と見立てる平安時代当時の方式を採用し、1刻を、今日の30分とした。
また、距離については、1里を5町とする律令制当時の方式を採用し、1町が109メートルであることから、1里を約545メートルとした。

写真所蔵・提供

p. 13　能勢町 浄るりシアター
p. 19　東海村教育委員会
茨城県指定文化財（考第14号）
p. 77　梅原章一
p.151　高千穂町
p.160　森田敬三
p.180　奈良文化財研究所
p.187　復元：大林組、画：張仁誠
p.194　八重垣神社
p.252　桑名市役所商工観光文化課
p.361　酒折宮
p.383　軽井沢町追分宿郷土館
p.409　所蔵：京丹波町教育委員会、
提供：公益財団法人　京都府埋蔵文化財調査研究センター
p.431　亀山市歴史博物館

倭国創世紀　ヤマトタケルの物語　目次

三、上総勢との激突、そして和解……272

四、蝦夷勢の開明派と武闘派……316

ヤマトタケル関係系図

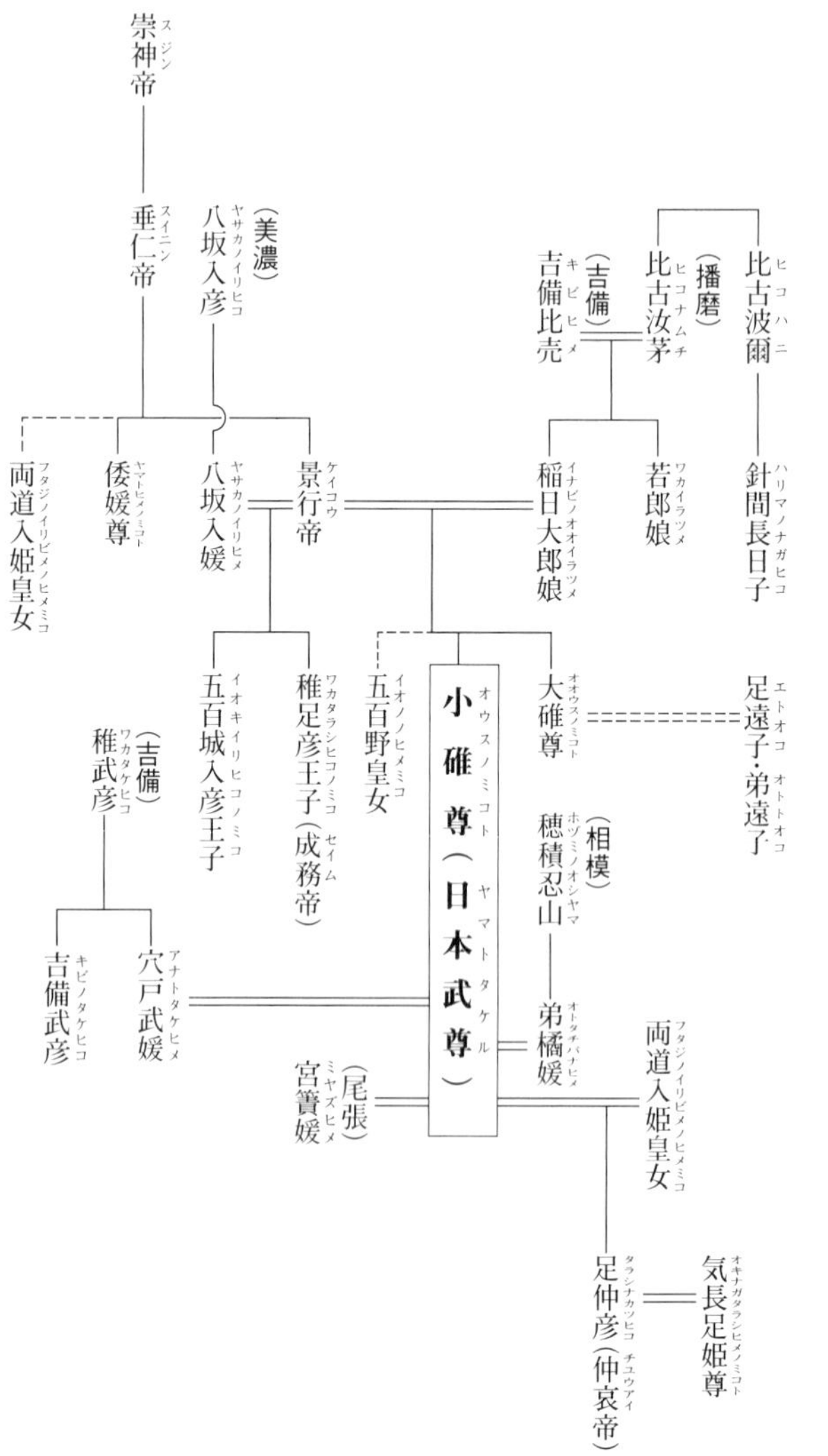
比古波爾《ヒコハニ》
(播磨)
比古汝茅《ヒコナムチ》
(吉備)
吉備比売《キビヒメ》
針間長日子《ハリマノナガヒコ》
若郎娘《ワカイラツメ》
稲日大郎娘《イナビノオオイラツメ》
崇神帝《スジン》
垂仁帝《スイニン》
(美濃)
八坂入彦《ヤサカノイリヒコ》
景行帝《ケイコウ》
八坂入媛《ヤサカノイリヒメ》
倭媛尊《ヤマトヒメノミコト》
両道入姫皇女《フタジノイリビメノヒメミコ》
大碓尊《オオウスノミコト》
足遠子《エトオコ》・弟遠子《オトトオコ》
小碓尊《オウスノミコト》(日本武尊《ヤマトタケル》)
五百野皇女《イオノノヒメミコ》
稚足彦王子《ワカタラシヒコノミコ》(成務帝《セイム》)
五百城入彦王子《イオキイリヒコノミコ》
(相模)
穂積忍山《ホヅミノオシヤマ》
弟橘媛《オトタチバナヒメ》
両道入姫皇女《フタジノイリビメノヒメミコ》
(尾張)
宮簀媛《ミヤズヒメ》
(吉備)
稚武彦《ワカタケヒコ》
穴戸武媛《アナトタケヒメ》
吉備武彦《キビノタケヒコ》
足仲彦《タラシナカツヒコ》(仲哀帝《チュウアイ》)
気長足姫尊《オキナガタラシヒメノミコト》

この物語に登場する主な人びと

＜大和朝廷の重要人物＞

倭媛尊《ヤマトヒメノミコト》（伊勢神宮の斎王、小碓尊を支援）

五百野皇女《イオノノヒメミコ》（小碓尊の義姉）

物部十千根大連《モノノベノトチネノオオムラジ》（大和国の最有力の家臣、物部一族の総帥）

八坂入媛《ヤサカノイリビメ》（美濃の豪族の娘、武尊の抹殺を画策）

＜小碓の逃亡を助けた人びと＞

浪《ナミ》（小碓尊の乳母）

阿衣《アヘ》・加禰《カネ》（稲日大郎娘の侍女）

背長《セナガ》・興呂木《コオロギ》・犬甘《イヌカイ》（斎王の衛士）

＜小碓尊の側近たち＞

針間長日子《ハリマノナガヒコ》（比古波爾の長子）

葛城宮戸彦《カツラギノミヤトヒコ》（葛城国王族の出身）

三野弟彦《ミノノオトヒコ》（美濃出身の武人、弓の名手）

高羽皮剥《タカハノカワハギ》（吉備国児島周辺の海賊の頭目）

内日子《ウチヒコ》（長日子の遠縁の若者。打剣の術に秀でる）

家守《ヤカモリ》（背長と浪の子、征東の途中から参加）

国麻侶《クニマロ》（九州・直入県周辺の賊徒）

彦爺《ヒコジイ》（学問に造詣が深く、従軍経験も豊富）

＜武尊の随従者たち＞

大伴武日連《オオトモノタケヒノムラジ》（大和国の有力家臣）

吉備武彦《キビノタケヒコ》（吉備王・稚武彦の長子）

物部気津奴別《モノノベノケツヌワケ》（征東軍の軍目付）

久米七掬脛《クメノナナツカハギ》（隼人の出身）

建稲種《タケイナダネ》（尾張王・乎止与の長子、大和軍の軍船の操船指揮）

加夜種継《カヤノタネツグ》（吉備王の臣、良継の子）

十市黒主《トイチノクロヌシ》（武尊の軍船の操船指揮）

＜各地の豪族たち＞

熊襲兄梟帥《クマソエタケル》・弟梟帥《オトタケル》（熊襲王とその弟、ヤマト王権に不服従）

出雲建《イズモノタケル》（西出雲の実質的支配者、大和王権に強く反発）

廬原意加部《イオハラノオカベ》・意田部《オタベ》（駿河王とその弟）

上海上忍毛多比《カミツウナカミノシケタヒ》（上総王。大和軍に敗れ自刃）

建速背男《タケハヤノセオ》（常陸の先住民族の長）

麁弖婆《アラテバ》・麁弖狗《アラユク》（胆沢川流域における鹿蝦夷集落の村長とその息子）

足振辺《アシフリベ》・大羽振辺《オオハフリベ》（下毛野国の北側に隣接する蝦夷の部族長）

赤石古麻呂《アカイシノコマロ》・石上赤麻呂《イソノカミノアカマロ》（上毛野国の盟主）

遠津闇男辺《トオツクラオベ》（上毛野国の北側に隣接する蝦夷の部族長）

諏訪建《スワノタケル》（諏訪大社の大祝の長子、大和王権への反発心が強い）

多伊賀理《オオノイカリ》（尾張国の豪族）

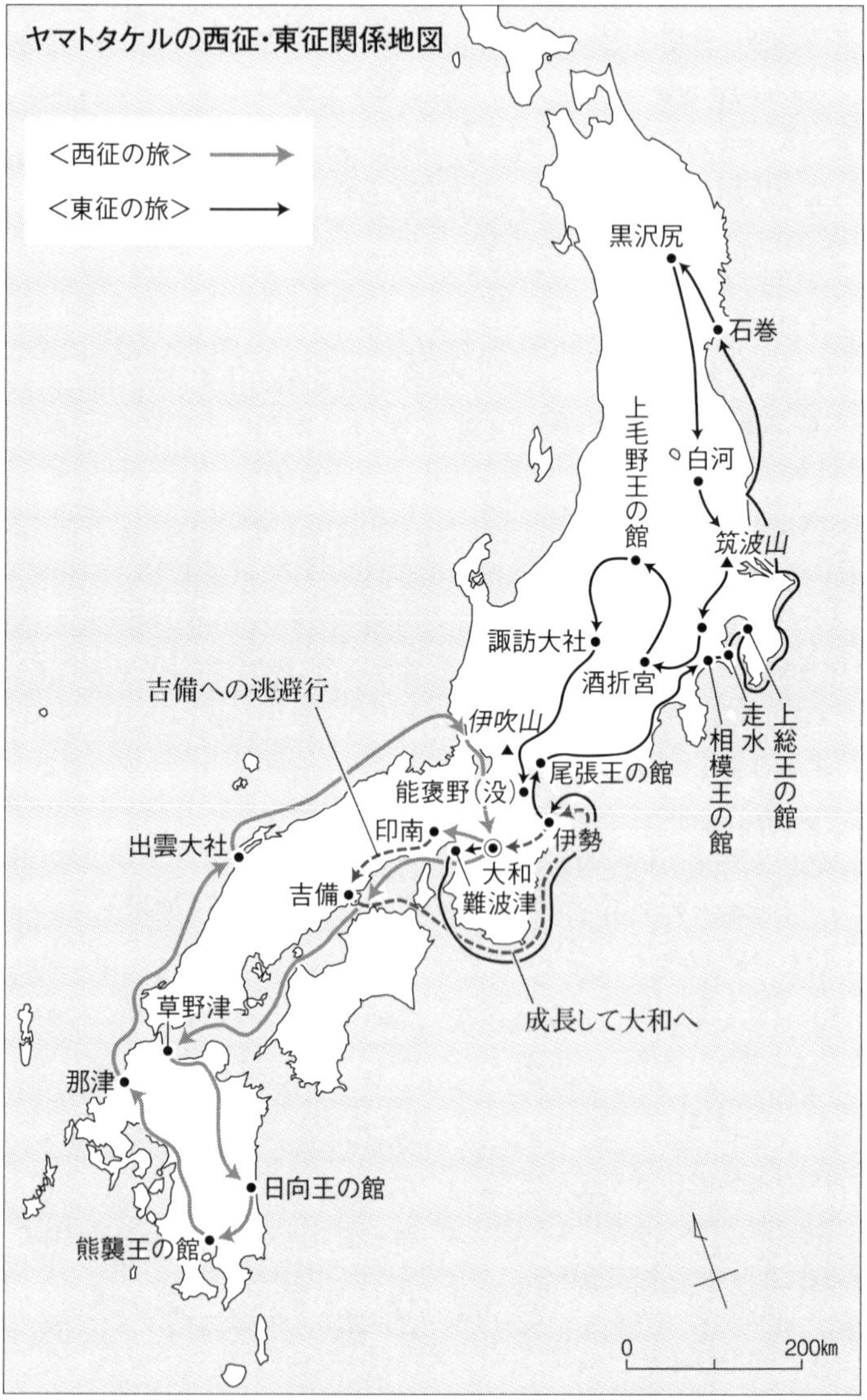
ヤマトタケルの西征・東征関係地図
＜西征の旅＞
＜東征の旅＞
黒沢尻
石巻
上毛野王の館
白河
筑波山
諏訪大社
酒折宮
吉備への逃避行
伊吹山
尾張王の館
走水
相模王の館
上総王の館
能褒野（没）
印南
伊勢
出雲大社
大和
吉備
難波津
草野津
成長して大和へ
那津
日向王の館
熊襲王の館
0
200km

第一部——その流転の青年時代

一、物部氏の追及を逃れて

弟橘媛との運命的な出会い

歌垣山《うたがきやま》は、津国《つのくに》北部の能勢《のせ》に所在する、五〇〇メートル級の山である。その山頂では、ここ数日、春うららにして歌垣の集いで賑《にぎ》わっている。

今日も今日とて、大勢の若者が男組と女組に分かれ、中央に設けられた青柴垣《あおふしがき》の列をはさんで対面している。そして、相手に恋心を伝えようと双方がそれぞれに即興の歌を掛け合っており、騒然とした状況が現出されている。歌垣とはいうけれど、いずれは時の経過とともに、乱舞の様相を呈し、そこここに酒宴がはじまり、果ては、男女の交わりへと発展していくのが恒例である。愛情と欲情をあらわにする大らかな時代であった。

さて、この物語の主人公は、まだ八歳の子供で、小碓《オウス》と呼ばれていた。彼は、七、八人の若い叔父たちと、歌垣山の山頂に来合わせていた。

歌垣山　大阪府豊能郡能勢町に所在する標高553.5mの山。。山頂では、古くより、若い男女が集まり、「歌垣」が行なわれてきた。

小碓《オウス》は、播磨《はりま》国の加古川《かこがわ》右岸の印南《いなみ》で、母方の祖父母により育てられてきた。祖父、比古汝《ヒコナ》茅《ムチ》は、例年、この時期になると、船を仕立てて播磨の産物を難波津《なにわのつ》へと運び、商取引に臨む。比古汝茅の難波津行きには、彼の娘や弟たち、それに彼らの子どもたちというように、大勢の同族が行を共にする。今回は、はじめて小碓の同行が許された。そして、難波津での仕事の合い間をみて、小碓は、仲間に歌垣山まで連れてきてもらったのである。

小碓《オウス》の仲間たちは、早速にも歌の掛け合いに勇み加わっていった。小碓は、年長格の針間《ハリマ》長日子《ナガヒコ》（祖父の長弟の息子）とともに、熱気ほとばしる歌の応酬の場から少々離れたところで休んでいた。

だが、幼い小碓《オウス》にとって、同じところで、事態が落ち着くまでじっと待っていることは、耐えられないことであった。

じつは、先ほどから気になって仕方のないことがあった。すこしばかり離れたところに佇立《ちょりつ》する槻《つき》（ケヤキの古名）の根方に、老女に付き添われて少女が座っていた。

小碓《オウス》は、彼女のほうをちらちらと盗み見をしていたが、とうとう彼女と目が合ってしまった。彼女は、小碓のほうに向けて微笑みながら優雅に手招きした。小碓は、いまだ少女ながら、その気品漂う容姿に気圧《けお》されるのを覚えた。しかし、彼女と話がしてみたいという誘惑には抗しがたかった。小碓は、長日子《ナガヒコ》にことわって彼女のところへと赴いた。

二人は、彼女付の老女の、「ここからあまり離れてはいけませんよ」とたしなめる声をうしろに聞きながら、お互いに手を取り、連れ立って近くの草むらに行き、腰をおろした。

「大人たちって、あんなに騒いでなにが楽しいのかしら。そうそう、吾《あ》の名は、弟橘《オトタチバナ》。相模《さがみ》の育ちなのだけど、父が大和《やまと》へ仕事で行くというので、大和までついてきたの」

「吾の名は、小碓《オウス》。播磨の印南《いなみ》から祖父《おおじ》の船で難波津まで来たんだ。今日は、叔父たちがここに連れてきてくれたというわけ」

「播磨ですって。汝《な》が播磨で吾が相模なんて、ずいぶんと離れているわね。でも、大きくなったら、また会えるかもしれないわ。人生ってそういうものよ」

「そうだといいけど」

小碓《オウス》は、弟橘《オトタチバナ》の大人っぽい口ぶりに相槌《あいづち》を打ちながら、手持ちの布袋《ぬのぶくろ》を開いて数匹の沢蟹《さわがに》を外に出した。これらの蟹は、沢伝いに登ってくる途中、水涸れの川のほとりで捕まえたものである。放たれた蟹は、素早い動作で、てんでに横歩きをはじめる。彼女は、奇声を上げて喜び、離れていった蟹を捕まえては、それをもとの位置に戻そうとした。いかに雅《みや》びを装っているとはいえ、彼女とて幼さを隠しようもない。

しばらくして、放置された蟹たちは、好き好きに草むらに消えていった。

「吾《あ》は、歌垣になんか興味ないの。本当は、三枝《さいぐさ》(笹ゆりの古語)の花が見たかっただけなの。でも、時期がすこし早かったみたい。まだつぼみを開いてくれないの。三枝って、甘い香りのする清らかな花なのよ」

事実、歌垣山は、初夏の季節、笹ゆりの花が群舞することでも知られていた。笹ゆりは、古来、すぐれて清楚な花として尊ばれてきたのである。しかし、笹ゆりが開花するには、もうすこし日時を要するようである。

それはそうと、小碓《オウス》にとって、これほど見目麗《みめうるわ》しい女子《おみなご》との語らいは、なんといってもはじめてのことであり、浮き浮きした気分で身体が上気していた。二人のあいだで、京《みやこ》のようす、船旅の経験などと、話はさらに弾《はず》んでいった。

話に夢中になっていたため気づくのが遅れたが、いつの間にか、男女の列は崩れて群集化し、そこここで酒盛りがはじまろうとしていた。酒盛りを避け、三々五々、思い思いに散っていく対の男女も、かなりいる。彼女も、喧騒《けんそう》の渦《うず》に巻き込まれるのをいやがってか、「向こうのほうへ行ってみましょうよ」と言いながら、近くの森のほうへ向かって走り出した。あわてて、小碓《オウス》はそのあとを追った。

歌垣山の麓《ふもと》では、森は、樫《かし》や椎《しい》などの常緑樹の葉群に覆《おお》われ、日射《ひざ》しが届かずして灌木《かんぼく》や下草を欠く。これに対して、山頂を囲む森林は、常緑の樹種が多様となるばかりか、落葉樹の群落も入り混じる。それゆえ、林内も、明るい色調となる。とりわけ、梢《こずえ》に芽吹いた若葉が、微風にそよぐさまは、なにやら心を浮きたたせてくれる。

近くの樹々からは、鶯《うぐいす》の鳴き声がひっきりなしに聞こえてくる。早くも海を越えてこの地にやってきたのか、郭公《かっこう》やその仲間の仏法僧《ぶっぽうそう》の鳴き声も認められる。また、遠くからは、時折、ケラツツキ（啄木鳥《きつつき》の古名）の嘴《くちばし》で幹《みき》をつつくタタタタターという低い音も響いてくる。

そのいっぽうで、栗鼠《りす》が、梢から梢へとすばしこく渡ってゆく。藪《やぶ》から顔をのぞかせた兎《うさぎ》も、突如、飛びはねるようにして体をひねり、走り去っていく。

「あら、あそこの鳥、見て。おかしな止まり方をして、なにしているのかしら」

彼女が指差すほうを見ると、なにやら頭の赤い黒白模様の大きめの鳥が、蟬《せみ》と同じような恰好をして樹の幹にぴたりとくっついている。

「ああ、あれは、ケラツツキの仲間だよ。ああやって嘴《くちばし》で樹をほじくり、長い舌を使って穴の奥から餌《えさ》になる虫を引っ張り出すんだ」

近づいて行くと、その鳥は、幹から枝へ、枝から梢へと螺旋《らせん》状にするすると歩いていき、やがて、そのてっぺんから飛び立っていった。

小碓《オウス》は、楠《くすのき》の若木を見つけると、その葉をちぎって揉《も》みひしぎ、弟橘《オトタチバナ》の顔に近づけた。

「とても強い香りね」

「この樹の枝や葉は、独特の香りをもっていて、衣《きぬ》の虫除けになるんだ。水にも強くて、国もとでは、船をつくる材料に使われている」

「ふーん。なにかと物知りなのね」

「祖父《おおじ》と祖母《おおば》がいろいろと教えてくれるんだ」

「見て、見て。あそこの鹿《しか》の親子。大きな目ね。こっちを見ているみたいよ。私たちになにか語りかけようとしているのかしら」

そのほうをみると、木蔭から鹿の親子がこちらのほうをうかがっている。そのつぶらな瞳がとてもかわいい。が、そのうちに、親鹿は首をうしろにまわして子鹿を誘うと、踵《きびす》を返して灌木の繁みのなかへと消えていった。

鹿の親子を見送ると、小碓《オウス》は、目を輝かせて弟橘《オトタチバナ》に語りかけた。

「心をもっているのは、鹿や鳥だけじゃない。樹だってみんな心をもっているんだ。祖父の館《やかた》の裏庭には、枝葉をひろげた大きな樹があってね、吾《あ》は、その樹とよく話をするんだ」

「樹と話をするですって」

「ざわざわと枝葉が風に揺さぶられたりするときなんかは、樹の独《ひと》り言《ごと》を聞くことができる。そうでなくても、樹が語りかけてくれそうなことをいろいろと想像しながら樹に向かいあっていると、吾《あ》の心のなかにそれが言葉となって湧き出してくるんだ……」

「本当かしら」

「本当さ。嘘《うそ》はつかない」

弟橘《オトタチバナ》は、小碓《オウス》の話にあっけにとられた。でも、すぐに、敬慕の気持ちを込めて小碓を見つめるようになっていた。小碓の純真な気持ちにずいぶんと心を動かされたのである。

小碓《オウス》は、付かず離れずといった風情で彼女のあとにしたがっていたが、陽《ひ》がかげりはじめてきたので、彼女の手をとって森に添う脇道へと誘導した。見上げると、上空は残照で薄紅に染まっており、それを背景に鳶《とび》が七、八羽、ピーヒョロローと鳴きながら、輪を描いて舞っている。二人は、どちらからともなく、かたわらの剥《む》き出《だ》しの岩を背景に並んで腰を下ろした。

ところで、小碓《オウス》は、翠《みどり》色の勾玉《まがたま》を緒《お》にとおした頸珠《くびたま》（首飾り）を下げていた。その頸珠は、かつて、母が赤子の小碓と別れるにあたり、小碓の身に着けさせてくれるよう、しかるべき方に託したものであった。

弟橘《オトタチバナ》は、その頸珠に興味をひかれたようで、先ほどからそれをじっと覗《のぞ》き込んでいる。小碓《オウス》は、頸珠をはずし、「これ、こんど逢うときまで預けておくよ」と言って弟橘に渡した。小碓は、その頸珠が母譲りのものとは知っていた。だが、彼女にそれを預けておけば、いずれの日にか、必ず彼女と再会できるに違いないと考えたのである。

弟橘《オトタチバナ》は、しばらくそれを眺めていたが、やがてこんどは、自分の頸珠をはずして小碓《オウス》に与えた。お互い将来の再会を期して、身に着けていた頸珠を交換したのである。

彼女は屈託のない笑顔でささやいた。

「吾《あ》のものより、汝《な》のもののほうがずっと出来がいいみたい。吾のは、玉が小粒だけど、汝のは、大きな翠色の勾玉を七つも使っているのね、本当に預かっておいていいの」

「無論だよ。それに汝のものだって立派だよ」

山中では、日が西に傾くと、暗くなるのが早い。いつの間にか、あたりは真っ暗になってしまい、仕方なしに、二人は、寄り添って休むことにした。

人物埴輪　頸珠をつけた武人埴輪。振り分け髪で、甲冑を身に着けている。茨城県舟塚古墳出土。

彼女はすでに寝入ったのであろうか。暗闇のなかで、安らかな息づかいが伝わってくる。しばらくすると、小碓《オウス》のほうにひしと寄りかかってきた。小碓は、女性特有のやわらかな感触を肩から二の腕に感じとることができた。彼女の黒髪の香りも好ましいものであった。彼は、母を知らない。知らず知らずのうちに、弟橘《オトタチバナ》に母の面影を感じとっていたのかもしれない。そのうちに、小碓も深い眠りに引き込まれていった。

空がほんのりと明るみを帯びるころ、小碓《オウス》は、ふと人の動く気配で前がさえぎられるのを感じて目が覚《さ》めた。二人の前に、見知らぬ屈強な男が立っていた。

その男は、にわかに左手で小碓《オウス》の肩を鷲づかみにして持ち上げると、右手でその横面《よこつら》を叩きつけた。小碓は、はじき飛ばされ、なにがなんだかわからず一瞬とまどったが、すぐに痛みをこらえてその男に頭から突っ込んでいった。また殴られ、道端の羊歯《しだ》の藪《やぶ》へと転がされた。弟橘《オトタチバナ》も、引っ込んではいなかった。「なにをするのよっ」と鋭い声をあげながら、健気《けなげ》にもその男に突っかかっていった。

小碓《オウス》の顔は鼻血で赤く染まり、片方の瞼《まぶた》が腫れ上がっていた。それでも、小碓は、気丈にも起き上がろうと、よろよろもがいていた。すると、そこへ間一髪、弟橘《オトタチバナ》の甲高《かんだか》い声を聞きつけ、長《ナガ》日子《ヒコ》たち四、五名の者がめいめい木切れを手に駆けつけてきた。

かの男は、弟橘《オトタチバナ》を突き放すと、剣《つるぎ》を抜いた。たちどころに、長日子《ナガヒコ》の仲間のひとりが小碓《オウス》の上に体を乗せて覆いかぶさった。

長日子《ナガヒコ》のみは、剣を腰に手挟《たばさ》んでいた。しかし、自分が剣を抜けば、さらに事態は緊迫すると予測し、抜くのを控えた。

「汝《うぬ》らはなに奴《やつ》だ。小僧の腕か足の一本でもへし折ってやろうと思ったが、運のいい奴よ」

路上でしばらくにらみ合いがつづいたが、件《くだん》の男は、剣を手にしたまま、纏《まつ》わりつく少女をやにわに肩にかつぐと、小走りにその場を去っていった。その途端に、長日子《ナガヒコ》たちは、極度の緊張が一気にゆるんでいくのを覚えた。

長日子《ナガヒコ》の仲間は、小碓《オウス》をおぶって山を降りることとなり、とりあえず山の麓の農家にて落ち着いた。小碓はというと、手当てを受けて安堵《あんど》したせいか、すっかり寝込んでいた。ときどき、うわ言で「橘、橘」と口走っていた。

「あの娘《こ》によっぽど惹《ひ》かれたんだな」

「あいつは、痛い目にあったけど、いちばんよい思いをしたんじゃないか」

「そうさな、吾《あれ》らは夜中じゅうあいつを探しまわって、女《おみな》としけこむどころではなかったからな」

「だけど、危ないところだったたな。小碓《オウス》になにかあったら伯父御《おじご》に申し訳が立たないところだった」

「それはそうと、あやつは何者なんだろう」

「そんなこと知るか。長日子《ナガヒコ》が、なにかつかんでくるだろうよ」

長日子《ナガヒコ》は、仲間とは別行動をとり、かの不審な男のあとを追っていた。広場に戻ると、かの男は、おろおろと落ち着かぬ守役《もりやく》の老女のところへ行き、少女を肩から降ろすと、「愚《おろ》か者《もの》め。しっかり務《つと》めをはたさんか」と罵声《ばせい》を浴びせていた。まわりから、数名の男どもが彼の指示を仰ごうと集まってきた。

長日子《ナガヒコ》は、目立たぬように聞き込みをつづけたあと、仲間のところへと戻った。農家に着くと、仲間が眠そうな眼をしょぼつかせながら集まってきた。

「兄貴、ご苦労さん。どうでした」

「あの娘は、相模《さがみ》の穂積《ホヅミ》氏の娘で、弟橘媛《オトタチバナヒメ》というのだそうだ。警護の者が数名付き添っていた」

「穂積って、物部《モノノベ》に近いんじゃないか。ことによると、奴らは物部の手の者かもしれないぞ」

「小碓《オウス》は、自分の名を名乗っている。名前が相手に知れたら、ことだぞ」

どうやら、彼らの話からすると、小碓《オウス》は、物部氏からなにか疎《うと》まれているようである。

「奴らは、あの娘とともに京《みやこ》へ帰るのだから、吾《あれ》らとは別の道をたどるとは思う。しかし、待ち伏せでもされたら大変なことになる」

長日子《ナガヒコ》の指示で、二人ほど街道筋まで張り込みに出ていった。やがて、身支度《みじたく》が整うと、長日子は、小碓《オウス》とともに馬に乗り、仲間もろとも、彼らの棟梁《とうりょう》、比古汝茅《ヒコナムチ》のいる難波津《なにわのつ》までの道を急いだ。

幸い、一行は、なんらの妨害にもあわず、日暮れ前には難波津に帰り着くことができた。小碓《オウス》の怪我も、それほどの大事にはいたらずにすみそうであった。

比古汝茅《ヒコナムチ》は、長日子《ナガヒコ》から報告を受けるや、ただちに印南《いなみ》に帰る準備に取りかかった。彼は、すでに隣の吉備《きび》国に小碓《オウス》を移すことを考えていた。彼の妻、吉備比売《キビヒメ》は、吉備国の王族の出である。

このどさくさにまぎれて、小碓《オウス》の頸珠《くびたま》が入れ換わっていることなども、不問に付されてしまったようである。

さて、小碓《オウス》の親族がこれだけ深刻な面持ちになるには、それだけのわけがあったのである。

小碓の出生にまつわる数奇な運命

時代は、四世紀の前半、景行《ケイコウ》帝の御代にあたる。

景行帝は、神武王朝につぐ崇神《スジン》王朝三代目の大王《おおきみ》である。

大和王権の始祖、神武《ジンム》帝は、筑紫島《つくしじま》(九州)の日向《ひむか》にて軍を興し、東征して大和《やまと》に国を築いた。そして、おもに西方の国々の支持を得て倭国《わのくに》(のちの日本国)の盟主におさまったのである。

大和王権歴代の王宮の本拠を提供してきたのが、大和盆地である。そこは、北から南に向けて隆起する二つの山の連なりに、東と西からはさまれた形となっている。東側の山並みは、若草《わかくさ》山《やま》から三輪山《みわやま》へといたり、そこからさらに南西へと伸びていく。西側の山並みは、生駒山《いこまやま》から二《ふた》上山《かみやま》を経由して金剛山《こんごうさん》へと及ぶ。そして、北方には、東西に横たわる平城山《ならやま》丘陵が控える。

崇神《スジン》王朝は、三輪山の西麓に拠ったので、三輪王朝ともいう。三輪山の南側の初瀬川《はつせがわ》と北側の纒向川《まきむくがわ》とは、その西側で合流して大和川《やまとがわ》となる。三輪山とこの二つの川にはさまれた地域を、纒向の地といい、景行《ケイコウ》帝の王宮は、この地に建てられたので、纒向宮《まきむくのみや》と称された。大和川は、この先、大和盆地の諸々の川の水を集め、西の山並みの間隙をぬって難波津《なにわのつ》の後背《こうはい》に位置する草香《くさか》江《え》（河内湖《かわちこ》とも）をめざすのである。

のちの律令国家制のもとでは、倭国の領域は、大和周辺をのぞくと、東海道《うみつみち》・東山道《やまのみち》・北陸《くぬがの》道《みち》・山陰道《そとものみち》・山陽道《かげとものみち》・南海道《みなみのみち》・西海道《にしのみち》の七道に分けられる。この伝でいけば、景行帝の御代にあっても、大和王権の東国に向けた勢力圏は、東海道の相模《さがみ》国、東山道の美濃《みの》国あたりまでというにとどまった。

北陸道に関しては、若狭《わかさ》国から少々越《こし》国の西の端に踏み込み、日本海航路の主要な拠点である敦賀《つるが》津を押さえることに成功していた。このことによって、大和王権の側としては、日本海沿岸を北上して能登《のと》半島を越え、越国各地の豪族と交易・交流を進めることが可能となったのである。

当時、大王《おおきみ》の最有力の家臣は、軍事権の半ばを押さえる物部《モノノベ》氏であった。

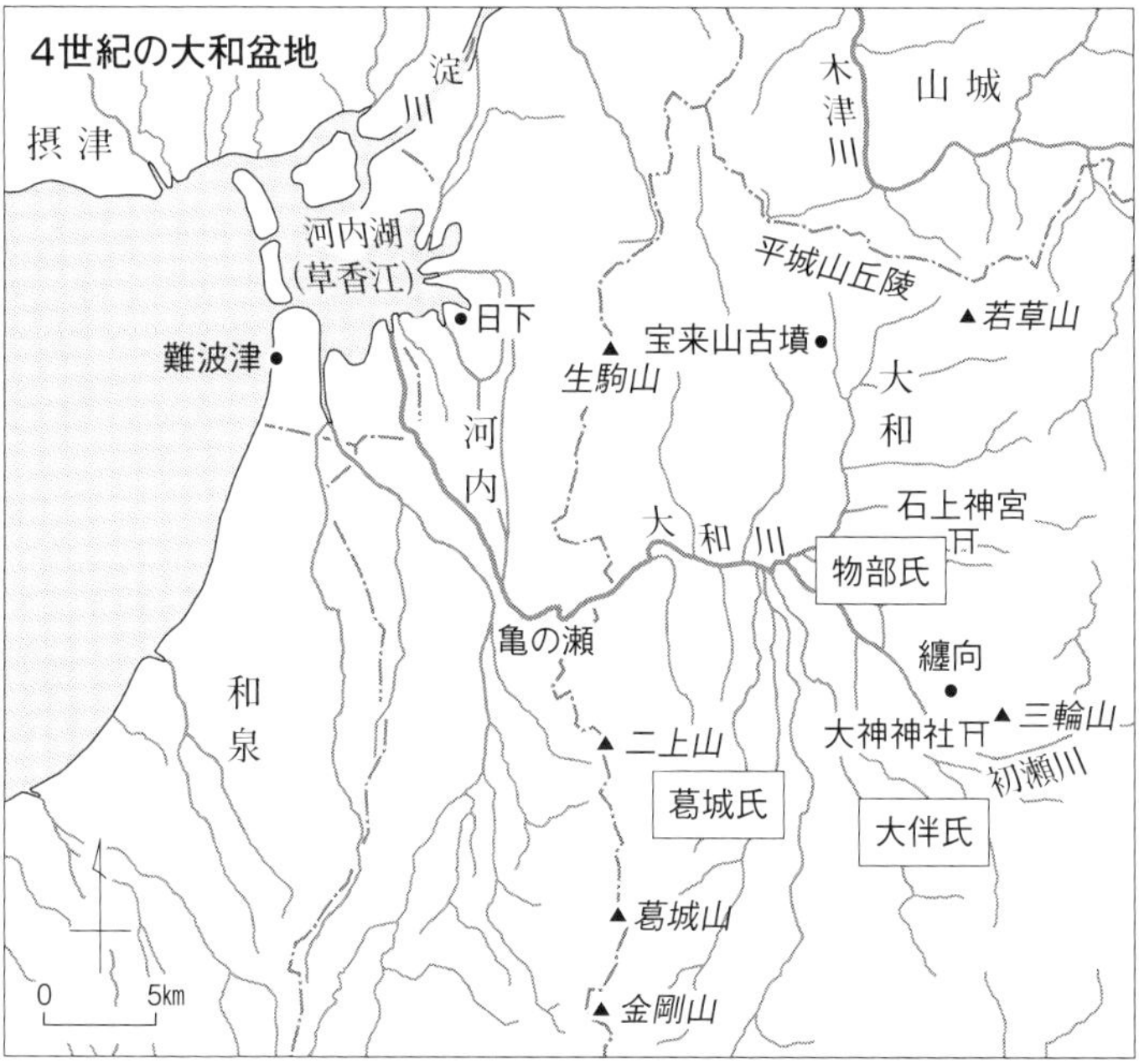

神武《ジンム》帝が大和に王朝を築くよりも早く、大和から河内にかけて、すでに饒速日尊《ニギハヤヒノミコト》が土着豪族たる長髄《ナガスネ》彦《ヒコ》の妹を娶《めと》り、君臨していた。

神武《ジンム》帝は、最初、草香江の東端にあたる草香《くさか》村（日下村とも）の白肩《しらかた》津《のつ》から上陸したのであるが、長髄《ナガスネ》彦《ヒコ》の軍に敗れていったん退き、紀《き》国を経由して再度大和入りを試みることとなる。ここにいたって、饒速《ニギハヤ》日尊《ヒノミコト》は、あくまでも神武帝に抵抗しようとする長髄彦を殺害し、神武帝に恭順《きょうじゅん》の意を示した。この饒速日尊と長髄彦の一統が、物部氏の祖先であるという。

その物部氏は、三輪山の北西地域

を本拠とし、さらに西方の河内方面にまで影響力を及ぼしていた。これに次ぐのは、三輪山の南西地域を押さえる大伴《オオトモ》氏で、物部氏とともに軍事権を分かち合っていた。

物部氏は、これまで、その一族が東方に散らばるなどして大和国内外に強力な情報網を築き上げていた。それゆえ、景行帝のもとでは、情報網を巧みにあやつる物部十千根大連《モノノベノトチネノオオムラジ》の政治力が抜きん出ており、大伴氏の当主、武日連《タケヒノムラジ》は、若さのせいもあってその後塵《こうじん》を拝する立場に甘んじていた。

大和盆地には、大和国のほかに、その南西方向にもうひとつの国があった。金剛山系の山々（大和川以南の、二上山・葛城山《かつらぎやま》・金剛山などをいう）の東麓に築かれた葛城氏の国である。大和国と葛城国との間には、緩やかではあったが、葛城国が大和国に服する形で一応の同盟関係が成立していた。

さて、話は、景行帝の即位の二年目、本格的な夏の到来を前にして、正妃の播磨稲日大郎姫《ハリマノイナビノオオイラツメ》が二人の男の子《おのこ》を双子として出産するところからはじまる。『日本書紀』は、これをして「その大碓王子《オオウスノミコ》と小碓尊《オウスノミコト》は一日に同じ胞《えな》に双生児として生まれられた」と記す。

出生とは、人生の最大の危機であるという。新しい生命は、生と死の境目がまだ不確かな状態にあり、邪神が隙あらばこれにとりついてやろうと徘徊《はいかい》しているからである。

稲日大郎姫《イナビノオオイラツメ》の出産は、邪神の侵入をさえぎるために、古来の風習にのっとり、産神《うぶがみ》や産土神《うぶすながみ》の力を借りて行なわれた。王宮の片隅に設けられた産屋《うぶや》には、砂の上に藁《わら》を並べ、さらに莫蓙《ござ》を重ねて産土《うぶすな》がつくられていた。稲日大郎姫は、この産土の上でぼろ布団にもたれながら蹲踞《そんきよ》し、天井から垂れ下がる力綱を握り締めて出産に及んだのであった。

いっぽう、大王《おおきみ》は、出産が難産になると聞いていたので、すこしでもその手助けをしようと、これまた古来の風習にしたがって重い臼《うす》を背負い、産屋のまわりを歩きまわっておられた。そのうち、男の子《おのこ》が生まれたと聞き、やれやれと臼をおろして休んでいると、二人目の出産があると知らされた。大王は、これをいぶかり、思わず臼に向けて唸《うな》り声を上げ、「なんとしたことだ」と口走られたという。二番目の子も男児であった。とりあえずは、臼を縁《えにし》として、兄が大碓王《オオウスノミコ》子、弟が小碓尊《オウスノミコト》と名づけられたのである。

古代社会にあっては、双子の出生は、奇異な現象としてとらえられていた。それゆえ、それは凶事とされ、次子は、往々にして、人知れず里子に出されるか、闇にほうむられることが多かったのである。

伊勢神宮の斎王《いつきのみこ》(天照大神に仕える王女《みこ》)にして大王《おおきみ》の同母妹なる倭媛尊《ヤマトヒメノミコト》は、半月ほど前に、王宮から一羽の白鳥《しらとり》が飛び立つ夢を見られた。その白鳥の印象があまりにも鮮烈であったため、「王室になにごとやあらん」と、慣例を破って伊勢から京《みやこ》へと足を運ばれ、この数日、王宮の祭殿に滞在されていた。

祭殿の正面には、玉・鏡・剣からなる王室ゆかりの祭器と常磐樹《ときわぎ》が飾られていた。その手前に置かれた二つの大きな器《うつわ》には、稲日大郎姫《イナビノオオイラツメ》の出産の無事と赤子の長寿を祈念し、早もぎの桃《もも》の実が、あふれんばかりに盛られていた。当時、神仙《しんせん》思想に基づき、桃は、邪気を払ういっぽうで不老長寿を招くと信じられていたのである。

かの方が祭壇に祈りを捧げられているところへ、稲日大郎姫《イナビノオオイラツメ》の出産が間近《まぢか》との連絡がはいった。すると、かの方は、早々に祈りの儀式を切り上げ、その成り行きを見守るため、産屋《うぶや》の近くに移り、控えることとされた。そして、双子が生まれたと聞くと、「さては、夢のお告げはこのことか。双子のうち、いずれかが白鳥となり、羽ばたくことになるのであろう」と得心され、大《おお》王《きみ》につぎのように話された。

「二人目の子を、いま、どうこうするのはよくありません。内々に吾が責任をもって育ててみましょう。とりあえず母方の播磨《はりま》に預け、一五歳をすぎたら、その成長ぐあいをみて王室に戻すかどうかを決めたいと思案しますが、いかがでしょう」

「汝《みまし》の夢のお告げというのは、このことだというのじゃな」

大王《おおきみ》は、しばらくむずかしい顔つきで考え込んでおられたが、最後にはうなずかれた。

古代にあっては、貴族の夫婦は同居せず、夫が妻の家に通う妻問婚《つまどいこん》が一般的であった。その場合、妻は、自分の実家で子を産み、養育するのがならわしであった。じつのところ、『播磨国風土記』によると、景行帝は、稲日大郎姫《イナビノオオイラツメ》への妻問いのため、播磨《はりま》の明石郡まで出かけたことになっている。したがって、稲日大郎姫の子どもが、出生ののち、播磨の実家に預けられ、その地で養育されたとしても、それは、それほどに奇異なことではないといえる。

倭媛尊《ヤマトヒメノミコト》は、疲労困憊《ひろうこんぱい》して横になっている稲日大郎姫《イナビノオオイラツメ》のかたわらで、つぎのように語りかけた。

「ご苦労であった。したが、汝《いまし》も知ってのとおり、双子となると、さまざまな誹謗中傷《ひぼうちゆうしよう》を受けることになる。二人一緒では、生き抜くこともむずかしいかもしれぬ。吾は二番目の王子《みこ》を汝の播磨の実家に預けることにしたいのだが……」

稲日大郎姫《イナビノオオイラツメ》は、双子と知って二人の赤子の行く末を危ぶんでいたので、倭媛尊《ヤマトヒメノミコト》の申し出を一も二もなく応諾した。

「赤子のことは、倭媛尊《ヤマトヒメノミコト》におすがりするしか手立てはありません。ただ、ひとつお願いがあります。その子が物心ついた暁には、吾が頸珠《くびたま》を手にするよう、取り計っていただけませんか」

稲日大郎姫《イナビノオオイラツメ》は、このように言って、みずからの頸珠を倭媛尊《ヤマトヒメノミコト》に託したのであった。

しかしながら、事はそう簡単には運ばない。それから数刻も経たぬうちに、王室の重鎮、物部《モノノベ》十千根大連《トチネノオオムラジ》は、息子の膽咋宿禰《イグイノスクネ》から稲日大郎姫《イナビノオオイラツメ》の出産についての報告を受けていた。

十千根大連《トチネノオオムラジ》は、膽咋宿禰《イグイノスクネ》に問い直す。

「なに、生まれたのが双子じゃと。それに、倭媛尊《ヤマトヒメノミコト》が付き添っているじゃと」

「それだけではありません。双子のかたわれがこっそり大和を離れるとの噂《うわさ》を聞きました」

「うーむ。双子の出生は、凶事の前触れに違いない。このままに放置すれば、必ずや二人のうちのどちらかが国を亡ぼす因《もと》となろう。おそらく、そのかたわれが大和を離れるというのは、倭《ヤマト》媛 尊《ヒメノミコト》の差配であろう。たとえ大王《おおきみ》の意に反してでも、これを亡き者とし、事態を収拾せねばならぬ」

十千根大連《トチネノオオムラジ》は、宙に眼を泳がせるような仕草でしばし考え込む。やがて、膽咋宿禰《イグイノスクネ》の耳にひそひそとなにごとか策を授けていた。

播磨への必死の逃避行

斎王《いつきのみこ》は、多くの警護兵（衛士《えじ》）を抱えていた。また、斎王は、津々浦々にいたるまで、地方の神社や末端の社《やしろ》と深く結びついており、それらをつうじて、そのもとにはさまざまな報告が寄せられていた。その情報網は、各地の物部《モノノベ》一族から寄せられる十千根大連《トチネノオオムラジ》のそれとくらべても、遜色《そんしょく》のないものといえた。

しかし、大王《おおきみ》の正妃から生まれた赤子を人知れず京《みやこ》から逃がすというのは、容易なことではない。すでに物部一族の、赤子を葬り去らんとする不穏な動きがそれとなく伝わってきている。倭《ヤマト》媛尊《ヒメノミコト》は、四囲の情勢にさらなる探りを入れつつ、小碓尊《オウスノミコト》を難波津《なにわのつ》に運び、そこから船で播磨に送るための術《すべ》についてあれこれと思案をめぐらせた。

三輪山《みわやま》の南麓を流れる大和川《やまとがわ》本流の初瀬川《はつせがわ》を利用できれば、最短で難波津とつながる。とはいえ、この場合は、北側の生駒《いこま》山系と南側の金剛《こんごう》山系とにはさまれた亀《かめ》の瀬《せ》峡谷が隘路《あいろ》となっており、ここを通過するには、舟を下りてきびしい峠道をともなう雁見尾畑《かりんどおばた》を越える必要があった。その先に別の舟を用意することができるかというと、それも至難のことであって、この路線は、あきらめざるを得なかった。結局、平城山《ならやま》丘陵の北側を流れる木津川《きづがわ》に拠らざるを得ないと判断した。通例では、平城山東端の奈良坂《ならざか》を越えたところに開く、木津川の港、泉津《いずみのつ》から淀津《よどのつ》を経由して淀川に入り、難波津へと向かうのである。

なにはともあれ、播磨の、稲日大郎姫《イナビノオオイラツメ》の父、比古汝茅《ヒコナムチ》あてに急使を送り、難波津へ出迎えの船をよこすよう要請した。そして、播磨からの船が難波津に着いたという知らせを受けると、稲日大郎姫の侍女の阿衣《アヘ》と加禰《カネ》、それに小碓尊《オウスノミコト》の乳母《めのと》の浪《ナミ》とその夫《つま》を呼び、それぞれに播磨行きの使命を課した。浪は、王宮に仕えたことのある女性で、ふた月ほど前にみずからの子をもうけており、小碓尊の乳母として適任であろうと連れてこられた者である。

まず、阿衣《アヘ》と浪《ナミ》の夫に、浪が産んだ乳飲み児を帯同させ、警護つきで輿《こし》を仕立てて泉津へと先行させた。

ついで、加彌《カネ》と浪《ナミ》に衛士《えじ》の背長《セナガ》・興呂木《コオロギ》・犬甘《イヌカイ》を加えた一団に、赤子の小碓尊《オウスノミコト》を預け、同じく木津川めざして旅立たせた。彼らは、全員、農作業用の衣類に身を包み、背負子《しょいこ》に荷を積んでいた。そして、背長の背負う籠には、荷にまぎらわせて赤子の小碓尊が入れられていた。彼らの前後には、目立たぬよう、農夫や猟師を装った多くの衛士が動員されていた。

残念ながら、阿衣《アヘ》の一行は、奈良坂を越えるあたりで、黒衣の兵士に襲われ、壮絶な斬り合いの末、悲惨な結末をたどる。襲ってきたのは、恐らくは、物部膽咋宿禰《モノノベノイグイノスクネ》の手の内の者どもであろう。つまるところ、倭媛尊《ヤマトヒメノミコト》は、小碓尊《オウスノミコト》を無事、播磨に届けるためのおとりとして、かの人びとを犠牲にさせたことになる。のちに、これを伝え聞いた浪《ナミ》は、覚悟のうえであったとはいえ、生を得て幾許《いくばく》もなくして命を絶ったみずからの子の不憫《ふびん》さに、人目もはばからず慟哭《どうこく》したのであった。

加彌《カネ》の一行は、杣人《そまびと》の先導のもとに奈良坂よりも西寄りの樹林に分け入り、苦難の末、平城山《ならやま》を越えて木津川のほとりに出た。一行は、目立たぬよう、山林内にて一夜を過ごす。翌早朝、木津川べりを下流にたどり、やがて、葦《あし》の繁みに潜《ひそ》む舟を探しだした。

岸辺は、ずぶずぶの泥沼の状態であったが、丸太を組み合わせた筏《いかだ》が埋め込まれ、にわか仕立ての桟橋《さんばし》がつくられていた。さらにそこから三艘《そう》の小舟が船筏のようにしてつなげられており、その先に、荷積みの舟が待ち受けていた。一行は、危なげな足取りで筏とそれにつながれた小舟を伝い歩き、なにはともあれ、待ち受ける舟に乗り込んだ。船頭は、前もって事情をよく理解しており、川底に棹《さお》さして葦辺を抜けだすと、棹を櫓《ろ》に持ち替えて川を下りはじめた。

舟は、しばらく順調に進んだものの、そのうちに、後方から二艘の舟が、速度を上げて迫ってきた。それらの舟には、黒衣の兵士が詰めており、それぞれ弓に矢をつがえ、明らかに加禰《カネ》の一行に停船を要求している。彼らも、膽咋宿禰《イグイノスクネ》の一党に違いない。とはいえ、一行は、これを無視して進むほかはない。

衛士たちは、前もって用意してあった据え置き型の楯《たて》を起こして、飛来する矢に備える。相手側は、加禰《カネ》の一行が停船命令に従わぬとみると、いっせいに矢を射込んできた。背長《セナガ》と興呂木《コオロギ》は、楯越しの矢を右に左にと懸命に斬り払う。犬甘《イヌカイ》は、弓を取って楯材のうしろから敵勢に狙いを定めて応射する。だが、そのうちに、船頭をかばおうとしてその前に立つ興呂木の左腕に矢が突き刺さる。手負いの興呂木は、なおも懸命に船頭の前に立ちつづけ、さらに左の肩に矢を受ける。

そこへ、敵の一艘が間近に迫り、接舷してきた。かの兵士たちは、剣を振るって衛士たちに襲いかかり、その舟に乗り込まんとする。三人の衛士は、彼らに剣を合わせ、懸命にこれを防ぐ。ここで、興呂木《コオロギ》が、意を決したかのように、ややうしろに下がり、勢いをつけて跳躍し、敵船に躍り込む。右手一本で剣を振りまわして暴れ、四、五名の兵士を舟の外にはじきとばす。しかし、二艘目の舟からの矢を背に受け、ひるんだところを無惨にも四囲から滅多切りにされる。

一艘目は、なんとか接舷を拒んだが、すぐに二艘目が迫りくる。興呂木《コオロギ》を喪ったいま、この攻撃を乗り切るのは、ほとんど不可能にちかかった。

ところが、二進《にっち》も三進《さっち》もいかなくなったまさにそのとき、左前方の葦《あし》の繁みの内より、別の兵士を乗せた舟が現われ、敵船に矢を射かけながら突進してきた。遅まきながら、援軍が現われたようである。こなたは、倭媛尊《ヤマトヒメノミコト》の手配になる兵士たちであろう。

一行は、両者の船戦《ふないくさ》を尻目に先を急ぐ。淀津《よどのつ》を越えて淀川を進み、やがて草香江《くさかえ》にいたる。難波津《なにわのつ》は、大阪湾と草香江を隔てる南北に連なる砂洲《さす》（現在の上町《うえまち》台地にあたる）の中央に掘られた運河の途中にある。砂州の中央部に近づき、港のようすをうかがうに、列をなして行進する兵士あり、船の乗降者の検問に当たる兵士ありで、警戒がきびしく、埠頭《ふとう》に近づくことは無理であった。播磨からの出迎えの船を探すことも、あきらめざるを得ない。

そこで、彼らは、淀川より少しばかり先の安威川《あいがわ》の河口へと舟を進め、これをさかのぼる。そのうち、安威川の西岸に簡素な船溜《ふなだ》まりをみつけ、ここで舟から降りることにした。

小碓尊《オウスノミコト》の母方の実家は、ここからすると、西の方角に当たる。川沿いに道らしきものはあるものの、西の方向に向けては、あたり一面、笹《ささ》と葦の入り混じった繁みとなっている。日も沈みはじめてきた。これから先、どのように進めばよいのであろうか。しばし途方に暮れていると、安威川沿いに南のほうから、犬の吠《ほ》え声とともに跫音《きょうおん》がとどろいてきた。

まずは、数頭の犬が突進してきた。あわてて、犬甘《イヌカイ》が両手をひろげて前に飛びだし、鋭く口笛を吹く。すると、跳躍して犬甘に跳びかかった犬どもが、にわかに力を失い、彼の体にぶつかりながら、その前に落ちる。そして、うずくまった犬甘を取り巻き、その顔をなめはじめた。

犬甘《イヌカイ》の一族は、代々、王宮の犬飼部《いぬかいべ》で猟犬や番犬の飼育を生業《なりわい》としてきたのであり、彼も、衛士となる前は、犬の飼育にあたっていた。それゆえ、犬の突進を押さえる術《すべ》を知っていたのである。とはいうものの、彼は、すでに肩や腕を犬に噛《か》まれており、上半身を血で染めていた。

犬どもの襲撃に引きつづいて、一〇名内外の兵士が誰何《すいか》しつつ、剣を手に駆け寄ってきた。犬《イヌ》甘《カイ》は、急ぎ身体を起こし、犬どもの動きを制止したうえで、背長《セナガ》とともにこれを迎え撃つ。しかしながら、多勢に無勢である。二人して何人かの敵兵を倒したものの、まずは、犬甘が深傷《ふかで》を負ってしまう。犬甘は、背長に、加禰《カネ》と浪《ナミ》を連れて藪《やぶ》の内へはいれと目配《めくば》せする。背長は、彼の指示にしたがい、加禰と浪をともなって藪のなかへと分け入る。

犬甘《イヌカイ》は、追っ手の前に立ちはだかるが、それもそう長くはつづかず、意識混濁の状態でよろめき倒れる。それでも、彼は、追っ手のあとを追わぬよう、犬の群を必死で呼び止め、群のボスと思われる犬をしっかりと抱き込んだ。この犬が動かない限り、ほかの犬が勝手に動くことはない。やがては、彼も、犬に囲まれるなかで事切れる。犬の群は、それに気づくと、クーンクーンと寂しそうな鳴き声を上げはじめた。

背長《セナガ》は、追っ手が迫ってくると、これに向き直り、敵を相手に一歩も退《ひ》こうとはしない。そして、加禰《カネ》と浪《ナミ》に、繁みをかき分けて先へ進むよう、すこしでもここから遠ざかるよう強く促す。加禰と浪の二人は、背長を残して先を急ぐ。加禰が藪をかき分けて先行し、赤子を抱えた浪がそのあとにつづく。

幸い、月影さやかな夜ではあった。加禰《カネ》は、天上にきらめく七つ星が形作る小柄杓《こびしやく》の柄の先っぽが、北辰《ほくしん》（北極星）であることを知っていた。かくて、二人は、射し込む月の薄明かりと北空に輝く北辰の位置を頼りに、西の方向をめざしたのである。

とはいえ、二人とも、鋭利な刃のような葦《あし》の葉に擦《す》られては、手のみならず、顔までが擦り傷だらけになってしまう。終《しま》いには、息も絶え絶えとなり、藪の切れ目を見つけてその場にへたり込んでしまう。よく見ると、そこから前方にかけては、笹の茂みに灌木を交えた丘陵がせり上がっている。

二人は、精も根も尽き果て、肩を寄せ合ってまどろみはじめる。赤子は、ぐずりながらも、浪《ナミ》のはだけた胸元に顔を突っ込み、懸命になって乳に吸いつこうとしていた。すると、そのとき、背長《セナガ》の二人を捜す声がかすかに響いてきた。二人は、顔を見合わせ、立ち上がると、自分たちの所在を知らせるべく懸命に声を張り上げた。

背長《セナガ》は、全身に返り血を浴び、その抜き身の剣も、鮮血で染まっていた。かなりの手傷を負っているようである。彼は、危険が去ったわけではないとして、さらに前進することを強《し》いた。

この丘陵（今日の千里丘陵）は、水流に浸食されて随所に窪地や谷間が切れ込み、結構、起伏に富んでいる。この丘陵の南の海際から西に向けては、大小さまざまな島や洲がひろがっており、そのあたりは、「難波八十島《やそしま》」と呼ばれていた。

午刻《ひる》を前にして、葦原のひろがる湿地帯に差し掛かったかと思う間もなく、行く手を猪名川《いながわ》によってさえぎられた。追っ手の急なることを思うと、このあたりで歩を止めるわけにはいかない。一行は、幸い、川縁《かわべり》に杭《くい》につながれた小舟を見つけだし、背長《セナガ》が櫂《かい》を操ることにより、対岸に渡ることができた。彼は、天運を謝し、小舟に手持ちの宝飾用の小玉をひとつ上質の布地に包んで残しておいた。

猪名川の氾濫原の先には、ふたたび丘陵（伊丹台地）が現われた。その高台には、いくつかの集落とそれを取り囲む畑地が点在していた。丘陵が尽きると、その先には、滔々《とうとう》と流れる武庫川《むこがわ》がひろがっていた。川沿いを上流に向け歩いて行くと、何艘かの小舟が係留された船着場にいたった。見渡せば、丘のふもとに、茅《かや》で深く覆われた家屋の密集する小集落がある。

そちらのほうに行ってみると、たまたま、ひとりの翁《おきな》が薪割《まきわ》りに精をだしていた。背長《セナガ》は、苦痛にあえぎながら、翁に女《おみな》と赤子を休ませてくれないかと懇願した。かの翁は、背長たちの仔細ありげなようすに、これはただごとではなさそうだと感じたのであろう。彼らをみずからの家屋に案内した。

家の内部は、掘り下げた土間となっており、うす暗い。目が慣れてくると、茣蓙《ござ》を敷いた一角があり、そこで翁の連れ合いとおぼしき媼《おうな》が一行を注視しているのに気がついた。ほかには、だれもいないようである。

中央に設けられた炉《ろ》には、甕《かめ》が掛けられていた。媼は、なにはともあれ甕から椀《わん》に白湯《さゆ》を注ぎ、全員にふるまった。ついで、翁の指示にしたがって彼女らに休むところをしつらえた。加禰《カネ》と浪《ナミ》は、赤子をあいだに置いて横になると、たちまちのうちに正体なく泥のように寝込んでしまう。

さらに、翁と媼は、背長《セナガ》が深傷《ふかで》を負っているのをみてとると、二人して彼に応急の手当てを施してくれた。

背長《セナガ》は、ひと息つくと、翁と媼に語りかけた。

「お二方とも、たいへんに情けに篤《あつ》い方であるとお見受けしました。それゆえに、吾《あれ》らの窮状を打ち明け、お二方におすがりするしだいです。じつは、吾らは、高貴なお方の赤子を預かっております。しかし、いまは、この赤子を亡き者にせんとする賊徒に追われております。播磨《はりま》まで逃れることができれば、赤子も救われます。なんとか、二人の女と赤子を播磨に行かせたいのです。お力をお貸し願えないでしょうか。幸い、吾は、多少なりとも玉を持っております。必要とあれば、これを使っていただきたいと思うのですが……」

「なかなかむずかしいお立場にあるようじゃの。したが、汝《なれ》の体では、船旅は無理であろうが」

「吾のことはよいのです。吾は、もはや助からぬ命と覚悟しております。それだけに、二人の女と赤子は、なんとしても船に乗せて播磨まで行かせたいのです」

「それほどまでに言うのなら、艀船《はしけぶね》の船頭に頼んでみてやろう。その者に、播磨行きの大船のところまで案内させよう」

「それは、願ったり叶《かな》ったりです。どうか、これらの玉を役立ててください」

背長《セナガ》は、翁に手持ちの玉類のはいった小袋を渡すと、何度も低頭して翁を拝み、全身で感謝の気持を伝えた。

翌朝、翁は、加禰《カネ》たちを船着場から小舟に乗せ、対岸の河口域へと導いた。そこは、武庫水門《むこのみと》として知られる港で、大小さまざまな船が停泊していた。ここで、加禰たちは艀船に乗り換えることになる。翁は、前もって、加禰に、「汝らの持つ玉は、大変高価な物だ。すでにいくつか渡してあるので、さらに玉を持っていることを船頭にさとられてはならない。妙な気でも起こされると事じゃからの」と注意を与えた。

艀船の船頭は、久万《クマ》・久僧《クソ》という名の二人の若者であった。彼らは、加禰《カネ》たちを舟に乗せると、河口から海岸伝いに左方へと船を進めた。やがて、猪名川の河口域にいたる。そこは、猪名湊と呼ばれ、武庫水門と同様、多くの船でにぎわっていた。そこから斜め前方の難波津のほうを望むと、その沖合には、大船が数多く停泊していた。それらの大船のうち、播磨の港に寄港する船に相応の玉を元手にして渡りをつけることができればよいのである。

ところが、しばらくすると、二人の船頭のうち、久僧《クソ》がごねだした。加禰《カネ》にドスの利《き》いた声音《こわね》ですごみ、櫂《かい》を小脇に抱えたまま、そのもとへ近寄ろうとする。

「おい、まだ玉を持ってるんだろう。玉をすべてよこしな。ないって言いはるなら、汝《なれ》の身体で払ってもらうことになるぞ」

久僧《クソ》の動きを見て、もうひとりの船頭、久万《クマ》がびっくりしてうしろから彼の腕を引っ張り、顔をのぞきこむ。

「おい、爺さんの頼みを反故《ほご》にするのかよ。そりゃだめだぞ」

「いいから、汝は引っ込んでいろ」

「なんだと、そんなことは許さないぞ」

かくして、二人が言い争いをはじめた。久僧《クソ》は、突如、櫂の柄《え》でもって久万《クマ》の頬《ほお》を突く。久万は、気を失ってその場に崩れ落ちる。

久僧《クソ》は、にやりと顔をゆがめて加禰《カネ》のほうを振り向く。その瞬間である。加禰は、玉類の入った小袋を浪《ナミ》のほうに投げると、懐剣を手にしたまま身体ごと久僧にぶつかっていった。その勢いのまま、二人は、船から海中へと没する。そのあたりの海面には、鮮血がひろがっていく。

舟は、大きく横揺れをともないながらも、潮に流され、組み合ったまま、のたうつ二人を海中に残して離れ去っていく。浪《ナミ》は、船端から体を乗りだし、懸命に加禰《カネ》の名を呼びつづけるが、すでにしてその姿は、海上を漂う薄もやに包まれ、視界の外へと消え去ってしまう。

浪《ナミ》は、悲嘆に暮れていたが、ようやくにして自分の使命に思いいたる。なにはともあれ、桶《おけ》で海水を汲み上げ、これを気絶している久万《クマ》の顔にぶっかけた。久万は、苦痛に顔をゆがめながら意識を取り戻す。彼は、浪からことの次第を聞き、あわてて二人を捜そうと櫂を手にするが、すぐにその行為の無駄なことを悟る。そして、当初の約束のとおり、櫂を操って停泊している大船の方に向かった。

大船につぎつぎと声をかけていくと、何隻目かの船が播磨の餝磨津《しかまのつ》（現在の姫路港）に寄るとこたえてきた。浪《ナミ》は、相応の玉を渡して、この船の長《おさ》に自分と赤子の餝磨津行きを承諾させた。そこから舟を雇って加古川の河口へまわれば、稲日大郎姫《イナビノオオイラツメ》の実家はそう遠くないところにある。いまは、少しでも難波を離れ、追及の手を逃れることが先決であった。

浪《ナミ》の乗る船がいよいよ帆を揚げて出帆しようかというとき、湾内に停泊する大船の臨検にあたっていた一艘の小舟が近づいてきた。それに気づいた船長《ふなおさ》は、赤子を抱いた浪を、積み上げた菰《こも》のうしろに隠し入れ、浪に「赤子を泣かすでないぞ」と申し渡した。すると、不思議なことに、赤子は、ぐずるのをやめ、浪に向けて顔を真っ赤にして息んでみせたのである。

船長は、舷《げん》側から縄梯子《なわばしご》を下ろして臨検の兵士二名を迎え入れた。とはいっても、彼らは、おざなりに船内をひととおり歩きまわるにとどめ、船長からのいくばくかの賄《まいない》を手にすると、納得してみずからの舟に戻っていった。

浪《ナミ》は、その小舟が離れ去っていくのを目にしたとき、やっとのこと、気持ちの張りがすこしばかり引いていくのをおぼえた。そして、生まれて間がないにもかかわらず、声をたてまいと息張った赤子の顔をつらつら眺めて、「この子は徒者《ただもの》ではない。本当に末恐ろしい子だこと」と驚嘆したものである。

ちょうどそのころ、武庫川の下流域では、軒並み、兵士による小碓尊《オウスノミコト》の捜索がはじまっていた。翁夫婦は、このような動きを察知すると、瀕死《ひんし》の状態にある背長《セナガ》を、魚網・薪《まき》・筵《むしろ》・農具などといったものを雑然と積み上げてある、別棟の納屋《なや》の底に隠し入れた。兵士は、この納屋にもやってきて、積み上げた荷や材の何か所かに矛《ほこ》（両刃の長槍）を突き立て、異状のないことを確認したうえで引き揚げていった。背長も、際どいところで発見されずにすんだのである。

思えば、小碓尊《オウスノミコト》の命は、風前の灯のようなものであった。とはいえ、まわりの人びとの犠牲のうえに、彼は、なんとか生をつかみとることができたのである。それは、まさに天与の命というべきであろう。

吉備へのさらなる逃避行

小碓《オウス》は、播磨《はりま》の母方の実家において、八歳になるまで祖父母の比古汝茅《ヒコナムチ》と吉備比売《キビヒメ》、そして乳母の浪《ナミ》の手によって慈《いつく》しまれてきた。何不自由なく育てられてきたものの、やはりじつの母の不在は、小碓に満たされぬものを残していた。小碓は、叔母の若郎姫《ワカイラツメ》が母の妹であると知ってからは、母の面影を偲《しの》んでは、この叔母の挙措《きょそ》になにかと注目したものである。

歌垣山《うたがきやま》で小碓《オウス》が襲われたという事実は、比古汝茅《ヒコナムチ》の一族に深刻な反省をもたらした。とりわけ、若郎姫《ワカイラツメ》は、小碓を歌垣山に行かせることに反対した経緯があり、「そら、言わないことじゃない。姉上にどう申し開きするのです」と、父親に食ってかかった。

かの暴漢は、小碓《オウス》が穂積《ホヅミ》氏の娘に近づいたことをとがめたのであろう。もし物部《モノベ》系の者がからんでいるとしたら、小碓と名乗っていることでもあるし、その存在があからさまになるのも、時間の問題であろう。

かくて、小碓《オウス》の身に危険を感じ取った比古汝茅《ヒコナムチ》は、早々に商団を装い、陸路、吉備《きび》国をめざすことにした。数頭の馬に荷駄《にだ》を積み、十数名の随伴者にも商い用の品を納めた木箱を背負わせた。さらに、一行の前後を、内々に配置した警護員で固めたのである。今回は、妻の吉備比売《キビヒメ》に加えて、長弟の比古波爾《ヒコハニ》とその子長日子《ナガヒコ》が比古汝茅に同行することとなった。

小碓《オウス》には、乳母の浪《ナミ》との別れがことのほかつらく感じられた。幼くして甘えることができたのは、浪に対してだけであった。淋しいとき、悲しいとき、これまで幾度、浪の懐に抱かれて涙したことか。浪《ナミ》にしても、腹を痛めた子を幼くして失い、夫《つま》とも死別している。それだけに、小碓《オウス》をじつのわが子と思って誠心誠意尽くしてきたという思いがある。別れの日がいずれはくるものと覚悟はしていたものの、その日がこれほど早くやってこようとは思いもせず、いたたまれない気持になっていた。

いっぽうで、浪《ナミ》は、小碓《オウス》ともども播磨に逃れ来るに際して、深傷《ふかで》を負いながらも自分たちを護《まも》ってくれたあの背長《セナガ》のことが、いまもって忘れられないでいた。彼女は、詳細は語らなったものの、いずれ機会をみて世話になった背長の消息を調べてほしいと、小碓に念を押すのであった。

さてさて、年端のいかぬ小碓《オウス》とて、感傷に浸《ひた》っている余裕はなかった。印南《いなみ》の留守宅は、出払った日の夕べには、黒衣の曲者《くせもの》の侵入を受け、館の一角が付け火により燃やされたという。事態は、比古汝茅《ヒコナムチ》が懸念したとおりに進んでいる。

比古汝茅《ヒコナムチ》の一行は、山陽道《かげとものみち》を西に向けて進む。

三輪王朝初代の崇神《スジン》帝の御世、四道将軍のひとり、吉備津彦命《キビツヒコノミコト》は、軍を率いて山陽道を吉備へと進み、異母弟の若建《ワカタケ》吉備津彦命とともに、吉備国を制圧するという功績をあげている。比古《ヒコ》汝茅《ナムチ》の一行が向かう吉備国の王・稚武彦《ワカタケヒコ》は、若建吉備津彦命の孫にあたった。そして、吉備《キビ》比売《ヒメ》は、稚武彦の叔母にあたったのである。

古代にあっては、陸路が船路よりも苦難をきわめたであろうことは容易に想像できる。幹線道路とはいっても、すべてが整備されていたわけではない。行く手を河川や沼地・湿地にさえぎられることも多く、増水したときの渡河は、ことさらに難儀であった。峠越えも、難渋《なんじゅう》をきわめた。峠なる言葉は、もともと、幣《ぬさ》を「手向《たむ》け」ることに由来している。そこは、地上界と天上界とをつなぐ境界を意味しており、峠を越えるに際しては、道中の無事を祈って神々に捧げ物をする風習をともなったのである。

播磨の加古川から西に向け、往時の山陽道を、のちに設けられた駅家《うまや》（伝馬・宿泊の施設）によってたどると、佐突《さつち》・草上《くさがみ》・大市《おおち》・布勢・高田・野磨《やま》とつづき、その先で、播磨と吉備の境界をなす船坂峠《ふなさかとうげ》に行き着く。

一行が船坂峠の上りにかかった、まさにそのとき、後方から黒衣の騎馬集団が襲来し、これを阻止せんとする比古汝茅《ヒコナムチ》側の警護員とのあいだで戦闘がはじまった。この事実を知るや、先行する警護員が後方へ加勢に走り、悪戦苦闘の末、比古汝茅側は、どうにか襲撃者を退け、その企図を断念させることができた。

船坂峠の西麓には、吉備国の屯所《とんしょ》が設けられており、数十名の兵士が詰めていた。比古汝茅《ヒコナムチ》は、ここで警護員の過半を国もとに戻し、屯所の長にはみずからの身分と吉備王に謁見を求める旨と

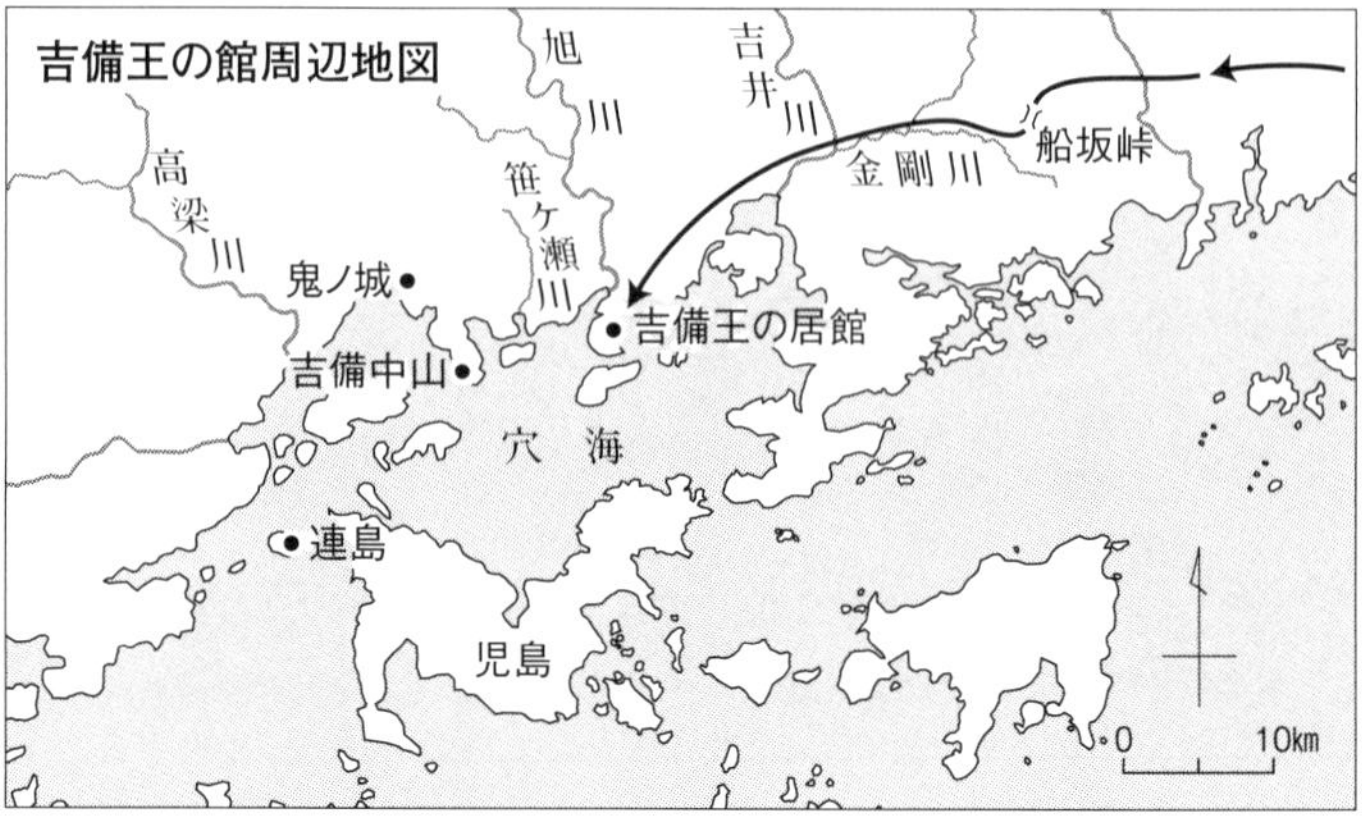

吉備王の館周辺地図

を明らかにし、通行の了承を得た。と同時に、日も翳《かげ》ってきたところであり、とりあえず、ここで野営をすることにした。

翌朝、屯所の数名の兵士が比古汝茅《ヒコナムチ》一行の先導の任についてくれた。大国、吉備国の領内である。ここまでくれば、ひと安心といってよかろう。みんなの表情にも、これまでと違って少々ゆとりが感じられるようになった。

一行は、金剛川《こんごうがわ》（吉井川支流）沿いの道を西へと進む。しばらくすると、右手をさえぎる山並みのなかに、もうもうと火の手を上げ、山肌を焦《こ》がす光景が現われた。土地の人びとが山焼きをしているのである。小碓《オウス》は、先ほどからそれに目を奪われていた。

古代にあっては、山間部において、山焼きをしたあとの栄養分豊かな土壌を使って作物を育てる「焼畑《やきはた》農耕」がゆきわたっていた。山焼きをした年から四、五年のあいだ、粟《あわ》・稗《ひえ》・黍《きび》・大豆《だいず》・大根《だいこん》などというように、地味の衰えに合わせて育てる作物を替えていき、その後は、十数年放置して地力の回復を待つ。このようにして、いくつかの焼畑区画を輪番制にして運用していくのである。

火煙をあげている山々を見ると、炎はいずれも山腹を上から下へと向かっている。それにもかかわらず、それらのなかに、村の人びとが山の麓のほうから上向きに火をつけようとしている山があった。小碓《オウス》は、なんであんなことをするのだろうと不思議に思い、その理由を祖父に尋ねた。

「火の勢いを抑えようと、向かい火の用意をしているのじゃよ」

「向かい火だって……。でも、下からも燃やしたら、もっと火が強くなるのでは」

「そんなことはない。燃えるものがなければ、火は消えるのが道理じゃ。本来、火を止めたいところを決め、きれいに刈りとって空き地にしておけば、自然に火は消えるはずなのじゃ。今回は、予想した以上に火の勢いが強すぎたのじゃろう。空き地を越えて飛び火しないよう、下から上へ火をつけて、事前に燃える部分をなくそうというわけじゃ。そうすれば、空き地が広がるから、飛び火を防げるということじゃよ」

小碓《オウス》は、印南の館で暮らすうちに、子供ながらも、祖父母のみならず、出入りする多くの人びとから庶民の生活の知恵を学んできた。しかし、祖父の船旅に同行してからは、あの歌垣山でのそれといい、今回の山焼きのそれといい、こうした経験や見聞によって、思いもよらぬ未知の世界があることを知るのである。

後年、小碓《オウス》は、若くして身につけた知恵や体験を、いろいろな場面でいかんなく発揮する。長じてのち、征東大将軍に任じられ、陸奥《みちのく》に向け駿河《するが》の茅野《かやの》を進軍中、四方から火の手が上がり、部隊が危険にさらされることになる。その際、武尊《タケルノミコト》(小碓の成人後の名称)は、この向かい火のことを思い起し、先に周囲の茅を燃やすことによって迫りくる火焔《かえん》を鎮《しず》め、この危機を乗り越えるのである。

やがて、金剛川は、本流の吉井川に合流する。吉井川の対岸にも、屯所が設けられており、一行は、その近くで宿営する。翌日は、ここの屯所の兵士が先導役を引き継ぎ、そのうちのひとりが騎馬にて先行し、吉備王への注進に及ぶ。一行は、しばらく吉井川沿いを進むが、吉井川が南流するに及んで、別途、南西の方向に進路をとる。

吉備王の居館(現在の国府市場のあたり)は、西と南を川と海にはさまれた要害の地にあり、館そのものも、濠《ほり》と塀に囲まれた堂々たる構えをなしていた。門前にて来意を吉備王に言《こと》づてするよう頼むと、事前に連絡がはいっていたことでもあり、丁重《ていちょう》に迎え入れられた。比古汝茅《ヒコナムチ》と吉備比売《キビヒメ》は、事前に国王稚武彦《ワカタケヒコ》と王妃建比売《タケヒメ》との非公式の会談に臨んだ。

国王は、叔母夫婦の来訪を喜び、その長の道中を労《いた》わった。

「叔母上とは、父がみまかったとき以来ですから、もうずいぶんとなりますな」

「ほんに。それにしても、お国は、ますます栄えておられるようす。和子《わこ》や媛《ひめ》もすっかり大きくなられたことでしょう」

「二人とも、伸びやかに育ちました。のちほど、挨拶《あいさつ》させましょう」

その後の話し合いで、国王は、比古汝茅《ヒコナムチ》の要請を受け入れ、小碓尊《オウスノミコト》を預かることを了承した。

ただ、つぎのような感慨を口にした。

「大和王権の始祖、神武大王《おおきみ》は、大和に向かう前、三年のあいだ、吉備国の高島の地に行宮《あんぐう》（仮の宮殿）を建てて住み、船を揃え、兵器や糧食を蓄えられた。このたび、ふたたび、大王の王子《みこ》を迎えることになるとはの。これも、なにかの縁《えにし》であろう」

「したが、小碓尊《オウスノミコト》には、まだ危険がつきまとっている。大和国に伝わることのないよう、身分を伏せてかくまっていただきたいのだが……」

「事情はよくわかった。臣下の者たちには、秘密の厳守についてよく言い含めておこう」

比古汝茅《ヒコナムチ》と吉備比売《キビヒメ》は、国王夫妻との会談を終えると、小碓《オウス》をともなって王家の諸臣が控える公式の会見場へと向かった。

正面の一段高いところに幅広の敷物が敷かれ、その上に王の座が設けられていた。そこから手前に少し距離をおき、これに対面する形で三つの座が用意されていた。小碓《オウス》は、その真ん中に祖父母にはさまれる形で座った。彼らの両側には、諸臣が座に着き、居並んでいた。

「おう。その子が小碓《オウス》か。なかなか利発そうな子だな。吉備国が責任をもってよき若者に育てようぞ。武彦《タケヒコ》、汝《いまし》は小碓と年ごろもそう違わぬ。これからは、兄弟同様仲良くいたせ」

武彦と名指しされた若者は、王の長子、いずれは、吉備王を継ぐと期待されている。

「ところで、小碓《オウス》よ、なにか望みがあれば、言ってみるがよい」

小碓《オウス》は、子供ながらも、歌垣山で殴り飛ばされ、弟橘媛《オトタチバナヒメ》を守ってやれなかったことが、悔しくてならなかった。いまの彼は、ただ強くなりたくて仕方がなかった。彼は、臆《おく》せず応《こた》えた。

「吾《あ》のいちばんの願いは、武術を身につけて、だれにも負けないくらい強くなることです」

これを聞いて、諸臣の間から、「ほほう」という感嘆の声が漏《も》れた。

「うむ。それは大切なこと。この年から励めば、ものになるであろう。良継《ヨシツグ》よ、この者を鍛えてやってくれるか。そうだ、武彦も鍛えてもらうとよい」

良継《ヨシツグ》とは、この席に陪席している吉備国の重臣、加夜《カヤ》氏のことである。武術に関しては、広く吉備から筑紫にかけて、彼に及ぶ者なしといわれるほどの達人である。海を隔てた西の外《と》つ国(すなわち、朝鮮半島の国々)にも長らく滞在したことがあり、かの地の武術にも精通していた。

比古汝茅《ヒコナムチ》夫妻と比古波爾《ヒコハニ》は、時間にゆとりができると、たいそうな賑《にぎ》わいを示す近くの市場に出かけ、持参した荷を元手に精力的に、地元の特産品や他国からの舶来品《はくらいひん》を買いあさった。そして、数日後には、吉備王の慰留にもかかわらず、長日子《ナガヒコ》のみを残し、あたふたと戻っていった。播磨での邸宅の再建が急務だったからである。

物心ついてこのかた、兄貴分として小碓《オウス》がいちばん頼りにしてきたのは、長日子《ナガレコ》であった。長日子は、小碓が幼子のときから、父母のいない寂しさをなんとかまぎらわせてやろうと、陰になり日向《ひなた》になりして気づかってきてくれたのである。小碓は、長日子を残してくれるよう祖父母と大叔父に懇願した。また、長日子も、生涯をとおして小碓の楯《たて》となることを伯父夫婦と父に誓った。ここに、小碓と長日子との絆《きずな》が固く結ばれたのである。

小碓《オウス》は、吉備王の館の敷地内に建てられた家屋に、長日子《ナガヒコ》とともに住むことになった。そして、吉備王の肝《きも》いりで、小碓は、吉備武彦《キビノタケヒコ》とともども、武術の修練や学問の習得に励むこととなったのである。武彦は、小碓よりもわずかばかり年が上であったが、うぬぼれず、あなどらず、じつに気持ちのよい少年であった。

そんなある日、武彦《タケヒコ》は、妹の穴戸武媛《アナトタケヒメ》をともない、小碓《オウス》に引き合わせた。彼女もまた、溌剌《はつらつ》とした明るい少女であった。小碓は、ひと目で彼女がすっかり好きになってしまった。小碓としては、武彦が来れないときであっても、穴戸武媛が来てくれないかなと、彼女を心待ちにするようになった。

小碓《オウス》は、連日、きびしい武術の鍛錬に明け暮れた。それでも、鍛錬に慣れるうちに、すこしずつ気持ちに余裕が感じられるようになっていく。その余裕を乗馬の訓練へと振り向けた。やがては、勉学や修練の合い間をぬって、武彦《タケヒコ》や穴戸武媛《アナトタケヒメ》とともに、馬を飛ばして郊外の野や森に遊びに出るようにもなった。そうしたことは、子どものころの心温まる思い出として、小碓の胸の内に大切にしまいこまれるのである。

かの弟橘媛《オトタチバナヒメ》との衝撃的な出会いを思い起こすときもあるが、弟橘媛が雅《みやび》にして威厳を感じさせるところがあったのに対し、穴戸《アナト》武媛《タケヒメ》のほうは、それとは対極に位置する存在といえた。二人が対照的であるだけに、小碓《オウス》にとっては、どちらも個性的で大切な人と思えるのであった。

吉備での成長の日々
――その一、入り身と足技の修練

さて、武術の修練のことである。吉備で身につけた武術が、この後、小碓《オウス》が遭遇する数々の苦難を救うことになる。

小碓《オウス》が武彦《タケヒコ》とともに郊外の原野にて神妙な面持ちで待っていると、加夜《カヤ》氏は、息子の種継《タネツグ》を帯同してやってきた。彼の息子は、すでに青年の域に達していた。

加夜《カヤ》氏は、当分、入《い》り身《み》の稽古を行なうと宣言した。ここで、入り身とは、相手の攻撃に出ようとする気配や動きを察して、相手の剣《つるぎ》や矛《ほこ》、突きや蹴りなどの射程の内にみずからの身体を入れ込むことである。こうすれば、相手は攻撃をつづけることができず、当方は、余裕をもって相手を制することができる。

そして、種継《タネツグ》に木切れ（これを、便宜上「木剣」と称したい）を渡し、実演をしてみせた。種継が父に向けて木剣を真っ向から振り下ろすと、彼は、素手のまま、その剣の動きに沿って身体を左うしろにひねりながら右前に進み、右の手のひらで相手の顔面をたたいた。二度目には、左前に進み、同じように捌《さば》いてみせた。

その後、加夜《カヤ》氏は、種継と小碓《オウス》たちを立ち合わせ、小碓たちに同様の体捌《たいさば》きを行うよう命じた。小碓《オウス》などは、やっと八つに届いた子供で、武術の訓練などしたことがない。加夜《カヤ》氏の息子が、みずからの木剣の動きにいくらか手加減を加えることがあったとしても、木剣は、容赦なく小碓を叩きつける。

こうした動きを繰り返すうちに、小碓はといえば、しだいに涙も涸《か》れ、わめく声もかすれていく。武彦《タケヒコ》のほうも、小碓にくらべると、武術の習得に一日の長があったとはいえ、さんざんに打ちのめされていた。たまたま見学にきていた穴戸《アナト》武媛《タケヒメ》は、そのあまりの凄惨《せいさん》さに顔をこわばらせ、逃げるようにして引き上げていった。

加夜《カヤ》氏は、半年以上にわたり、さまざまな想定のもとに、入り身の応用の幅をひろげていった。

その後、小碓《オウス》たちにも木剣を持たせたが、あくまでも入り身の修練が主体で、木剣はその補助に使うにとどめよと言い渡した。

やがて、加夜《カヤ》氏は、入り身の稽古に加えて、蹴りを主体とする足技の指導にも力を入れるようになった。足技には、相手の足を払ったり、相手の膝や足の甲を踏みつぶしたりする技も含まれる。このほか、入り身のように体と体が密着する場合は、膝蹴り・裏拳《うらけん》打ち（手の甲を内から外へ振るようにして相手の顔面を打つ技）・貫手《ぬきて》（指先を相手の目など軟らかい部位に突き刺す技）、さらには首の関節をひねったり、首を絞めたりする技も重要になってくる。

景行《ケイコウ》帝の先代、垂仁《スイニン》帝の御世のこと、大和には、天下無双と自他ともに認める力士、葛城《かつらぎ》国出身の当麻蹴速《タイマノケハヤ》がいた。あるとき、大王《おおきみ》は、出雲《いずも》国から名の聞こえる野見宿禰《ノミノスクネ》を呼び、両者に御前で相撲《すまい》をとらせたことがある。当麻蹴速は、名前からして蹴りを得意としていたと思われるが、逆に、野見宿禰にあばら骨や腰の骨を砕かれ、蹴り殺されている。古代の相撲は、蹴りが主たる技法となっている状況からして、中国大陸や朝鮮半島の国々からの影響を強く受けているようすがうかがえる。

小碓《オウス》が武術の指導を受けはじめてから、数年を経過したある日のことである。小碓と武彦《タケヒコ》が自主訓練にはげみながら、加夜《カヤ》氏を待っていると、彼は、二名の異国人と十数名の吉備の兵士をともなってやってきた。その異国人は、海を隔てた西の国々において、傭兵《ようへい》として数々の戦場を駆け巡ってきた者であるという。加夜《カヤ》氏は、小碓《オウス》たちに、「今日は、異国の剣技をしっかり学ぶように」と言い渡した。そして、異国の剣士と吉備の兵士とを、甲冑《かっちゅう》を身に着けさせたうえで、それぞれ剣や矛《ほこ》を持たせて戦わせた。

吉備兵に取り囲まれた二名の剣士は、みずからを軸としてぐるぐると回転しながら四方の敵に対し、跳躍して斬り込んだり、蹴りを見舞ったり、足を払ったりと、じつにめぐるましく動きまわる。吉備兵は、相当に打ち込まれ、蹴り込まれていた。異国の剣士は、小碓《オウス》たちが想像した以上に、動きがはげしく、技も多彩であった。

ついで、加夜《カヤ》氏は、小碓《オウス》たちに、「立ち会ってみたら、どうだ」と促した。こんどは、剣士のほうも、小碓たちに合わせて甲冑を脱ぎ、木剣を手にした。最初に武彦《タケヒコ》が応じたが、かの剣士のはげしい動きに幻惑され、防戦いっぽうとなり、ついには、足払いを受けて倒れたところを上から制圧されてしまった。

いよいよもって、小碓《オウス》は、もうひとりの剣士と相対することとなった。

小碓《オウス》は、相討ちを狙って入り身の機会をうかがうが、相手も、それを察知してひとところにとどまらず、絶えず動きつづけるために、なかなかその機会が得られそうにもない。そこで、相手の律動を崩すため、自分のほうから絶え間なく剣を繰りだして攻勢をかけることにした。

相手は、小碓の攻撃をほどほどにあしらっていたが、やがて反撃に転じ、小傩の剣をはじくや、跳躍して空中での二段蹴りにきた。その瞬間、小碓は、体を沈めて相手をやりすごすと、ただちに反転して相手の体勢が整う前にその背中に斬りつけた。相手も然《さ》る者、体をねじるようにしてみずからの剣で受けた。しかし、その受けは十分とはいえず、小碓の剣の勢いが勝《まさ》ったと判定された。

異国の剣士は、「年端《としは》もゆかぬ童《わらべ》に負けることになるとは」といぶかしがりつつも、小碓《オウス》の勘のよさ、動きのよさを絶賛した。武彦《タケヒコ》も、驚いて小碓を凝視していた。もちろんのこと、加夜《カヤ》氏は、満足そうに笑みを浮かべていた。

小碓《オウス》の武術の訓練は、この日を境に、いっそう真剣なものとなっていったのである。

吉備での成長の日々
——その二、近郷の市場と山城の視察

小碓《オウス》と長日子《ナガヒコ》が吉備《きび》国に落ち着いてから、しばらくしてのことである。武彦《タケヒコ》と穴戸《アナト》武媛《タケヒメ》が、気晴らしにと二人を誘い、吉備の街や郊外を案内してくれた。その際、加夜《カヤ》種継《タネツグ》が後見人として一行に随従した。

吉備王の居館の南方には、穴海《あなうみ》とよばれる内海をはさんで、児島（現在は、本土とつながって児島半島となっている）が巨大な勇姿を横たえている。また、居館の西隣《にしどなり》では、旭川が穴海に流れ込んでいる。その旭川の先、笹ケ瀬川《ささがせがわ》を越えると、吉備中山という小高い丘がある。

吉備中山の南麓では、市《いち》が開かれており、多くの人びとが押しかけ、たいそうな賑《にぎ》わいを示していた。小碓《オウス》の祖父母や大叔父が商いに出向いた、あの市場である。そこへは、穴海が迫ってきており、岸辺には、積荷を運ぶ多くの小舟が舫《もや》ってあった。なにはともあれ、小碓たち一行は、市場の出店に陳列された品々を見てまわることにした。

吉備平野での穀物の稔《みの》りは豊かである。ここでは、黍《きび》・粟《あわ》・稗《ひえ》などに代表される雑穀や、赤色や黒色を帯びた古代米が収穫されていた。また、瀬戸内からあがる海産物も豊富である。干《ほ》した海藻を焼き、水に溶かして煮詰める藻塩《もしおや》焼きも盛んであった。それぞれの出店では、こうした吉備の特産物が所狭しとあふれかえっていた。

出店のなかには、西の外《と》つ国からもたらされた鉄鋌《てってい》（規格化された板状の鉄素材）を揃え、農具や武具などの鉄製品を並べているところもある。これらの鉄製品には、地元産の鉄塊を鍛冶加工してつくられたものも含まれていた。

若干、補足すると、この時代、すでに各地で渡来人を中心に小規模な鉄の精錬が行なわれていたと考えてよいであろう。鉄鉱石を細かく砕き、これを木材とともに土中や粘土製の炉の中に入れて蒸し焼きにする。溶融するだけの十分な高温が得られない場合であっても、半溶融状態のまま取り出し、海綿状の鉄塊を得ていた。これを再度、赤熱《しゃくねつ》の状態に置き、繰り返し鍛打《たんだ》することにより、不純物を取り除き、鉄の純度を高めていた。なかでも、吉備・出雲《いずも》・筑紫《つくし》・大和《やまと》といった国々では、送風手法（吹子《ふいご》）をくふうすることによって、より高い燃焼温度を得、鉄の錬度をいちだんと高めていたと考えられる。

五世紀にはいると、鉄鉱石の産地の近くに大規模な製鉄施設が営まれるようになる。そのいっぽうで、製鉄の原料は、しだいに鉄鉱石から砂鉄（岩石中の磁鉄鉱が風化・分離し、堆積したもの）へと重点を移していき、平安朝のころともなると、全面的に砂鉄へ移行してしまう。

さて、小碓《オウス》たちの一行は、いつの間にか、さんざめく市場の人込みにすっかり呑み込まれてしまっていた。それでも、なんとか、越《こし》・出雲・筑紫などの産品をそろえた出店の、とある一角にたどり着くことができた。

ここで、穴戸《アナト》武媛《タケヒメ》が少しませた口をきいた。

「久しぶりに市に来たけど、やはりすごい人出ね。なんといったって、翡《ひ》翠《すい》の翠《みどり》の輝き、絹布《きぬぎれ》の滑《なめ》らかな肌合い、あれは、女にとって魔物のようなものなのよね」

「媛《ひめ》も、少し飾らないと、小碓《オウス》に嫌われてしまうぞ」

「なによ。お兄様ったら」

穴戸《アナト》武媛《タケヒメ》だけでなく、小碓《オウス》までもが、少々顔を赤くしていた。

彼女が推奨したのは、越国《こしのくに》からもたらされた翡翠製の勾玉《まがたま》や管玉《くだたま》であり、さらには、これらにガラスや水晶《すいしょう》の小玉を加えて緒《お》にとおした頸珠《くびたま》や手纏《たまき》（腕輪）などの美しい装飾品であった。

倭人《わじん》は、碧玉《へきぎょく》（緑色の玉）に、ことのほかの思い入れがある。そのなかでも、越の硬玉翡翠《こうぎょくひすい》は、ことさら貴重なものとして、諸国の人びとの垂涎《すいえん》の的《まと》となっていた。しかのみならず、それは、海を隔てた西の国々にも名がとおっていたのである。

小碓《オウス》は小碓で、歌垣山《うたがきやま》で弟橘媛《オトタチバナヒメ》に渡した、母譲りの頸珠のことを思いだしていた。あの大きな七つの翡翠製の勾玉を見せたら、みんな驚いたろうにな、と。

さらに、越や出雲の産物の数々を見ていくうちに、小碓《オウス》は、出店の片隅に蝦夷産《えみし》と銘うった区画があるのに気づいた。小碓は、そこで、曲線文様の刺繡《ししゅう》を施した鉢巻、背守《せもり》の縫い込みをした小児用の古着、それに老人を模した木製の彫物などを見つけ、驚きの声をあげた。

「あんな文様やあんな彫物、見たことがない。いったい全体、蝦夷って、どこの国の人たちなのだろう」

「吾《あ》も、そんな人たちは知らない。あの刺繡の文様や老人の風貌からすると、倭国《わのくに》の外に住む人たちかもしれないな。種継《タネツグ》、どう思う」

「北方の部族とは、聞いておりますが……」

じつのところ、越国は、出羽地方の蝦夷の部族と境を接しており、両者の間で交易も行なわれていた。それゆえ、それらの品物は、蝦夷から越国にもたらされたものであろう。布の刺繡に見られる文様は、異国情緒にあふれ、霊妙《れいみょう》にして不可思議な趣きを漂わせていた。木彫のほうも、豊かな頭髪と髭《ひげ》を蓄えた威風堂々たる老人の、杖を携えた姿をかたどっており、これまた、畏敬の念を抱かせるだけのものがあった。

長日子《ナガヒコ》は、小碓《オウス》があまりにもこれらの物に執着するので、手持ちの布地を取引材料として何品か購入することにした。小碓は、早速、鉢巻を自分の額《ひたい》に巻いてみた。

小碓《オウス》にとっては、翡翠《ひすい》がどうのこうのというよりも、蝦夷の産物のほうに興味があった。蝦夷とはどんな部族なのだろうかと、展示されている品物から想像をたくましくしてみるのであった。とはいえ、将来、小碓たちが蝦夷の国を訪ねることになろうとは、この時点では、だれひとりとして思いもしていなかったのである。

筑紫国からの出品で目についたのは、南海産のゴホウラ・テングニシ・イモ貝などといった貝を輪切りにしてつくられた、手首や臂《ひじ》にとおす飾りであって、驚くほど高価な値札がつけられている。

武彦《タケヒコ》と穴戸《アナト》武媛《タケヒメ》がひと言、補足する。

「これらの品は、貝輪とか貝釧《かいくしろ》と呼ばれ、族長の権威を誇示するための装身具として使われてきたんだ」

「こうした貝は、遠く南のほうでしか採《と》れないから、とても貴重なの。このころでは、青銅《からかね》や石でつくった模造品だって出まわっているのよ。でも、吾《あ》には、貝輪なんてそれほど魅力があるもののようには思えないけどね」

実際、これらの品は、大和の豪族たちの間で強い需要があり、古《いにしえ》より南西諸島から北九州を経由して瀬戸内海を難波まで運ぶ「貝の道」と称する経路ができあがっていたのである。

筑紫の出店には、西の外《と》つ国からの舶来品に混じって金《くがね》や銀《しろがね》の装飾品も、いくつか置かれていた。しかし、倭国では、碧玉《へきぎょく》にくらべると、まだまだ金や銀への関心は薄かったといえる。

ひととおり市場を見てまわると、武彦《タケヒコ》は、吉備中山の西北方向に所在する、標高四〇〇メートルほどの鬼城山《きのじょうさん》の登山口へと一行を導いた。

かつては、温羅《ウラ》一族が、鬼城山の山頂に築いた鬼ノ城《きのじょう》を拠点として周囲に勢を張っていたのである。しかし、崇神《スジン》帝の御世、吉備津彦命《キビツヒコノミコト》は、若建《ワカタケ》吉備津彦命とともに、吉備中山に拠って鬼ノ城に籠《こ》もる温羅一族と戦い、激戦の末、これを制したのであった。

鬼城山の傾斜はかなりきつい。山頂に近づくにつれ、長く横に連なる城壁が姿を現わした。武《タケ》彦《ヒコ》の説明によると、この城壁には東西南北の四か所にそれぞれ堅固な城門が築かれているという。

一行は、東門の前にたどりついた。鬼ノ城は、たまたま、加夜《カヤ》氏の管轄下に置かれており、東門に配置されていた兵士たちは、加夜種継《タネツグ》を認めると、こぞって礼の姿勢をとった。

割石を敷き詰めた通路をとおって城内へと踏み込む。そこは、予期に反して、平坦な敷地がひろがっており、館や集会場・鍛冶工房・倉庫・取水場・狼煙《のろし》台《だい》などが残されていた。これらの城郭の造りからして、かつての温羅《ウラ》一族の強勢ぶりが推測できた。そればかりか、このように城壁に囲まれた山城は、倭国にはあまり例がなく、温羅一族の外つ国との関係すらうかがえた。いまなお、鬼ノ城の管理がつづけられているのは、吉備国が侵略されて危殆《きたい》に瀕《ひん》するようなとき、最後の反撃拠点としてこの山城を活用しうる余地があるからであろう。

城壁の高台からする眺望には、すばしいものがあった。

南の方向には、穴海と児島がひときわ目につく。児島の穴海側や瀬戸内側には、多くの帆船《ほぶね》が係留されている。そのはるか向こうには、瀬戸内海に浮かぶ島々をはさんで讃岐《さぬき》国を望むことができた。

穴海には、吉井川・旭川・笹ケ瀬川・高梁川《たかはしがわ》など多くの河川が流れ込み、沿海部に肥沃《ひよく》な広野をつくりあげており、その一帯には、密集した集落と穀類の耕作地がひろがっている。そのあいだにあって、吉備王の館や吉備中山の麓の市場なども俯瞰《ふかん》することができた。また、穴海の東端は、吉井川の河口によって画されており、その左岸が、吉備津と称する港湾となっている。そこは、筑紫の那津《なのつ》（現在の博多湾）と河内の難波津の中間に位置するところから、遠方からと見受けられる帆船が、休息や補給を兼ねて数多く寄港していた。

武彦《タケヒコ》が、穴海を指差して小碓《オウス》に語りかける。

「ここからだと、穴海は、小船が行き交《か》い、のどかな風景に見える。だけど、児島の向こう側の島々には、海賊が巣食っている。奴らは、そこを拠点として瀬戸内を航行する船を襲ったり、通行料を巻きあげたりするんだ」

「なにゆえ、海賊を取り締まらないの」

「取り締まっても、巧妙に島伝いに逃げるので、なかなか根絶《ねだ》やしにできないのだよ」

「海賊っておもしろそうな奴らだな」

「おいおい、奴らは殺しをものともせぬ悪党なんだぞ」

「でも、いちど奴らを見てみたい。できたら、いちど海賊の取り締まりに加えてもらえないかな」

後日、加夜《カヤ》種継《タネツグ》の献言により小碓《オウス》の願いは聞き届けられ、何度か海賊狩りを観察する機会を与えられた。しかし、こちら側の情報が漏れているのか、彼らの巣窟《そうくつ》とおぼしきところを急襲しても、空振りになることが多かった。

二、小碓、いよいよ大和の表舞台へ

伊勢神宮を経由して大和へ

小碓《オウス》は、吉備《きび》国にて順調に成長を遂げ、いまや、大王《おおきみ》と倭媛尊《ヤマトヒメノミコト》のあいだで交《か》わされた約束の一五歳の節目に到達していた。そして、小碓があと数か月で一六歳になろうかという早春の時節、倭媛尊からの使者が吉備国にやってきた。その使者は、吉備王・稚武彦《ワカタケヒコ》に「小碓尊を伊勢神宮に赴かせてほしい」との倭媛尊の要望を伝えた。

小碓《オウス》は、自分の生い立ちになにか微妙なものがあると、うすうすは感づいてはいたが、この段階ではじめて、吉備王からじつの両親に関しての仔細《しさい》が告げられたのである。針間長日子《ハリマノナガヒコ》からも、赤子の自分が乳母の浪《ナミ》にともなわれて、大和から播磨《はりま》へと逃れてきた、往時のことについて聞かされた。

大和国の王子《みこ》として生まれながら、故国を逃れなければならなかったとは、まったく驚くべき内容であった。「そういえば」と小碓《オウス》は思い起こした。浪《ナミ》が背長《セナガ》という人の消息を知りたがっていたことを、である。ただ、吉備王から、「汝《いまし》の母、稲日大郎姫《イナビノオオイラツメ》は病《やまい》で臥《ふ》せっているようだ」と聞かされており、このことが小碓の頭から離れず、しだいにそれが懸念となって膨《ふく》らんでいった。

このたびも、ありし日々の感傷に浸《ひた》っているような悠長な暇《いとま》は許されなかった。吉備王夫妻への挨拶《あいさつ》もそこそこに、伊勢へと急がねばならなかった。それでも、彼は、まだ見ぬ父母への思いを新たに、みずからを懸命に鼓舞するのであった。

小碓《オウス》の一行には、針間長日子《ハリマノナガヒコ》、吉備武彦《キビノタケヒコ》、加夜良継《カヤノヨシツグ》・種継《タネツグ》父子のほかに、十数名の警護の者が加わった。この後、武彦は、小碓の生涯をつうじてよき友となり、小碓の征西、征東という大事業に際しては、参謀ないしは副将格として彼を支えることとなる。

彼らは、早朝を期して吉《き》備津《びのつ》から船出した。まずは、小豆島《しょうどしま》の西側面に沿って南下したあと、四国の沖合を沿岸づたいに東に向けて進む。つづけて、阿波《あわ》の水門《みと》（現在の鳴門《なると》海峡）を抜け、淡路《あわじ》島《しま》の南岸をたどって紀伊水道を渡り、田《た》倉崎《くらざき》から紀伊半島沿いを南に向かう。そのあとは、黒潮に乗って熊野《くまの》灘《なだ》を北上し、伊勢湾の西岸沿いにまわり込んで五十鈴川《いすずがわ》の河口にいたり、そこで碇《いかり》を下ろした。

この時代は、陸地を離れず、山・島・岬などの地形や目標物を確認しながら航行する、「地乗り航法」に拠《よ》っていた。それがために、潮や風の状況に応じて、津や湊に仮泊することもできた

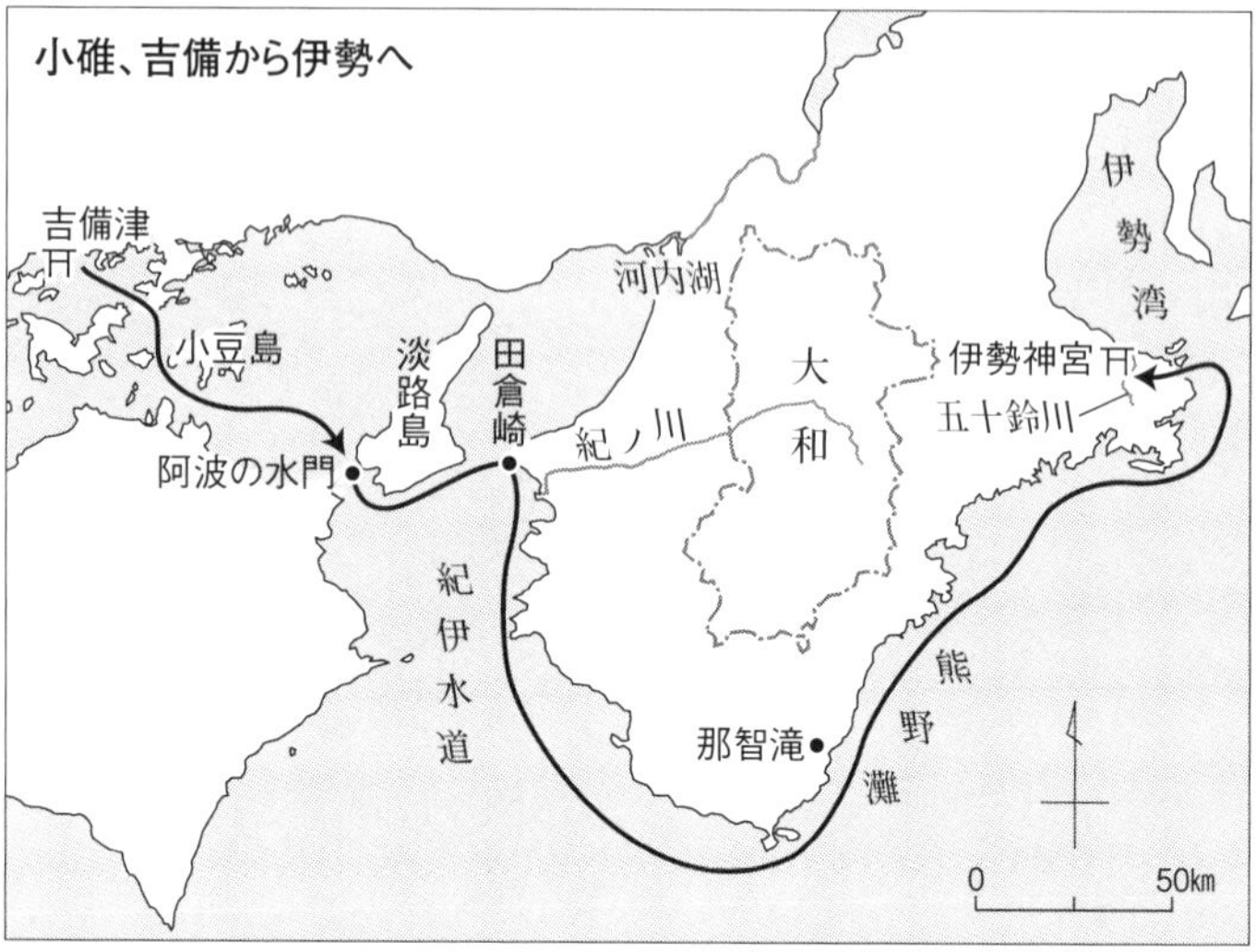

小碓、吉備から伊勢へ

し、悪天候に際しては、入江なり、岬や島の陰なりに避難して急場を凌《しの》ぐこともできた。ただし、この航法は、安全性が高いわりに、日時を要する。このたびも、時節柄、比較的温和な気候に恵まれてはいたとはいえ、吉備津から伊勢湾西岸に到達するまでに、かれこれ八日を要している。

一行は、下船すると、川沿いをさかのぼることによって伊勢神宮をめざした。

伊勢神宮は、緑濃き杜《もり》の奥深くに鎮座していた。本殿は、高床《たかゆか》式の建物で構成されており、参殿するには、梯立《はしたて》をして昇らねばならない。祭壇はというと、その正面奥には、八咫鏡《やたのかがみ》・八《や》尺瓊勾玉《さかにのまがたま》・天叢雲《あめのむらくもの》 剣《つるぎ》からなる三種《みくさ》の宝物《たから》が収められている。また、手前の壇には、神酒《みき》を満たした瓶子《へいし》に加え、糒《ほしいい》（乾飯）や糄《やきごめ》（焼米）を盛った土器《かわらけ》が並べられている。伊勢神宮は、創建の当初から、飢饉対策としての穀倉の役割を兼ねており、本殿に付属する高床倉庫群には、米・麦・粟《あわ》・稗《ひえ》などの穀類が大量に備蓄されていたのである。

小碓《オウス》たちは、巫女《みこ》の案内で本殿に招じ入れられた。そこでは、倭媛尊《ヤマトヒメノミコト》が小碓尊を、いまかいまかと待ち受けておられた。そして、たくましく成長した小碓を見るや、大きくうなずかれた。その昔、みずからが下した決断の正しかったことを、改めて確認されたようである。そして、小碓には、しばらくここにとどまり、身を清めたうえで王宮に赴くよう促された。

この機会に、小碓《オウス》は、おそるおそる倭媛尊《ヤマトヒメノミコト》に、背長《セナガ》なる人物の消息について尋ねてみた。すると、倭媛尊は、しばし瞼《まぶた》を閉じられ、往時を思い返しておられるようであった。その顔《かんばせ》には、後悔の念がありありと浮かんでいた。

「いまさら悔やんでもどうにもならぬが、稲日大郎姫《イナビノオオイラツメ》の侍女たちには大きな犠牲を強《し》いてしまった。背長《セナガ》たちもよう働いてくれた……。おお、そうか。背長のことよのう。その者は、武庫川《むこがわ》の河口近くで、恩を受けた老夫婦とともに暮らしているはずじゃ。いちど訪ねてやってほしい。そなたを見ると、喜ぶであろう」

小碓《オウス》は、みずからが播磨へ逃れるにあたり、母の侍女や斎王《いつきのみこ》の衛士《えじ》たちが犠牲になったということは、吉備王や長日子《ナガヒコ》から聞かされていた。それゆえ、倭媛尊《ヤマトヒメノミコト》の心情を理解することができた。

数日後、小碓《オウス》の一行は、数頭の馬の提供を受け、王宮に向け出発することとなった。その際、倭媛尊《ヤマトヒメノミコト》から加夜良継《カヤノヨシツグ》へ、つぎのように注意喚起がなされた。

「京《みやこ》への途次、小碓尊《オウスノミコト》を亡き者にせんとする輩《やから》が待ち伏せしているやもしれぬ。汝たちの一行に、ここの衛士を加えて護衛を強化したい。京へは、心して向かうように」

「行き届いた心遣い、心より御礼申し上げます。必ずや任務を全《まっと》うして御覧に入れまする」


これより少し前のこと、景行《ケイコウ》帝の最有力の妃《きさき》にして、美濃《みの》国の中央部（今日の可児《かに》市を中心とする一帯）を押さえる豪族、八坂入彦《ヤサカノイリビコノミコト》命の娘、八坂入媛《ヤサカノイリビメ》が、物部十千根大連《モノノベノトチネノオオムラジ》の専用の控室を訪ねていた。

「驚きました。大碓王子《オオウスノミコ》のかたわれが吉備にて育っていたそうです。そればかりか、倭媛尊《ヤマトヒメノミコト》のところへ寄ってからこちらに向かうとか」

「吉備でのことはともかく、伊勢からやってくるというのは、先ほど聞いたばかりだ」

「もしかして、双子のかたわれが吉備で養われていたことをご存知で……」

「薄々は、そのようなこともあるかもしれぬと想像はしていた」

「なんとも、もどかしいこと。大碓王子《オオウスノミコ》は、大王《おおきみ》の意向に逆らって大王の信を失い、吾《あれ》の息子のどちらかが日嗣《ひつぎ》の王子《みこ》（帝位継承の資格のある王子のこと）になると決まっていたのに、とんでもない亡霊が現われたもの。なんとか小碓尊《オウスノミコト》の入京を阻止したいのです。手を貸していただけますか」

「それは、無理というもの。ここまで育ってからでは、手を出すわけにはいくまい。それに、大王《おおきみ》には、小碓尊《オウスノミコト》を心待ちにされている風《ふう》がある」

「……では、美濃の隠し部隊だけでやります」

「吾は、聞かなかったことにしよう。跡をたどられてはならぬ。くれぐれも自重してな……」

十千根大連《トチネノオオムラジ》は、かつて生まれたばかりの小碓尊《オウスノミコト》を弑《しい》せんと謀《はか》ったことがあり、いまとなっては、それが表面化することを恐れていた。それゆえ、小碓尊を亡き者にしようとする八坂入媛《ヤサカノイリビメ》の謀略には、加担することを避けたのである。

「もうひとつお願いがあります。五百城入彦《イオキイリヒコ》（八坂入媛《ヤサカノイリビメ》の次男）の養育係に、いまいちど、津門《ツト》氏をまわしていただけませんか。本人のたっての望みなのです」

「津門男人《ツトノオヒト》のことか。膽咋宿禰《イグイノスクネ》に伝えておこう。そなたから宿禰に直接申し込むがよい」

「ことごとご配慮かたじけのう存じます」

ところで、葛城《かつらぎ》氏の勢力圏に属する二上山の東麓に、大碓王子《オオウスノミコ》が、美濃国の西部方面（旧本巣《もとす》郡のあたり）に拠《よ》る豪族、神骨《カンボネ》氏の娘、兄遠子《エトオコ》・弟遠子《オトトオコ》の姉妹にかしずかれ、ともに住んでいた。

美濃で、八坂入彦命《ヤサカノイリビコノミコト》が、娘の八坂入媛《ヤサカノイリビメ》からの要請を受けて兵の編成にあたっているころには、兄遠子《エトオコ》は、早くもその情報を大碓王子《オオウスノミコ》に伝えていた。

「国もとからの話によると、王子の弟君の一行が、伊勢から大和へ向かわれるとのこと。美濃の八坂入彦命《ヤサカノイリビコノミコト》の手勢が、それを襲う計画をたてているといいます」

「なに、吾《あ》が弟《いろど》は健在であったか。播磨か吉備でひそかにかくまわれているのではないかと淡い期待を寄せてはいたが……」

仔細を聞いた大碓王子《オオウスノミコ》は、小碓尊《オウスノミコト》を護《まも》ってやれる兵を何人か八坂入彦命《ヤサカノイリビコノミコト》の編成する美濃勢のなかに紛れ込ませたいと考えた。そこで、兄遠子《エトオコ》に大碓王子の要望を地元の父上に至急伝えるよう命じた。美濃勢といっても、八坂入彦命の意向に従う者ばかりではない。急げば、襲撃のはじまる直前には、大碓王子の意を含んだ者を、美濃勢のなかに紛れ込ませることができるやもしれない。

そして、小碓尊《オウスノミコト》一行が襲われるかもしれぬという情報は、大王《おおきみ》の耳にも達した。それは、倭媛尊《ヤマトヒメノミコト》に代わって伊勢神宮の斎王となるべく準備中の、大王の娘、五百野王女《イオノノヒメミコ》からもたらされたのである。五百野王女のところへも、日々、細大漏らさず各地の神社や社《やしろ》から情報が寄せられている。

大王《おおきみ》は、ただちに大伴武日連《オオトモノタケヒノムラジ》を呼び、小碓尊《オウスノミコト》を迎えに兵を率いて伊勢へ向かうよう命じた。

そこで、大伴武日連は、馬上に身をおき、一〇〇名ほどの兵を引き連れ、幾本もの幟旗《のぼりばた》を立て、伊勢に向けた主要街道（のちの伊勢本街道）を威風堂々と進軍した。

このようにして、小碓尊《オウスノミコト》は、好むと好まざるとにかかわらず、政権内部の権力闘争に巻き込まれていくのである。それは、本人の誕生のときからの宿命であったともいえよう。

さて、小碓尊《オウスノミコト》の一行はというと、伊勢神宮を出で、武日連《タケヒノムラジ》の取ったのと同じ街道を反対側から西へと進む。この街道を榛原《はいばら》まで行き、初瀬川《はっせがわ》に沿う道（のちの初瀬街道）を左にはいると、三輪山南麓の海石榴市《つばいち》にいたり、三輪山西麓の纒向宮《まきむくのみや》はすぐそこといってよい。

しかしながら、この伊勢本街道は河川と峠道が相つぎ、難路の連続となる。それがゆえに、ずっとのちの世のことになるが、伊勢詣でが庶民のあいだで盛んになると、「お伊勢参りして怖《こわ》いとこどこか、飼坂《かいさか》・櫃坂《ひっさか》・鞍取坂《くらとりざか》、津留《つる》の渡しか宮川か」なる道中歌が唄われるようにもなるのである（なお、津留の渡しとは、櫛田川《くしだがわ》の渡船場を指している）。

小碓《オウス》たちの行く手は、まずは、宮川・櫛田川という大河によって阻まれる。それぞれに渡河するための渡しが設けられてはいるが、馬を運ぶのには適していない。騎乗の者が馬を操って川にはいり、川底を歩かせるなり、泳がせるなりして、対岸に向かわねばならない。水流に負けぬよう、何頭かの馬を並べて馬筏《うまいかだ》の体勢を保持する必要もある。

果てしなくつづく山々は、山頂から中腹にかけて鮮やかな若葉で埋め尽くされ、目にまぶしく映《は》える。その新緑の帯のなかに、白くにじんだ斑紋《はんもん》が目につく。あちこちで辛夷《こぶし》の樹が白い花を装いはじめたところなのである。

古来、農家では、辛夷の開花をもって農作業の時期を測《はか》る目安としてきた。このころから、畑起こしに種まき、田打ちに苗床《なえどこ》づくりといった作業にとりかかる。それかあらぬか、この時期、山間にひしめく集落にも、心なしか活気が感じられる。

一行は、加夜良継《カヤノヨシツグ》の指揮のもと、不測の事態に備えるため、絶えず物見を先行させながら粛々《しゆくしゆく》と進む。櫃坂峠を越え、飼坂峠の上りにかかる。これを越えれば大和はすぐそこと、だれしもが思っていた、その矢先のことである。先のほうで、物見の者が傷つき、道路脇の高みから転《ころ》がり落ちてきた。「さては……」と思う間もなく、山道の両側から一行に向けて矢がひっきりなしに飛んできた。前方に馬を駆るも、その先には大木が倒され、道が塞《ふさ》がれている。待ち伏せに遭《あ》ったのである。

馬上の者も馬を降り、二人一組で背中合わせとなって道の両側から来る矢を防いだ。とはいえ、多くの者が矢を受けて傷つく。相手側は、頃合《ころあい》よしと見てとり、抜き身の剣を掲げて斬り込んできた。ここにおいて乱戦となり、加夜良継《カヤノヨシツグ》の小碓《オウス》や武彦《タケヒコ》を気遣う声も、かき消えてゆく。

小碓《オウス》・武彦《タケヒコ》・長日子《ナガヒコ》の三人は、一体となって血路を開き、脇の木立ちに分け入る。追っ手がつぎつぎとこれに迫るが、にわかに、両者の間に五、六名の兵士が割ってはいり、「吾らが楯《たて》となりますゆえ」と叫んで、小碓たちに逃げるよう促す。大碓王子《オオウスノミコ》の手配した策が間に合ったようである。

小碓《オウス》たち三人は、「おかしなことがあるものよ」と、いささか不審に思いつつも、これ幸いとばかりに、さらなる奥の鬱蒼《うつそう》とした森のなかへと逃げ込んだ。道には迷ったものの、危険は、いちおう去ったかにみえる。

壮絶な戦いの末、賊徒側は、めざす小碓尊《オウスノミコト》を捕捉することができず、犠牲者を収容しつつ、いっせいに身を退《ひ》いていった。加夜良継《カヤノヨシツグ》の配下の者は、それぞれに矢傷・刀傷をこうむり、これを見送るのが精一杯のところであった。

すでに薄闇が訪れていた。加夜良継《カヤノヨシツグ》は、小碓《オウス》や武彦《タケヒコ》の姿が見当たらず、その安否を気遣う。そうはいっても、彼らは、賊の手にかかるほど柔《やわ》なはずはなく、山中に迷い込んだのであろう、と推量した。そこで、彼らが気づいてくれるよう、峠の頂上付近で篝火《かがりび》を焚《た》くことにした。

そこへ大伴武日連《オオトモノタケヒノムラジ》の率いる軍団が到着し、すでに戦闘のあったことを知る。武日連は、小碓尊《オウスノミコト》を求めて、松明《たいまつ》を手にした兵士たちを周辺の森の内に分け入らせたが、さすがに、この闇夜にあっては、小碓たちの捜索は無理というものであった。夜明けを待つ以外に方法はなく、加夜《カヤ》父子は、大伴勢の支援のもとに、傷ついた者をともなって峠を下りることにした。武日連は、峠のふもとにて野営することとし、その一帯に篝の火を絶やさないよう配意した。

小碓《オウス》たちは、遠くに兵士の叫び声を耳にしたが、敵か味方かも定かでないうえ、暗闇のなか動くこともままならず、これを無視することにした。その後、はるか下方で燃えさかる篝火の明かりを目にし、これを頼りに、灌木《かんぼく》をかき分け、蔓《つる》・蔦《つた》の類を切り払いながら山を下り、夜明け前には、なんとか大伴勢の野営地の外周にたどり着いた。

そして、「野営地の連中は先ほどの賊徒の一団かもしれぬ」と警戒しつつ、物陰からその方向を注視していた。すると、兵士の集団のなかに、期せずして焚き火の炎に映える加夜良継《カヤノヨシツグ》の横顔を認めた。小碓《オウス》たち三人は、喜び勇み、加夜良継に向けて歓声をあげながら駆け寄っていった。

父王との感激の対面

一行が王宮に着くと、大王《おおきみ》は、一段と高いところに坐し、群臣を左右に連ねて、小碓尊《オウスノミコト》・吉備武彦《キビノタケヒコ》・加夜良継《カヤノヨシツグ》の三名の謁見に応じた。群臣の中には、小碓尊の存在をはじめて知る者が多く、小碓尊が登場してくると、どよめきが走った。

この場に臨む小碓《オウス》の心境は複雑であった。小碓が、じつの父母に逢いたいという欲求をつのらせてきたのは事実である。しかし、その反面において、小碓は、遠隔の地に放置されてきたに等しく、両親とのあいだには十数年にもおよぶ空白がある。小碓の父母を思う気持ちには、どうしてもぬぐいきれぬ不信がつきまとうのである。

それゆえ、大和国《やまとのくに》の大王がじつの父であるといわれても、「はい、そうですか」と簡単に応じられるものではなかった。大王が自分に対して心底から慈《いつく》しみの気持を抱いてくれるかどうかについても、疑義があった。このような不信と疑念にとらわれるなかで、小碓は、じつの父に見《まみ》えるにあたり、「素直な態度がとれるだろうか」「うまいぐあいに受け答えができるだろうか」と、さまざまな不安にとりつかれたのであった。

しかし、大王のほうは、陽焼《ひや》けしてたくましく育った小碓《オウス》を見て感無量のようすであった。

「これまで、汝《いまし》を放置してきたことを心から謝りたい。しかし、汝を大和から遠ざけたは、やむを得ぬ仕儀であった。汝の生まれたときのようすは、たったいまのようにはっきり覚《おぼ》えている。それ以来、汝の存在を忘れたことはない。ただ健《すこ》やかに育ってくれるようにと、祈るばかりであった」

小碓《オウス》のほうはというと、案ずるより産《う》むが易《やす》しというべきか、この父王の率直な謝罪の言葉を耳にした途端に、それまでの不信と不安が、まるで嘘《うそ》であったかのように、一瞬にして吹き飛んでしまった。小碓は、湧き上がってくる喜びを抑えようもなく、その顔は、思わずして紅潮していた。

小碓《オウス》は、母の実家で、祖父母をはじめ、まわりの人びとから慈《いつく》しみをもって育てられたがために、本来いじけたところはなかったのである。相手が真摯《しんし》な気持ちで問うてくれれば、同じ気持ちで答えるだけの器量を備えていたのである。

「お会いできるのを心待ちにしておりました」

緊張の極にある小碓《オウス》にとっては、震《ふる》えを帯びた声でこのように言うのがやっとのことであった。群臣も、大王の思いやりのある言葉とこれに対する小碓尊の精一杯の応答に、感動をあらわにしていた。

「それにしても、よくぞここまで育ってくれたものだ。吾《あれ》は、王統によき人材を欲しておる。そこにおる稚足彦《ワカタラシヒコ》・五百城入彦《イオキイリヒコ》の兄弟も、成長を楽しみにしている王子《みこ》たちじゃ。これから、汝たちは、ともに競い合って文武に励んでもらいたいものだ」

大王《おおきみ》が名指しした二人の王子は、かの八坂入媛《ヤサカノイリビメ》を母とする兄弟で、小碓《オウス》と年はほとんど変わらなかった。

小碓《オウス》は、しばらく時をおいてから、おもむろに口を開いた。

「……吾は、親を知らずして育ちました。この年になってじつの父に見《まみ》えることができるとは、望外の幸せ。これよりのちは、父上に孝養を尽くし、あわせて、大和国のために誠心誠意尽くしたいと存じます」

纒向遺跡　奈良県桜井市の三輪山(中央)の麓には、弥生時代末期から古墳時代にかけての集落遺跡が集中している。中央左寄りに纒向遺跡、右には箸墓古墳がみえる。

大王《おおきみ》は、小碓《オウス》の言葉に深くうなずいた。

つづけて、大王は、吉備武彦《キビノタケヒコ》のほうを注視した。

「おぅ、武彦公《タケヒコノキミ》、お父上は壮健であられるか」

「父は、いたって元気です。大王が海を渡って加羅《から》（朝鮮半島南端の国々）に渡られるなら、その先頭に立つと豪語しております」

「それは剛毅《ごうき》じゃ。父君は、汝を大和にとどめたいといってきておる。小碓《オウス》の宿舎の近くに居を構えて住むがよい」

つづけて、加夜《カヤ》氏にも語りかける。

「それから、汝が、名うての武人、加夜良継《カヤノヨシツグ》か。小碓尊《オウスノミコト》を鍛え上げたと聞くが……」

「いえ、ほんのすこし手ほどきをしただけです。小碓尊《オウスノミコト》は、なかなか筋のよいものをもっておられます。これからますます力をつけていくことでしょう」

「吾のところにも、野見宿禰《ノミノスクネ》という武人がおる。いちど、汝と野見宿禰の立合いを見てみたいものだ。いかがかな」

「吾も、もう年です。平《ひら》にご容赦《ようしゃ》を」

「そうか、残念じゃのう。したが、野見宿禰《ノミノスクネ》よ。小碓尊《オウスノミコト》にだれかよき相手をみつけて立ち合わせてみてくれぬか」

「そういうことであれば、吾が息子の阿陀勝《アダカツ》に相手をさせましょう」

「ふむ。それは楽しみなこと。待ち遠しいのう」

結局、翌日、宮殿の奥庭にて群臣の見守るなかで、小碓《オウス》と野見阿陀勝《ノミノアダカツ》が木剣を手に立ち合うこととなった。ある意味で、これは、加夜良継《カヤノヨシツグ》と野見宿禰《ノミノスクネ》の代理戦争といえた。

検分役、野見宿禰《ノミノスクネ》の合図で、二人の闘いがはじまった。野見宿禰は、小碓尊《オウスノミコト》の立ち居と気の鎮《しず》まりぐあいをみて、一瞬、青ざめた。一見して、阿陀勝《アダカツ》の勝てる相手ではないことを悟った。若者をこれほど鍛え上げるとは、その師は、並々ならぬ力量といってよい。自分が加夜良継《カヤノヨシツグ》と勝負をしていれば、かつての当麻蹴速《タイマノケハヤ》のときと同様、またどちらかが命を失う悲惨な結果となったであろう。彼が自分との勝負を避けてくれたことを、僥倖《ぎょうこう》と思わねばならなかった。

阿陀勝《アダカツ》は、軽い気持ちで木剣を上段から振り込み、下がる相手の中段を横に斬り払い、つづけて上段に向けて二度三度と突いて出た。小碓《オウス》は、下がりつつも上体を反《そ》らせ、右に左に身をかわすことで、相手の剣をぎりぎりのところで避けた。

阿陀勝《アダカツ》は、ようようにして相手の傑出した技量に気づき、木剣を打ち込むや、かわした直後の相手の体のくずれを見逃さず、身を沈めながら足払いをかける。小碓《オウス》は、これをかわしきれず、体をよろめかせる。阿陀勝は、さらに木剣を振るって飛び込み、左右から連続して蹴りを見舞う。

小碓にとっては、予想外の鋭い蹴りであった。

こうした攻防がさらにつづいたが、やがて阿陀勝《アダカツ》の攻撃が止まり、しばし両者は向かい合って対峙《たいじ》する形となった。阿陀勝は、頃合《ころあ》いよしと見て、裂帛《れっぱく》の気合もろとも打ち込んできた。そのとき、小碓《オウス》は、無意識のうちに体が動いてしまい、相手の体に身を寄せるや、いつの間にかそのうしろにまわっていた。

ここで、野見宿禰《ノミノスクネ》は、闘いをとめた。大王《おおきみ》の前に進み、片膝《かたひざ》ついて言上《ごんじょう》した。

「ご覧のとおりです。小碓尊《オウスノミコト》はこの若さです。どこまで強くなられるか、想像もつきません」

「ふむ。王族からこれだけの猛者《もさ》が出るとはのう」

事情がよく理解できず、水を打ったように静まっていた群臣それぞれも、このやりとりを聞いて感嘆の声をあげはじめた。

小碓《オウス》と阿陀勝《アダカツ》の二人は、お互いに健闘を称《たた》えあった。

「汝の足技には苦労した」

「いえいえ。参りました。私など王子には及びもしませぬ」

阿陀勝《アダカツ》は、素直に負けを認めた。そのいさぎよさを、小碓《オウス》は好ましく感じた。

その後、大王《おおきみ》は、小碓尊《オウスノミコト》を襲った美濃《みの》勢への仕置きにとりかかった。物部十千根大連《モノノベノトチネノオオムラジ》を呼び、美濃の八坂入彦命《ヤサカノイリビコノミコト》に難詰《なんきつ》の使者を向けるよう指示した。大王は、必要以上に美濃勢を窮地に追いつめたくはなかった。十千根大連であれば、ほどよいところで収めてくれるであろうと期待したのである。十千根大連自身も、そのことを十分心得ていた。

そして、大王《おおきみ》は、八坂入媛《ヤサカノイリビメ》を呼び、「父君に疑惑がある以上、汝に咎《とが》はなくとも、しばらくは控えたほうがよい」と告げ、一か月間、自室で謹慎するよう諭《さと》した。もとより、大王は、このたびの騒動が八坂入媛から出たものであることを承知していたが、あえてこれを不問に付したのである。八坂入媛も、それを察知しており、涙ながらに大王に従順の姿勢を装《よそお》ったのであった。

別途、大王《おおきみ》は、五百野王女《イオノノヒメミコ》から、大碓王子《オオウスノミコ》が小碓尊《オウスノミコト》を護《まも》るために取った措置についての報告を受けた。「大碓王子も、兄貴らしきことをしたものよ」と、大王の口もとがややほころんだように見受けられた。

八坂入媛《ヤサカノイリビメ》は、はじめこそおとなしくしていたが、日にちが経つにつれ、腹立たしさがつのるのを抑えることができなくなっていた。腹いせに王宮の祭殿に五百野王女《イオノノヒメミコ》を訪れ、今後、大王に報告することは、必ず自分にも報告するよう談じ込んだ。

五百野王女《イオノノヒメミコ》は、八坂入媛《ヤサカノイリビメ》のあまりにしつこい要請に渋々頭《かしら》を縦に振った。しかし、心の底では、「女狐《めぎつね》がなにをいうか。然《しか》るべき他の者をとおして大王《おおきみ》にあげれば、事は足りる。自分に報告しろ、だと。だれがそのようなことをするものか」と、うそぶいていた。女性とはいえ、王宮の媛《ひめ》たちは、並みの男では太刀打ちできそうもないほどに情の強《こわ》い面をもっていた。

八坂入媛《ヤサカノイリビメ》の二人の王子、稚足彦王子《ワカタラシヒコノミコ》と五百城入彦王子《イオキイリヒコノミコ》に加えて、小碓尊《オウスノミコト》を日《ひ》嗣《つぎ》の王子《みこ》にする旨の勅命が下りたのは、小碓が京《みやこ》に着いてからおよそ一か月ののち、八坂入媛の謹慎がとれたあとのことであった。

まだ見ぬ母や兄を訪ねて

小碓尊《オウスノミコト》は、宮殿の敷地内に別邸を与えられ、長日子《ナガヒコ》とそこに住むこととなった。なにはともあれ、母に会おうとその所在を尋ねてまわるが、なかなか判明しない。

そんな時分、小碓《オウス》の邸宅を、義姉にあたる五百野王女《イオノノヒメミコ》が訪ねてきた。

「吾は、王宮の祭殿を管理しています。いずれ叔母の倭媛尊《ヤマトヒメノミコト》に代わって伊勢神宮の斎王《いつきのみこ》になるよう命ぜられています。いまは、見習いの巫女として斎王に仕える身です」

「それは、大変なお仕事です。倭媛尊《ヤマトヒメノミコト》は、吾にとっては、母代わりのようなお方。倭媛尊に仕えるお方とあれば、とてもはじめてお会いする方のようには思えません」

「倭媛尊《ヤマトヒメノミコト》からは、小碓尊《オウスノミコト》をお助けするようにといわれております」

五百野王女《イオノノヒメミコ》は、小碓《オウス》に母や兄の消息を教えてくれた。

まず、母のことである。大王《おおきみ》の正妃、稲日大郎姫《イナビノオオイラツメ》は、大碓王子《オオウスノミコ》・小碓尊《オウスノミコト》の同時出産がかなりの難産であって、産後の肥立ちが悪く、心身を害して宮殿の離れにひっそりと囲われ、何人かの宮女にかしずかれているという。いまでは、稲日大郎姫は、ほとんど自分のことすらわかっていない状況にあるらしい。

大王には多くの妃がいるが、なかでも、美濃《みの》出身の八坂入媛《ヤサカノイリビメ》がもっとも勢いがあり、正妃同様の振る舞いにおよんでいるという。稲日大郎姫《イナビノオオイラツメ》の病状悪化も、八坂入媛が強引にその病状の確認に訪れ、正妃にとどまっていることを難詰《なんきつ》し、面罵《めんば》したことが影響しているともいう。

小碓《オウス》は、京《みやこ》に上るにあたっては、なによりもじつの母との出会いを楽しみにしてきた。このようなこともあるかもしれないと、真実に向き合うだけの心の準備をしてきたつもりではあったが、母のあまりにも深刻な病状を知るにおよんで、隠しようもないほどに意気阻喪《いきそそう》してしまった。五百野王女《イオノノヒメミコ》にしても、暫時《ざんじ》、慰める術《すべ》を知らなかった。とはいえ、悲嘆に暮れているだけでは、先に進むことができない。義弟には、悲しみを乗り越えて雄々《おお》しく生きてもらいたいと願った。

つぎは、兄のことである。大王は、一年《ひととせ》ほど前、美濃の豪族、神骨《カンボネ》氏のうら若き女《むすめ》、兄遠子《エトオコ》・弟遠子《オトトオコ》が美人の誉《ほま》れ高いと聞き、大碓王子《オオウスノミコ》にその容姿を見てくるよう命ぜられた。しかし、大碓王子は、大王にこのことについて復命せず、ひそかにこの姉妹と情を交わし、そのあげく、彼女たちと同棲するようになってしまう。大王は、うすうすこの事情を知り、大碓王子に恨みを抱いておられるという。両者は、疎遠の関係にあり、いずれ、大碓王子に対する大王の処罰が下るのではないかという噂《うわさ》がもっぱらであるという。

加えて、小碓《オウス》は、先般の賊徒のなかに、大碓王子《オオウスノミコ》の意を汲み、小碓を助けようとする者たちが混じっていたことを聞かされた。この際、小碓は、あの山中で不可解な行動をとった者たちにやっと得心がいったのであった。

この後、五百野王女《イオノノヒメミコ》は、八坂入媛《ヤサカノイリビメ》を敵にまわさないようにとの倭媛尊《ヤマトヒメノミコト》の懸念を小碓《オウス》に伝えた。八坂入媛は、王宮きっての実力者である物部十千根大連《モノノベノトチネノオオムラジ》に近づき、その後援を頼みにしているという。

物部氏は、大和王権に恭順の意を示したとはいえ、その風下につくことを潔《いさぎよ》しとしない一部の者は、大和の地を出て美濃・尾張《おわり》・駿河《するが》・相模《さがみ》・常陸《ひたち》などと東方の地に向けて進出していったのである。八坂入媛《ヤサカノイリビメ》は、美濃の豪族、八坂入彦命《ヤサカノイリビコノミコト》の娘であるが、八坂入彦命の母は、尾張氏の出である。したがって、八坂入媛は、美濃・尾張系といってよく、その点では、東方の国々に土着した物部系とは類縁の関係にあるといえよう。

このころでは、八坂入媛《ヤサカノイリビメ》は、突如として現われた小碓尊《オウスノミコト》までもが、みずからの息子たちとともに、日嗣《ひつぎ》の王子《みこ》の指名を受けたことに苛立《いらだ》っていた。それだけに、小碓尊としては、いっそう慎重に身を処する必要があったといえよう。

つづけて、五百野王女《イオノノヒメミコ》は、つぎのように言う。

「八坂入媛《ヤサカノイリビメ》の長男、稚足彦《ワカタラシヒコ》は、ものを公平に見ることのできる方です。しかし、次男の五百城《イオキ》入彦《イリヒコ》は、年少にもかかわらず、人を陥《おとしい》れようとするところがあります。ご用心ください。これは、吾の老婆心から申し上げるのですが……」

それから、五百野王女《イオノノヒメミコ》は、倭媛尊《ヤマトヒメノミコト》の最後の要望を伝えた。

「倭媛尊《ヤマトヒメノミコト》は、先の大王の女《むすめ》、両道入姫王女《フタジノイリビメノヒメミコ》に早々に挨拶《あいさつ》されるよう望んでおられます。両道入姫王女は王子の助けになる方だと考えておられるのです」

両道入姫王女《フタジノイリビメノヒメミコ》は、小碓《オウス》の叔母にあたる。とはいえ、先代、垂仁《スイニン》帝の年老いてからの女であって、いまだ若さにあふれていた。小碓は、両道入姫王女については、いずれ会う機会もあろうと、それほど気にとめることもなく、聞き流したのであった。

小碓《オウス》は、五百野王女《イオノノヒメミコ》に対して、その好意に率直に感謝の意を伝えた。とはいえ、聞けば聞くほど、王宮の内にては、策謀が渦巻いているように思える。五百野王女のもたらした情報や警告は、田舎出の初《うぶ》な若者にとって、前途多難を思わしめるに充分なものがあったといえよう。

さて、小碓《オウス》は、五百野王女《イオノノヒメミコ》に教わった宮殿の離れに行き、稲日大郎姫《イナビノオオイラツメ》との面会を求めた。稲日大郎姫付きの侍女たちは皆、小碓尊《オウスノミコト》をしげしげと見つめ、かつて自分たちの先達《せんだつ》、阿衣《アヘ》と加祢《カネ》の二人が身を捨てて護り抜いた赤子がこの方なのかと、感慨深げであった。

侍女たちにとって、たとえ身内の者とはいえ、ものの識別もできない状況にある稲日大郎姫《イナビノオオイラツメ》に直接面通しさせることは憚《はばか》られた。それゆえ、侍女たちは、間に御簾《みす》を下ろしたままで両者を対面させることとした。小碓《オウス》は、その御簾をとおして稲日大郎姫の横臥《おうが》されているようすをおぼろげながら知ることができた。小碓は、これまでたまりにたまった心の澱《おり》を吐き出すかのように、御簾の奥に向けて涙ながらに懸命に訴えた。

「母上にはじめてお会いすることができました。……よその子は皆、母に慈《いつく》しまれて育っているのに、吾は、生まれてこのかた、母を知らず、いつも寂しい思いをしてきました。母上は、妹君の若郎姫《ワカイラツメ》とは大の仲良しだったと聞きました。それゆえ、妹君から母上のことを聞いては、面《おも》影《かげ》を偲《しの》んだものです。せめて夢のなかで母上に会えないものかと思いましたが、夢のなかでも、お会いすることは叶《かな》いませんでした。京《みやこ》に行けば母上に会えると、つねづね乳母が言っておりましたので、かねてから京に上がる日を楽しみにしてきました。ところが、母上はこの病状です。聞けば、吾を産んだがためにこのような病に陥《おちい》られたとのこと、吾らは、なんと悲しいめぐり合わせなのでしょうか」

控える侍女たちも、母を慕う小碓の思いに身につまされ、涙にむせんでいた。御簾をめくって中に入ろうとする小碓尊《オウスノミコト》を、もはや止める者はいなかった。かつて美人のほまれ高かった稲日《イナビノ》大郎姫《オオイラツメ》も、いまや、やつれて痩《や》せこけていた。小碓が呼びかけても、微動だにしなかった。小碓は、その母にやさしく語りかける。

「吾《あれ》も、もうすぐ一六歳です。このたび、母上の面影をしっかりと記憶にとどめることができました。これからは、それを胸にどんな苦労にも耐えていくことができるように思います」

小碓《オウス》は、幼少のころより、じつの母の慈《いつく》しみを求めることをもって生きることの望みとしてきたといえよう。しかるに、母に逢うことはできたものの、母からやさしい言葉のひとつもかけてもらうことはできなかったのである。その心情は、察するに余りある。しかし、小碓は、母の病状に現実に接してみて、かえって気持ちの踏ん切りがついたようである。

——母は、息子の女々《めめ》しい姿など望んではいないであろう。母の期待に応《こた》えるためにも、自分は心強く生きねばならない。そうだ、必ずや、父王の信頼を勝ち得てみせよう。王宮の物部十千根大連《モノノベノトチネノオオムラジ》や八坂入媛《ヤサカノイリビメ》を凌《しの》ぐだけの力をつけるのだ。

小碓《オウス》は、ここに新たなる望みを掲げ、その実現に向けてまっしぐらに進むことを、病床に臥す母の傍らで誓ったのである。

小碓《オウス》が去ったあと、不思議なことに、稲日大郎姫《イナビノオオイラツメ》の頬《ほお》をうっすらと涙が伝っていた。

しばらくして、小碓《オウス》は、二上山東麓に在住する兄の大碓王子《オオウスノミコ》を訪ねることにした。じつは、事前に大王に呼ばれ、大碓王子《オオウスノミコ》の処遇のことについて相談を受けていた。なんといっても、大碓王子は、大王の長男である。大王は、大碓王子が例の美濃の姉妹と別れて謝罪にくるなら、彼の過ちを許そうと考えておられた。そこで、小碓《オウス》に大碓王子をその線で説得してくるようにと依頼されたのである。

小碓《オウス》は、父王からのかかる依頼を自分への信頼の証左《しょうさ》であると受けとり、気分をよくした。小碓自身にとっても、兄には、是非《ぜひ》にも王宮へ戻ってきてもらいたかった。兄弟で支え合えば、物部や八坂の一統に対抗することも可能となろう。

小碓《オウス》は、三輪山《みわやま》の南麓から二上山の方向に向け、騎馬にて大碓王子《オオウスノミコ》邸をめざした。この道は、葛城《かつらぎ》国の領域を掠《かす》めており、いずれは、葛城国側からの検問を受けることになろうと、腹を括《くく》っていた。

案じたとおり、大和国と葛城国の国境で、駐留する葛城国の警備兵に行く手を遮《さえぎ》られた。しかし、みずからの身分と大碓王子《オオウスノミコ》を訪ねる旨とを告げると、まず、先触れの兵が先行し、しばらく間をおいてから、数名の兵士が大碓王子の屋敷まで先導に当たってくれた。兵士のこうした対応をみると、葛城国では、大碓王子をそれ相応の敬意をもって遇してくれているようである。

大碓王子《オオウスノミコ》は、訪ねてきた小碓《オウス》を喜んで迎え入れた。

「兄上、どれほど会いたかったことか」

「おう。吾もじゃ。汝、なかなか逞《たくま》しく育ったのう」

「それから、先般、賊徒から襲撃を受けた際に、ご助力いただいたこと、心より感謝しております」

「うむ。権力を握るためには、なにをやるかわからぬ連中だ。用心するにこしたことはない」

大碓王子《オオウスノミコ》は、兄遠子《エトオコ》・弟遠子《オトトオコ》の姉妹をいとおしそうに小碓《オウス》に引き合わせた。うわさに聞くとおり、美人にして愛嬌《あいきょう》のある姉妹であった。

「吾は、宮中での権力闘争に疲れてしまった。権力者におもねる輩《やから》にも我慢がならなかった。幼きころは、八坂入媛《ヤサカノイリビメ》や十千根大連《トチネノオオムラジ》にさんざんに難癖《なんくせ》をつけられた。母者《ははじゃ》も、苦労を重ねられた。母者をあのようにした王宮の奴らを許すことができないのだ。吾は、兄遠子《エトオコ》　弟遠子《オトトオコ》の二人に出会って以来、彼女たちと一緒にいられるなら、ほかにはなににもいらないと思うようになったのだ」

「とはいえ、兄上、お願いがあります」

「わかっておる。父上のことであろう」

小碓《オウス》は、大王の気持ち、そして自分の気持ちを率直に大碓王子《オオウスノミコ》にぶつけた。が、大碓王子の思いは、もはや揺らぐことはなかった。「いちど王宮に赴き、大王にお会いなされては」と粘ってみたものの、それも、大碓王子にとっては、できない相談であった。挙句《あげく》、大碓王子は、大王のいかなる処分にも、喜んで従うとの決意を語った。

かくて、その日は、二人水入らずで夜を徹して酒を酌《く》み交《か》わし、翌朝、小碓《オウス》は、少々の仮眠をとったあと、帰路についた。

小碓《オウス》は、王宮に戻ると、大王に拝謁を求めた。ただちには大王の期待に添えなかったとはいえ、大碓王子《オオウスノミコ》に対してこれからも時間をかけて説得をつづけていくつもりである旨《むね》、言上した。

大王は、目を閉じて小碓《オウス》の報告を聞いておられたが、「かかる仕儀《しぎ》となっては、やむを得ぬ」と、ひとこと口にされた。小碓のとりなしにもかかわらず、心ひそかに大碓王子《オオウスノミコ》の処遇についての結論を出されたようであった。小碓としても、もうこれ以上どうすることもできなかった。

ところで、小碓《オウス》には、なお確認したいことが残っていた。あの背長《セナガ》なる人物のことである。情報の対価として色とりどりの布地や小玉を用意したうえで、小碓は、長日子《ナガヒコ》とともに、武庫川《むこがわ》の河口域周辺の集落を訪ね、軒並み、その消息を尋ねてまわった。そして、とうとう、河岸で魚網のつくろいをしている当の人物を見つけだした。

背長《セナガ》が事情を飲み込むまでには、少々、時間がかかった。そして、やってきたのが、間違いなく小碓尊《オウスノミコト》と針間長日子《ハリマノナガヒコ》だとわかると、感激のあまり顔を上気させ、「うおー」と声を上げ、二人に抱きついてきた。

背長《セナガ》に案内されて彼の家屋に向かうと、またまた仰天すべきことが待っていた。

家の外で女《おみな》が洗濯物を干しており、その傍《かたわ》らで、幼い男《お》の子《こ》が彼女の裳《も》を引っ張りながら、なにごとかを訴えていた。

彼女こそは、小碓《オウス》の乳母を務めた、浪《ナミ》その人であった。こんどは、小碓と長日子《ナガヒコ》が、「うおー」

と声を上げて浪に突進していった。浪は、あわてて幼子《おさなご》を引き寄せ、なにごとが起こったのかと、訝《いぶか》しがった。しかし、やってきたのが小碓と長日子であることを確認すると、みるみるうちに感涙にむせびはじめた。

小碓《オウス》は、久方ぶりに浪《ナミ》に会い、胸が熱くなるのを覚えた。幼いときのさまざまな情景が、ひとかたまりとなって胸の底から湧《わ》きあがってくるような、そんな切ない感覚に襲われたのであった。

背長《セナガ》と浪《ナミ》がここにいる経緯《いきさつ》は、こうである。

背長《セナガ》は、瀕死の重傷を負っていたにもかかわらず、老夫婦の手厚い看護によって一命をとりとめた。そのときから、老夫婦の息子同然となり、老夫婦と一緒に生活してきた。いっぽう、浪《ナミ》は、小碓《オウス》と別れてから数年後、播磨《はりま》の印南《いなみ》を離れて京《みやこ》に上ることを決意し、その途次、背長の消息を求めて老夫婦の家を訪ねた。幸いなことに、浪は、訪問先で背長と再会することができたのである。とどのつまり、二人は、夫婦《めおと》となり、老夫婦の家のそばに新居を設けて暮らしてきた。しばらくして、二人は、男の子を授かったのである。

ここで、小碓《オウス》たちは、皆して老夫婦のもとを訪れた。翁は、すでに高齢ゆえに病床に臥《ふ》せっていた。老夫婦も、「あのときの赤子がこんなに立派な王子に成長されるとは……」と感無量のようすであった。

背長《セナガ》は、小碓《オウス》の要請を受けて、目をしばたたかせながら往時のもようを語りはじめた。それは、背長のほか、興呂木《コオロギ》・犬甘《イヌカイ》・阿衣《アヘ》・加禰《カネ》、浪《ナミ》夫婦たちの、みずからの身の危険を顧《かえり》みぬ献身的な行動のことであった。背長の話が一段落すると、浪がこれを引き継いだ。そして、加禰が悪鬼のごとき船頭を道連れに海中に没した件《くだり》に話が及ぶと、小碓は、溢れでる涙をとめることができなくなっていた。

小碓《オウス》は、聞き終わるにおよんで、みずからの数奇な運命にしばし茫然《ぼうぜん》となったのであった。と同時に、多くの人びとに助けられて今日の自分があることを知り、彼らに報いるためにも、この国のために尽くさなければいけないのだと、心に固く誓うのであった。

別れぎわ、長日子《ナガヒコ》は、せめてもの気持ちとして、手持ちの布地や小玉をそっくり浪《ナミ》に手渡した。浪の傍らには、きらきらした瞳を輝かせて小碓《オウス》と長日子のほうを仰ぎ見る幼子がいた。そのときの幼子の印象が、のちのちまで長日子の心を揺さぶることになるのである。

兄の幼友達、宮戸彦のこと

小碓《オウス》の兄、大碓王子《オオウスノミコ》とその幼友達の宮戸彦《ミヤトヒコ》についてのことである。

大碓王子《オオウスノミコ》は、幼少のころより、利《き》かん気が強く、まわりの者を手こずらせるところがあった。一〇歳に手が届こうかというころの、初夏の時分のことである。どこからか、亀の瀬《かめせ》で魚をすくうのがおもしろいと聞きこんできて、力自慢の若者、付き人の猪麻呂《イマロ》に、連れて行ってくれるよう、せがんだ。猪麻呂は、亀の瀬が危険な場所と聞きおよんでいたので、極力、王子の要望を抑えようとしたが、最後には根負けして、試みに亀の瀬へ行ってみることにした。

そこは、北側の生駒《いこま》山系と南側の金剛《こんごう》山系との間の狭い谷間を縫《ぬ》うようにして流れる大和川中流域の峡谷である。落差のある銚子口から下流にかけてしばしの間、川面《かわも》に多くの岩が露出し、あたかも亀の群が遊弋《ゆうよく》しているかのごとき様相を呈していた。これらの岩石は、太古における二上山周辺一帯の火山活動の痕跡を示すものである。

この峡谷にあっては、両側から急峻な崖が迫っているばかりか、小石を敷き詰めた河床に豊富な水量が流れ込んでおり、かなり流れが速くなっていた。これまで、集中豪雨にさらされでもすると、峡谷の斜面が地崩れを起こし、氾濫《はんらん》にいたることも間々あった。それゆえ、そこは、魔の潜《ひそ》む峡谷といってもよく、本来、子供が立ち寄るには適さない禁断の場所であった。

二人は、北側の竜田山《たつたやま》の裾《すそ》から亀の瀬に下り、その右岸で仕掛け網による魚捕りに挑むことにした。しばらく魚捕りに夢中になっていた二人であるが、そこへ、「だれか、だれか、助けてくれー」という悲鳴が聞こえてきた。王子と猪麻呂《イマロ》は、これはただごとではないと察し、そちらのほうに寄ってみた。すると、なにやら、童《わらべ》が岩の上で腹ばいになり、声を上げながら川面を覗き込んでいるではないか。そのようすからすると、彼の仲間が溺《おぼ》れかけているにちがいない。猪麻呂は、王子に目配《めくば》せすると、岩から岩へと伝い走り、彼らのところへ駆《か》けつけた。そして、状況を把握するや、当の童をどけて溺れかかっている二人の童の身柄を川から引っ張り上げ、てきぱきと応急の手当てを施した。おかげで、彼らは、大事にいたらずして元気を取り戻した。

悪童たちのガキ大将は、葛城《かつらぎ》氏一族の子息で、宮戸彦《ミヤトヒコ》といった。

宮戸彦《ミヤトヒコ》らは、南側の二上山の麓のほうから、草木の密生する丘陵を越えて大和川の岩壁に近づき、そこを伝い降りた。そして、川面に露出した岩の上を辿《たど》って左岸から右岸へと渡ろうとした。ところが、仲間のひとり、尻手《シツテ》が途中で足を滑らせて川に落ち、岩に引っかかりながら漂いはじめた。宮戸彦は、あわてて川に飛び降り、尻手の衣《きぬ》をつかんで引き寄せながら近くの岩にしがみつき、岩に這《は》い上がろうと努めた。残りのひとり、谷田《ヤタ》も当の岩のところまで行き、なんとか宮戸彦たちを引き上げようと試みた。しかし、水の流れが速く、彼らの力をもってしては、これ以上どうすることもできなかった。宮戸彦も、しだいに腕の力が鈍《にぶ》ってくるように感じ、絶望感をつのらせていた。

そのような差し迫った状況において、彼らは、たまたま、猪麻呂《イマロ》に救われたのである。ひと息つくと、大碓王子《オオウスノミコ》と宮戸彦《ミヤトヒコ》は、年も近接しており、早々に打ち解け、後日またここで会おうではないかと固い約束を交わしたのであった。

宮戸彦《ミヤトヒコ》たちと遭遇してほどなく、大碓王子《オオウスノミコ》は、また猪麻呂《イマロ》を連れて亀の瀬峡谷に降り立った。

このたびは、あろうことか、猪麻呂の制止を振り切って川面に露出した岩の上を左岸へと伝い歩き、岩壁をよじ登って森の中へと分け入ろうとした。先だって宮戸彦たちと遇《あ》ってから、葛城国とはどんなところだろうかと興味を抱いたのである。

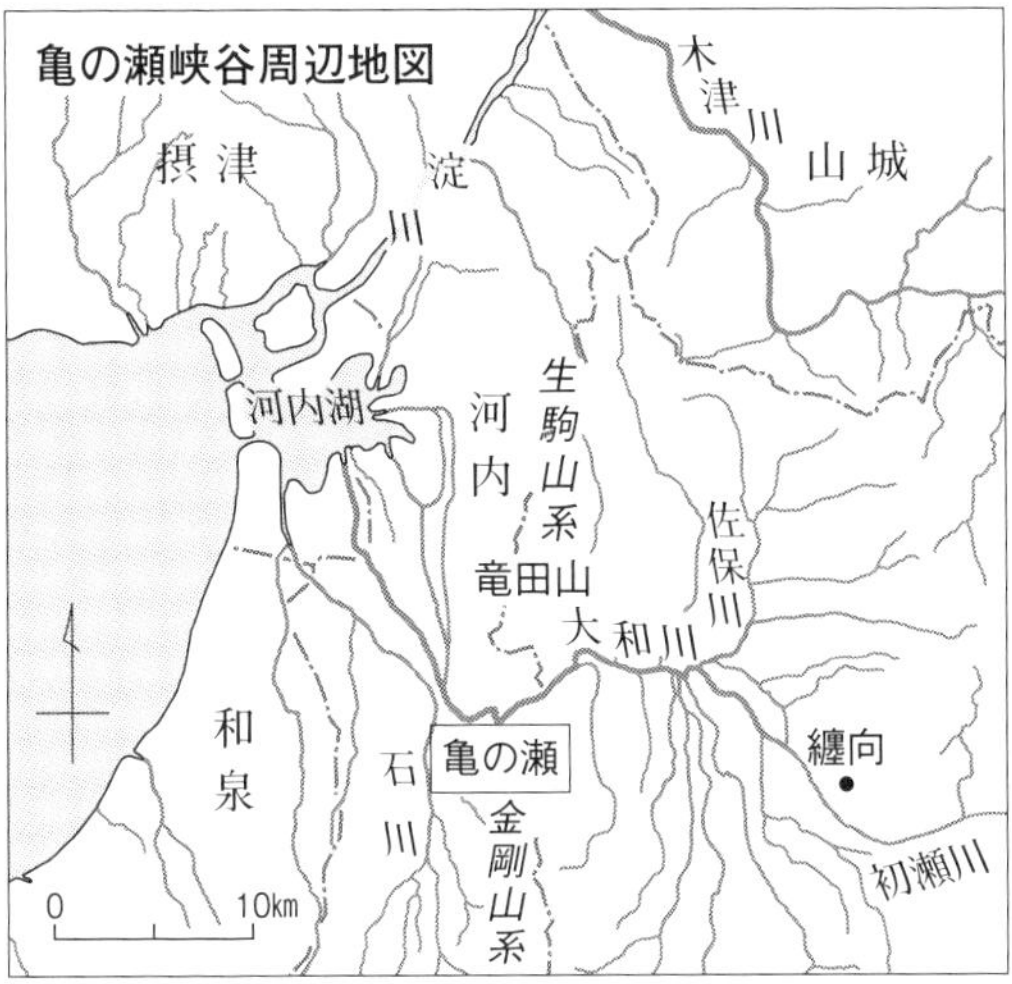

しかし、そうした行為は、葛城国の国境を侵すことになり、問題をはらむ。猪麻呂《イマロ》は、再三にわたって大碓王子《オオウスノミコ》を押しとどめようとしたが、大碓王子は、委細かまわず突き進んでいく。猪麻呂も、ついにはそのあとを追わざるを得なくなった。

そして、二人が森林域を抜けでたときであった。剣を手にした七、八名の兵士が駆け寄ってきて、二人を取り囲んだのである。

「なに奴《やつ》だ。名を名乗れ。不法に越境してくるとは、不届き至極《しごく》なり」

「お許しくだされ。森をさまよい歩いているうちに、こんなところまで来てしまいました」

猪麻呂《イマロ》は、あれこれと弁明に努めたが、そんな理屈がとおるわけはなく、とうとう、近くの、とりあえずの牢《ろう》に押し込められてしまった。猪麻呂は、青くなった。王子の身分が知れてしまったら、それは、大和国と葛城国のあいだの紛争の種になりかねない。といって、いつまでも黙っているわけにもいかない。

しかし、幸いなことに、二人が捕らえられた状況を、宮戸彦《ミヤトヒコ》の仲間のひとり、あの谷田《ヤタ》が目撃していたのである。彼は、たまたま、一族の者とともに筍《たけのこ》を採りに篠竹《しのだけ》の藪《やぶ》を求めてこのあたりにまで来ていたのであった。彼は、ただちに宮戸彦を捜しに走った。

「なんだって……。あの二人が辺境警備の者につかまったって……。あの人たちは、吾らの命の恩人だ。街に連れて行かれたら、ことだぞ。処刑されてしまう。その前になんとかしなくては……。といっても、鍵《かぎ》がないことには、牢を開けることはできないよな」

「たしか、あそこには、鍵を束にして持ち歩いてる牢番がいたと思うけど……」

「うん。それだそれだ。そいつから鍵を奪うことができれば、なんとかなるぞ。……牢番が好きそうなものっていうと、なんだろう」

「決まってるよ。そりゃ、なんといったって、お酒だよ」

「よし。家《うち》に帰って、竹筒にしこたま酒を詰めこんで持ってこようか」

「わかった。やってみるよ」

やがて、宮戸彦《ミヤトヒコ》と谷田《ヤタ》の二人は、件《くだん》の牢のそばの番小屋に、それぞれ酒を詰めた竹筒を抱えて現われた。幸い、警備兵が何組かに分かれて巡回に出た直後のことであった。

そこでは、年配のむくつけき男が二人、暇《ひま》を持て余しているのか、積み重ねた筵《むしろ》を枕に寝そべって話しこんでいた。たしかに、そのうちのひとりが腰に鍵の束《たば》をぶら下げている。

「なんだ、なんだ。お前たちは……」

「筍狩りの人たちにと、これをもってきたんだ。みんながどのあたりにいるか、教えてくれないか」

かの男たちは、二人とも、むっくり体を起こした。

「むむ……、その竹筒には、なにが入ってる。いい匂いがするな」

「酒じゃないか。そんなもの、子供が持ち歩くものじゃないぞ。どれ、ちょっとばかり、味あわせてみろ」

「そりゃ、だめだよ。父さんに知られたら、ただごとでは済まないよ」

「そんなこと言わずに、なあ」

「だめだ。だめだ。……だけど、小父《おじ》さん。おもしろそうな鍵をたくさん持ってるね。そんなのはじめて見るよ。ちょっと、さわらせてくれない」

「うーん、これか。よしよし。竹筒をよこすならな」

牢番は、相手が子どもと見て、警戒心がゆるんだのであろう。鍵束を腰からはずして宮戸《ミヤト》彦《ヒコ》のほうに投げてよこした。宮戸彦は、二本の竹筒を持っていたが、そのうちの一本を谷田《ヤタ》に預けると、件の牢番に近寄り、「ほんの少しだよ」と言いながら、残りの一本を渡した。当の牢番は、竹筒の栓《せん》を抜くと、それを傾けて、滴《したた》る酒をうまそうに口に入れる。相方も、それを見て、竹筒をよこすよう、かの牢番にせがんだ。

彼らの世話を谷田《ヤタ》に任せると、宮戸《ミヤト》彦《ヒコ》は、素知らぬ風を装いつつ、鍵の束を手に番小屋に隣接する牢のほうに向かった。そして、自分を見て驚く大碓王子《オオウスノミコ》と猪麻呂《イマロ》に対し、人差し指を口に当てて声を出さぬよう合図を送り、順次、鍵束の鍵を開き戸の錠に差し込み、適合する鍵の発見に努めた。そして、なんとか開き戸の錠を開けると、何気ない顔つきで牢番のところへ戻り、鍵束をその近くに放り出した。

牢番は、谷田《ヤタ》にねだって、すでにもう一本の竹筒を得ていた。

宮戸《ミヤト》彦《ヒコ》は、そこに割って入って、彼らから竹筒を回収しようとした。

「そろそろ、竹筒を返してくれよ。みんな呑んじまったら、父さんに言い訳できないよ……。あれっ、二本ともみんな呑んじまったの」

「そう言ったってな。この酒は、なかなかのものだ。どうじゃ、もうひとつの竹筒も貸してくれんかな」

「もう、だめだよ」

「筍狩りの連中はな、もう帰ってしまったよ。だいたいが、日暮れ近くまで藪に残っていたら、道に迷って帰れなくなってしまうだろうが。だから、いいだろう。ほんのちょっと味見させてくれよ」

「しょうがないな。ほんとにちょっとだよ」

「わかった、わかった。ほんのちょっとだけな」

彼らのあいだでそんなやり取りが行なわれているとき、大碓王子《オオウスノミコ》と猪麻呂《イマロ》の二人は、忍び足で牢を抜けだし、やがて、夕霧漂う森の繁みに紛れこんでいった。王子たちは、宮戸彦《ミヤトヒコ》と谷田《ヤタ》の機転により、すんでのところを救われたのであった。

宮戸彦《ミヤトヒコ》たちのほうも、このへんが潮時《しおどき》と、二人の牢番が竹筒を奪い合っているのを横目にしつつ、番小屋からの退散をはかった。

宮戸彦《ミヤトヒコ》たちは、うまいこと牢番をたらしこんで逃げおおせたと思いこんでいた。しかし、なにせ年端《としは》もいかぬ子どもたちのこと、いろいろと手がかりを残していた。番小屋の近辺に筍狩りにきていた家族の洗いだし、竹筒に刻み込まれていた紋様の分析などといった手続きを経て、翌日には、早くも彼らの身辺に捜索の手が伸びていた。そして、翌々日には、二人とも、牢破りの幇《ほう》助者《じょしゃ》として捕方《とりかた》に身柄を拘束され、詮議《せんぎ》にかけられることとなってしまった。

「子供のくせして酒で役人を欺《あざむ》き、鍵を盗んで牢破りを手伝うとは、言語道断《ごんごどうだん》の不届き者め。

彼奴《きやつ》らは、他国の隠密《おんみつ》だったかもしれんぞ。かくのごとき輩《やから》は、磔《はりつけ》のうえ、火あぶりにされて当然じゃ」

二人は、さんざん脅《おど》されたうえ、例の牢番らと対面させられ、もはや、しらばっくれてばかりもいられなくなった。とうとう、宮戸彦《ミヤトヒコ》は、覚悟を決め、亀の瀬峡谷での一件をしゃべったのであった。相手の名前を聞かれ、「イヒコ」とか「イマロ」とか言っていたと答えた。「ミコ」という呼び名も聞いていたが、直感的にその名を出すことの危《あや》うさを思い、それは隠しとおした。

最終的に、二人は、命の恩人を救わんがための犯行であったことに情状酌量の余地ありと判断され、尻たたきの刑に処せられただけで釈放された。刑が比較的軽くてすんだのは、宮戸彦《ミヤトヒコ》が王族の出であることも加味されてのことであろう。家に戻ると、二人とも、両親からこってりと油をしぼられたのであった。

後日、大碓王子《オオウスノミコ》と猪麻呂《イマロ》は、宮戸彦《ミヤトヒコ》たちと亀の瀬峡谷にて再会を果たすことになる。彼らは、宮戸彦たちが処罰を受けたのではないかと心配でたまらず、たびたび、近くへ行っては、対岸のようすをうかがっていたのである。そして、二週間ほどして、対岸に現われた宮戸彦たちを見つけることができたのである。

大碓王子《オオウスノミコ》は、宮戸彦《ミヤトヒコ》たちから、いかにして牢番を籠絡《ろうらく》し、また、いかなる取り調べを受けたかを聞き、その図太《ずぶと》さに感動しつつも、彼らに心からの感謝の気持を伝えたのであった。とはいえ、宮戸彦と谷田《ヤタ》にとって、尻たたきの刑はかなりこたえたようである。なにしろ、彼らの尻は、いまもって痣《あざ》だらけで、歩行に困難をきたしているようすがありありだったのだから。大碓王子《オオウスノミコ》と宮戸彦《ミヤトヒコ》は、これを契機に昵懇《じっこん》の仲となった。大碓王子と宮戸彦の仲間は、山に登り、川に遊び、未知の場所を求めては、探検と称してしばしば行をともにした。

やがて、長い付き合いのなかで、宮戸彦《ミヤトヒコ》は、大碓王子《オオウスノミコ》が大和国の王子であることを知るようになる。そればかりか、王子の母の長患《ながわずら》いとそれにつけこんだ物部十千根大連《モノノベノトチネノオオムラジ》や八坂入媛《ヤサカノイリビメ》からの冷たいあしらいという、王子の王宮での苦しい立場を、うすうす理解するようになっていった。大碓王子が美濃《みの》の兄遠子《エトオコ》・弟遠子《オトトオコ》姉妹のことについて苦慮しているときも、宮戸彦は、これになにくれとなく尽力した。大碓王子が葛城《かつらぎ》国の領域に属する二上山《ふたかみやま》のふもとに居を構えるについても、宮戸彦が葛城王の了承を取りつけてきたのであった。

話は変わって、小碓《オウス》が兄の屋敷を訪問してからしばらくしてのことである。かの宮戸彦《ミヤトヒコ》が小碓《オウス》の所へと出向いてきた。じつは、大碓王子《オオウスノミコ》は、弟が健在であると知ってから、少しでも弟の助けになればと考え、「小碓尊に仕《つか》えてくれないか」と、宮戸彦を説得しはじめたのである。宮戸彦としては不本意ではあったが、その再三にわたる説得には抗しきれず、なにはともあれ、小碓尊を訪《たず》ねてきたのだという。

小碓《オウス》は、宮戸彦《ミヤトヒコ》から、大碓王子《オオウスノミコ》と知り合った経緯《いきさつ》をいろいろと聞かせてもらった。そして、大碓王子の好意に感じ入るとともに、宮戸彦を得がたい人物として、当面、彼を兄からの預かりとして処遇し、みずからの屋敷に同居させることとしたのである。

弟橘媛との劇的な再会

ある日、小碓《オウス》に八坂入媛《ヤサカノイリビメ》から呼び出しがかかった。小碓は、八坂入媛に会う前から気が重くなった。滞《とどこお》りがちの足取りに耐えながら、その自室を訪《おとな》うと、すでに食卓が整えられ、八坂入媛を中央にして左右に稚足彦《ワカタラシヒコ》・五百城入彦《イオキイリヒコ》の兄弟が席に着いていた。その両側面の席には、それぞれあでやかな装いの女性が着座していた。八坂入媛からの紹介で、彼女たちは、大王《おおきみ》の妃、五十河媛《イカワヒメ》と高田媛《タカタヒメ》であることがわかった。その妃たちは、八坂入媛に対して、見るからにへつらいの素振りをみせていた。

小碓《オウス》は、促されて八坂入媛《ヤサカノイリビメ》に対面する席に着いた。まずは、駆けつけ何杯とやらで、八坂入媛からつづけざまに酒を勧められ、杯につがれるままに何杯もの酒を飲み干した。

八坂入媛《ヤサカノイリビメ》が小碓《オウス》に語りかける。

「汝《いまし》も、年端《としは》もゆかぬに、ずいぶんと苦労を重ねたことであろう。やっとのことで生みの母に会ってみれば、その御方は、生ける屍《しかばね》も同然のありさまじゃ。こののちは、吾が汝の母代わりになろうほどに、吾を頼りになにごとでも相談を持ちかけるがよい。汝と、吾の息了たちは年も近い。お互いに仲良くし、競い合うことじゃ。このうちのいずれかが大王の地位を継ぐことになるがゆえにの」

稚足彦王子《ワカタラシヒコノミコ》がこれをさえぎる。

「母上、大王の地位をうかがうがごとき言葉は、畏《おそ》れ多いこと。そのようなことは、天命により、熟した柿の実が地に落ちるように自然に決まっていくこと。吾らは、そのようなことで競い合うべきではありません」

「おやまあ、汝は、いつもきれいごとばかり。したが、現実というものを直視する覇気《はき》も必要なのですよ」

ここで、話題を変えようと、五百城入彦王子《イオキイリヒコノミコ》が口をはさむ。

「ところで、吾ら兄弟は、東国の美濃《みの》育ちです。西国のことは、皆目《かいもく》、想像がつかない。小碓尊《オウスノミコト》は、西国の吉備《きび》や播磨《はりま》で育ったとか。吉備や播磨はどのようなところでした」

「吉備も播磨も、瀬戸内の海を別にしては考えられません」

「そういえば、美濃では、海とは縁がなかった」

「吉備にしろ、播磨にしろ、吾は、海を眺めて育ちました。紺碧《こんぺき》に輝く広大な海は、男の子《おのこ》を夢に駆りたてます。海は、この世のありとあらゆるところを結びつけています。吾は、いずれ船を操って外《と》つ国を訪ねてみたいと思っております」

これを聞いて、八坂入媛《ヤサカノイリビメ》は、わが意を得たりと、したり顔で小碓《オウス》を褒《ほ》め上げる。

「それは素晴しい。さすが大王の御子じゃ。汝は、倭《わ》国にとどまるよりも、外つ国に赴《おもむ》くほうが向いておろう。のう、媛《ひめ》がたよ」

「たしかに、小碓尊《オウスノミコト》は、野生的な性《さが》をもつ御子」

「まこと、御妃様《おきさき》のおっしゃるとおりでございますな」

八坂入媛《ヤサカノイリビメ》は、なおも畳《たた》みかける。

「さてさて、小碓尊《オウスノミコト》。それは商《あきな》いでかの、戦《いくさ》でかの」

「まずは、友好を求め、交易を求めることが先決です」

「吾も、汝の想いを大王に伝え、実現できるよう努力してみようぞ。その志を決して忘れないようにしてもらいたいものよの」

八坂入媛《ヤサカノイリビメ》の語り口には、とげが含まれている。なんのことはない、小碓尊《オウスノミコト》を大王の地位を狙う立場から脱落させようとの意図が丸見えである。小碓《オウス》は、こうした会話がつづくなかで頭がぐらぐらしはじめた。酒を飲みすぎたきらいもある。退出する際も、こうした座はもうこりごりだと、ぶつぶつ独り言《ひとごと》を繰り返していた。

その反面において、小碓《オウス》は、兄の屋敷を訪ね、美人のお酌で酒を飲ましてもらうのを無常の楽しみとするようになっていた。このころは、兄がひどく喜ぶので、葛城宮戸彦《ミヤトヒコ》をともなうようにしている。その席には、兄の家宰《かさい》を務める猪麻呂《イマロ》も加わることが多く、時として、猪麻呂と宮戸彦は、口角泡《こうかくあわ》を飛ばして言い合いをはじめる。しかし、諍《いさか》いが長引くとみると、猪麻呂は、おもむろに「亀《かめ》の瀬《せ》ではな……」と、口をはさむ。すると、宮戸彦は、困惑の態で、にわかにたじたじとなってしまう。宮戸彦は、例の亀の瀬峡谷の一件以来、猪麻呂には、いまもって頭が上がらないようではある。

今日も、兄の屋敷に向け、宮戸彦《ミヤトヒコ》ともども騎馬にて王宮を辞さんとしていた。すると、このとき、たまたま、馬上の稚足彦王子《ワカタラシヒコノミコ》と五百城入彦王子《イオキイリヒコノミコ》の兄弟がそこを通りかかった。五百城入彦王子が、小碓《オウス》のところへ馬を寄せ、話しかけてきた。

「兄者のところへですか。……それはそうと、いちど武術の指導をしてもらえませんか。この前の勝負は、むずかしくてよく理解できなかった」

「ご覧になったとおりです。吾の武術は、自己流で、とてもよそさまに指導できるようなものではないのです」

小碓《オウス》は、お茶をにごして別れてきたものの、自分の行先が知られていることに、それとなく不安をおぼえた。

それはさておき、兄の屋敷への道すがら、脇の野原で十数名の若い娘たちが莫蓙《ござ》を敷いて優雅に談笑しているのに気がついた。

そこでは、乙女たちが、山野菜の野摘《のづ》みを終え、その品評会を兼ねて、あく抜きや水炊きの準備に取りかかろうとしていた。当時の煮物の味付けには、野菜や穀類を塩漬けにして発酵させた薄味の醤《ひしお》が用いられていた。

彼女たちは、近づいてくる馬上の小碓《オウス》を見て、口々に噂《うわさ》し合っていた。

――あの方が大碓王子《オオウスノミコ》の弟君よ。

――吉備《きび》育ちだそうよ。

――若いのに、すごく強いんだって。

小碓《オウス》が敬意を表して馬から下りると、両道入姫王女《フタジノイリビメノヒメミコ》が喜色満面の笑みで挨拶《あいさつ》に出てきた。彼女は、乙女たちを統率する指導者格のようだ。小碓にとっては初対面の叔母であったが、五百野王女《イオノヒメミコ》から会うよう薦《すす》められていた方であったし、また、実際に会ってみると、きわめて気さくな方だということがわかり、小碓は、それとはなしに彼女に親近感をおぼえた。

両道入姫王女《フタジノイリビメノヒメミコ》の後方に目を向けると、多くの媛《ひめ》たちがそれぞれ、座したまま小碓《オウス》に会釈《えしやく》を返してきた。そのなかに、ひときわたおやかな媛がいた。小碓は、彼女を確認した途端、どういうわけか、幼きときの幸せに満ちた日々の情景が想起され、胸がしめつけられるような郷愁にも似た感覚に襲われた。よく見ると、彼女の首に掛けられた頸珠《くびたま》には、大きな翠色《みどり》の勾玉《まがたま》があしらってあった。しかも、それが七つも。

——あの頸珠は、子供のころ、自分が身に着けていたものに違いない。かの媛は、今日までそれを大切に身に着けてくれていたんだ。

小碓《オウス》の心臓は高鳴り、顔は紅潮した。小碓は、これ以上の心の動揺を見透《みす》かされてはならぬとばかり、早々に辞するや、鞭《むち》を入れて馬を疾駆《しっく》させた。宮戸彦《ミヤトヒコ》は、小碓のあわてたようすに驚き、そのあとを懸命になって追ったのであった。

この日、小碓《オウス》は、兄の屋敷に着いてからも、落ち着きがなく、いつにも増して深酒をし、すっかり酩酊《めいてい》してしまった。翌日、自邸に戻ると、ただちに長日子《ナガヒコ》を呼び、弟橘媛《オトタチバナヒメ》の所在の有無を調べるよう指示した。小碓は、使用済みの木簡《もっかん》を文箱《ふばこ》から取りだし、再使用すべく、その表面を小刀で薄く削りながら、長日子の帰りを待った。

長日子《ナガヒコ》から朗報がもたらされると、小碓《オウス》は、用意した木簡に文をしたため、これを彼女の父、穂積忍山《ホヅミノオシヤマ》あてに届けさせた。そこには、「海石榴市《つばいち》にて、弟橘媛《オトタチバナヒメ》にお会いできるよう、取り計らってほしい」と記されてあった。

穂積氏は、これを読んで深くため息をついた。じつは、八坂入媛《ヤサカノイリビメ》の次男、五百城入彦王子《イオキイリヒコノミコ》が弟橘媛《オトタチバナヒメ》に懸想《けそう》したようで、再三にわたって文を送りつけてきている。媛は、それに色よい返事をしていない。そこへ、事情はつまびらかではないが、小碓尊《オウスノミコト》もからんできたのである。しかも、二人とも、日嗣《ひつぎ》の王子《みこ》ときている。悩むわけである。

穂積氏としては、とりあえず、弟橘媛《オトタチバナヒメ》には指定された日時に海石榴市へ赴くよう伝え、あわせて、五百城入彦王子《イオキイリヒコノミコ》にもこの事実を伝えておくことにした。

海石榴市は、三輪山の南麓に、それに沿って流れる初瀬川《はつせがわ》とのあいだに位置を占めていた。そこは、八十《やそ》の街《ちまた》と形容されるほどに多くの街道が交差しており、多方面から押し寄せる人びとが引きも切らず、市《いち》の立つときは、たいそうな賑《にぎ》わいをみせた。

もともと、海石榴は、椿《つばき》を意味する。

『万葉集』にも、つぎのように詠《うた》われている。

「三諸《みもろ》は人の守《も》る山　本辺《もとへ》は馬酔木《あしび》花咲き　末辺《すえへ》は椿花咲く」

もう少し時期が早ければ、三諸山（三輪山）の頂《いただき》にかけて椿が咲き誇り、市場の活況に彩《いろど》りを添えていたことであろう。

そのいっぽうで、海石榴市は、歌垣《うたがき》の場としても名を馳《は》せていた。春と秋には、若い男女が伴侶を求めて大勢集まってくる。小碓《オウス》としては、北摂《ほくせつ》の歌垣山を思い起こし、歌垣にゆかり深いこの地を弟橘媛《オトタチバナヒメ》との再会の場所として選んだのであった。

いっぽう、五百城入彦王子《イオキイリヒコノミコ》は、弟橘媛《オトタチバナヒメ》と小碓尊《オウスノミコト》が海石榴市で会うと知ると、苦々《にがにが》しげにうめき、彼の母、八坂入媛《ヤサカノイリビメ》のところに飛び込んだ。

「なんですか、あわてふためいて」

「弟橘《オトタチバナ》が……」

「なんと」

「弟橘媛《オトタチバナヒメ》が……」

「弟橘媛《オトタチバナヒメ》といえば、穂積の娘のことか。それで、その娘がなにか汝と関係があるのか。女遊びは、ほどほどにしたがよい」

王子は、顔を真っ赤にしながら、母に訴えた。

「ええい、はっきり言わぬか。いつもと違ってまどろっこしいことよ」

「弟橘媛《オトタチバナヒメ》は、その……」

「吾は、かの女子《おみなご》を……。かの女子が海石榴市で小碓尊《オウスノミコト》と会うと……」

「小碓尊《オウスノミコト》とな」

八坂入媛《ヤサカノイリビメ》は、五百城入彦《イオキイリヒコ》が弟橘媛《オトタチバナヒメ》のことを想っているらしいことはわかった。が、そんなことよりも、小碓尊《オウスノミコト》が弟橘媛に会うということに感情を逆なでされる思いがした。八坂入媛は、過日の宴で自分が小碓尊の母代わりになろうと買って出たにもかかわらず、小碓尊は、自分にひとことの相談もなしに勝手に女をものにしようとする。そもそも、八坂入媛からすれば、田舎《いなか》育ちの小僧っこが、この京《みやこ》で一人前に恋をすることなど、あるまじきことであった。ましてや、その想い人の名前など、間違っても聞きたくもなかったのである。

八坂入媛《ヤサカノイリビメ》は、側近の者をして物部《もののべ》邸に津門男人《ツトノオヒト》を呼びにやった。津門男人については、五百《イオ》城《キ》入彦王子《イリヒコノミコ》の養育に当たってくれるよう、すでに物部十千根大連《トチネノオオムラジ》・膽咋宿禰《イグイノスクネ》の父子《おやこ》に話をつけてあった。かの人物は、かつて稚足彦《ワカタラシヒコ》・五百城入彦《イオキイリヒコ》兄弟の武術の指導にあたったことがある。その際、彼が本来傲慢《ごうまん》な男で、どんなに残忍な仕事でも平然とやってみせる一面をもっていることを、八坂入媛は見抜いていた。

「いつ声がかかるかと心待ちにしておりました」

「汝《なれ》の凄《すご》みは、昔からよく知っている。吾の腹心になってほしい」

「心得ております。なんでもお命じください」

「早速だが、小碓尊《オウスノミコト》が五百城入彦《イオキイリヒコ》の恋路を邪魔しようとしているらしい。小碓尊が穂積の娘と海石榴市で会うようだ。急ぎ日時を特定したうえで、これをつぶしてほしい」

「委細承知。彼奴《きやつ》め、性懲《しょうこ》りもなく」

「性懲りもなくとは……」

「おっと、失礼いたしました」

「なにか知っているのか」

「いいえ、とりたてて」

かの男は、八坂入媛《ヤサカノイリビメ》にはあからさまにしなかったが、その口ぶりからすると、あの歌垣山の一件を知る人物のように思える。

じつのところ、津門男人《ツトノオヒト》は、もともとが津国の津門郷在住の郷士であった。津門一族は、古くから、物部氏の分流としてその勢力下に置かれてきた。そして、穂積氏の娘、弟橘媛《オトタチバナヒメ》が歌垣山を訪れたときは、物部宗家の指示により津門一族がその警護に駆りだされていたのである。

さて、海石榴市《つばいち》の北側、すなわち、三輪山《みわやま》の南側の裾野には、生い茂る椿で密に囲われた杜《もり》がある。そこは、神の降臨する場所としての神籬《ひもろぎ》であって、その中央には、岩を円形に配置した神座としての磐境《いわさか》が設けられている。小碓《オウス》と弟橘媛《オトタチバナヒメ》は、この杜の正面で落ち合うことになっていた。当日、小碓《オウス》は、長日子《ナガヒコ》をともない、乗馬に身を置き、三輪山西麓の山の辺の道を南下して海石榴市の手前の集落で馬を降りた。単身、海石榴市の北のはずれまできてみると、弟橘媛《オトタチバナヒメ》は、すでに先着しており、かの椿の杜の正面付近の高みから、市場の奥の方を覗《のぞ》き見《み》していた。少し離れたところに、彼女の付き人が二人ほど控えていた。

彼女は、例の頸珠《くびたま》を身に着けてくれているようだ。小碓《オウス》は、三輪山から湧《わ》きでる狭井川《さいがわ》のほとりで、事前に摘《つ》んでおいた三枝《さいぐさ》（笹ゆりの古語）の花を束にして持ち、胸をときめかせつつ、忍び足で媛に近づき、つぎのように語りかけた。

「海石榴市に　椿にあらで三枝の　花匂いたつ妹《いも》ありしとは」

弟橘媛《オトタチバナヒメ》は、小碓《オウス》のほうを振り向くと、「あら、ほんとうに三枝の花だわ」と嬉しそうに声を上げた。

小碓《オウス》は、弟橘媛《オトタチバナヒメ》の楚々《そそ》とした容姿に息を呑んだ。

すると、そのとき、前方から、棒切れを携えた三人の暴漢が現われた。彼らは、弟橘媛《オトタチバナヒメ》の二人の付け人に襲いかかり、これを打ちのめすと、こんどは、小碓《オウス》めがけて打ちかかってきた。

小碓《オウス》は、向かってくるひとりの腹部に反射的に蹴りを見舞った。ただちにつぎのひとりに正対し、打ちかかってくる棒切れをはずすと、その二の腕をつかんで引き寄せつつ下腹部に膝蹴りをかませた。

残ったひとりは、意外という表情をありありと見せ、剣を抜いた。剣を叩きつけてくるその瞬間には、小碓は、相手の横をするりと抜け、背後にまわって首を締めあげた。

先の二人は、苦しみに悶々《もんもん》としてもだえていたし、もうひとりは、完全に意識を失っている。

ここまでは、あっという間のことであった。

小碓《オウス》は、これ以上の面倒はごめんと、立ちすくんでいる弟橘媛《オトタチバナヒメ》の手をとってその場から離れようとした。すると、こんどは、後方から顔を布で覆った十数名の賊徒が現われ、それぞれに剣を抜いて二人を取り囲んだ。小碓は、ただちに倒れている男の手から剣を奪い取り、彼らからの襲撃に備えた。

彼らのうしろから、腕組みをした首領とおぼしき男が現われ、もの申す。

「ふむ。小僧め、大きくなりおって。……汝ら、ここを逃げおおせると思ってか。剣を捨てて縛《ばく》につくがよい」

「……」

小碓《オウス》は、無言で首を横に振った。しかし、さすがの小碓も、緊張で汗びっしょりとなっていた。自分ひとりならともかく、弟橘媛《オトタチバナヒメ》をともなっての立ちまわりである。とりあえずは、市場の中心街の人混みと出店の軒並みにまぎれて逃れるほかはないと判断し、そちらの方向に向け、媛の手を引きながら、賊徒の囲みを破るべく突き進んだ。まずは、襲いかかってきた四、五人の輩《やから》と剣を交え、そのうちの何人かを斬り伏せた。そして、迫る賊徒に向き直り、媛をうしろにかばいつつ、剣を構えた。ここで、彼は、媛に告げた。

「吾は、奴らをここでくいとめる。媛は、その間に市場の中心街のほうへと逃げられよ。吾に遠慮はいらぬ。汝《いまし》が離れてくれたほうが足手まといにならず、思いきり戦える」

さらに、躊躇《ちゅうちょ》する媛《ひめ》に強く促す。

「いまは緊急のとき、吾の指示に従われよ。後日、必ず再会を果たすとお誓いいたすがゆえに」

弟橘媛《オトタチバナヒメ》は、小碓《オウス》の悲痛な叫びを受け、意を決して小碓のもとを離れていった。

小碓《オウス》は、時間稼ぎの必要から、自分の脇をすり抜けようとする輩を、右に左にと剣を伸ばし、懸命に押さえた。そして、時を見計《みはか》らい、彼らから脱出せんと、みずからも街中へ向けて一目散に走った。人混みにまぎれこんで彼らの目をくらませると、こんどは、出店の脇や裏に身を隠して彼らの動静を陰からうかがった。彼らは、数人ずつに分かれて探索のため走りまわっていた。

相当の時間が経過し、賊徒の動きも収まったように見受けられた。小碓《オウス》は、なおもあたりに目を配りながら、先ほどの椿の杜の方向に道を戻ることにした。そして、当の杜の正面付近まで来たときのことである。覆面の賊徒が三人、杜の陰から出てきて行く手をさえぎった。例の首領とおぼしき男が、なかば失神した状態の弟橘媛《オトタチバナヒメ》を左手で抱え、右手で剣を媛の首に添えていた。

「やっと来たか。遅いではないか。待ちぼうけてしまったぞ」

「むむっ、無体な。そのお方をお放しせよ」

「なにをいうか。汝の命運もつきたな。剣を捨てよ。捨てねば、媛の命はないものと知れ」

小碓《オウス》は、一瞬躊躇したが、媛の命が危険にさらされているのを確認すると、手持ちの剣をあわてて放り投げた。

「ふむ。それでいいのだ」

件《くだん》の男は、仲間に向け媛を突き放すと、小碓《オウス》に向けて剣を構えた。じりじりと迫って来、やがて斜め上から袈裟《けさ》斬りにきた。小碓は、かろうじてこれをかいくぐり、相手の反対側にまわった。

相手は、なおも剣を横に払い、さらに、連続して突いてきた。その切っ先は鋭く、体を後ろに反《そ》らせてこれをかわすのが精一杯のところであった。一連の動きが終わると、相手は、呼吸を整え、剣を正面に構えなおした。

小碓《オウス》は、なんら得物を所持していなかったが、右うしろの、杜《もり》を囲む柵《さく》に棒杭《ぼうくい》が立てかけてあるのを視界の隅でとらえていた。そして、相手の動きを注視しながらじりじりと後退し、これに右手をかけた。

当然、この瞬間をとらえて剣が斜めに振り下ろされる。小碓《オウス》は、つかんだ棒杭を左脇に運んで相手の剣を弾《はじ》きつつ、相手の体に沿って右斜め前に跳び、同時に渾身《こんしん》の力でもって棒杭の握り際を相手の顎《あご》めがけて押し込む。さらに、その勢いのまま突き進み、弟橘媛《オトタチバナヒメ》を抱える賊の顔面に向け、至近距離からその棒杭を打ちつける。その賊は、これを避け得ずして媛から手を放す。小碓は、手放された媛の体をかろうじて受けとめる。

そこへ、もうひとりの賊が左手から小碓《オウス》に対して剣を叩きつけてくる。小碓は、媛をうしろに送りつつ、体をうしろに反らせてその剣をぎりぎりのところでかわすや、相手の体に抱きつき、脚をからめてこれを仰向《あおむ》けに倒す。馬乗りになると、半身を起そうとする相手の顎《あご》を拳《こぶし》で突き上げ、その剣を奪い取る。そこへ、先ほどの賊が真っ向から斬りつけてくる。小碓は、座したまま、両の手で剣をしっかと握り締め、相手の剣を左から右上へと跳ね上げる。すぐさま剣をゆるめて溜《た》めをつくり、ふたたび左から右下へと相手の側面に剣を押し込む。相手は、呻《うめ》いて膝《ひざ》から崩れ落ちた。

最初に襲ってきた首領らしき男のほうはというと、小碓《オウス》に棒杭で顎を突かれ、その衝撃により頬骨《ほおぼね》が砕けたのであろう。海老《えび》のごとく体を丸め、うなり声を発してころげまわりながら痛みに耐えていた。それは、なんとも凄惨《せいさん》な光景であった。

そこへ、あらたに数名の賊徒が足早《あしばや》に近づいてきた。それを見て、小碓《オウス》は、彼らに向け突進し、剣を合わせること十数合《ごう》、彼らをなんとか斬り伏せた。

小碓《オウス》と弟橘媛《オトタチバナヒメ》の七年ぶりの逢瀬も、かくては暗転してしまった。小碓は、媛を抱えるようにしてその場を離れ、木陰に身を潜《ひそ》めては、残党の追撃を再三にわたってかわした。そして、苦労の末、なんとか農家の密集する集落の一角に媛を導くことができた。そこでは、長日子《ナガヒコ》が小碓の帰還を、乗馬とともに待ち受けていた。なにはともあれ、小碓は、弟橘媛《オトタチバナヒメ》を馬に乗せ、長日子に媛の邸宅まで送らせることとした。みずからは、しばらくあとに残り、追っ手が現われないかどうかの確認にあたった。

この事件のことは、巷《ちまた》で広く喧伝《けんでん》されるところとなった。うわさは、尾ひれがついて思わぬ方向へと発展する恐れを秘めている。小碓《オウス》と弟橘媛《オトタチバナヒメ》は、うわさが沈静化するまで、少なくとも数か月の間は直接会うことを避けざるを得なくなった。

八坂入媛《ヤサカノイリビメ》のほうも、現場での予想外の発展があったとはいえ、うしろめたいところがあり、堅く沈黙を守った。

御前会議――朝鮮半島の情勢を踏まえて

この年一〇月（旧暦）の半ば、大王《おおきみ》は、重臣を集めて御前会議を開いた。重臣のうちでも、物部十千根大連《モノノベノトチネノオオムラジ》・大伴武日連《タケヒノムラジ》・大口納命《オオクタミノミコト》・豊韓別《トヨカラワケ》命・臣狭山《オミサヤマ》命からなる五人の大夫《まえつきみ》は、別格として重きをなしていた。ほかに、日嗣《ヒツギ》の王子《ミコ》三名と東国の巡察から帰還したばかりの武内宿禰《タケノウチノスクネ》が参列者として名を連ねた。

「なにごとやあらん」と、諸臣、緊張して待っていると、大王は、座につくなり、つぎのように決意を表明された。

「今日は、吾が国を取り巻く諸情勢について認識をあらたにし、将来に向けて基本的な方向づけを確立しておきたいと思い、集まってもらった。海西《わたのにし》の諸韓《もろもろのから》（朝鮮半島の国々のこと）では、異常に圧力が高まっていると聞く。それにもかかわらず、倭国の内部では、反大和の火種がくすぶり、その外では、まつろわぬ部族がうごめいている」

列席の者は、いずれもが深くうなずいた。

この時代、中国大陸や朝鮮半島では、あらたな権力の均衡が生み出されようとしており、その流れは、遠からず西国の筑紫のみならず、倭国全域を巻き込むことになるのではないかと恐れられていた。それゆえ、皆、大和王権のめざすべき方向がいまひとつ明確に打ちだされていないことに、一抹《いちまつ》の不安を感じていたのである。

大王は、一拍置くと、大口納命《オオクタミノミコト》に発言を求めた。

「まず、海西《わたのにし》の諸国《くにぐに》のことについて、思うところを述べてもらおう」

大口納命《オオクタミノミコト》は、自分が最初に指名されるとは思っていなかったので、少々あわてた素振りを見せた。しかし、彼が機会あるごとに持論をぶってきたことは広く知られており、覚悟を決めて語りはじめた。

「ご承知のように、西方の外《と》つ国の間では、大きな変化が起きております。大国の晋《しん》といえども、北から南下してきた多くの種族に対抗できず、国境を南に後退させております。この機に乗じて、晋国の東北辺境に根を張っていた高句麗《こうくり》が強勢となってきました。高句麗は、海西《わたのにし》の蕃国《となりのくに》に向け進出を試み、晋の地方拠点、楽浪郡《らくろう》とその南の帯方郡《たいほう》を占拠したばかりか、さらに、その先の国々に圧力をかけはじめております。その南では、長きにわたって馬韓《ばかん》・辰韓《しんかん》・弁韓《べんかん》という三つの部族集団が鼎立《ていりつ》してきたわけですが、こうした緊迫する情勢を背景に、すでに馬韓と辰韓においては、それぞれ百済《くだら》・新羅《しらぎ》という統一国家が生まれております。さらに南に位置する弁韓も、統一国家とまではいきませんが、盟主を立てて加羅《から》と呼ばれるようになっております」

大王が、ひと言はさむ。

「高句麗も、隣接する北方部族との軋轢《あつれき》をかかえているようだが」

「たしかに、高句麗の西方では、鮮卑《せんぴ》族の燕《えん》が力を蓄えてきており、高句麗も、その方面への軍の備えを強いられているようです。しかし、燕は、まだ、高句麗を圧するほどの力量はなく、今後の推移が注目されるところです。そして、高句麗のほうですが、かの国は、強力な騎馬軍を保持しているほか、外洋船の建造も進めており、その南方では、百済・新羅のみならず、加羅にとっても、大いなる脅威となっております。ご承知のとおり、加羅の洛東江《らくとうこう》下流域、とりわけ金海《きんかい》地方には、古くから多くの倭人《わじん》が住みついております。加羅は、品質のよい鉄資源に恵まれており、倭国にとって、鉄素材や鉄製品の供給源として、なくてはならないところなのです」

金海地方は、『三国志』東夷伝倭人条（通称「魏志《ぎし》倭人伝」）にいう「その（「倭の」の意）北岸の狗耶韓国《くやかんこく》」にあたる。帯方郡からの魏の使者は、ここを経由して海を渡り、倭に赴いたのである。朝鮮半島の南岸を倭の北岸と記しているところから、帯方郡の使者は、狗耶韓国を倭国の領域とみなしていた可能性がある。

いずれにしても、三世紀の中ごろには、すでにこの地は、倭人にとって、朝鮮半島進出の足がかりとして重要な拠点をなしていたといえよう。そして、前掲書の東夷伝弁辰条には、「国、鉄を出す。韓・濊《わい》・倭、皆従ってこれをとる」とあり、弁辰（弁韓に同じ）は、良質の鉄を産し、倭人も、狗耶韓国を足場にこの地域に鉄に対する権益を築いていたことがわかる。

さらに、大王は、大口納命《オオクタミノミコト》に問う。

「加羅の国々は、潤《うるお》ってはいるものの、結束という面で未熟である。百済や新羅とて、いまのところは、高句麗の侵略を恐れて汲々《きゅうきゅう》としているが、いずれ、加羅に向けて触手《しょくしゅ》を伸ばしてくるのであろうな」

「そのとおりです。倭国も、早晩、国を挙げてこれらの国々に当たっていかねばならぬ日がくると思います。筑紫島の各国は、頻繁に加羅との間を往復し、金海地方のみならず、加羅各国、さらには、百済と交渉をもっているようです。吾が国としても、加羅や百済との関係を、これまで以上に深める必要があるのではないでしょうか」

「されど、高句麗・百済・新羅といった国々とやり合うには、今後、さまざまな条件を整えていかねばなるまいの」

「とりわけ、吾が国は、高句麗や百済にくらべて外洋船の建造技術に遅れをとっております。旧来の船を補強して安定度を高めた帆船《ほぶね》の建造に、いっそう力を入れるべきです。馬にしても、騎馬に適した馬体の大きな種の育成に力を注ぐ必要があります。いずれにせよ、外つ国と伍《ご》していくためには、造船や馬産に加えて冶金《やきん》・鍛冶《かじ》・土木など、さまざまな分野で技術や知識をあらたにすることが急務といえます。これまで以上に、加羅や百済から人を迎える努力をしていただきたいと思うところです」

ここで、臣狭山命《オミサヤマノミコト》が、さらなる高句麗脅威論を説いた。

「悠長なことを言っている場合ではありません。かの地の北方部族間の成り行きしだいでは、高句麗が一気に百済を席巻《せっけん》して加羅に攻め込んでくることだってあり得るのですぞ。それこそ、状況によっては、外洋船を仕立てて百済を通り越し、直接、倭国に向かってくる場合だって想定しておかなければならないのでは……」

大王は、高句麗の戦力について思い返していた。

「うーむ、騎馬軍に外洋船よのう。馬といえば、吾が国では筑紫島の南部の馬が骨格もしっかりしており、騎馬としての質が高い。しかるに、熊襲《くまそ》が種馬の供給を渋っていると筑紫国から言ってきておる」

ここにいたって、物部十千根大連《モノノベノトチネノオオムラジ》が、発言を求める。

「外つ国に対するには、倭国においても、大和王権を核とする連合政権の基盤を固め、統一した国家意思のもとに行動する必要があります。幸い、代々の大王は、軍事遠征と縁組政策を効果的に進められ、西の播磨《はりま》・吉備《きび》・丹波《たんば》・出雲《いずも》・筑紫・日向《ひむか》、東の美濃《みの》・尾張《おわり》・駿河《するが》・相模《さがみ》といった国々の王族や有力豪族との間で同盟関係を強固なものとしていただいております。しかしながら、筑紫島南部の熊襲は、朝貢《ちょうこう》を渋っておるといいますし、東国も陸奥《みちのく》ともなりますと、その実情もよくつかめておりません」

豊韓別命《トヨカラワケノミコト》がこれを引き継ぐ。

「東に向けては、相模国の先に武蔵《むさし》国・総《ふさ》国があり、さらにその先に常陸《ひたち》国・毛野《けぬ》国・信濃《しなの》国・越《こし》国があります。そして、そのさらに向こうには、日高見《ひたかみ》国があるやに聞き及んでおります」

大王は、みずからの意図する方向に議論の風向きが変わってきたことに満足をおぼえた。

「十千根大連《トチネノオオムラジ》よ、汝の一族からは、東の国々の建国にかかわった者が出ていると聞くが……」

「仰《おお》せになられたように、吾が一族は、多くの者が草香《くさか》（日下とも）の地を出て東国に散らばっております。倭国の東の果てにあたる常陸国の建国には、同族の者が日下《ひのもと》の旗を掲げ、加わったと聞きます。さらに、そこから東に進んで日高見国の形成にかかわった者も出ているようです。しかし、なにぶんにも遠国のことゆえ、吾としても、実情をつかみかねているというのが実際のところです」

「うむ、神武大王《おおきみ》の大和建国以前に、物部の一族は、日下《くさか》にて陽を祭っていたと聞く。東方に流れた者は、皆、日下《ひのもと》の旗を掲げてその出自を明らかにしているようであるな」

「恐れ入ります」

「……だが、それにしても、陸奥は遠い。そこでじゃ。武内宿禰《タケノウチノスクネ》が、一年近くにわたり北陸や陸奥の巡察をすませ、戻ってきておる。武内宿禰、陸奥について見てきたところを話してみよ」

「若輩《じゃくはい》ながら、陸奥の情勢についてひと言申し述べます。東の方、常陸や毛野といった国々よりもさらに奥深くに、東の海に注ぐ北上川《きたかみがわ》なる大河があり、その流域に、かの日高見国が築かれております。その国の人びとは、倭人の末裔《まつえい》もおりますが、大半は蝦夷《えみし》と呼ばれる部族で、男も女も頭に髷《まげ》を結《ゆ》い、身体に入れ墨をしており、なかなか勇敢です。寒風吹きすさぶ土地柄とはいえ、土地は広大かつ肥沃《ひよく》にして耕作に適しており、海からの産物にも恵まれております。また、北方の部族との間で交易も盛んに行われております。加えて、日高見国のまわりには、かなり獰猛《どうもう》な蝦夷の部族がいて、倭国の辺境を荒らしまわっていると聞きます。是《ぜ》が非《ひ》にも、これらの部族に対しては、交易をせまるなり、攻略するなり、対応を急ぐべきでありましょう」

大伴武日連《タケヒノムラジ》が補足する。

「陸奥の蝦夷《えみし》を討つとなれば、相当の準備をしたうえで、戦いに明け暮れる覚悟がなくては、とても目的を達成することはできません。まずは、出陣部隊の物資の補給体制を充実させる必要があります。そのためには、補給専用の輜重《しちょう》部隊を設けるのみならず、道筋の国々から物資を調達する仕組みをくふうしなければなりません。それから、さきほど造船の話が出ておりましたが、部隊の移動には、水軍の充実がなによりも大切です。陸路のみでは、道なき道を行かねばならず、消耗がはげしすぎて現実的ではないでしょう。大和王権としての水軍の強化はもちろんのことですが、沿海国の水軍の支援が得られるよう、そうした国々との良好な関係を築き上げていくことも大切なことです」

大王は、諸臣の話に興味深く耳を傾けていたが、このあたりで話題を西の方へと引き戻した。

「皆の申すこと、いちいちもっともなことと思う。東国に向けては、少しずつ準備を進めて機の熟するのを待つとしよう。しかし、西国の征討は、急がねばなるまい。西国の首長や豪族は、高句麗の騎馬軍の勢威や外洋船の威容に恐れをなしているとも聞く。こうした高句麗の脅威に備えるには、まずもって筑紫島全体の意思の統一がはかられねばならない。それを乱しているのが、熊襲《くまそ》なのじゃ。吾が熊襲征討のため筑紫島に赴いてから、もう何年も経つ。ここらで、もういちど、熊襲を征伐する必要がありそうじゃ。……さて、それでじゃ」

列席の者はだれしも、この場で熊襲征伐が具体的日程にあがるとは思いもしていなかった。しかし、事ここにいたると、熊襲征討軍の大将の任命が最重要の課題となる。皆、だれが指名を受けるのかと、固唾《かたず》を呑んで大王のつぎの言葉を待ち受けた。

「こたびは、小碓尊《オウスノミコト》にその任務を与えようと思う」

居並ぶ諸臣からは、一瞬の沈黙ののち、どよめきが起きた。この、とてつもないともいえる決定に、諸臣はいずれも驚きを隠せないでいる。物部十千根大連《モノノベノトチネノオオムラジ》が、諸臣を代表して大王に申し上げた。

「大王が十年前、筑紫島に遠征されたときでも、大軍を擁し、四年という歳月をかけられました。経験の浅い若き小碓尊《オウスノミコト》では、失礼ながら、手に余りましょう」

「いやなに、見聞を広めるというぐらいの軽い気持ちでぶらっと行ってくればよいのじゃ。やみくもに力攻めをしても、手間ひまかかるだけでうまくはいくまい。吾は、熊襲の八十梟帥《ヤソタケル》と呼ばれる厚鹿文《アツカヤ》・迮鹿文《サカヤ》を討つため、奴らの女《むすめ》を味方につけ、計略を用いることによってかろうじてこれを討つことができた。奴らと談判してむずかしいと感じたら、早々に引き下がってくればよいのじゃ。その場合は、あらたな情勢分析の上に立って方策を練り直そうぞ。小碓尊《オウスノミコト》、どうじゃ」

「心得ました。力の限り任務を遂行いたします」

小碓《オウス》は、任務の重さに顔面蒼白《そうはく》となっていた。それでも、大王の要請にきっぱりとこたえた。新参者の小碓としては、父王の命令とあれば否応《いやおう》もなく、いかなる困難にもめげず突き進まなければならなかった。結果はどう出ようと、あとは命を投げだしてやってみるだけという、居直りともとれる覚悟であった。

諸臣皆、あきれてものも言えない。諸臣の動揺が静まってから、ふたたび、物部十千根大連《モノノベノトチネノオオムラジ》が口を開いた。

「吾は、先代の垂仁《スイニン》大王に命じられ、軍勢を率いて出雲に赴き、反大和の動きを押さえ、その保有する神宝を精査してきました。こうした関係で、吾のところへは、出雲の情報がよく入ります」

「うむ。出雲も、内紛が絶えぬようじゃの」

「大王もご承知のとおり、東出雲は、長年にわたって大和王権に服属する姿勢を貫いてきました。しかし、西出雲は、大和王権への服属とは名ばかりで、いまだに中央へ背を向けているのが実情です。先々代の崇神《スジン》大王の御代、服属せぬ西出雲の首長、出雲振根《フルネ》を誅《ちゅう》しております。しかし、その系統がまた力を盛り返し、今日では、出雲建《タケル》なる者を中心に団結し、東出雲すらも制しかねない勢いなのです。できうれば、この機会に出雲の仕置きも、手がけたいものです」

「たしかに、十千根大連《トチネノオオムラジ》の言うように、出雲にも、あらためて服属を誓わせる必要がありそうじゃ。小碓尊《オウスノミコト》にはご苦労なことだが、熊襲を検分したあと、出雲に赴いて仕置きをしてきてもらいたいと思う。この任務は、少し酷《こく》かもしれんが。どうじゃな」

「大王のご指示、謹んでお受けいたします」

諸臣皆、景行《ケイコウ》帝の、小碓尊《オウスノミコト》に対する無理難題とも思える任務付与にあきれるやら、恐れおののくやらで、もはや言葉をはさむこともできず、すっかりおとなしくなってしまった。十千根《トチネ》大連《オオムラジ》のほうも、熊襲に加えて出雲の仕置きを持ちだせば、とても小碓尊の力の及ぶところではあるまいと踏んで、大王に再考を促したつもりであった。しかし、その思惑はみごとにはずれてしまった。

小碓《オウス》にとっては、熊襲《くまそ》征討を命ぜられた以上、出雲へ行こうが行くまいが、それはもうどうでもよいことであった。「先のことは、考えても仕方がない。なんとかなるだろう」と、いまはあまり気にしないことにした。これが、長いあいだ親もとを離れて外地で生きてきた男のしぶとさであり、また一六歳という若さの特権でもあった。

御前会議の場から退出した大夫《まえつきみ》たちは、そのまま物部十千根大連《モノノベノトチネノオオムラジ》の控室に場所を移した。彼らは、口々に不平をもらす。

「少々腕が立つとはいえ、わずか一六歳の王子に熊襲征伐を命じるとは、あまりにも無体《むたい》ではありませぬか」

「それだけでも大変なのに、出雲の仕置きもしてこいとは、なんともはや、開いた口がふさがりませぬわい」

「熊襲にせよ、出雲にせよ、赤っ恥をかいて戻ってくる破目になるのでは……」

ここで、十千根大連《トチネノオオムラジ》が話を引きとる。

「こたびの大王の小碓尊《オウスノミコト》への下命《かめい》は、どだい無理な話じゃ。大王に考え直してもらおうと、出雲の仕置きを持ちだしたものの、かえってやぶへびになってしもうたわ。大王がいかなる意図をもって小碓尊へ下命されたのかが肝心要《かんじんかなめ》のところじゃろうて。長らく親もとを離れていたがゆえに、一人前と認める前に試練を与えようとしておられるのか。すぐれた能力をもっているがゆえに、苦境に追い込んでさらに能力を引きだそうとしておられるのか」

「なるほど、なるほど」

「しかし、いずれにしても、大王が決断された以上、これが覆《くつがえ》るわけもない。どのような形で決着するのか、結果を見守るしかないじゃろうな」

「小碓尊《オウスノミコト》の代わりに、吾らが任務を肩代わりできるかといえば、それも無理というもの。たしかに、見守るしか道はありませぬな」

「それにしても、小碓尊《オウスノミコト》はしぶとい。徒者《ただもの》ではありませぬぞ」

「いやなに、事態がよく呑み込めていないだけのことでは……」

「見方によれば、小碓尊《オウスノミコト》には悪いが、どのような形で決着がつくのか、見てのお楽しみという面もありますな」

ここで、大伴武日連《オオトモノタケヒノムラジ》が口をはさむ。

「いやはや、吾らは、すっかり野次馬根性になってしまいましたな」

「やや、これは失礼つかまつった」

「せめて、小碓尊《オウスノミコト》の無事な帰還を祈るべきではないですかな」

「いかにも、いかにも」

このような話の流れのなかで、小碓尊《オウスノミコト》の西征に対する重臣たちの関心も薄れてしまったかのようである。

いっぽう、御前会議の結果を耳にした八坂入媛《ヤサカノイリビメ》は、息子たちの前で勝ち誇ったようにほくそ笑んだ。

――愚《おろ》かな男の子よ。これで小碓尊《オウスノミコト》は政治向きの力を失ったも同然。神々は、じつによく見ていらっしゃる。

しかし、八坂入媛《ヤサカノイリビメ》がぬか喜びをするのは、まだ時期尚早といえよう。

じつは、大王は、熊襲《くまそ》征討を公けにする前に、ひそかに五百野王女《イオノノヒメミコ》を伊勢神宮に派遣し、倭《ヤマト》媛尊《ヒメノミコト》にその方策について相談をもちかけている。その際、倭媛尊は、収集した情報の分析を基に、熊襲征討の推進者として積極的に小碓尊《オウスノミコト》を推したという経緯がある。それゆえ、小碓尊への任務付与は、大王と倭媛尊との合意の上でのことなのである。

大王と倭媛尊の両者ともが、大和王権の命運を賭《か》けてみるだけのものを、小碓尊が資質としてもっているとみてとったわけである。ことに、倭媛尊は、かつての夢見に加え、小碓尊の雄々しい成長ぶりを目にし、「小碓尊こそが、王宮を護《まも》らんがために、その上空を飛翔する白鳥である」との確信をますます深めていたのであった。

二、熊襲、西出雲征討の旅

伊勢、吉備経由で征西の途に――弓達者の弟彦と穴戸武媛を加えて

小碓《オウス》は、征西の途につく前に、なんとしても弟橘媛《オトタチバナヒメ》に会っておきたいと思い、針間長日子《ハリマノナガヒコ》を再三にわたって穂積《ほづみ》邸に連絡にやるが、どうもいまひとつ、その所在がはっきりしない。どうやら父君にしたがい、相模《さがみ》国に戻っていったようである。小碓は、手を打つのが遅きに失したかと、臍《ほぞ》を噛む思いであった。

小碓《オウス》は、なんとか気持ちの整理をつけると、長日子《ナガヒコ》・葛城宮戸彦《カツラギノミヤトヒコ》に加えて吉備武彦《キビノタケヒコ》を大碓王《オオウスノミ》子《コ》邸に同道し、皆して大王《おおきみ》から命じられた熊襲《くまそ》と出雲《いずも》の攻略について議することにした。

そこでは、多くの者が異口同音《いくどうおん》に、小碓尊《オウスノミコト》が途方もない任務を背負ったことに危うさを表明した。それに対して、大碓王子《オオウスノミコ》は、「王族というものは、こうした難事にも覚悟を決めて当たらねばならぬ宿命というものがあるのだ」と、あえて小碓尊の任務を肯定的にとらえ、みんなの勇

気を鼓舞《こぶ》しようとした。

吉備武彦《キビノタケヒコ》にしても、最終的な覚悟を迫られた。

——今回の任務は、いずれも成算に乏しい。命がけで取り組んだとして、ひとつが叶うかどうかというところだろう。だが、小碓尊《オウスノミコト》とは兄弟同様の仲。命運尽きようとも、行を共にせずばなるまい。二人で力を合わせれば、必ず道が開けるはずだ。絶対に臆《おく》してはならないぞ。

小碓尊《オウスノミコト》はというと、先ほどから腕組みをして宙の一点を見つめ、思案に耽《ふけ》っていた。彼は、「この世に、不可能ということはあり得ず、必ず突破口があるはず」と信じていた。そして、ぼそりとつぶやいた。

「力攻めはむずかしい。となれば、せめて弓の名手をそろえたいものだ」

これを聞いて、大碓王子《オオウスノミコ》が猪麻呂《イマロ》に問いただす。

「汝《なれ》と美濃《みの》に出向いたときに耳にした、ほれ、なんとかいう……」

猪麻呂は、一瞬、怪訝《けげん》な顔をしたが、たちどころに大碓王子《オオウスノミコ》の意図を汲《く》みとった。

「たしか弟彦《オトヒコ》とか言いましたか」

「おう、それよ。たしかに弟彦《オトヒコ》と言った」

成りゆきや如何《いかん》と注視する列席の者に、大碓王子《オオウスノミコ》は、あらためてこう言い渡した。

「美濃に、弟彦《オトヒコ》なる弓の名手がいると聞く。その実力、尋常《じんじょう》にあらずというぞ」

これを聞いて、列席の者は皆、大いに喜んだ。早速にも、宮戸彦《ミヤトヒコ》を美濃への使者としてたてることにした。このたびも、兄遠子《エトオコ》・弟遠子《オトトオコ》姉妹に国もとへの口添えを頼むこととなった。

つづいて、小碓《オウス》と武彦《タケヒコ》の間で大まかな方向づけが試みられる。

「父王からは、熊襲の領内に入る前に日向国《ひむか》に寄るよう示唆を受けた。熊襲を討つといっても、吾らは、そのあたりの事情に疎《うと》い。日向で知恵を借りるほかないだろう」

「いったん吉備《きび》に立ち寄り、多少の人員を加えて態勢を整えましょう。吉備津から船路をとって日向に向かうのなら、まずは、かの神武大王《おおきみ》の東征の出港地となった美々津《みみつ》（宮崎県日向市所在の耳川《みみかわ》河口）をめざすのがよいでしょう。さらに進んで、一ツ瀬川《ひとつせがわ》河口にいたれば、これを遡《さかのぼ》ることにより、日向王の館のそばまで行くこともできます」

「だが、まずは筑紫の那津《なのつ》に向かうか、あるいは、かつて父王が滞在された豊《とよ》国の草野津《かやのつ》（福岡県行橋市草野付近）あたりに出て、そこから陸路をとり、かの地の実情をつかみながら日向をめざすというのもよいと思うが……」

「なるほど。陸路を行くのであれば、目立たぬよう、商団を装うのがよいでしょう。先日、吉備の旧知の商人から聞いたのですが、筑紫国には、苦労せずに荷を運ぶことのできる輜車《ししゃ》なるものがあるそうです。おそらくは、筑紫国のみならず、隣国の豊国にも、同じようなものがあるのではないかと思われます」

「そうか、そんな便利なものがあるのか。草野津でその輜車や駄馬がそろうのであれば、わざわざ那津まで行くには及ばないであろう。だが、その前に、吾は伊勢の倭媛尊《ヤマトヒメノミコト》を訪ねるつもりだ。難波津から伊勢、伊勢から吉備へとまわることにする。武彦《タケヒコ》、船の手配をよろしく頼む」

それから一〇日ほどして、例の弓の名手、三野弟彦《ミノノオトヒコ》なる者が、同じく弓の上手、伊勢の石占横立《イシウラノヨコタチ》、尾張の田子稲置《タゴノイナキ》・乳近稲置《チヂカノイナキ》の三名を率いて美濃から馳せ参じてきた。宮戸彦《ミヤトヒコ》の説得と神骨氏《カンボネ》の口添えが功を奏したとみえる。

さて、一一月早々、小碓《オウス》は、大王と母の稲日大郎姫《イナビノオオイラツメ》に出立の挨拶《あいさつ》をしたあと、大王をはじめ諸臣の見送りを受けるなか、吉備武彦《キビノタケヒコ》・針間長日子《ハリマノナガヒコ》・葛城宮戸彦《カツラギノミヤトヒコ》、それに三野弟彦《ミノノオトヒコ》の一統を引きつれ、王宮を出でて征西の途についた。

一行は、木津川《きづがわ》を下って難波津《なにわのつ》に出ると、武彦《タケヒコ》の用意した帆船《ほぶね》に乗り換えた。海上は、季節風（北西風）の影響もあってか、小雪混じりの風が吹きわたり、波頭が砕けて白く泡立っていた。船は、難波の海を南西にたどり、その後は、風を帆に受け、紀伊半島を西岸伝いに南端の潮岬《しおのみさき》へと進んだ。この間、幾度《いくど》か湊《みなと》や入江で強風を避ける必要に迫られたが、熊野灘《くまのなだ》にはいるや、一転して風は静まり、黒潮の流れに乗って伊勢湾へとまわり込んだ。

伊勢神宮では、倭媛尊《ヤマトヒメノミコト》が一行の到着を待ち望んでおられた。

まずは、彼らは、神宮の近くを流れる五十鈴川《いすずがわ》の清流にて身を清めた。厳寒のなかとあって、彼らの吐く息と体から発散する水蒸気とがもうもうとそのあたりに立ちこめる。その後、白衣に着替えて本殿に昇り、神前にて旅路の安全と任務の完遂を祈願した。

その後、倭媛尊《ヤマトヒメノミコト》は、小碓尊《オウスノミコト》のみを自室に呼び、みずからの御衣《みそ》と御裳《みも》を渡しながら、つぎのように語りかけた。

「どうしても相手に近づくことができないときは、これが役にたとう。吾が守護霊となって汝を護《まも》ろう。それにしても、熊襲《くまそ》までは想定のうちにあったが、出雲までとはのう。十千根大連《トチネノオオムラジ》は喰《く》えぬ男よ。いずれにせよ、最後は汝の強き心と武の力にかかってこよう」

のちの世の話ではあるが、琉球《りゅうきゅう》では、妹《おなり》の霊力が兄を守護《えけり》するとする「おなり神信仰」があり、兄が旅立つときは、妹から授けられた護符《ごふ》を肌身離さず身につける習慣があった。それに対して、「記紀」の景行《ケイコウ》帝の条を見るかぎり、大和王権にあっては、兄妹の関係よりも叔母《おば》と甥《おい》の関係を重くみている。倭媛尊《ヤマトヒメノミコト》と小碓尊《オウスノミコト》とは叔母と甥の関係にあるが、それにとどまらず、のちには、叔母の両道入姫王女《フタジノイリビメノヒメミコ》を甥の小碓尊が正妃として迎えることにもなるのである。

それはともかく、この際、倭媛尊《ヤマトヒメノミコト》から小碓尊《オウスノミコト》に授与された品々も、琉球のおなり神に準じた形で倭媛尊の霊力を帯びたものとみることができるであろう。

話が一段落すると、倭媛尊《ヤマトヒメノミコト》は、付き人に小碓尊《オウスノミコト》を別棟に案内するよう命じた。付き人に促されて小碓が別棟のなかにはいってみると、部屋の中央に切られた炉《ろ》の傍《かたわ》らに、うら若き女《おみな》がひとり端座していた。その横顔を見るや、小碓の体に衝撃が走った。それは、忘れもしない、弟橘《オトタチバナ》媛《ヒメ》その人に違いない。

このとき、案内してくれた付き人は、「明朝、お迎えに参ります」といって、そのまま引き下がっていった。

小碓《オウス》があわてて弟橘媛《オトタチバナヒメ》のもとににじり寄ると、媛《ひめ》は、懐かしそうに彼を迎え、声をかけた。

「お待ちしておりました。じつは、父の相模《さがみ》への帰任を前にして、倭媛尊《ヤマトヒメノミコト》から吾に、この地に寄るようにと連絡をいただいたのです」

「吾は、これより征西の途につかねばなりません。汝が帰国されたと聞き、もうお会いする機会がとこしえに失なわれたのではないかと心配でたまりませんでした」

「歌垣山《うたがきやま》といい、海石榴市《つばいち》といい、吾らの仲は、邪魔されてばかり。でも、最初にお会いしたときから、汝を慕う気持ちは変わっておりません。いつか必ず、汝が吾の前に現われると信じて待っていました。ただ、あの野摘みの場に、突然姿を見せられたときは、本当に驚きました。汝が王《み》子《こ》であるとは思いもしていませんでしたから」

弟橘媛《オトタチバナヒメ》の胸には、例の七つの翠《みどり》色の勾玉《まがたま》が輝いていた。小碓《オウス》は、感きわまって弟橘媛の両腕を手にとった。すると、弟橘媛は、小碓のほうにそのまま体を預けてきた。彼は、しっかりと媛を抱きしめた。ああ、この瞬間を何年待ちつづけたことだろう。彼は、このまま一夜をここで過ごしてよいかと媛に尋ねた。媛はうなずいた。その目は、すでにして潤んでいた。

翌早朝、小碓尊《オウスノミコト》の一行は、倭媛尊《ヤマトヒメノミコト》と弟橘媛に見送られ、吉備《きび》に向け出立した。小碓の側近の者たちは、なぜ弟橘媛が伊勢神宮にいるのかといぶかしんだ。とはいえ、小碓尊がいつにも増して快活であることに、だれしもが安堵を感じていた。

海は、時折、突風にあおられることがあるものの、時化《しけ》はおさまっていた。船は、紀伊半島沿岸を田倉崎《たくらざき》まで北上したあと、紀伊水道を渡り、四国沿岸の沖合を西に向けて進む。瀬戸内海においては、季節風は中国山地によってさえぎられ、それほどの影響を受けずに済む。

今回は、小碓《オウス》の指示により、吉備津へは、児島の東側からではなく、先へ進んで児島の西側から穴海《あなうみ》経由で入港することになっている。小碓や武彦《タケヒコ》にとって、児島の瀬戸内側は、かつて何度か海賊の取り締まりに同行した、曰《いわ》くのある海域であった。

途次、船中では、長日子《ナガヒコ》・宮戸彦《ミヤトヒコ》・弟彦《オトヒコ》の面々が語らっていた。まずは、宮戸彦と長日子の語らいに注目してみよう。

「吾は、大碓王子《オオウスノミコ》の気性が好きだ。大王の一の王子であるにもかかわらず、権力など顧みもせず、美濃《みの》の姫たちと悠々と暮らしている。あの淡白なところが魅力なのだ。小碓尊《オウスノミコト》も、大碓王子に似てあまり権力には執着していないように思えるが……」

「小碓尊《オウスノミコト》は、この年になるまで、親もとを離れて播磨《はりま》や吉備で伸び伸びと暮らしてきた。だから、身をもって民の生活を知っている。大和の王宮だけで育ってきた者とは土台が違う」

たしかに、播磨や吉備で民の生活を知ったということは、小碓《オウス》にとって貴重な体験であった。彼は、吉備国で鍛えられ、強力な武人に育ったばかりか、いまや大和王権の日嗣《ひつき》の王子《みこ》として権力をも握った。しかし、彼は、けっして権力を笠に着た暴虐の徒ではない。下々の者の痛みや悲しみがわかるだけに、権力者にへつらうよりも、そういった人びとの気持ちのなかへはいっていこうと努めるのであった。

ここで、弟彦《オトヒコ》が言葉をはさむ。

「わずかな人数で南の果ての熊襲《くまそ》を討つなどと、これはだいそれたことだ。熊襲を征伐できなければ、おめおめと帰ってくるわけにもゆくまい。小碓尊《オウスノミコト》の目的成就のためには、みなが身を捨てる覚悟でなければなるまい」

「だから、小碓尊《オウスノミコト》がどれほどの力量をもったお方なのかを話し合っているのよ」

「まずは、吾らの武術がどの程度のものかを、お互いに確認しておく必要があるのではないか。小碓尊《オウスノミコト》についても、うわさには強いと聞いてはいるが、これがどの程度のものなのか知っておきたいものだ。そうでないと、戦《いくさ》の場で判断を誤ることになる」

「それはもっともなことだ。吉備に着いたら、お願いしてみよう」

さて、彼らを乗せた船は、小豆島《しょうどしま》の南側を通過していた。やがて、その先に小碓《オウス》たちにとって見覚えのある豊島《てしま》や直島《なおしま》が視界にはいってきた。そこで、長日子《ナガヒコ》は、宮戸彦《ミヤトヒコ》や弟彦《オトヒコ》たちに児島の沖合に近づいたことを告げた。

その後、船は、直島の南を通過して児島の南端の岬へと進み、そこから児島の西側面にまわり込み、これを北上する。やがて、連島《つらじま》（今日、連島山塊として痕跡を残す）との間を抜け、高梁《たかはし》川《がわ》の注ぎ込む穴海《あなうみ》の入口へと進んだ。当初、この海域に潜む海賊が通行料の支払いを求めてきはしないかと、危惧《きぐ》されたのであるが、幸いというべきか、ここまでは、その類《たぐい》の賊は、姿を見せていない。しかし、まだ安心はできない。

高梁川河口域の先には、小島や岩礁《がんしょう》が、行く手をさえぎるかのように点在している。そして、小碓《オウス》たちの船がこのあたりに差しかかったときのことである。にわかに、まわりの島々の陰から二十艘《そう》余りの手漕《てこ》ぎ舟《ぶね》が現われた。やはり、一行の船は、海賊の仕掛けた網にひっかかってしまったようである。そのうちの一艘が接近してきた。その舟に乗る頭目《とうもく》とおぼしき男が、乗船させろとわめき声を上げている。

小碓《オウス》は、とっさに奴らを一網打尽《いちもうだじん》にするよき機会と考え、船長《ふなおさ》に、船足を止めて舷《げん》側から縄《なわ》梯子《ばしご》をいくつか下ろすよう命じた。

縄梯子を伝って荒くれ男が五、六人、船に乗り込んできた。小碓《オウス》は、これ以上乗り込ませないよう、縄梯子を引き揚げさせた。奴らの頭《かしら》は、見慣れぬ幅広の湾刀《わんとう》（反《そ》りのある太刀《たち》）を手にし、凄《すご》みをきかせて相応の金子《きんす》を上納するようせっついてきた。小碓は、これをきっぱりと拒絶する。

すると、奴らは、一斉に剣を抜いて斬りかかってきた。

小碓《オウス》以下、武彦《タケヒコ》・長日子《ナガヒコ》・宮戸彦《ミヤトヒコ》の面々も、剣を手にし、たちどころに奴らを圧倒してみせた。しかし、さすが海に生きる荒くれどもである。自分たちが劣勢とみると、それぞれが舷側から海に飛び込み、逃れ去った。

それと同時に、小碓《オウス》たちの船めがけて幾多の海賊の舟が殺到してきた。火矢を射かけてくる者あり、燃える松明《たいまつ》を投げ込もうとする者あり、鉤《かぎ》付き縄梯子を舷側に掛けてよじ登ろうとする者ありと、彼らの攻撃方法は多彩である。それがため、船内では、水夫《かこ》は火を消すべく、燃えついたものをたたいたり、水をかけたり、また、武人は侵入しようとする賊をたたき落としたり、斬り伏せたりと、大わらわとなった。

しかし、この段階で、これまで控えにまわっていた弟彦《オトヒコ》たち四人の弓の者たちが弓を手にし、猛烈な速さで連射しはじめた。おまけに、彼らの狙いは正確無比であった。遠近《おちこち》を問わず、海賊どもはつぎつぎと射すくめられ、海原に散っていく。とうとう例の頭目も、犠牲者のあまりの多さに音《ね》を上げ、白幡《しらはた》を掲げてふたたび接舷してきた。かの頭目は、単身で乗船してくると、小碓《オウス》の足もとにひれ伏し、降参する旨《むね》、言上した。

その賊の名は、皮剥《カワハギ》といった。処刑を厭《いと》わず、単身、船に乗り込んでくるとは、なかなか肝《きも》の太い奴であった。小碓《オウス》は、この賊がいささかなりとも義侠心《ぎきょうしん》を備えていると知ると、ただちには処刑せず、この者に義務を課することにした。つまり、巣窟《そうくつ》の方《かた》を付け、海賊集団を解散したうえで、三日後の未《ひつじ》の正刻（午後二時ごろ）、集めた金子や財宝を持って王宮の正門脇に出頭するよう命じたのである。要は、皮剥の人物を試そうとしているのである。

さて、小碓《オウス》一行の船は、岩礁の所在に注意を払いつつ、帆に風を受けながら、ゆるりゆるりと穴海を東に進む。右手には、係留された多くの帆船が姿を現わす。やがて、市《いち》でにぎわう吉備中山の南裾を通過し、吉井川河口左岸の吉備津に入港した。

港内では、すでに数多の帆船が岸壁に係留されていたが、なんとか隙間をみつけ、これに割り込むことができた。小雪がちらつくなか、数多くの鴎《かもめ》が頭上をギャーギャーと鳴きながら飛び交っている。そのうちの何羽かが帆柱の上段の横木（帆桁《ほげた》）に止まり、翼《つばさ》を二、三度上下させてからこれを畳んで体に収めた。

岸壁の後方には、積荷を管理する問屋が並んでいる。大勢の人夫や船子が積荷の上げ下ろしをしたり、船の手入れをしたりで、港は活気にあふれていた。

小碓尊《オウスノミコト》一行は、吉備王・稚武彦《ワカタケヒコ》の歓待を受けた。

ただし、事前に、吉備武彦《キビノタケヒコ》は、父王から熊襲行きを断念せよと説得を受けたようである。父親からすれば、成算の乏しい蛮行《ばんこう》に付き合わせ、みずからの跡継ぎを失う羽目に陥りたくないと考えるのは、ごくごく当たり前のことであろう。しかし、武彦は、この要請をきっぱりと退けた。父王も、息子の断固たる決意と自信のほどを知り、前言をひるがえし、その壮途に理解を示したのである。

吉備王は、小碓尊《オウスノミコト》に語りかける。

「久しぶりじゃな。思っていたより元気そうでなによりじゃ。おお、そうじゃ、そうじゃ。聞けば、穴海にはびこる海賊の一味を摘発してくれたそうじゃな。知ってのとおり、奴らを根絶やしにするのは困難なことなのだが……。なにはともあれ、でかしたわい」

「根絶やしにするには、ほど遠いですが……」

「それはそうと、大王《おおきみ》は、健《すこ》やかにお過ごしであろうな」

「父王は、吉備王にくれぐれもよろしくと申しておりました」

「それにしても、難儀《なんぎ》なことよのう。若年《じゃくねん》のそなたに、戦う軍団も与えず、大和に弓引く国々を仕置きしてこいとは……。これでは、群れ集う狼《おおかみ》を相手に素手で立ち向かえというようなものじゃ。大王は、なにを考えておられるのやら」

「吾を深く信頼されてのことと思っております」

「そうかのう。したが、なんでも言ってもらいたい。できるだけのことはするでの」

「温かきお言葉、痛み入ります」

翌日は、宮戸彦《ミヤトヒコ》たちの要請に基づき、仲間うちの武術訓練が行なわれることとなった。この日は、時折、風が吹きつけるものの、雲間から薄日が差し、この時期としては、比較的穏やかな日和《ひより》といえた。小碓《オウス》は、子どものころ、武彦《タケヒコ》とともに武術の稽古に励んだ、あの郊外の原野へと仲間を誘導した。

吉備王も、加夜良継《カヤノヨシツグ》を同道し、観戦に訪れた。もちろん、武彦《タケヒコ》の妹、穴戸武媛《アナトタケヒメ》もやってきており、父王のそばで訓練の模様をのぞきこんでいた。

まず、弟彦《オトヒコ》ら四人の射手は、一二間ほど（約二二メートル）の距離をおいて速射を行ない、ほとんどの矢を的《まと》の中央部、直径五寸ほど（約一五センチメートル）の円《まる》の内に収めていた。さらに、五〇間近く（約九〇メートル）離れたところへの遠矢も、やや上向きに矢を放つものの、地上のほぼ同じ場所にすべての矢を突き立てていた。

観戦者は、弓の者たちの秀《ひい》でた技の数々に、一様に感嘆の声を上げた。なによりも、小碓《オウス》は、海賊と遭遇した折に、弓の者たちから、その実力をまざまざと見せつけられている。心強い味方を得たことで笑みがこぼれるのを禁じえないでいた。

つぎに、長日子《ナガヒコ》と宮戸彦《ミヤトヒコ》が木剣をもって相対した。ここでは、宮戸彦に一日の長が見てとれた。

同じく、加夜種継《カヤノタネツグ》に武彦《タケヒコ》が相対し、勝負は、ほぼ互角に終わった。

小碓《オウス》には、弟彦《オトヒコ》が挑戦した。しかし、弟彦の剣の技は、残念ながら小碓に通じなかった。小碓は、弟彦の木剣を軽くはじくと、そのまま前に進んで、その首にみずからの木剣をあてた。これを見て、宮戸《ミヤト》彦《ヒコ》が小碓の前に飛び出してきた。否応《いやおう》もなく、二人の対決となった。

宮戸《ミヤト》彦《ヒコ》は、気合もろともに小碓《オウス》めがけて木剣を振り下ろす。とたんに剣が強くはじかれ、つい剣を手から離してしまう。宮戸彦は、ばつが悪そうに木剣を拾い、ふたたび剣を構えなおし、頃合いを見てつぎつぎと剣を繰りだす。小碓は、いつものように体をそらしたり、左右に開いたりして、ぎりぎりの間隔で、繰りだされる剣を避ける。

宮戸《ミヤト》彦《ヒコ》は、これでは埒《らち》が明かぬとばかり、いったん二人の間に距離をおく。やがて、ふたたび木剣を大きく振りかぶり、急速前進しながら小碓《オウス》めがけて裂帛《れっぱく》の気合で真っ向から斬りつけてきた。ところが、勢い込んで振り下ろした剣は、またしても強く叩《たた》かれ、はじき飛ばされてしまう。

宮戸彦は、わけがわからず、茫然《ぼうぜん》としたまま立ちつくしていた。

宮戸《ミヤト》彦《ヒコ》があまりに力をこめて木剣を振り下ろすので、空振りして剣を下ろしたときに、剣を握る力が一時的に抜ける。小碓《オウス》は、その一瞬を見逃さず、彼の剣を二度にわたって打ち落としたのである。小碓が相手の木剣の握り際を叩くのにとどめたからまだしも、相手の手首でも叩いていたら、その被害は、甚大《じんだい》なものとなっていたであろう。

吉備王《キビ》と加夜良継《カヤノヨシツグ》は、お互いに顔を見合わせ、小碓尊《オウスノミコト》の成長ぶりに、かつは驚き、かつは喜《き》悦《えつ》した。宮戸彦《ミヤトヒコ》も弟彦《オトヒコ》も、小碓尊の秀でた武術に畏敬《いけい》の念を抱き、これよりのち、小碓尊の実力をあれこれ言うことはなくなった。

翌々日の未《ひつじ》の正刻（午後二時ごろ）、小碓《オウス》以下の面々が正門の外に出てみると、雪の降りしきるなか、皮剥《カワハギ》がひとり、かしこまって平伏していた。その傍《かたわ》らには、袋詰めにした荷や数々の戦利品とおぼしき物が山積みにされていた。袋の中には、大量の鉄鋌《てってい》が詰め込まれており、これらは、海を隔てた隣国、加羅《から》由来のものと思われる。積み上げられた武具のなかには、頭目が手にしていた例の湾曲した片刃の太刀があり、小碓の興味をそそった。

彼の出自を聞いてみると、その父は、高羽麻剥《タカハノアサハギ》といい、豊《とよ》国の高羽川の流域（現在の福岡県田川市）を押さえる部族長であったが、景行《ケイコウ》帝の九州遠征に際して、大和側に懐柔《かいじゅう》され、周辺地域の他の部族長、鼻垂《ハナタリ》・耳垂《ミミタリ》・土折猪折《ツチオリイオリ》らの誅殺《ちゆうさつ》に協力した。しかし、その後、地元住民から大和軍への協力をなじられ、一族は、地元に棲《す》むことができなくなり、離散する羽目となった。そこで、皮剥《カワハギ》は、父と別れてこのあたりに巣《す》喰《く》い、海賊稼業に励むこととなったのだという。

小碓《オウス》は、武彦《タケヒコ》たちの懸念をよそに、皮剥《カワハギ》を赦《ゆる》し、みずからの配下に加えることを考えていた。小碓は、海での戦いに不慣れであったため、かねてから船の扱いに長《た》けた者を部下に欲しいと考えていた。これから赴くことになる九州方面に土地《とち》鑑《かん》をもっているということであれば、なおさらである。

皮剥《カワハギ》は、小碓《オウス》が景行帝《ケイコウ》の御子《みこ》だと知り、驚きを隠せずにいた。それでも、もし赦《ゆる》されるなら、小碓尊《オウスノミコト》の熊襲《くまそ》征討にしたがい、誠心誠意仕《つか》えたいと誓約した。また、あの片刃の太刀は、異国船を襲ったときに入手したもので、おそらくは、西蕃国《にしのとなりのくに》のさらに奥の、晋《しん》国や北方部族の間で使われていた太刀であろうと語る。いまでは、それを皮剥みずからが使いこなしているという。

さて、小碓尊《オウスノミコト》一行は、加夜種継《カヤノタネツグ》をはじめ二〇名余りの兵《つわもの》を加え、いよいよ北九州の東海岸に向け、吉備津《きびのつ》を出港する段取りとなった。皮剥《カワハギ》とその手下の者数名も、許されてこの一行に加わった。

じつは、これにもうひとりの兵士が加わった。それは、穴戸《アナト》武媛《タケヒメ》で、どうしても行くのだといってきかず、男装して乗り込んできた。王も王妃も、そして武彦《タケヒコ》も、これを阻止しようとしたが、媛《ひめ》の小碓尊《オウスノミコト》を思う心根を考えると、最終的には許さざるを得なくなった。

小碓尊《オウスノミコト》も、はじめは穴戸《アナト》武媛《タケヒメ》を危険な目にあわせるわけにはいかないと、拒否するつもりでいた。しかし、自分が倭媛尊《ヤマトヒメノミコト》から授けられた着衣を身につけるようなことがあるとすれば、穴戸武媛の存在は貴重な助けとなる可能性があり、自分が命がけで媛を護《まも》ってやればよいことだという思いに落ちつき、彼女の乗船を許容する気になった。

もっとも、いまの小碓《オウス》には、穴戸《アナト》武媛《タケヒメ》を片時も離したくないという気持ちのほうが圧倒的に勝っていた。久方ぶりに彼女に会い、小碓の身も心もその魅力にとらわれていた。それに、なんといっても、彼女の天性の明るさは、小碓の、任務の重さに沈みがちな気持ちをまぎらわせてくれる効果が絶大であった。

結局、彼女には、母、建比売《タケヒメ》の指示で、侍女を二人、ともなわせることとなった。

祖母山での賊徒の襲来

小碓尊《オウスノミコト》一行を乗せた二隻《せき》の船は、瀬戸内海を鞆《とも》の浦《うら》経由で沿岸伝いに西に進む。数多の島々との間を縫《ぬ》うように進み、やがて、倉橋島《くらはしじま》や屋代島《やしろじま》の南をかすめ、上関《かみのせき》海峡（室津《むろつ》半島と長島の間）を抜ける。しばらくすると、前方には、これまでとは一変して広々とした穏やかな周防《すおう》灘《なだ》の海域が開ける。なおも、沿岸の沖合をたどり、九州は豊国の草野津《かやのつ》に入港した。景行《ケイコウ》帝は、征西のみぎり、この近くの長峡県《ながおのあがた》（現在の行橋市大字長尾）に行宮《あんぐう》を建て、そのあたりを名づけて京《みやこ》と呼んでいる。

彼らは、この地に一〇日間ほど逗留《とうりゅう》し、西海道《にしのみち》の国々の人情・風俗・地勢の掌握《しょうあく》につとめた。加えて、商団を装うべく、荷運びの人夫《にんぷ》を雇い、乗馬・駄馬・輜車《ししゃ》などの調達にあたった。積荷のほうは、吉備から運んできた各種の色鮮やかな細布《さいふ》や玉類が主体となる。

なるほど、輜車は、荷を運ぶのには便利にできていた。とはいえ、当時の劣悪な道路事情からして、同時にうしろからも押す必要があった。

そして、明くる早朝、一行は、商団を編成し、何本もの幟《のぼり》をひるがえして南に向け出立した。馬上の小碓《オウス》・武彦《タケヒコ》・長日子《ナガヒコ》、それに男装の穴戸《アナト》武媛《タケヒメ》の四名が先頭集団を構成し、そのうしろを五頭の駄馬と三台の輜車、さらに十数名の荷を背負う人びとがつづいた。そして、その後方を、馬上の宮戸《ミヤト》彦《ヒコ》・弟彦《オトヒコ》・加夜《カヤノ》種継《タネツグ》、それにつづくその余の徒歩《かち》の兵士たちによって押さえた。

一行は、景行帝の進んだ海沿いの道をなぞり、国東《くにさき》半島の付け根にあたる速見邑《はやみのむら》（現在の大分県速見郡）に出る。さらに、右手に鶴見《つるみ》岳《だけ》・由布《ゆふ》岳《だけ》を見、時に九重《くじゅう》の山並みを遠望しながら、来《く》田《た》見《み》邑《むら》（現在の竹田市の一角）に至る。ここから、かつて神武帝が東方に向けて軍を起こした基幹の場所、高千《たかち》穂《ほ》をめざすのである。

前方、豊国と日向国の境には、祖《そ》母《ぼ》山《さん》が立ちはだかる。その祖母山の北麓からは、神原川《こうばるがわ》（大野川水系）が渓谷をなして北進してきており、小碓尊《オウスノミコト》一行は、祖母山に向けてその渓谷沿いをたどる。ふた月ほども前であったら、神原渓谷は、岩肌に生うる楓《かえで》や蔦漆《つたうるし》などの紅葉した草木と、眼下の屈折に富んだ谷川の清流とがあいまって絶妙な景観を醸《かも》しだしていたことであろう。しかし、いまや、二つの岩壁にはさまれた下方の眺望は、風に舞う小雪にさえぎられ、垣間《かいま》見《み》える谷底からは、水の流れる音が響いてくるだけである。

祖母山に近づくにつれ、岩壁は、しだいに高度を下げ、川幅をせばめていく。一行は、なおも神原川を渓流沿いに進み、祖母山に少々分け入ったところで、その西側にまわり込む。このあたりは、大野川の源流域となっており、さらにいくつかの沢を越える必要があった。ここも、はるか昔の火山活動の名残りをとどめているようで、沢のせせらぎを囲む一帯は、あたり一面ごつごつとした巌《いわお》がむきだしになっている。

事前に、皮剥《カワハギ》が、「この山中には昔から山賊が屯《たむろ》していると聞いている。奴らの襲撃に十分に備えてほしい」と、小碓《オウス》と武彦《タケヒコ》に注意を喚起していた。それゆえ、一行は、警戒を強めつつ、歩を運んできたのであるが、それがとうとう現実のことになってしまった。

襲撃を受けたのは、先頭を行く騎馬集団が、三つ目の沢を渡り終えたときのことであった。左手の岩場の陰からばらばらと数多の賊徒が剣や矛《ほこ》をかざして現われた。彼らは、荷運びの人夫を襲い、馬上の者を狙《ねら》い撃《う》ちせんとする。輜車《ししゃ》はひっくり返され、木箱が散乱し、詰めてあった細布《さいふ》が岩石の露出する川面に飛び散る。後続の兵士たちが急を知り、あわてて前方に駆けつける。

しかし、それよりも早く、賊徒のひとりが穴戸武媛《アナトタケヒメ》の騎乗する馬に飛び乗り、媛もろとも前方へと馬を駆《か》る。小碓《オウス》の馬も、多くの賊に囲まれていたが、穴戸武媛がさらわれたのに気づくや、囲みを破ってそれを追った。

すでに、穴戸《アナト》武媛《タケヒメ》は、馬から引きずりおろされ、五、六名の賊に引き立てられて岩場を登っていた。小碓《オウス》も、馬を捨て懸命にこれを追う。ようようにして彼らに近づくと、彼らは、小碓を見据え、穴戸武媛の首に剣をあてがった。小碓は、ためらうことなく剣を捨てた。そこへ、怒りで猛《たけ》り狂った武彦《タケヒコ》が姿を見せた。小碓は、ことが面倒になることを恐れ、岩陰で武彦に体当たりし、無残にも彼を岩場から突き落とした。

穴戸《アナト》武媛《タケヒメ》と小碓《オウス》を囲む賊徒は、追々集まってきた者を加えて十数名にふくらんでいた。彼らは、後ろ手に縛りあげた二人をともない、薄雪の覆う山道を踏みしだきながら登っていく。

小碓《オウス》は、じつのところ、男装の穴戸《アナト》武媛《タケヒメ》が女《おみな》であると気づかれはしないかと、冷や冷やであった。女と知れると、穴戸武媛がどのような目にあわされるか、わかったものではない。そこで、彼は、媛の男ぶりを上げようと、ことさらに、みずからはなよなよした柔弱な男を装い、ときには、怖《こわ》がって足をふらつかせる様《さま》を演じてみせた。

「なんだ、こいつは。へなへなしやがって。こっちの兄《あん》ちゃんのほうがよっぽどしっかりしているぜ」

どうやら、彼らは、穴戸《アナト》武媛《タケヒメ》を男の子《おこ》と思い込み、女とは思っていないようである。彼らは、小碓《オウス》に対して、まっすぐ歩かせようと、うしろから突き飛ばしたり、杖《つえ》で足を打ったりした。なにはともあれ、ほっとする小碓であった。

彼らは、二人をともなって一刻（三〇分）ちかく歩きつづけ、彼らの巣窟《そうくつ》とおぼしき場所にた

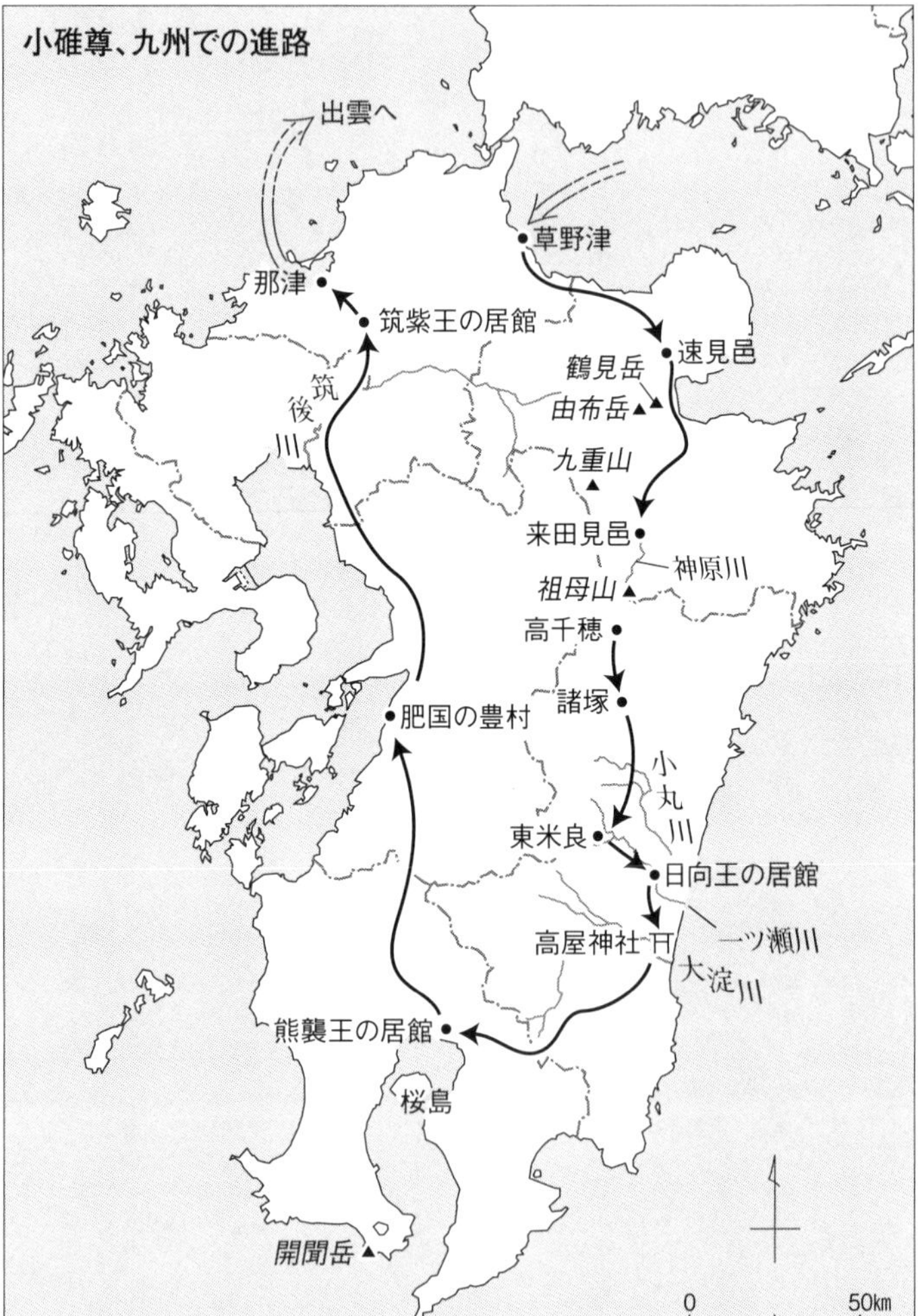

小碓尊、九州での進路
出雲へ
草野津
那津
筑紫王の居館
速見邑
鶴見岳
由布岳
筑後川
九重山
来田見邑
神原川
祖母山
高千穂
諸塚
肥国の豊村
小丸川
東米良
日向王の居館
一ツ瀬川
高屋神社
大淀川
熊襲王の居館
桜島
開聞岳
0
50km

祖母山　大分県と宮崎県の県境に位置する1756メートルの山。古来、神武天皇の祖母・豊玉姫の宿る神聖な山とされてきた。

どり着いた。丸太で組まれた柱と横木の上を枝葉や樹皮・茅などで覆っただけの簡易構造の建物の内で、頭目らしき男を前にして四、五十人の仲間が群《む》れていた。彼らは、てんでに得物の手入れをしたり、手ずから雑穀混じりの飯を口にふくんだり、竹筒の水を飲んだりしていた。

　その場の者すべてが、連れてこられた二人に注目した。頭目は、二人を一瞥《べつ》すると、「こいつらは、奴らとの取引に人質として使える。縛って牢《ろう》に放り込んでおけ」と手下に命じた。

　岩穴に格子をつけた構造の牢屋に、二人は放り込まれた。ところが、すでに先客がいた。髪も髭《ひげ》もぼうぼうの、薄汚れた、しかし、がっしりした大柄な男が、縛られたうえに足かせをはめられていた。彼は、目をしょぼつかせながら、問わず語りにつぶやく。

「若いのが二人か。かわいそうに。——吾は、やつらの頭目だったが、裏切りにあってしまい、いまではこのありさまよ。いずれ殺される運命だ。こんど、吾を呼び出しにきたら、それが最後だろうて。もっとも、吾の忠実な部下がこのことを知れば、奴らがなんとかしてくれるのだが、なんとも残念なことに連絡の取りようがないときているのだ。——ややっ」

彼は、にわかに目を凝らし、しげしげと穴戸武媛《アナトタケヒメ》を見つめた。

「汝《なれ》は、女《おみな》じゃないのか」

穴戸武媛《アナトタケヒメ》は男装していたものの、この男には早々に見破られてしまった。

「女子《おみなご》は、長い間拝ませてもらっていない……。しかし、吾が望むのは、男姿の女ではなくて、着飾った別嬪《べっぴん》なのだけどな」

「なにをいうか。少しでもこの方に手を出したら、吾が許さんぞ」

「待て、待て。そうむきになりなさんな。余計なことを言い、吾が悪かった」

「……ところで、汝《なれ》は、この辺の地理に明るいか」

「地理に明るいかって。ふふん、ここいらは、吾の庭のようなものよ」

「こんど、奴らが呼び出しにきたら、吾がそいつらを倒す。そうしたら、吾らを下の街道筋に導いてもらいたい」

「ふふん、そんなに簡単にいくと思っているのか。来るとしたら、五、六人だぞ。おまけに、こっちには得物なんてなにもありやしない」

小碓《オウス》は、鍵を持った牢番にその余の者あわせて五、六人が呼びだしにきた場合を想定し、相手との距離、得物などを頭に描きながら、いかにしたら流れよく彼らを倒すことができるかと、しばらくの間、想をめぐらせた。そのあげく、つぶやいた。

「なんとか縄を解きたいが……」

かの同房者も、小碓《オウス》の真剣なようすに、ただならぬ気配を感じたようである。

「うーむ。汝に賭《か》けてみるか。どうせ助からぬ命だからな。吾は、後ろ手に割れ石のかけらを持っている。こっちにきて、後ろ向きになれ。こいつで汝の縄を切ってやろう」

牢内の三人はいずれも、縄を切ることはできた。ただ、髭面《ひげづら》の男の足かせは、どうにもならなかった。

夜の帳《とばり》が下りると、小碓《オウス》と穴戸《アナト》武媛《タケヒメ》は、体を寄せ合って摩擦《まさつ》したり、牢内を歩きまわって体を動かしたりと、寒さしのぎに精を出した。

「若い奴は、元気がいいの。この足かせが邪魔になって、吾は、うまく歩けんわい」

夜明け間近になると、三人とも、賊徒に疑われぬよう、縄を身につけた状態で彼らが来るのを待ち受けた。

朝方、五名の者が、小碓《オウス》と穴戸《アナト》武媛《タケヒメ》の二人を連れだしに来た。連中は、なにやら馬鹿笑いをしながら近づいてきた。二人を子どもとみなして軽んじているのか、やや緊張を欠いているように見受けられる。

　牢番がひとり、屈《かが》みこんで開錠し、閉まり戸を開く。小碓《オウス》は、それと同時にそこをかいくぐって外へ出るや、牢番の腹部へ膝蹴りをかませた。うめきながら前にのめってくるそいつの右脇をすり抜け、そのうしろに位置する賊の懐へ入り込むや、右手で相手の衣をつかむと同時に、左手の指二本を相手の片目奥深くに突っ込んだ。このころには、縄もすっかりほどけ、余裕をもって残りの賊三人に対することができるようになっていた。

　相手方は、仲間の二人までが倒されたのを見て逆上した。それぞれが、「おのれ、小僧め、許さぬぞ」と口走りながら、猛烈な勢いで剣や矛を手にして迫ってきた。小碓《オウス》は、左端の相手に対し、上半身を左にそらして剣の切っ先をかわすと、右足でその下腹部を強烈に蹴り上げた。そして、地面をのたうつ賊の手の甲を踏みつぶし、そこからこぼれでた剣をみずからの足で手前に軽く蹴り上げ、柄《つか》の部分をつかみ取った。

　そこへ残りのひとりが遅れじと矛を突き込んでくる。小碓は、ふたたびこれを左にかわし、こんどは相手の矛を握る手首めがけてみずからの剣を振り下ろした。手首を斬り落とされた賊は、苦痛に耐えかねて転げまわる。

　すると、最後のひとりは、しばし迷っていたが、やにわに仲間に救いを求めようと、声を上げながら背を向け、逃げにかかる。小碓《オウス》は、剣を逆手《さかて》に持ち替えると、勢いをつけて跳躍《ちょうやく》し、賊に向けて投げつける。賊は、これに背を貫かれて悶絶《もんぜつ》した。

小碓《オウス》は、しばし茫然《ぼうぜん》として立ちつくしていたが、我に返ると、穴戸《アナト》武媛《タケヒメ》が小碓に寄り添い、その片腕にすがっているのに気がついた。

かの髭男《ひげおとこ》はというと、小碓《オウス》の立ち回りのすごさにしばし狂喜していたが、牢番がむっくりと体を起こしたのを見て、その頭部を両手でつかんで引き寄せながら、思いっきり頭突きをくらわせた。そして、牢番のもつ鍵をまさぐって足かせをはずすと、その男の所持する剣を抜き取り、当の牢番をはじめ、悶《もだ》え転《ころ》がる者をつぎつぎ刺して絶命させた。

二人は、「むごいことをする」と気色《けしき》ばんだが、「通報されたらどうする。死ぬか生きるかの瀬《せ》戸際《とぎわ》なのじゃ」と髭男にいなされる。それから、彼は、やおら二人に背を向けて走りだした。小《オ》碓《ウス》は、あわててもうひと振りの剣を拾いあげ、穴戸《アナト》武媛《タケヒメ》の手を引いて髭男の後ろを懸命に追いかけた。走りながら、髭男は、つぎのように付け足した。

「直《すぐ》に下ると、たやすく見つかってしまう。少し脇道を上ってから、別の道を下ることにするからな」

下りの岨道《そばみち》にはいってからは、かなりの距離を賊に気づかれずに進むことができた。しかし、やがては、賊の、「いたぞー、こっちだぞー」と、仲間を呼ぶ声が響いてきた。しだいに賊徒がこちらに向けて集まってくる。

やがて、小碓《オウス》は、逃げ切れぬと観念し、迫り来る敵勢に向き直り、穴戸《アナト》武媛《タケヒメ》をうしろにかばいつつ、決死の表情もあらわに剣を構えた。

多勢に無勢、しかも、穴戸《アナト》武媛《タケヒメ》の存在が行動を制約する。さすがの小碓《オウス》も、ここにきて進退きわまったといってよい。かの髭男も覚悟を決め、「ここまで逃してくれ、感謝しておる。ここは、吾がくい止めるから、その間に女を連れて逃げろ」と小碓に強く促す。

ところが、驚いたことに、じりじり迫りくる追っ手の先立つ者がばたばたと倒れるではないか。つぎつぎと飛来する矢が、彼らの急所を的確に捉えていた。小碓《オウス》は、これを見て弟彦《オトヒコ》たちが近くまで来ていることを覚り、危機を脱し得たと確信したのであった。

賊徒は、算《さん》を乱して逃れ去る。にもかかわらず、一本の矢が鬚男の首筋をかすめた。彼は、恐れおののき、「どういうことだ。吾が狙われている」と怒鳴って小碓《オウス》のうしろにまわった。

「心配するな。汝が敵か味方かを見きわめているのだ。殺す気なら、とうに急所を射しているはずだ」

小碓《オウス》は、「この髭男は、なかなか、かわいげがある。ことに、窮地に立って、自分が犠牲になろうとしたことは評価できる」と、ひそかに思い起こしていた。

そこへ、抜き身の湾刀《わんとう》を手にした皮剥《カワハギ》を先頭に、その部下と弟彦《オトヒコ》たち弓の者が姿を現わした。

彼らは、賊の巣窟の在《あ》り処《か》を求めて上ってくる途中であった。たまたま、皮剥が、樹林のなかでひときわ高く聳《そび》え立つ栂《つが》に登って周囲を見まわしていたとき、小碓《オウス》たちが賊に追われているのを目撃し、弓の者に知らせたのであった。

仲間のところに戻ると、小碓《オウス》は真っ先に武彦《タケヒコ》を見舞った。顔や腕のあちこちに打ち傷をつくってはいたが、打撲は、それほどひどくはなかったようである。彼は、当初むっとした表情をしていたが、すぐに元の快活な自分を取り戻し、むしろ身を挺《てい》して妹を救ってくれたことに心よりの感謝を示した。

それから、例の髭男は、名を国麻侶《クニマロ》といった。かつては、直入県《なおりのあがた》（現在の竹田市）の禰疑野《ねぎの》と称する一帯に、八田《ヤタ》・打猿《ウチザル》などという賊徒仲間とともに巣くっていた。しかし、景行帝の征西の際、彼の昔の仲間はほとんど討ち取られ、彼と側近の者数名だけが追及を逃れて生き残った。その後、新参の賊徒たちによってあらたな組織が結成され、国麻侶が推されてその頭目におさまったのだという。

彼は、小碓《オウス》に懇望する。

「吾を裏切った奴らに復讐《ふくしゅう》をすませたら、すぐに戻ってきたい。汝《いまし》は、きっと名のあるお方、なにか大望をかかえておられるのだろう。是非《ぜひ》にも汝の手助けをしたい」

小碓《オウス》も、この男は使えると踏んでいた。周囲の者は、国麻侶《クニマロ》を胡散臭《うさんくさ》い奴とみて信用すべきではないと警戒したが、小碓は、こうした反対を押し切って彼に事情を説明し、ある使命を与えた。

「吾は、景行大王の王子、小碓尊《オウスノミコト》という。大王の命令で熊襲梟帥《クマソタケル》兄弟を糾弾《きゅうだん》するために来た。どんなことでもよい。彼ら兄弟の抱える弱み、彼ら兄弟に近づく便法《べんぽう》、こうしたことに資する情報をつかんでほしい」

国麻侶《クニマロ》と名乗る男は、景行帝の名が出たので、すっかり動転して身を震わせた。しかし、いったん気持ちが落ち着くと、きっぱりと言い放った。

「かつては、熊襲梟帥《クマソタケル》と吾の間にも交流がありました。しかし、いまや、彼らはすっかり驕《おご》り高ぶっています。貢物《みつぎもの》がなければ会おうともしません。民は、過酷な負担を課せられ、熊襲梟帥を蛇蝎《だかつ》のごとく嫌っています。吾にも忠実な部下が何人か残っています。彼らを総動員してなんとかお役にたちましょう」

さて、小碓尊《オウスノミコト》一行は、国麻侶《クニマロ》と別れると、どうにか態勢を繕《つくろ》い、高千穂を経由して諸塚《もろつか》・東米良《めら》とつづく山間の日向路をたどり、日向王の居館（現在の西都《さいと》市妻地区）をめざした。

日向国は、小丸川・一ツ瀬川・大淀川の三河の流域一帯を押さえ、強力な海人《あま》族集団を擁していた。景行帝は、先般の九州遠征で、日向王の居館の先に高屋宮《たかやのみや》と呼ぶ行宮《あんぐう》を建て、ここを本拠として九州各地の鎮撫《ちんぶ》にあたったのである。

日向より熊襲の館をめざして

小碓尊《オウスノミコト》と吉備武彦《キビノタケヒコ》は、日向《ひむか》王の居館に着くと、早速にも王との謁見の場に臨んだ。

「王子《みこ》は、祖母山《そぼさん》で災難に遭《あ》われたそうじゃの。よくぞご無事でここまでお渡りいただいた。あそこは、神武大王《おおきみ》の祖母、豊玉姫《トヨタマヒメ》の宿る神聖な山。山賊の輩《やから》に穢《けが》されてはならぬ。近く山中を徹底捜索し、残党を掃討することとしよう」

「ご心配をおかけしました」

「それにしても、お若いのに大変な任務を帯びてこられたものじゃ。この周辺の国々は、いずれも熊襲《くまそ》に手を焼いておる。必要なものがあれば、遠慮なく申されよ。とりあえず兵士二〇〇名ほどを御伴《おとも》させようとは考えているが……」

「ご配慮かたじけのう存じます」

「なんの、なんの。ところで、そこに控えているのが、豊国別王子《トヨクニワケノミコ》じゃ」

「兄上、初にお目にかかります」

「おお、豊国別王子《トヨクニワケノミコ》か」

豊国別王子《トヨクニワケノミコ》は、景行《ケイコウ》帝が高屋宮《たかやのみや》に滞在した折、地元の御刀媛《ミハカシヒメ》との間にできた御子である。いまは、小碓尊《オウスノミコト》を畏敬の眼《まなこ》で凝視していた。

高屋神社　宮崎市村角町に所在する。小碓尊の父、景行天皇が九州巡幸の折に滞在した「高屋宮」跡と伝わっている。

「兄上にお願いがあります。是非にも熊襲征伐の列にお加えください」

「なんと申す。それはできない。汝は、まだ幼い。それに、いずれ一国の主《あるじ》ともなる王子、大王のお許しなくしてそれはできぬ」

「やあ、小碓尊《オウスノミコト》、過日受け取った大王からの親書には、豊国別王子《トヨクニワケノミコ》を小碓尊の一行に加えるようにと書いてある。これも、大王の豊国別王子への思いやりであろう。是非、加えて経験を積ませてやってほしい」

「そうですか。そこまで言われるのであれば、お引き受けいたしましょう」

「ご配慮かたじけない。念のため、夷守《ヒナモリ》兄弟を豊《トヨ》国別王子《クニワケノミコ》の守役としてつけることとしたい。彼らは、熊襲国でも名がとおっている者たち、お役にたつときもあろう」

まずは、小碓尊《オウスノミコト》は、熊襲王の梟帥《タケル》あてに使者を立て、文を認《したた》めた木簡《もつかん》を届けさせた。大和王権に背《そむ》く行為について問責するとともに、現状を打開すべく会見を申し入れたのである。しかし、熊襲梟帥は、のっけから使者の話を聞こうともせず、木簡の束を足で踏みにじり、罵声《ばせい》を浴びせて使者を追い返した。まったく取りつく島もなかったという。

熊襲国では、税の取立てや労役、兵役への駆り立てがきびしく、民が苦悩にあえいでいるという。熊襲梟帥《タケル》兄弟の暴虐な行為は目にあまり、部下の信望も地に堕《お》ちているともいう。それゆえ、民や部下に見放された王を討つというのであれば、民心の支持が得られそうである。ただし小碓尊《オウスノミコト》は、具体的に熊襲梟帥兄弟に接近する方途となると、見当がつかず、思案に暮れていた。

数日ののち、小碓尊《オウスノミコト》は、日向国の街並みを散策中、あの国麻侶《クニマロ》の姿を見かけた。彼は、四、五名の部下を連れていた。どうやら仇《あだ》は討ったにちがいない。

「おお、待ちかねたぞ」

「館の警護がきびしく、お会いする機会を見つけるのに苦労しました」

彼の話によると、熊襲国では、新しく館を建造中であり、近々その落成式をかねて宴《うたげ》をもよおすという。この式典には、周辺の県《あがた》や邑《むら》から多くの人びとが貢物を持って訪れるようである。ただし、その新しい館のまわりは、十重《とえ》二十重《はたえ》の厳重な警戒がつくという。したがって、彼は、「式典に参加する人びとにまぎれて当の館に入り込むのがよろしかろう」と献策する。

小碓尊《オウスノミコト》は、国麻呂《クニマロ》の献策を得て、いよいよ倭媛尊《ヤマトヒメノミコト》の御衣《みそ》と御裳《みも》の霊力をお借りするときがきたと判断した。館に戻ると、武彦《タケヒコ》と豊国別王子《トヨクニワケノミコ》にも女性用の衣類を用意させた。彼らに加えて、穴戸武媛《アナトタケヒメ》とその侍女にも、同一の行動をとってもらおうと考えていた。

そして、翌日には、国麻呂《クニマロ》を加えて側近の者との最後の打ち合わせを行なった。国麻呂にはなお不信を示す者もいたが、小碓尊《オウスノミコト》は、彼らの批判を押し切って、「式典に参加する行列に成りすまして館を訪ねるのがよい」とする国麻呂の進言を採用した。

とはいえ、長日子《ナガヒコ》と宮戸彦《ミヤトヒコ》は、なおも国麻呂《クニマロ》を信用することができなかった。もし熊襲と通じていたらと思うと、心配でたまらなかったのである。その後、二人は、連日深夜にかけて、身をひそめながら館の内外を見張ることにした。

ある夜、国麻呂《クニマロ》が室外に出てくるのを目撃し、ひそかにその動きを探った。すると、居館の敷地の隅《すみ》で、黒装束の不審な男二人が国麻呂に近寄り、なにやら耳打ちをするではないか。その後、彼ら三人はそろって塀を乗り越え、居館の外へと出ていった。長日子《ナガヒコ》と宮戸彦《ミヤトヒコ》は、なおも張り込みをつづけ、国麻呂が外からひとりで戻ってきたところを咎《とが》め、剣を突きつけて強制的に座らせると、縄をかけた。

しかし、翌朝、小碓尊《オウスノミコト》に報告に行くと、「なにを考えているのだ。計画を台無しにするつもりか。そんな料簡《りょうけん》ならば、汝らは、すぐにも国に帰れ」と、平素温厚な小碓が色をなして怒った。いや、怒ってみせたというのが正しい。近ごろ、彼は、仲間をひとつの方向に結集させるには、ときにはこうした姿をみせることも必要だと感じていたのである。

長日子《ナガヒコ》と宮戸彦《ミヤトヒコ》の両人は、ふだんと違う小碓尊《オウスノミコト》に接し、泡《あわ》をくらって国麻侶《クニマロ》のところへ行き、辞を低くして謝罪した。ひと晩じゅう、縛り上げられて転がされていた国麻侶にしても、たまったものではなかったであろうが……。

さて、年の瀬も押し詰まった一二月の下旬、熊襲《くまそ》国にて館の落成式が行なわれるという日の前々日である。この日朝早く、雪模様のなかを、いよいよもって、小碓《オウス》は、宮戸彦《ミヤトヒコ》と加夜種継《カヤノタネツグ》にそれぞれ百十数名の兵士を率いさせ、熊襲王の居館（現在の霧島市国分府中町のあたり）をめざして進軍を開始した。翌日早々には、熊襲国との境界域をなす諸県《もろかた》郡の南西端へと到達した。ここを越えれば、熊襲王の居館まではあとわずかである。

午刻、この地の豪族の首長、諸県君泉媛《モロカタノキミイズミヒメ》が、小碓尊《オウスノミコト》に大御食《おおみけ》を奉らんと大和軍の陣営を訪ねてきた。泉媛は、先の景行帝の九州遠征の折にも、大御食を献じており、小碓は、喜んでその申し出を受け入れた。

そして、小碓《オウス》は、ちょうどよい機会とばかり、国麻侶《クニマロ》を交え、泉媛《イズミヒメ》との間で熊襲王の居館への潜入工作について論じたのである。その結果、泉媛のほうで、式典を慶賀する訪問団を編成してくれることとなり、明日の昼過ぎ、目的地の近くで落ち合うこととなった。

落成式当日、小碓《オウス》は、熊襲王の居館から少し隔たったところで部隊を止め、それにつうじる街道筋を木立ちの陰から見張ることにした。あたりは、人通りもなく、深々と静まり返っている。しかし、昼過ぎともなると、国麻侶《クニマロ》の予告どおり、積荷を満載した輜車《ししゃ》を引く騒々《そうぞう》しい連中が街道に現われはじめた。いずれもが、なにがしかの着飾った女性をともなっている。

ほどなく、泉媛《イズミヒメ》の用意した当の一団が差し掛かり、これを認めた国麻侶は、急ぎ、この一団を大和軍の駐屯地へと誘導した。この訪問団にも、数名のうら若き女子《おみなご》がともなわれていた。

式典参加の要員は、ただちに着替えに取りかかる。

小碓《オウス》と武彦《タケヒコ》は、いまだ角髪《みずら》を結う機会にめぐまれていなかった。それゆえ、庶民の風習に合わせて、いずれもが頭髪をそのままうしろで束ねるにとどめていた。この際、彼らは、穴戸武媛《アナトタケヒメ》の侍女に手伝ってもらい、穴戸武媛同様、童女《おとめ》の髪型のように櫛《くし》けずって垂らし髪とした。ついで、小碓は、例の御衣《みそ》と御裳《みも》を身に着け、顔《かんばせ》に化粧を施してもらう。武彦はというと、妹の手前もあってか、女性の衣類を身につけることに抵抗を示し、しばらくふてくされていたが、まわりの者に懇望されて渋々と小碓の所作に習った。

かくて、あらたなる訪問団が編成されることとなった。その先頭には、国麻侶《クニマロ》とその仲間が立ち、小碓《オウス》以下の女性要員と贈呈品を積んだ輜車とがこれにつづいた。

小碓《オウス》たちの一行は、いくたびか誰何《すいか》を受けた末に、厚い警備陣を通り抜けて熊襲王の居館の正門をくぐり、新築なった館にたどり着くことができた。なによりも着飾った女性たちの存在と国《クニ》麻侶《マロ》の手馴れた応答とが、ずいぶんと功を奏したといえる。

この館の向こうでは、宮戸彦《ミヤトヒコ》と種継《タネツグ》の軍団が、いつでも出撃できるよう待ち構えているはずである。また、弓上手の弟彦《オトヒコ》たち四人が、事態の急変に対応できるよう高台からこちらのほうを見据えているはずである。そう思うと、小碓《オウス》のはやる気持ちが不思議と鎮《しず》まっていった。

兄梟帥の一瞬の緩みを衝いて

館の内部では、すでに神主や巫女による式典がはじまっていた。国麻侶《クニマロ》と小碓《オウス》たち女性集団は、式典のつづいている間は、寒風に耐えながら、館の入口付近で控えていなければならなかった。いつの間にか、あたりは、すっかり闇に包まれていく。

宴《うたげ》の用意がはじまるに及び、彼らは、国麻侶《クニマロ》の先導により、強引に熊襲梟帥《タケル》兄弟の座に近いところまで進出した。小碓《オウス》と穴戸武媛《アナトタケヒメ》の二人の雅《みやび》やかな風姿に魅せられてか、すでに着座していた者からも、好意的に座を譲ってくれる者が出た。

宴席の配列は、こうである。中央正面に大型の卓が置かれ、その奥に熊襲梟帥《タケル》兄弟が並んで座につき、その向かいに主要な賓客が座った。その卓のまわりをあでやかに装った女性たちが取り囲んでいた。そして、その両脇から手前に向けて、その余の客や梟帥兄弟の身寄りの者たちが縦に列をなして居並び、同じく多くの女性たちに囲まれていた。国麻侶《クニマロ》以下の一団は、入り口側の縦列のかなり奥の方に陣取ることができたのである。

兄梟帥《エタケル》は、幅広の器《うつわ》で豪快に酒を飲み干し、「今日は無礼講なるぞ。飲めや、歌えや。女は望みしだいじゃ。吾より強い者がおるか。吾と思わん者は、出てきて吾と勝負に及べ。酒でん力くらべでん、なんでもよいぞ」などと、大声を上げて大言壮語する。かと思うと、女性の仕種《しぐさ》に気にくわぬところがあるといっては、彼女たちに向けてあたりかまわず怒声を浴びせる。

この席へ出た女たちは、恒例として一夜の伽《とぎ》を義務づけられている。男どもにとっては、同じ女であれば、先に指名した者のほうが優先権をもつことになる。それゆえ、彼らは、飲みかつ談笑しながらも、それとなくみずからにふさわしい女を物色していた。

しばらくして、兄梟帥《エタケル》は、目ざとくみずからの右側の列に坐している国麻侶《クニマロ》を見いだした。

「ややっ、汝は国麻侶《クニマロ》。この地上から消えたものと思っておったに、生きておったか」

「はっはっは。裏切り者は、すでに討ち果たしておりまする」

「やはりのう。御《ぎょ》しがたい奴よ」

「とんでもない。熊襲の王には、忠誠を誓っておりまするゆえ」

「ときには殊勝なことを言うものよ。おっと、汝の両脇の二人の乙女は、美形じゃのう。……おう、そうそう、その二人じゃ。吾のところへ連れてきてくれぬか」

兄《エ》梟帥《タケル》が目をつけたのは、国麻侶《クニマロ》の両脇に座っていた小碓《オウス》と穴戸《アナト》武媛《タケヒメ》の二人であった。

国麻侶《クニマロ》は、一瞬躊躇《ちゅうちょ》して小碓《オウス》の顔色をうかがった。小碓は、それに対して「彼奴《あやつ》の向かい側まで行こう」とつぶやいた。かくて、国麻侶は、小碓と穴戸《アナト》武媛《タケヒメ》の二人を梟帥《タケル》兄弟の向かい側の席に導いた。小碓は、ここが肝心と、心のうちで「女子だぞ、女子だぞ」と復唱し、せいぜい身のこなしを艶《つや》にするよう努力した。

国麻侶《クニマロ》は、改めて兄《エ》梟帥《タケル》に言上する。

「いずれお側《そば》に行かせまする。なにせ、まだ童女《わらわめ》も同然、しばらくこちら側にとどまり、場の空気になじませたいと心得ます」

「うむ。こうして見ると、ひとりは、とてつもなく可愛い。したが、もうひとりのほうも、男っぽくていい感じじゃ」

ここで、弟《オト》梟帥《タケル》が話を混ぜっ返す。

「兄者は、童部《わらんべ》の男《おのこ》のほうが好みではなかったかのう」

「汝は、この場でなんということをいう」

穴戸《アナト》武媛《タケヒメ》の可愛らしさは、ずば抜けていた。小碓《オウス》の女っぷりも、出色のものであった。しかし、梟帥《タケル》兄弟にとっては、男も女もないのであろう。彼らの口振りからすると、男色の気味さえうかがえる。

国麻侶《クニマロ》からすると、いまの小碓《オウス》は、乙女然としてなにやら頼りない。祖母山《そぼさん》の山中では、凄腕《すごうで》をみせたが、本当にあのときと同じ人物なのだろうか、と疑わしくさえ思えてくる。この先、どのように状況が展開し、どのように決着がつくのか、想像もつかない。彼は、なんとか無事にこの場が収まってくれればいいのだが、と神に祈りたい気持になっていた。

小碓《オウス》と穴戸武媛《アナトタケヒメ》が、梟帥《タケル》兄弟の向かい側で客人の話に相槌《あいづち》を打ちながら酒を注《つ》いでいると、兄《エ》梟帥《タケル》は、段々と焦《じ》れてきて、「早く二人をこちらへまわさぬかい」と、怒声をあらわにしだした。

小碓《オウス》は、このあたりが潮時であろうとみてとり、にわかに両手を挙げてすっくと立ち上がり、よくとおる声を響かせた。

「ものども静まれ。吾の話を聞くがよい」

満座の者たちは、小碓《オウス》の言動をいぶかしんで私語をやめ、そのほうを注視した。

「やよ、熊襲《くまそ》の梟帥《タケル》。吾は、大和国の大王の王子、小碓尊《オウスノミコト》なるぞ」

「ななにっ。女子のお前が大和の王子だと」

梟帥《タケル》兄弟は、あっけにとられる。

居並ぶ者の間には、ざわめきが起こる。小碓《オウス》は、これを制してさらにつづける。

「まずは聞け。汝に会う手立てがなく、仕方なく女装してここに参った。熊襲は、先年、大王に服従を誓ったにもかかわらず、汝らが率先して誓いを反故《ほご》にした。これは、許されざる行為である」

「ふん、小賢《こざか》しき奴よ。笑わせるわい」

兄梟帥《エタケル》は、なおもって小碓《オウス》の魅力に未練を残していた。それがゆえに、しばしみずからを抑えた。だが、弟梟帥《オトタケル》のほうは、そうはいかなかった。ひどくいらだってきたようで、とうとう、顔面を真っ赤にして怒声をあげた。

「うるさいわい。大和などどうでもよいわい。汝なぞ、四の五の言わずに、衣を脱いで裸になればよいのだ」

このとき、甲高《かんだか》い声があがった。

「なにをほざくか。盗人猛々《ぬすつとたけだけ》しいとは汝たちのことだ」

だれの声かとみると、これが穴戸武媛《アナトタケヒメ》なのであった。彼女は、本気で怒っている。彼女には似つかわしくない言葉づかいではあるが……。

この段階で、吉備武彦《キビノタケヒコ》や豊国別王子《トヨクニワケノミコ》、それに穴戸武媛《アナトタケヒメ》の侍女たちが、小碓《オウス》と穴戸武媛のそばに集まってきた。

武彦《タケヒコ》は、身に着けた女性の衣類が邪魔をしてか、なんだかいつもどおりの覇気《はき》が体に満ちてこないので、あせっていた。だが、女だてらにはげしい言葉を浴びせた、妹の度胸の良さに圧倒され、身の引き締まる思いがした。

もとより状況が穏やかに収まるはずもない。いかなる状況の変化があろうと、自分が責任をもって対応しなければならないのだと改めて決意を固めるのであった。

梟帥《タケル》兄弟の縁者たちも、前に出てきて小碓《オウス》たちの外周を取り囲んだ。しかし、それよりも早く、国麻呂《クニマロ》は、出入口のほうに走り込んだ。そして、熊襲の警護部隊から、やや離れたところで屯《たむろ》する部下に合図を送り、かねての約束どおり火矢を放つよう命じた。火矢は、待機部隊と弟彦《オトヒコ》たち弓の者に前進を促す意味をもつ。彼らは、さらに離れた、別の建物の裏で待ち受ける仲間に向け、火矢打ち上げの合図を伝えた。

小碓《オウス》のほうは、平然として挑発をつづけている。

「恥知らずの奴らよ。哀れな臆病者《おくびょうもの》よ。汝らは、民からも兵士からも見放されている。いずれ仲間に殺される運命にあるのをわかっていない」

ここにいたって、弟梟帥《オトタケル》は、堪忍袋《かんにんぶくろ》の緒《お》が切れたとみえる。「おのれ、生かしておくものか」とうめくや、剣をつかんで卓の上に飛び乗り、さらに跳躍して左手に握った抜き身の剣を小碓《オウス》の頭上に打ち下ろしてきた。小碓は、とっさに相手の左手に剣があるのを見てとり、相手の左腕を押さえるようにして右にかわす。そして、すれ違いざま、例によって左手の指二本を相手の片目深くに突き込んだ。

そもそも、列座の者は、剣を所持することを許されていなかったが、梟帥《タケル》兄弟だけは別であった。しかし、その剣も、とりあえずは、小碓《オウス》に対して本来の威力を発揮することができなかったわけである。

参集した者たちは、のたうちまわる弟梟帥《オトタケル》を見、一瞬、目を疑った。本来なら、小碓尊《オウスノミコト》が倒れていて当然なはずである。やや間をおいて、小碓尊が素手で弟梟帥を倒したということに思いいたると、彼らは、小碓尊のあまりの素早い身のこなしに一様に驚きの声を上げた。

こんどは、兄梟帥《エタケル》が怒った。怒髪《どはつ》天を衝《つ》く勢いで剣を引き寄せると、「おのれ、いかがわしき奴め。吾との一騎打ちだ。皆の者は手を出すでないぞ」と叫び、すばやい動作で卓の横をとおって室内の中央とおぼしきあたりへ行き、向き直って剣をかまえた。前に飛び出していた列席の者たちは、あわてて退き、兄梟帥のまわりを広く開けた。

小碓《オウス》は、弟梟帥《オトタケル》の、投げ出されたままの剣を拾い上げた。そのとき、武彦《タケヒコ》が、自分に行かせろという意思を示し、その剣を取り上げようとした。しかし、小碓は、きっぱりとそれを退けた。やむなく、武彦は、小碓の髪をうしろで束《たば》ねて紐《ひも》でくくった。かくて、小碓は、彩り豊かな衣《きぬ》の袖《そで》や裳《も》の裾《すそ》をひるがえしながら、兄梟帥《エタケル》の前へと進んでいった。

列席の者たちは、少々武技に秀《ひい》でているにせよ、この勝負に勝ち目はなかろうと、小碓尊《オウスノミコト》を哀れみの目で見ていた。そのいっぽうで、彼らは、勝負とは別の意味で、着飾った小碓尊の美しい所作に気を奪われていたのでもあった。

兄梟帥《エタケル》は、軽々と縦横に剣を扱い、小碓《オウス》に対して右から左、左から右へとなで斬りにしてくるかと思うと、つぎには切っ先鋭く突きたててきた。さすがに音に聞こえた勇猛ぶりである。小碓のほうはというと、身につけているゆるやかな衣類が動きを制約し、受けにまわるばかりで反撃の機会がなかなかつかめない。髪も、なかば結び目がほどけて乱れ髪となっていた。

そうこうするうちに、小碓《オウス》は、剣で足下《あしもと》を払われ、うしろに跳んでこれを避けたものの、地に着いたとき、裳裾《もすそ》を踏みつけてしまう。しかも、間髪をいれず突いてくる相手の勢いに押され、上体を引くが、みずからの足がともなわずして仰向けに倒れてしまう。武彦《タケヒコ》も穴戸《アナト》武媛《タケヒメ》も、思わず「危ない」と叫び声を漏《も》らした。

兄梟帥《エタケル》は、上から小碓《オウス》を剣で突き刺しにかかる。だが、彼は、ここでほんの一瞬ためらった。その一瞬につけこみ、小碓は下から剣を突き上げた。それが兄梟帥の腹部にめり込んだ。

小碓《オウス》は、兄梟帥《エタケル》の一瞬の躊躇《ちゅうちょ》によって救われたのである。兄梟帥の一瞬の躊躇がなかったら、小碓とて窮地を脱することはむずかしかったであろう。

なぜに肝心なところで兄梟帥《エタケル》は躊躇したのか。小碓の優雅な容姿を見て弑《しい》することを惜しんだのか。女の衣服をつけた相手との勝負は対等ではないと気の引けるところがあったのか。いずれにしても、これが叔母、倭媛尊《ヤマトヒメノミコト》の霊力、ひいては神のご加護というものなのであろう。

気を取り直して立ち上がった小碓《オウス》が兄梟帥《エタケル》にとどめを刺そうとすると、これを阻止しようとして兄梟帥の身寄りの者たちが寄ってきた。当の兄梟帥は、苦しい息のなかから、迫りくる者どもを制して「吾の話を聞け」と言う。そこへ熊襲《くまそ》の長老に支えられながら弟梟帥《オトタケル》がやってきて、兄のそばにへたり込んだ。彼の両目は、血と涙で埋まり、朦朧《もうろう》としか見えていないようであった。

兄梟帥《エタケル》は小碓尊《オウスノミコト》に向かって言う。

「汝《いまし》は、神の化身なのですか。……この筑紫島の地には、吾ら兄弟にかなう者はいなかった。だが、大和国には、吾ら二人に勝る男の子がおられたのだ。吾は、汝に猛《たけ》き名前を献じたい。できることなら、これより、日本武尊《ヤマトタケルノミコト》と名乗っていただきたい」

小碓尊《オウスノミコト》は、やや間をおいて、「考えてみよう」とだけ答えた。

「失礼を省《かえり》みず、大それたことを申し上げた。……それから、弟梟帥《オトタケル》と長老にもの申す。決して王子に逆らってはならぬ。……この国の処置は、王子にゆだねるがよい」

これだけのことを言ったあと、兄梟帥《エタケル》は、みずからの剣を手繰り寄せ、これをひしとかき抱くと、最後の力を振りしぼって小碓尊《オウスノミコト》を振り仰いだ。小碓は、剣を持ち直して兄梟帥にとどめを刺した。彼は、さすが一代の梟雄《きょうゆう》であった。

弟梟帥《オトタケル》は、兄を惜しんで大きな声をあげ、泣きわめいた。

小碓尊《オウスノミコト》は、血濡れた剣を握りしめたまま、その場を離れて出入り口の方に向かった。武彦《タケヒコ》や穴戸武媛《アナトタケヒメ》たちも、そのうしろにつづいた。列席の者たちは、小碓尊に威圧されたかのように、つぎつぎとその進路を空《あ》けた。

外では、熊襲の護衛軍に対して、小碓《オウス》側の兵士が目睫《もくしょう》の間《かん》に迫り、一触即発の状況を呈していた。小碓側の兵士は、原則として再度の合図を待って戦端を開くこととしていた。護衛軍のほうも、館内での異変が気になり、前に出ることができないでいる。

そこへ熊襲国の長老が出てきて護衛軍の武将を呼び集め、小碓尊《オウスノミコト》を紹介する。そして、熊襲王の最後の言葉を伝え、小碓尊に恭順《きょうじゅん》を誓うよう命じた。

しかし、にわかには武将たちは納得しない。殺気だった武将のひとりが矛《ほこ》を手に小碓尊《オウスノミコト》のほうへにじり寄り、まさに突きかけんとしたそのとき、かの武将の背にほとんど同時に四本の矢が突き刺さった。

その場の者は皆、驚きの眼《まなこ》で矢の飛んできたそれぞれの方角を見上げた。

新しい館の出入り口の前方には、左右に建物があり、その屋根の上に二人ずつ、計四人の兵士が、いつでも放てるように弓に矢をつがえていた。弟彦《オトヒコ》たちが、これらの建物の屋根に配置されていた熊襲の兵士を倒し、彼らに代わって館の出入り口を見通す絶好の位置に張りついていたのであった。

ちょうどその時分、小碓尊《オウスノミコト》の脇に、傷ついた弟梟帥《オトタケル》が人びとをかき分けながら現われた。声だけは達者なようで、大声でわめいた。

「熊襲王の命令が聞けぬというのか。吾は、強い者には従う。吾は、王子に吾が命を差し出す」

このように言うと、彼は、小碓尊《オウスノミコト》に対して片膝をつき、低頭した。

ここにいたって、熊襲の各武将も、小碓尊《オウスノミコト》に対して片膝をつき、恭順の姿勢をとった。すべての熊襲の兵士が、これに習った。

その後の事態の収拾を、熊襲の長老と日向の夷守《ヒナモリ》兄弟にまかせ、小碓《オウス》ほか大和側の主だった者たちは、それぞれ割り当てられた別棟の部屋に退いた。そして、小碓側の兵士が、各室の不寝《ふしん》番《ばん》の任に就いた。

別棟に落ち着くと、武彦《タケヒコ》は、穴戸《アナト》武媛《タケヒメ》に話しかけた。

「今日の小碓尊《オウスノミコト》の活躍は、たいへんなものだった。吾ら皆の命の危険すらあったが、無事切り抜けてくれた。……汝《いまし》の気持ちは分かっている。小碓尊の部屋を訪ねるがよい。きっと待っているぞ」

かく言いながらも、武彦《タケヒコ》の気持ちは複雑であった。伊勢にて弟橘媛《オトタチバナヒメ》の存在の大きさを感じとっていたからである。

小碓《オウス》は、穴戸《アナト》武媛《タケヒメ》の来訪を待ち受けていた。小碓は、なお気分の高揚が余韻として残っており、穴戸武媛を抱きしめる腕にも力がこもった。穴戸武媛は、顔を上気させながら、小碓に「汝のような強い子がほしい」と、先ほどの大胆な言辞とは打って変わって、消え入りそうな声でささやいた。いまの小碓にとって、穴戸武媛は目に入れても痛くないほどに愛《いと》おしかった。

燭台の灯火《あかり》のつくる陰影を背景に、ひとしきり愛撫を重ねたあと、穴戸《アナト》武媛《タケヒメ》がつぶやく。

「王子の舞は美しかった。でも、危ないところだった」

「媛《ひめ》もずいぶんと頑張ってくれた。嬉しかった」

「あのとき、兄梟帥《エタケル》は、なぜひるんだのかしら」

「そう。あの瞬間に、彼は真人間に戻ったのだよ」

「あら、それってものすごくいい」

小碓《オウス》の見方が、穴戸《アナト》武媛《タケヒメ》をとても喜ばせた。極悪の人間にも美点を見いだそうとする小碓に、穴戸武媛は、強い共感を覚えるのだった。

翌朝、久方ぶりの晴天となった。小碓《オウス》は、長日子《ナガヒコ》をともなって居館の高楼にのぼり、前方に広がる錦江湾《きんこうわん》と噴煙を上げる桜島や開聞岳《かいもんだけ》に見入っていた。播磨《はりま》にあっても吉備《きび》にあっても、彼は、海の彼方を見晴るかすのが好きであった。いずれは、船団を組んで海の彼方の外《と》つ国《くに》に出かけてみたいという夢を抱いてもいた。

すると、そこへ来訪者があり、その者は、隼人《はやと》にして吾田《あた》一族の長《おさ》、吾田雄人《アタノタケヒト》と名乗った。彼の眼は、ことさらに鋭い。よく見ると、目尻に入れ墨をしているようであった。

――そういえば、神武大王の東征を援《たす》けた、隼人出身の大久米命《オオクメノミコト》も、黥《さ》ける利目《とめ》（入れ墨をした鋭い目）であったな。これは、南方系部族の慣わしなのだろう。

小碓《オウス》は、故事を思い出しながら、そのように考えた。

「昨日は、すばらしい剣舞を見せていただいた」

「とんでもない。お恥ずかしいところをお見せしました」

「熊襲も、吾らと同族の隼人です。――あの山々の向こうには、大小さまざまな無数の島が点々とつづいている。さらにその向こうに、外つ国が控えている。吾ら隼人族は、船で南の島や外つ国を訪ね、交易を重ねています」

「吾は、ここから南の海を眺めながら、その先の国々に思いを馳《は》せていました。いずれ機会をみて南の島や外つ国を訪れてみたいものです」

「その節には、連絡をいただきたい。吾らが先導いたしましょう」

「それはありがたいことです。……ところで、お頼みしたいことがあります」

「なにごとです。もしや、弟梟帥《オトタケル》のことでは」

「そうです。もうこれ以上、弟梟帥《オトタケル》を処罰するつもりはありません。ただ、彼が残っていては、いずれ紛糾《ふんきゅう》をまぬがれません。熊襲も同族といわれましたが、同族のよしみとして彼を預かってもらえませんか」

「いや、吾も、そのように進言するつもりでした」

「それは、重畳《ちょうじょう》の至り」

「ここをお訪《たず》ねしたのは、ほかでもありません。吾ら隼人の舞は、つとに名が知られています。いちどご覧に入れたいと思うのですが……」

「ほんとうですか。それは、素晴しいことです。後学のため是非にも拝見したいものです」


翌日は、隼人舞が披露されるとあって、居館内の広場には、大勢の者が見物に集まった。

舞台の中央では、隼人族二十数名の者が、木製の楯《たて》と長剣を携えて横二列に整列している。その脇には、銅鑼《どら》をかかえた者や太鼓を叩く者が数名配置されている。彼らは、いずれも上半身裸で、顔も上半身も赤と黒の粘土で塗りたくられている。その楯はというと、上端と下端は連続する三角文で縁どられ、中央に大きな渦巻文《うずまきもん》が描かれている。いずれの文様も赤と黒で二重に隈取《くまど》りがしてある。

吾田雄人《アタノタケヒト》が、小碓《オウス》のところへ挨拶《あいさつ》に来、これからはじまる隼人舞について若干の説明を加えた。

「隼人舞にも、数々あります。これから演ずる舞は、きわめて実戦的な演武で、あまり外部には披露したことのないものです」

「それは、それは。そのような秘技を見せていただけるとは。はじまる前から胸がわくわくしています」

隼人勢の呼吸が整うまで、なお、しばらくの間、待たされた。

その静寂のなか、突如として銅鑼が鳴り響く。すると、彼らは、一斉に吠声《はいせい》を轟《とどろ》かせながら、太鼓の音に合わせて楯を構え、長剣を振りかざし、猛烈な速さで舞いはじめた。時として、二列の横隊は、間合いをとって向かい合い、お互いに交差しながら前進、後退を繰り返す。長剣が光を放ち、赤黒模様の裸体と楯が妖《あや》しく躍動する。

やがて、静止するや、前列の者は、おのおの楯を一斉に密着させて地に突き立て、その内側に伏す。つづけて、後列の者が前列に寄り添い、前列の楯の上にみずからの楯を載せ、二段の密着した楯の壁を築く。これを崩すと、こんどは、円形の楯の壁を二つつくって内側にうずくまる。ついで、それぞれに円形を維持したまま、ぐるぐるとまわりはじめる。そして、二つの渦巻きの輪を流れに沿ってほどき、横二列の隊形に戻る。

観察者はだれしも、隼人族の、不気味ながらも凄《すご》みのある演武に圧倒されていた。しかし、小《オ》碓《ウス》はといえば、彼らの実戦さながらの動きに深く感じ入っていた。なかんずく、彼らの、集団としての連携のとれた楯の使い方に目を奪われていたのである。

小碓《オウス》は、吾田雄人《アタノタケヒト》に、貴重な技を披露してもらったことに心からの感謝の意を伝えた。そして、お互いに他日を期して別れたのであった。

隼人楯（復元模型） 古代、南九州や南西諸島に居住していた隼人族によって使用された木製の楯。

　のちのことになるが、小碓尊《オウスノミコト》は、この隼人族の楯の操作に啓発され、集団としての楯の運用について実戦的研究を重ねていく。小碓尊は、熊襲兄《エ》梟帥《タケル》のすすめた呼称を採用し、日本武尊《ヤマトタケルノミコト》と名乗り、やがて父王の要請により征東事業に傾注していくことになる。そして、彼が遭遇する数々の戦いにおいて、それまでの研究の成果がみごとに活《い》かされるのである。

　すなわち、駿河《するが》の茅野での一戦では、包囲軍からする集中的な矢の飛来を、二段重ねの楯による防壁を築くことによって凌《しの》いでいる。また、陸奥《みちのく》で部隊が窪地に迷い込んだ際にも、周囲の高みからする矢の集中攻撃に対して、楯を連ねて複数の円陣を組み、そのうちに身をひそめることによって事なきを得ている。

　ところで、小碓《オウス》にとっては、熊襲国は通過地点でしかない。その先には、西出雲が厳として控えており、この地での勝利の余韻にいつまでも浸っているわけにはいかない。早々に思考の次元を切り替え、その対象を西出雲ひと筋に絞る必要があった。

かくて、小碓尊《オウスノミコト》は、形だけの年越しを祝うと、休む間も惜しみ、吉備勢を引き連れて北に向け出立することにした。軍列の最後尾には、熊襲国から献上された種馬二〇頭ばかりをともなった。

豊国別王子《トヨクニワケノミコ》は、見送りたいといって聞かず、夷守《ヒナモリ》兄弟を熊襲に残し、日向の軍勢を率いて西海道を肥国《ひのくに》の豊村（現在の八代市）まで同行した。

国麻呂《クニマロ》も、引きつづき小碓尊《オウスノミコト》に仕えることを求めたが、許されず、豊国別王子《トヨクニワケノミコ》に仕えることをもって渋々納得した。豊国別王子は、後年、日向国の版図を南に西にと拡大し、日向国の中興の祖としてあがめられることとなる。

そびえ立つ出雲大社の威容

時節は、冬の真っただ中に向かおうとしている。

小碓尊《オウスノミコト》の一行は、時として雪の降りしきるなか、西海道を北上しつづけた。それは、のちの肥後《ひご》国府（熊本市の旧託麻《たくま》郡のあたり）のそばを通過し、久留米のあたりで筑後川を越え、筑紫王の居館（のちの大宰府《だざいふ》）へと通じる街道である。しかし、王の館には寄らず、那津《なのつ》まで出て、海西《わたのにし》の諸国《くにぐに》との交流・交易の拠点として機能している那津別館に落ち着いた。

その途上、うわさを聞きつけた各地の部族が、小碓尊《オウスノミコト》を出迎えては交代で護衛についた。沿道には、小碓尊をひと目見ようと多くの人びとが集まった。人びとは皆、小碓尊が熊襲《くまそ》を平定してくれたことに、感謝と敬意の気持ちをもって報いようとしていたのであった。

那津別館には、筑紫国の王族や豪族だけではなく、小碓尊《オウスノミコト》に拝謁すると称して周辺から多くの部族長が駆けつけてきた。彼らは、異口同音に、「かの地での高句麗《こうくり》の動きは風雲急を告げている」と言う。

彼らの説明によると、高句麗は、百済《くだら》に向けて海陸両様の作戦を展開しているものの、戦線は膠着《こうちゃく》状態にあり、それがために、状況によっては、高句麗が百済を飛び越してそれよりも南の加羅《から》に攻撃を加えてくることも考えられるという。加羅には、金海地方を中心に多くの倭人が住みついているが、百済においても、何人かの倭人が王家の官途に就いているという。筑紫島の諸部族は、築き上げてきた倭人の権益を護《まも》るため、軍兵をかの地に派遣する機会も多いようである。

さて、小碓尊《オウスノミコト》は、初春の萌《きざ》す時節、いよいよ出雲《いずも》に向けての出立に踏み切った。そして、それに先立ち、穴戸武媛《アナトタケヒメ》を加夜種継《カヤノタネツグ》にともなわせて吉備《きび》に帰すことにした。出雲ではどのように局面が変わるか想像もつかず、穴戸武媛の存在は小碓《オウス》の行動を制約しかねない虞《おそ》れが多分にあった。

穴戸武媛も、そのことを自覚しており、小碓の指示に素直に従った。

加えて、小碓尊《オウスノミコト》は、加夜種継《カヤノタネツグ》の一行に、熊襲国の献上になる馬群を同道させ、あわせて、吉備から先の、京《みやこ》への移送の手続きを依頼した。そして、みずからは、筑紫国の官船の提供を受け、吉備武彦《キビノタケヒコ》ら十数名の者とともに、出雲に渡るべくその途に就いたのである。

古《いにしえ》より、日本海は「北つ海」と呼びならわされ、そこでは、沿岸航路をつうじて沿岸各地の豪族間の交流が頻繁に行なわれていた。しかし、この季節、北つ海は、初春とは名ばかりで、いまだ冬の気配が濃く漂う。上空にはどんよりとした厚い暗黒色の雲が垂れ込め、大陸からの強い北西風が吹きすさび、海上は高波でうねっていた。度々《たびたび》にわたって、港湾や入江への避難を余儀なくされる。航行中も、気象状況の急変に備えて、しばしば帆を倒したり起こしたりせねばならず、それは、水夫《かこ》にとってなかなかの重労働であった。それでも、経験豊かな筑紫の水夫や楫取《かんどり》に導かれ、船は対馬暖流を的確にとらえ、北つ海の沿岸を北上しつづけた。

この十数年、急迫する朝鮮半島の情勢を背景に、多くの人びとが朝鮮半島から倭国に渡ってきた。朝鮮半島の南岸や東岸から船を出せば、波は荒いものの、対馬暖流に乗って容易に倭国の日本海沿岸にいたり、その港湾や入江をたどることによって、出雲・丹波《たんば》・越《こし》といった国々に行き着くことを得た。港湾や入江とは、島根半島・丹後半島・能登半島の内側に形づくられた港湾のことであり、また、越後平野の、海岸線に沿う砂洲《さす》や砂丘に囲まれた入江のことである。

その当時は、今日とは異なり、国内外の交流・交易の盛んであった日本海側のほうこそが、表日本と呼ばれるにふさわしい状況にあったといえよう。その場合、日本海側諸国から朝鮮半島に向かうには、対馬暖流に抗《あらが》い、これを乗り越えねばならず、風向きや海流の強弱を見極める必要があった。とりわけ春から夏にかけて吹く、「あいの風」と呼ばれる北東風が重宝されたことであろう。また、夏から秋にかけてよりも、冬から春にかけてのほうが、海流の勢いが緩やかになることを、経験上知っていたであろう。

しかしながら、九州北岸まで下って対馬暖流を乗り越えるほうが、より安全であり、確実であった。それゆえ、九州北岸から沖ノ島を経由し、対馬の北端をかすめて朝鮮半島の南部に達する航路が確立されるようになってくると、朝鮮半島との交流の比重は、しだいに日本海側から九州北部の国々へと移っていくことになる。

出雲国は、事実上、東出雲と西出雲に分かれていたが、そのどちらもが良港を擁していた。すなわち、島根半島の東端には、美保埼《みほのみさき》（現在の美保関）があり、その西端には、杵築埼《きつきのみさき》（現在の日御碕《ひのみさき》）があった。前者は、内側に中海とそれにつづく宍道湖《しんじこ》を抱え、後者は、同じく神門《かんどの》水海《みずうみ》（現在、その名残りが神西湖《じんざいこ》にうかがえる）を抱えていた。そして、そのいずれもが、港湾としてのすぐれた機能を保持していたのである。

さて、小碓尊《オウスノミコト》の座乗する船は、杵築埼を目前とするところまでたどり着くと、その手前で、神門の水海に吸い込まれるように入っていった。そこは、斐伊川《ひいかわ》と神戸川《かんどがわ》が流れ込む広大な汽水湖

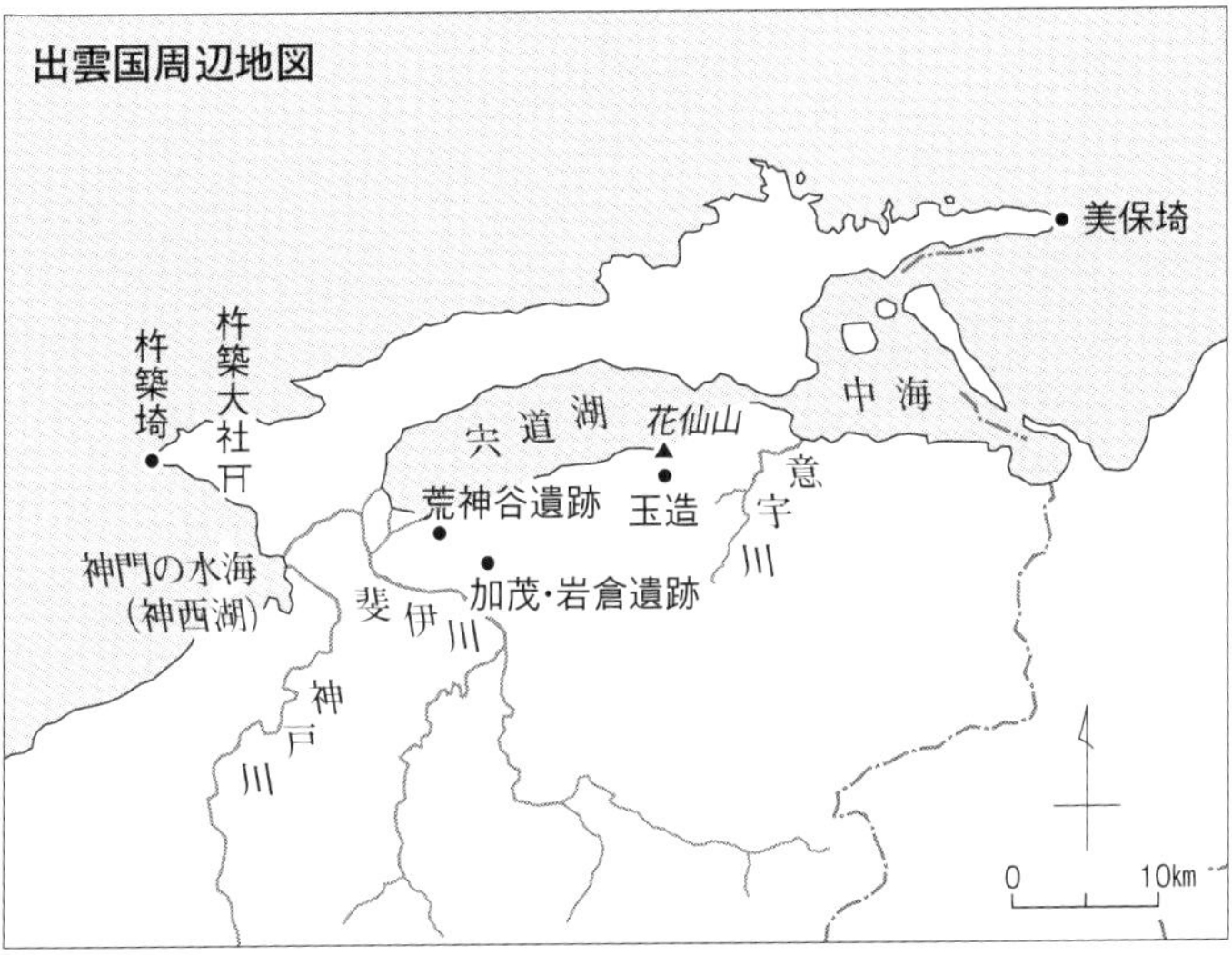

出雲国周辺地図

であった。荒れ模様の海原とは裏腹に、湾内は、波も穏やかで静まりかえっており、結構、多くの船が滞留していた。

湾内からはるか北のほうを眺めると、雪で薄化粧をしたこんもりした杜《もり》の上に、朱《しゅ》塗りの太い柱によって支えられた出雲大社（古名、杵築《きつき》大社）の社殿が、ひとり抜きでてそびえ立っていた。

この出雲大社は、天津神《あまつかみ》側が国譲《くにゆず》りの代償として大国主神《おおくにぬしのみこと》につくり与えた天日隅宮《あめのひすみみや》を原型としている。その当時、千尋《ちひろ》もある栲《たく》（楮《こうぞ》の古名）の縄を使い、柱を高く太く、板を厚く広くしてつくられたと伝わる。しかし、その建物は、あまりにも高層であったため倒壊し、その後、何度か建て直されている。小碓《オウス》が目にした出雲大社は、先代、垂仁《スイニン》帝の御代に大改修が行なわれ、原形復旧をみたものであった。

当時の建物は高床式《たかゆか》で、社殿は、きわめて高い床下をもっていた。出雲大社の社伝や、のこされた平面図『金輪御造営差図《かなわのごぞうえいさしず》』によると、平安時代から鎌倉時代にかけて、社殿は、三本の柱材を束ねてつくった直径三メートルを超える巨大な柱九本によって支えられ、高さ一六丈（約四八メートル）に達していたという。また、社殿に渡るための長さ一町（約一〇九メートル）に及ぶ引橋《ひきはし》（長い階段状の架け橋）も設けられていたという。

小碓尊《オウスノミコト》が目にした出雲大社も、これに準ずる規模と構造を維持していたのではなかろうか。（なお、社殿の巨大柱については、発掘によってその存在が確認されている）。

出雲国は、東出雲の旧意宇《おう》郡（意宇川中流域）を起点として西出雲の方向へと発展していったと考えられている。西出雲が強勢であったことは、加茂《かも》・岩倉《いわくら》遺跡から、弥生時代中期のものとみられる三九個の銅鐸《どうたく》が出土し、荒神谷《こうじんだに》遺跡から、同じく三五八本もの銅剣が発掘されたという事実からもうかがえる。出雲国が大和王権に屈したあとも、西出雲は、たびたびにわたって反旗をひるがえす。その旗頭となったのが、出雲振根《イズモフルネ》であり、出雲建《イズモタケル》なのである。

出雲振根《イズモフルネ》は、大和王権に迎合する弟の飯入根《イイイリネ》（現国王の祖父）を水浴びに誘って殺している。崇神《スジン》帝は、その事実を知るや、吉備津彦命と武渟河別命《タケヌナカワワケノミコト》の二人の将軍を派遣し、同人を誅殺《ちゅうさつ》したのであった。今日にいたっては、西出雲では、出雲建《イズモタケル》が権勢をほしいままにするようになり、

出雲大社本殿復元図 巨大建造物築造の伝統的技術を解析するとともに、残された関係資料を精査することで復元された、平安時代中期の大社本殿。

出雲王・襲髄《カネスネ》とてその統治には口出しができない状況となっていた。大和王権の側としても、出雲建が出雲大社を押さえるに及び、出雲大社とその管理する神宝に対してなんら関与することができなくなっていた。

小碓尊《オウスノミコト》は、大和国と西出雲の硬直した関係を打破すべく、出雲王の居館には寄ることなく、あえて出雲大社参拝を名目に、西出雲の地を訪れたのである。一行は、津守《つもり》に上陸の許可を求めるも、しばらく待つよう指示された。やがて、出雲建《イズモタケル》が、通報を受けて港に駆けつけ、丁重《ていちょう》に小碓尊を出迎えた。

「これはこれは、いまをときめく小碓尊《オウスノミコト》にお出でいただくとは、まことに光栄の至り。それにしても、この時期、船旅は難儀でしたろうに」

「にわかなる国入り、失礼の段、ひらにご容赦ください」

「熊襲《くまそ》でのご活躍、聞いておりまするぞ」

「まことに恥ずかしきことです。闘う羽目になったのは、やむを得ぬ仕儀《しぎ》でした。かの豪の者に勝てたのは、まったくの僥倖《ぎょうこう》。向こうに油断があったからにすぎません」

なにはともあれ、出雲建《タケル》は、小碓尊《オウスノミコト》と吉備武彦《キビノタケヒコ》に乗馬を用意し、出雲大社に向け先導した。一行は、出雲大社の境内《けいだい》に所在する宮舎に招じ入れられることになる。

翌日の昼すぎ、出雲王の長子、来日田維穂《キヒタイホ》が、小碓尊《オウスノミコト》の来訪を伝え聞き、雪の舞うなかを長老と数名の部下をともなって西出雲の宮殿まで疾駆《しっく》してきた。さらに、かなりの数の軍団が、来日田維穂の後続として東出雲から西出雲へと向かっていた。彼らは、西出雲の宮殿からは若干の距離をおいて待機態勢にはいる予定である。じつをいうと、前もって大王《おおきみ》と倭媛尊《ヤマトヒメノミコト》から出雲王あてに、小碓尊に加勢してくれるよう、ねんごろな書状が届けられていたのである。

幸い降りつづいた雪も上がり、小碓尊《オウスノミコト》は、来日田維穂《キヒタイホ》との対面を終えると、出雲建《イズモタケル》と連れだって斐伊川《ひいかわ》に禊《みそぎ》に出かけた。小碓《オウス》は、かつて、出雲振根《イズモフルネ》が弟を水浴びに誘ってだまし討ちにした事実を知っていた。しかし、小碓は、さような懸念はおくびにも出さず、凍《い》てつかんばかりに冷え切った水面《みなも》に体をすべらせていった。

出雲建《イズモタケル》は、小碓尊《オウスノミコト》に近寄ってきて語りかける。

「王子の剣舞は、優雅の極みだったとか。もういちど、その舞を見たいものですな。断っておくが、ここでだまし討ちをすることなど、毛頭《もうとう》も考えておりませんぞ」

「ははは、もとより、そんなことは……」

小碓《オウス》は、笑ってそれ以上の追求をかわした。

二人は、川から出ると、寒さに耐えかね、焚火《たきび》にあたりながら、懸命に乾布《かんぷ》摩《ま》擦《さつ》を繰り返した。

そこへ、来日田維穂《キヒタイホ》と吉備武彦《キビノタケヒコ》がそろって禊にやってきた。

あとの二人が川から上がってくると、出雲建《イズモタケル》は、体が冷え切って震えている吉備武彦《キビノタケヒコ》に近寄り、ひそやかに語りかけた。

「出雲と吉備は、昔は同盟を結んだこともある。出雲・吉備・越の三国が結べば、大和など歯牙《しが》にもかけぬ。いかがかな」

武彦《タケヒコ》は、息んで顔を真っ赤にし、きっぱりとこれを拒否した。

「いまは、倭の国々が大和国を中心にまとまることこそ大事。このままでは、海を隔てた隣の国々に遅れをとってしまいますぞ」

「そんなに力みなさるな。少し、おせっかいが過ぎましたかの」

どんよりと垂れ込めた曇り空からは、また、ふわりふわりと雪が舞いおりはじめた。

出雲建との命運を賭した闘い

彼ら四人は、斐伊川《ひいかわ》での禊《みそぎ》を終えると、雪のちらつくなかを、引橋の長い階《きざはし》を上って出雲大社の社殿へと向かった。ただし、なにびとも、剣を佩帯《はいたい》して参殿することは許されなかった。関係者が社殿にはいり終えると、引橋の脇に西出雲の兵士が大挙して集まり、出雲大社のまわりの配備についた。こうなっては、小碓尊《オウスノミコト》の配下の者たちにとって、建物の内との連絡は完全に遮断されてしまった。彼らは、急に備え、せめて建物の正面を見とおすことのできる位置に身を置こうとしたが、どうやらそれもむずかしい状況となってきた。

それはさておき、社殿の正面には、藁《わら》づくりの、とてつもなく大きな注連縄《しめなわ》が掲げてある。社殿のなかを見まわすと、四囲には、木綿四手《ゆうしで》を垂れた注連縄が張りめぐらされ、中央には、巨大な朱塗りの心御柱《しんのみはしら》が貫いていた。そして、正面奥には、客神が祀《まつ》られているのみで、主祭神の大国主神《おおくにぬしのみこと》の神座《しんざ》は、正面ではなく、その右手に西向きに配置されていた。

神座の手前には、祭壇が設けられている。祭壇の中央から右手にかけては、銅鐸《どうたく》・剣・矛《ほこ》・戈《か》（枝のついた矛）と大型の青銅器が並べられ、さらにその先に、白楯が立てかけてあった。この白楯は、天津神《あまつかみ》側が国譲りに報いる方途のひとつとして大国主神に与えたもので、革を幾重にも縫い合わせてつくられていた。

祭壇の左側には、筒形器台《つつがたきだい》・高坏《たかつき》・壺《つぼ》などの丹塗《にぬ》りの土器《かわらけ》が置かれ、さらに、その先に常磐樹《ときわぎ》が数本立てかけてあった。常磐樹の枝には、細身の木綿四手《ゆうしで》に加えて、翡翠《ひすい》や瑪瑙《めのう》からつくられた勾玉《まがたま》・管玉《くだたま》・臼玉《うすだま》・棗玉《なつめだま》などの玉類、それに有孔円板《ゆうこうえんばん》・剣形品などの装飾品が、糸をとおして数多く垂れ下がっていた。

この祭壇の手前に、もうひとつやや低い壇があり、そこには、銅鏡が立てかけられ、かつ、大きめの翡翠製の勾玉をいくつか紐《ひも》で連ねたものが飾られていた。

小碓尊《オウスノミコト》は、正面に厳として控える銅鐸の形態と色彩に目を奪われた。銅鐸は、扁平《へんぺい》な釣鐘《つりがね》状をなし、その表面には文様や線画が刻されていた。よく手入れされており、赤みを帯びた黄金《こがね》色に輝いていた。銅鐸は、一時代前の青銅製の祭器であって、いずこにおいても、新しい時代にそぐわないものとして地上から消え去っており、この時代に銅鐸を残しているのは、出雲国くらいのものであろう。

大和王権に追随する国々は、忠誠の証《あかし》として古い祭器を捨てて大和王権の信奉する祭器（一組の玉・鏡・剣）にならっていた。しかしながら、出雲大社は、国譲りの代償としての意義を有している。大和王権としては、これに格別の敬意を払い、祭器についても、ほかの国々の場合とは異なり、出雲国にその独自性を認めてきたのである。

とはいえ、年を経るにつれ、大和王権としても、倭国統治の必要上、出雲国の神宝の現状を把握する必要が出てきた。このような背景のもとに、景行《ケイコウ》帝の先々代の崇神《スジン》帝は、武日照命《タケヒナテルノミコト》が天《あめ》から持ちきたった神宝を見たいと言い、出雲大社から玉藻鎮石《たまものしずいし》と真種之甘美鏡《またねのうましかがみ》を召し上げている。次代の垂仁《スイニン》帝の御代においても、幾度となく神宝を検《あらた》めるための使者が出雲国に派遣された。しかし、いずれの報告も正確さに欠けるところがあり、挙句の果て、物部十千根大連《モノノベノトチネノオオムラジ》が勅命を奉じ、軍を率いて出雲国に赴き、神宝の精査に当たっている。

ところで、出雲大社にあっても、大和王権の信奉する祭器が飾られている。祭壇の下段に飾ってある銅鏡と勾玉がこれに相当する。かつては、武日照命《タケヒナテルノミコト》が天から持ちきたった玉藻鎮石《たまものしずいし》と真種之甘美鏡《またねのうましかがみ》がここに置かれていたのである。現にある勾玉と銅鏡は、それらに代わるものである。そして、これらには、もうひとつ、鉄剣が加えられなければならない。鉄剣が大和王権の祭器に加わるについては、つぎのような伝承がある。

素戔嗚尊《スサノオノミコト》が天から出雲国の斐伊川のほとりに降りたったのちのことである。たまたま、八岐《やまたの》大蛇《おろち》と戦うこととなり、その果てに、十握剣《とつかのつるぎ》で大蛇の尾を斬ったところ、硬いものに当たったとみえて、剣の刃がこぼれてしまう。大蛇の尾を裂いてみると、鉄製の天叢雲剣《あめのむらくものつるぎ》が出てきた。素戔嗚尊は、この剣を姉の天照大神に献上したという。このような経緯を経て、天叢雲剣は、天照大神を祀る伊勢神宮において三種《みくさ》の宝物《たから》のひとつとして保管されるにいたっている。

さて、社殿での式典である。まずは、宮司が、祭壇に飾ってある常磐樹《ときわぎ》を手にし、これをおごそかに左右に振って祓《はらえ》を行なう。ついで、神々に、その徳を讃えるとともに、諸々の罪穢《つみけがれ》を祓い清めていただくよう祝詞《のりと》を奏上する。さらに、素戔嗚尊《スサノオノミコト》の出雲降臨、八束水臣津野命《ヤツカミズオミツヌノミコト》の国引き、大国主神の国造りについて、それぞれの事績が語られる。仕上げに大和と出雲の固き誓いを寿《ことほ》ぐ。そして、これを祝して、琴がかなでられ、勾玉や管玉の連珠《れんじゅ》を首に飾り、臼玉《うすだま》の連珠を腕に巻いた巫女《みこ》たちが舞を奉納する。

行事が滞りなく進行し、社殿内が厳粛な雰囲気に包まれていたころ、社殿の外では、波乱が起きようとしていた。来日田維穂《キヒタイホ》の後続部隊が引橋にかなり近いところまで進出してきて、西出雲の兵士は、これに挑発されていきり立ち、東出雲の部隊に向けてののしり声を上げはじめていた。この情報は、いち早く社殿内の出雲建《イズモタケル》のところへもたらされた。出雲建は、これを聴くと、なにげない風を装いながらも、小碓尊《オウスノミコト》や来日田維穂のほうに向けて鋭い視線を投げかけた。

巫女たちの舞が一段落すると、出雲建《イズモタケル》は、「今日は、遠来の客人に敬意を表して、素戔嗚尊《スサノオノミコト》の大蛇《おろち》退治を演じよう」と告げ、準備のために脇の控えの間に退いた。正面の空間を舞台として広げるため、小碓尊《オウスノミコト》・武彦《タケヒコ》・来日田維穂《キヒタイホ》の三人は、うしろに下がり、かねてより用意されていた床《しょう》几《ぎ》に腰かけることになった。東出雲と西出雲の長老たちも、脇に退いた。

やがて、鉦《かね》・太鼓の響きとともに、八つの頭《かしら》をもつ巨大な大蛇が、朱色の胴体に金色《こんじき》に輝く鱗《うろこ》をうねらせながら出現する。時として、八つの、それぞれの口から白煙が噴きあがる。八人の者

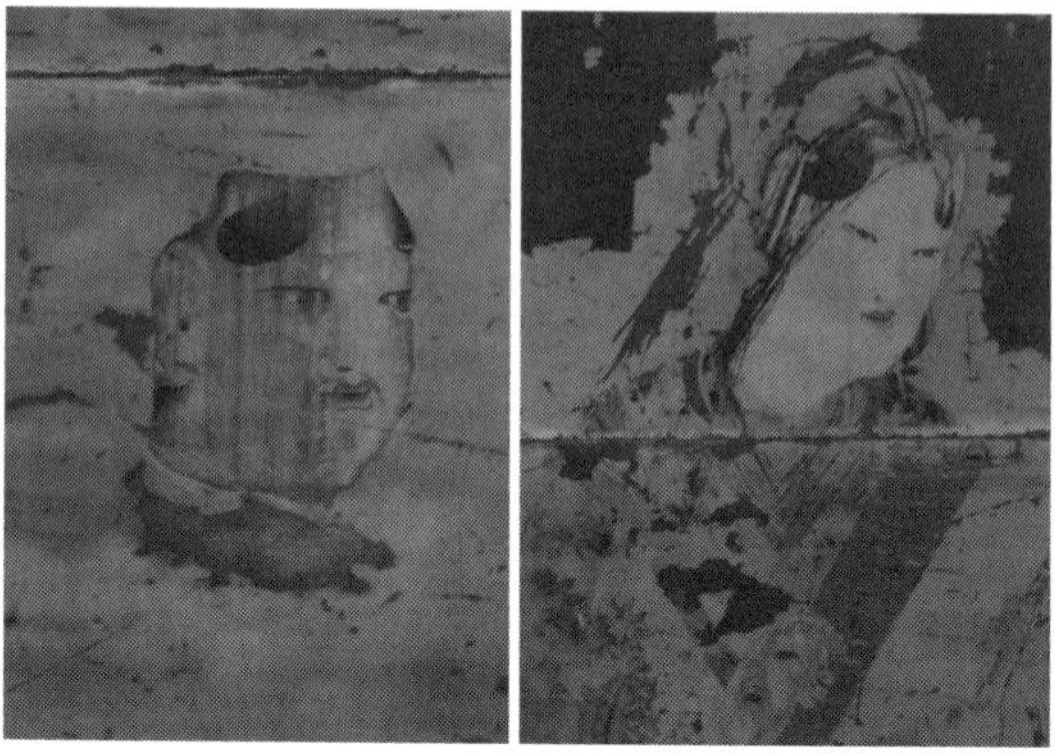

八重垣神社板絵　松江市佐草町に所在する八重垣神社本殿の板壁に描かれた素戔嗚尊と奇稲田姫。鎌倉時代の作とされている。

がそれぞれ作り物の大蛇の頭をかぶって八岐大蛇をみごとに演じている。

八岐大蛇は、奇稲田《クシイナダ》姫《ヒメ》を生贄《いけにえ》として要求し、これを喰らいにきたのである。ところが、その住まう家のそばにきてみると、酒を満たした八つの壺が用意されていた。それに気づくと、八岐大蛇は、八つの口をもって八つの壺からそれぞれに酒を飲む。しだいに酔いがまわり、ついには足取りがおぼつかなくなる。

そこへ笛の音に合わせて、豪華な衣装に身を包んだ、出雲建《イズモタケル》の演ずる素《ス》戔嗚尊《サノオノミコト》が登場する。ここから、素戔嗚尊と八岐大蛇の戦いとなる。時に、素戔嗚尊が大蛇の長い胴体にからまれるが、これをうまくほどき、つぎつぎと頭を斬りつぶしていく。

そして、最後に、その尾を斬ると、尾のなかに不思議な剣が蔵されていた。素《ス》戔嗚尊《サノオノミコト》こと出《イズ》雲建《モタケル》は、この剣を大蛇の尾から引きだし、手にとって高々と天にかざした。

本来、この剣は、正面の祭壇に用意された台座に、銅鏡・勾玉とともに収まるべきものである。

しかし、出雲建《イズモタケル》は、重い衣装を脱ぎ捨てると、その剣を把持して舞を演じはじめた。

この時点で、武彦《タケヒコ》は、出雲建《イズモタケル》の動作に不穏なものを感じとり、みずからの上衣の裏に縫い込んでいた小さな刀子《とうす》を取り出し、これをひそかに小碓《オウス》の手につかませた。

出雲建《イズモタケル》の舞の動きはいよいよはげしさを増し、彼は、再三にわたって舞いながら小碓《オウス》たちの席の近くまでやってきた。そして、何度めか、小碓たちの席に近づいたとき、彼は、にわかに跳躍して小碓を真向から斬りつけてきた。しかし、小碓の横に飛ぶ動きが素早かったため、その剣は、床几《しょうぎ》を叩き切ったにとどまった。

「ふむ、みごと、吾の剣をかわしたか」

来日田維穂《キヒタイホ》は、色をなして叫ぶ。

「建公《タケルノキミ》、無体なり。控えられよ」

「国を大和に売り渡した奴がなにをぬかす。引っ込んでおれ」

小碓《オウス》が畳み掛ける。

「出雲建公《イズモタケルノキミ》、汝の正体見たり」

「ふん、かってにほざけ。吾を討ちにきたくせに。さて、行くぞ」

「おう、心得たり」

こうなると、男と男の勝負である。例によって、小碓《オウス》は、出雲建《イズモタケル》の鋭い攻撃をたびたびにわたってかわす。とはいえ、小碓の武器は、小さな刀子だけ。なかなか反撃の機会がつかめない。しかし、出雲建が呼吸を整えようと、攻撃の手をいちど、止めた。

小碓《オウス》は、相手があらたに斬り込んでくるその瞬間が勝負となると踏んだ。出雲建《イズモタケル》の剣が動かんとして殺気をはらんだその瞬間である。小碓は、目にも止まらぬほどの速さでその懐に飛び込み、相手の首筋を刀子でえぐった。出雲建は、首から血を噴《ふ》きださせつつも、空いたほうの手で虚空《こくう》をつかもうとあがきながら倒れた。ほとんど即死といってよかった。小碓も、左肩から二の腕にかけて切り傷を受け、鮮血をしたたらせた。

脇のほうで成りゆきを見守っていた出雲建《イズモタケル》の配下の者たちが、ばらばらと駆け寄ってくる。ある者は、突っ伏した出雲建に取りすがり、ある者は、下方の部隊へと連絡に走る。また、ある者は、剣を構えて小碓《オウス》の前に立ちはだかる。

それよりも早く、小碓《オウス》は、出雲建《イズモタケル》の剣を取りあげており、真っ先に斬り込んできた者の剣を払い上げながら、鋭く跳躍してその者の膝《ひざ》を上から踏みつぶした。武彦《タケヒコ》は、得たりやおうと、苦痛に悶《もだ》えるその兵士の利き腕を踏みつけ、剣を奪い取った。二人は、さらに向かってくる残りの兵士の何人かを斬って捨てた。

だが、この段階で、来日田維穂《キヒタイホ》が宮司や長老たちとともに両者の間に分け入り、西出雲の兵士に退《ひ》くよう強く促した。兵士たちは、なおも攻撃の意志をむきだしにしていたが、来日田維穂たちがそれぞれ銅鐸・銅剣など出雲の祭器を所持しているのを目にすると、にわかに血の気が失せたかのごとく、意気阻喪《いきそそう》して引き下がっていった。

小碓《オウス》と武彦《タケヒコ》は、外が騒がしいので、なにごとかと扉を開け、引橋の下を見ようと身を乗り出した。するとその途端に、雪がはげしく降り込み、つづけて小碓と武彦の二人に向けて数多くの矢が飛来した。小碓は、片手で剣を振るってなんとかこれを防いだ。だが、武彦は、抗しきれずして左肩に矢を受けたようである。

下方では、西出雲側の兵士の間に出雲建《イズモタケル》の死が伝わり、動揺が広がっていた。武将たちにしても、聖なる本殿に武装したまま踏み込むわけにもいかず、事の真偽をたしかめることができずして苛立《いらだ》っていた。

そのいっぽうで、東出雲の部隊は、西出雲側の兵士の動揺を目にし、社殿内部でなにか起こったのではないかと危惧《きぐ》し、急遽、引橋に向けて殺到しはじめた。西出雲の部隊は、彼らを引橋に近寄らせまいと撃って出る。ここに、引橋を前にして両軍入り乱れての乱戦模様と化した。小碓《オウスノ》尊《ミコト》の身を案じる長日子《ナガヒコ》・宮戸彦《ミヤトヒコ》・弟彦《オトヒコ》たちにしても、この乱闘を前にしては身動きがとれず、それに巻き込まれないよう距離を保つ以外に、なんら手立てはなかった。

しばらくして、社殿の高みから、銅鑼《どら》の音が高らかに鳴り響き、宮司と来日田維穂《キヒタイホ》、それに東出雲と西出雲の両側の長老たちが姿を現わした。彼らは、てんでに銅鐸・銅剣・銅矛・銅戈などの神器を掲げ、「鎮《しず》まれ」と大音声《だいおんじょう》に呼ばわる。

両軍とも、もともとは同じ神を信奉する、同じ国の兵士たちである。聖なる立場の者からの祭器を掲げての呼びかけには抗しきれず、それぞれが戦闘を中断して社殿のほうを注視する。

ついで、宮司と来日田維穂《キヒタイホ》は、両軍の主だった武将を呼び集め、ここにいたった経緯を説明するとともに、両軍に対して和解するよう促した。しかしながら、西出雲の武将たちは、出雲建《イズモタケル》の死に動転しており、容易には納得しない。小碓尊《オウスノミコト》を名指しで指弾《しだん》する者が相つぐ。

「吾らが王は、素戔嗚尊《スサノオノミコト》の生まれ変わり。そうたやすく討たれるはずがない。大和の王子にだまし討ちにされたのであろう」

「そうだ。そうに違いない。大和の王子は卑怯者《ひきょうもの》だ。卑怯者を生かして帰すわけにはいかない」

ここで、宮司と来日田維穂《キヒタイホ》は、不満を吐く武将たちに強い口調で反省を強《し》いた。

「なにを申すか。勘違いをしてはならぬ。祭礼行事の最中《さなか》に、出雲建《イズモタケル》のほうが先に小碓尊《オウスノミコト》に斬りかかり、その後、二人の一騎打ちとなったのだ。戦いは、堂々と行なわれた。それを目撃した者たちもいる。その者らにそのときの有様を問いただしてみるがよい」

西出雲の武将たちは、出雲建《イズモタケル》の側近の者から二人の戦いの状況を何度も確認し、そのうえで宮司をはじめとする長老たちの要請に不承不承《ふしょうぶしょう》応じた。ここにおいて、とりあえずは、両軍の間に一線が画され、戦闘は停止された。

その夜、小碓尊《オウスノミコト》一行の宿舎のまわりには、東出雲の兵士による厳重な警戒態勢が敷かれた。そして、翌日、改めて東出雲と西出雲の長老や武将たちの間で協議がつづけられた。その結果、出雲国は、東西の統一意思のもとに、大和国へ忠誠を誓うことを表明することとなったのである。

小碓《オウス》の切り傷に加え、武彦《タケヒコ》も矢傷を負っていた。二人は、来日田維穂《キヒタイホ》の勧めにしたがって、宍《しん》道湖《じこ》の南岸に沿う玉造《たまづくり》の地で温泉に浸《つ》かり、療養につとめることとなった。この近辺には、その名が示すとおり、玉造集団の集落が密集していた。彼らは、東寄りの丘陵地帯（花仙山《かせんざん》を中心とする地域）から青や赤の瑪瑙《めのう》を採取し、それらの原石を打ち欠いて研磨し、勾玉・管玉・臼玉などをこしらえていたのである。

幸い、二人の傷のほうは、半月もするとほぼ癒《い》えた。そこで、二人は、意宇《おう》に赴き、熊野大社（祭神は素戔嗚尊《スサノオノミコト》）に詣でるとともに、出雲王父子に挨拶《あいさつ》を済ませ、いよいよ帰国の途につくこととなった。

小碓尊《オウスノミコト》の一行は、来日田維穂《キヒタイホ》をはじめ出雲国の重臣の見送りを受けるなか、意宇川下流域の松江港から船出した。船は、北つ海を陸伝いに北上し、丹後《たんご》半島を越えて若狭《わかさ》湾にはいる。湾内には、大小さまざまな砂嘴《さし》が形成されており、そのもっとも東側に位置する敦賀《つるが》半島の先端を回り込んで敦賀津にて下船した。

敦賀津は、越国《こし》の西端にあたる。ここは、琵琶湖（古名、近淡海《ちかつあはうみ》）を介して内陸部とつながる、水陸の交通の要衝をなしていた。かつては、隠岐《おき》島を介して朝鮮半島の東岸を結ぶ国際港としても、重きをなしていた。大和王権は、この地の諸部族との提携を進め、敦賀津を収めることに成功しており、ここに津司《つのつかさ》を置き、港の管理に力を入れていた。

小碓尊《オウスノミコト》の一行は、敦賀津の津司の丁重《ていちょう》な出迎えを受けた。一行は、そこから陸路にて琵琶湖北端の塩津《しおつ》に向かい、そこでふたたび船に乗ることになる。日も陰ってきたところであり、とりあえず、塩津近辺の集落で一泊させてもらうことにした。

翌朝は、季節はずれの雪嵐に見舞われた。桟橋《さんばし》近くの岩陰では、百合鴎《ゆりかもめ》に混じって何羽もの小鷺《さぎ》が体を寄せ合い、吹き込む雪を避けていた。

琵琶湖の水も、三角波を立ててかなり荒れてはいたが、ここでも手練れの水夫《かこ》に導かれ、小碓《オウス》たちの乗る船は、無事、琵琶湖を縦断して大津に出ることができた。すでに午刻をまわっており、一行は、下船して昼食をとることにした。

このころには、雪はやみ、うっすらと雲間から陽《ひ》が射《さ》してきた。それぞれが、船着場近くの浜辺に腰を下ろし、塩津の集落で用意してくれた、塩漬けの大きな高菜の葉に包まれた、雑穀混じりの米の飯にかじりついた。

水辺では、越冬のため飛来した白鳥《はくちょう》や鴨《かも》が数多く遊弋《ゆうよく》していた。小碓《オウス》は、その生態に興味をもち、もう少し近くで観察しようと近づいてみるが、不思議なことにいっこうに距離が縮まらない。どうも、監視役の白鳥がいて、近づく者との間に一定の間隔を保つよう仲間に警戒を促しているようである。

水鳥の群を追うのはあきらめ、近くの葦《あし》の密生しているあたりに目を移す。すると、そこには嘴《くちばし》の黄色い鳰《にお》（カイツブリの古名）が群れており、それぞれに水中にもぐっては餌をあさっていた。「鳰の海」といえば、琵琶湖を指すほどに、上古、琵琶湖にはカイツブリがあふれていたようである。

小碓尊《オウスノミコト》の一行は、あらためて二艘《そう》の小舟に分乗した。こんどは、大津から瀬田川《せたがわ》（古来、その下流を宇治川《うじがわ》と呼ぶ）を下ることになる。この川は、最終的には淀川《よどがわ》となるのであるが、その前に葦原に囲まれた巨大な湖、巨椋池《おぐらいけ》に入り、それを越えたところで木津川《きづがわ》と合流する。一行は、木津川に分け入り、これをさかのぼって泉津で下船した。

泉津には、稚足彦王子《ワカタラシヒコノミコ》と五百城入彦王子《イオキイリヒコノミコ》とが、大王の名代として出迎えにきていた。二人の背後には、顔の下半分を布で覆った目付きの鋭い兵《つわもの》が従っていた。小碓《オウス》は、どこかで見《まみ》えたことのある男のように思えたが、それがどこであったかは、にわかには思い出せなかった。

一行は、出迎えの王子たちに導かれ、騎馬にて京《みやこ》に向かった。王都に近づくにしたがって、道の両脇は、歓迎の人びとであふれんばかりとなった。人びとは皆、小碓尊《オウスノミコト》の未曾有《みぞう》の快挙を寿《ことほ》ぎ、それにあやかろうと思っているのである。

大王も、ことのほか喜びようであった。小碓尊《オウスノミコト》の復命に満足そうに何度もうなずいておられた。父王からの称賛は、小碓尊を幸せの気持ちで満たした。侍《さぶら》う群臣からも、小碓尊の偉業に対して何度も感嘆の声が上がった。当初、大王の小碓尊への下命に不審を抱いた大夫《まえつきみ》たちではあったが、彼らも、小碓尊の成し遂げた業績を前にしては、みずからの不明を恥じるほかはなかった。

ただ収まらないのが、八坂入媛《ヤサカノイリビメ》である。ぼろぼろになって戻ってくるのが関の山と思っていたら、案に相異して、小碓尊《オウスノミコト》が前人未到の成果をあげて帰任してきたのである。物部十千根大連《モノノベノトチネノオオムラジ》を訪ねて鬱憤《うっぷん》を晴らそうとしたが、今回は、十千根大連も乗ってこなかった。逆にたしなめられる始末であった。

小碓《オウス》は、早速にも武彦《タケヒコ》や長日子《ナガヒコ》・宮戸彦《ミヤトヒコ》・弟彦《オトヒコ》たちとともに、大碓王子《オオウスノミコ》の館を訪ね、酒の一杯も酌み交わしたかった。また、今回の征西での成功は、倭媛尊《ヤマトヒメノミコト》の物心両面からの支援があったればこそであり、一刻も早く倭媛尊を訪ねて復命しなければと気がせくのであった。

第二部——建国の礎たらんとして

一、行く手に立ちはだかる駿河勢

火攻めの罠に向かい火で

一二月（旧暦）の中旬、どんよりとした曇り空の下、征東大将軍日本武尊《ヤマトタケルノミコト》は、弟橘媛《オトタチバナヒメ》とともに、五百名ちかい軍勢を率いて、駿河《するが》国の立ち枯れの茅野《かやの》を東に向けて進んでいた。

とはいえ、先程から、行けども行けども、茅野は深まるばかり、先人の通ったとおぼしき痕跡も見当たらなくなり、しだいに行方がおぼつかなくなってくる。

すると、にわかに、あちらこちらで茅野がせわしく波打ちはじめた。鳥も一斉に飛び立っていく。奇怪なりと眼を凝《こ》らすと、彼方の四方八方から火の手があがっている。

やがて、それらは、天を焦《こ》がす紅蓮《ぐれん》の炎となり、速度を上げてこちらに向かってくる。

迫りくる炎に囲まれた兵士たちは、驚愕《きょうがく》のあまり体を硬直させ、言葉を失う。

武尊《タケルノミコト》は、「これは単なる野火ではない。吾《あれ》らを殺戮《さつりく》せんとする輩《やから》の付け火に違いない」と瞬時にみてとった。戸惑っていては、機を失する。

なにはともあれ、前もって伊勢神宮の斎王《いつきのみこ》・倭媛尊《ヤマトヒメノミコト》より渡されていた袋包みを開けてみる。すると、なかには燧石《ひうちいし》一式が入っていた。と同時に、幼きころのこと、物部《もののべ》氏の追及を逃れるため、祖父《おおじ》に導かれて播磨《はりま》から吉備《きび》へと落ちて行くとき、山間《やまあい》で目撃した焼畑の光景が二重写しになって瞼《まぶた》に映《うつ》った。あのとき、土地の人びとは、迫りくる火勢を防ぐため、手前の草木を刈り取ってこれに火をつけ、空き地を広げようとしていた。

――そうだ。向かい火という手がある。

しかし、その前に、馬の動揺を抑えなければならない。馬の群は、しきりに足踏みし、頭を振り、鼻を鳴らし……、明らかにおびえの症状を見せはじめている。なかには、すでにして首筋や股間に汗をかいているのもいる。

武尊《タケルノミコト》は、輜重《しちょう》隊長の久米七掬脛《クメノナナツカハギ》を呼び、急ぎ、馬を鎮《しず》めるよう命じた。

七掬脛《ナナツカハギ》以下の輜重兵は、すべての馬を軍列の中程に導くと、一所にいくつもの杭を打ち、すべての馬を鼻突き合わせるようにして、これにつないだ。さらに、それぞれの馬に遮眼帯《しゃがんたい》をつけ、外部が見えにくいようにさせた。

これと並行して、武尊《タケルノミコト》は、大号令を発し、伝令を各部将のもとに走らせた。

――御神託《ごしんたく》が降りた。敵の放った火が届くよりも早く、それに向けて火を放てば、敵の火勢を止めることができる、と。ゆえに、二つのことを実行せよ。ひとつは、急ぎ、馬の群を中心にしてそれを取り巻くように兵士を配置すること。二つは、急ぎ、内側の茅《かや》を刈り取って周囲に積み上げ、これに火をつけること。

武尊《タケルノミコト》は、緊急の時であり、あえて御神託という体裁を装ったのである。

兵士たちも、弟橘媛《オトタチバナヒメ》が巫女《みこ》として同行していることを知っており、武尊の命令に、さして疑念を抱く者はいなかった。そして、武尊はといえば、みずからも、倭媛尊《ヤマトヒメノミコト》から授かった天叢雲剣《あめのむらくものつるぎ》で茅《かや》を刈っては外側に積み重ね、これに燧石《ひうちいし》で火をつけたのである。

だが、それよりも早く、側近の針間長日子《ハリマノナガヒコ》（武尊《タケルノミコト》の叔父）は、武尊が迫りくる火焔を向かい火によって阻止しようと意図しているのに気づくと、あわてて松明《たいまつ》に火を灯し、これを手に各隊を奔走しはじめた。長日子の切羽詰まった叫び声を耳にし、何人かの者がこれに倣《なら》い、長日子のあとを追った。向かい火が功を奏するか否かは、まさに時間との勝負である。

兵士たちは、轟音《ごうおん》を上げ、渦を巻きながら迫ってくる火煙を目前にして、ついには心身の耐えうるぎりぎりの限界に追い込まれる。漂う熱気と煙でむせびはじめ、少しでもこれを避けようとして、うずくまる者もいれば、地を這《は》う者もいる。馬も、いないては身体を震わせ、ぶつかり合っては後肢《あとあし》を跳ね上げる。

武尊《タケルノミコト》は、手布《たのごい》で鼻と口を覆いながら、天叢雲剣《あめのむらくものつるぎ》を前方にかざして「進め、進め」と、向かい火が勢いをつけて前進するよう懸命に促す。大勢の者が、最悪の事態を脳裏に描きはじめたとき、ようようにして向かい火が風を巻いて四方へ走りはじめ、迫りくる火勢を押しとどめようと揉《も》み合いはじめた。どうにか間に合いそうである。

武尊《タケルノミコト》は、我に返ると、まず弟橘媛《オトタチバナヒメ》の安否をたしかめた。彼女は、なかば気を失って体を横たえていた。侍女たちは、健気《けなげ》にも剣《つるぎ》を手挟《たばさ》み、彼女のまわりを固めていた。武尊が水に浸した手布を彼女の額に当てると、彼女は、目を大きく見開いた。武尊の心配は杞憂《きゆう》に終わったようである。

当時、駿河国の領域では、西部の廬原《イオハラ》氏と東部の珠流河《スルガ》氏が覇を競い合っており、いずれもが駿河王を名乗っていた。じつは、武《タケルノミコト》尊の一行が凍《い》てつく大井川を渡河し、廬原氏の所領に入って間もなくのこと、屯《たむろ》する騎馬の集団に行き会った。そのうちのひとりが、駿河王の弟、廬原《イオハラノ》意田部《オタベ》と名乗り、一行を出迎えるため待っていたのだと申し出た。そして、「この先は、荒ぶる神が出没し、しかも、沼地になっていて行軍がむずかしくなる」と言い、軍団を茅野《かやの》の奥深くへと導いたのであった。

往時は、河川が氾濫《はんらん》しては流れを変え、あちこちに沼地や湿地を残し、それが通行の大きな障害となっていた。武《タケルノミコト》尊も、「ご好意、かたじけなし」と、その指示に従ったのである。とはいうものの、彼らは、大和軍を茅野へと誘導し終わると、前方の確認と駿河王への報告のためと称し、やにわに早駆けでみるみる遠ざかっていった。武尊は、「胡乱《うろん》な奴《やつ》らめ」と、いぶかしくは思ったものの、しばらくは、この茅野を進んでみることにしたのである。武尊は、廬原意田部《イオハラノオタベ》なる者に謀《たばか》られたのである。向かい火が功を奏したからよかったものの、すんでのところで多くの人の命が失われるところであった。

武尊《タケルノミコト》は、敵勢からの攻撃はこれだけでは終わらず、引きつづいて集中的な矢の飛来があり得ると想定した。そこで、これに備えるべく、兵士の半ばを割《さ》き、楯《たて》を携行させ、彼らをして進行方向に向けて前面と左右の側面からなる、コの字型の隊形をつくらせた。そして、楯を、少しばかり内側に傾斜をつけて二段に重ね、左右に隙間なく密着して並べさせた。ここに、二段重ねの楯によるコの字型の防壁が築かれたのである。

そして、楯を支えるこれらの兵士のうしろには、残りの兵士を二列に配置し、それぞれ、弓に矢をつがえた状態で潜《ひそ》めさせた。

当時、鉄製の楯は重すぎて実用的ではなく、携行してきたのは、鉄鋲《びょう》や薄金で補強した木製の楯であった。並べた楯は、木製であるがゆえの脆《もろ》さをもってはいるが、内側に角度をつけることにより、飛来する矢を後方に滑らせることができ、やや弱点が補強される。

ここに見られる楯の集中的運用は、かつて武尊《タケルノミコト》が熊襲《くまそ》征討に赴いた際、観察することを得た隼人《はやと》族の舞から示唆を受けたもので、長年にわたり実戦的研究を重ねてきたものである。楯の表面には、大和王権の始祖神武《じんむ》帝を熊野から大和へ導いたと伝わる、三本足の八咫烏《やたがらす》のさまざまな姿態が描かれている。これらの楯が連ねられると、真っ黒な三本足の烏が大勢群れ、飛び立たんとするに似て、対面する相手には不気味に映《うつ》るはずである。

火勢が収まってくると、薄煙をとおして、前方と左右から数多《あまた》の兵士が弓に矢をつがえてじりじりと前進してくる状況が浮かび上がってきた。どうみても、敵勢は、優に大和軍の二倍を超えている。その組織だった動きからして、相手は駿河国の正規軍とみて間違いないであろう。

やがて、楯の壁の内に閉じこもる大和軍に向け、一斉に矢が放たれる。それらは、連ねた楯に突き刺さるものもあれば、それをかすめて後方に飛び散るものもあった。

敵軍から、弓矢によるすさまじい波状攻撃に見舞われたものの、それが一段落すると、耐えに耐えてきた大和軍のほうにも、新たな動きが起こった。二段に重ねていた楯の上段部分が取り払われる。そして、楯のうしろに配置されていた前列の兵士が突如として立ち上がり、間近に迫った敵軍に一斉に矢を放ったのである。彼らは、任務を終えると、ただちに身を伏せ、こんどは、後列の兵士がこれに替わって立ち上がり、矢を放った。後列が身を伏せると、ふたたび前列が立ち上がった。そのころには、上段の楯を支えていた兵士も、弓を手にして射撃陣に加わり、これを補強した。

楯を防護に使いながら交互に二列ないし三列の兵士が矢を射る、このやりかたは、身の安全と迅速な行射《ぎょうしゃ》を確保するひとつのすぐれた戦術であるといえよう。敵軍は、予想外の逆襲を受けて戦列を乱し、いったん、後方への退却を余儀なくされた。

大和軍は、この合間《あいま》に、武尊《タケルノミコト》の指示のもと、急いで騎乗兵（騎馬）と徒歩兵《かち》（歩兵）の態勢を整えた。まず、騎馬とそれにつづく歩兵とからなる縦一六列の密集隊形を編成した。多勢を恃《たの》む敵に寡勢《かせい》をもって当たるには、部隊の密集度を高め、一丸となって敵陣営に打ち込むに如《し》くはない。武尊は、かく決意したのである。

つづけて、密集部隊の前面から側面にかけて弓箭《きゅうせん》隊を配置し、外側からこの密集部隊を、あたかも冠をかぶせるかのように覆《おお》った。この際、弓箭隊の兵士は、矢の数量を確保するため、矢筒を背負うばかりでなく、もうひとつの矢筒を右腰にぶら下げていた。

隊列が整うと、大和軍は、やおら前進をはじめる。これに応じて、敵軍も態勢をととのえ、おもむろに迫ってくる。見ると、敵軍の陣形は、両翼を前方に張り出した、後世いうところの「鶴翼《かくよく》の陣《じん》」にちかい。大和軍の接近を待ち受け、これを左右から包み込んで殲滅《せんめつ》せんと目論《もくろ》んでいるのであろう。勢力において勝《まさ》るとき、得てしてこのような陣形が採用されるのである。

武尊《タケルノミコト》は、敵の陣形を目にするや、精鋭部隊でもってその両翼を崩すのが勝利への鍵と見てとった。戦場においては、決断を躊躇《ちゅうちょ》することは許されない。ただちにこれを味方に徹底させた。

密集部隊を覆いながら進む大和軍の弓箭隊は、遠矢に自信をもっている。なにしろ、武尊《タケルノミコト》は、若きころ、熊襲征討を前にして美濃《みの》から、弓の名手三野弟彦《ミノノオトヒコ》とその仲間を三顧《さんこ》の礼《れい》でもって迎え、以降、長年にわたり、その指導のもとに強力な弓箭隊を育成してきたのである。

彼らは、敵に矢をつがえさせる暇《いとま》を与えないよう、息つく暇もなく、敵に先んじて矢を射かける。敵陣の前面の兵士がばたばたと倒れる。とはいえ、敵勢は数において勝っており、そのすべてを押さえ込むのはむずかしい。弓箭隊のうちからも、敵の矢を受けて倒れる者が出はじめる。

相手との距離が頃合《ころあ》いとなると、弓箭隊は、前面を開き、脇から行射することによって密集部隊の突進を援護する。

一六列の縦隊は、二手《ふたて》に分かれ、それぞれ一団となって突進していく。これら二組の突撃隊は、包囲網を築かんとする敵の意図をくじくため、敵陣形の窪んだ中央部を避け、それぞれ突出した左右の翼に狙いを定めて襲いかかる。彼らは、敵陣の両翼を、敵兵をなぎ倒しながら駆け抜ける。反転すると、再度、敵中突破を敢行する。そして、また反転する。

このとき、左列の先頭に立ったのは武尊《タケルノミコト》で、馬上から天叢雲剣《あめのむらくものつるぎ》を振るって左右を薙《な》ぎ払い、獅子奮迅《ししふんじん》の働きを示す。武尊に付き従う参謀格の物部気津奴別《モノノベノケツヌワケ》と側近の針間長日子《ハリマノナガヒコ》も、遅れじとこれにつづく。また、右列の指揮に当たったのは、兄の推挙になる剛の者、葛城宮戸彦《カツラギノミヤトヒコ》で、彼の荒武者ぶりも屈指のものであった。その後につづく高羽皮剥《タカハノカワハギ》は、瀬戸内の海賊の出で、負けじと、自慢の幅広の湾刀《わんとう》を手にして荒れ狂う。

他方、弓箭隊のほうは、ふたたび中央に整列し、敵陣形の中央部の動きを抑えるため、片膝立ちとなってこれに向けて集中的に矢を斉射《せいしゃ》する。このとき、敵方の中央部は、両翼の支援に向かうべきか、両翼を捨てて直進すべきか、しばし判断に窮する。彼らは、決断を逡巡《しゅんじゅん》したのみならず、大和軍の矢の斉射をもてあまし、攻勢に出る機会を逸してしまったようである。

大和軍の突撃隊のほうは、幾度か敵中突破を重ねたあと、敵の陣形の乱れをつき、隊形を横隊に開いて敵軍に一斉に斬り込んでいく。大和軍のほうは寡勢であるとはいえ、士気はきわめて旺盛である。かくて、敵軍は陣形の両翼を崩され、大和軍の攻勢を支えきれずして後退をはじめた。

武《タケルノミコト》尊の率いる軍勢が兵力に勝る駿河勢を撃退することができたのは、過酷なまでに課せられた、これまでの鍛錬の成果によるものであった。しかし、大和軍のほうにも、敵の軍勢を追撃するだけの余力は残っていなかった。

武《タケルノミコト》尊が火攻めにあったこの地域は、のちに焼津《やきづ》と呼ばれるようになり、今日にいたっている。また、これを機に、武尊の所持する天叢雲剣《あめのむらくものつるぎ》は、改めて草薙剣《くさなぎのつるぎ》と呼称されるようになるのである。

総力を挙げての館攻め

大和軍は、駿河《するが》軍の奇襲を退け、それにつづく野戦においても勝利を収めることはできた。だが、武尊《タケルノミコト》は、大和王権の重鎮、物部氏の影響下にある廬原《イオハラ》氏が、初っ端《しょぱな》から大和軍を攻撃してきたことに、腑《ふ》に落ちないものを感じていた。しかし、駿河側が、武尊の軍勢を茅野《かやの》に誘導し、火焔の罠《わな》にかけようとしたのは、あらがいようのない事実なのである。

武尊の手勢は、矢のほとんどを使い果たしており、まずもって、凄惨《せいさん》をきわめる戦いの跡地から使用済みの矢を回収してまわった。兵士たちは、輜車《ししゃ》や駄馬に物資を積みなおすと、東海道《うみつみち》に戻り、これを東に向かう。これより先、内陸部の赤石山地から張り出してきた山塊が道を塞《ふさ》ぐ。すでにして日暮れ時を迎えており、一行は、この起伏のはげしい、薄雪に覆われた山塊を前にして野営に入ることにした。

ところで、東征軍の総勢は、武尊《タケルノミコト》以下の陸行部隊にとどまるものではない。これとは別に、尾張建稲種《オワリノタケイナダネ》の操船指揮により、七〇隻《せき》の軍船《いくさぶね》が兵士や装備品を満載し、すでに駿河湾の沖合で、待機しているはずである。

これらの軍船のうち、それぞれ二二隻の軍船に大伴《オオトモ》勢・吉備《キビ》勢が分乗している。その内訳は、副将軍、大伴武日連《オオトモノタケヒノムラジ》の率いる四〇〇名ほどの兵士、同じく副将軍、吉備武彦《キビノタケヒコ》の率いるほぼ同数の兵士である。残りの二六隻は、陸行をつづける武尊の手勢を運ぶのに充当される。駿河湾は、水深が深く、大型の軍船を数多く停泊させるのに格好の港湾なのであった。

翌早朝、一行は、山道に分け入った。そして、この山塊の最大の難所、日本坂《にほんざか》（後世の名称）

にかからんとするとき、前方から騎乗の物見が戻ってきた。しかし、物見の兵士は、背に何本かの矢を受けており、武尊《タケルノミコト》を目前にして落馬する。「すわ、敵の襲来」と、徒歩《かち》の兵士が楯を掲げて飛び出し、下馬した武尊と弟橘媛《オトタチバナヒメ》のまわりを囲む。そこへ、道の両側から一斉に矢が飛来する。一拍置いて、敵勢は、繁みから姿を現わし、白刃を掲げて斬り込みをかけてくる。ここに両軍入り乱れての激戦となるも、後方から大和側の兵士が挙《こぞ》って駆けつけるに及び、敵勢は一斉に退《ひ》いていった。

廬原《イオハラ》氏の軍勢は、大和軍にかなりしつこく攻撃をしかけてくる。こうなっては、相手の意図を忖度《そんたく》するなどという悠長なことはしておれない。とにもかくにも、武尊《タケルノミコト》の手勢は、気を取り直して前進をつづける。この山塊を越えると、その先には、安倍川扇状地のつくる雄大な広野が広がっているはずである。

眼下に安倍川を見下ろすことのできるところまで行き着くと、武尊《タケルノミコト》は、弟橘媛《オトタチバナヒメ》をともない、高みからその先に展開する地形に目を凝《こ》らす。

前方はるかには、うっすらと雪化粧した、新たな山塊（今日の有渡山《うどやま》・久能山《くのうざん》を含む日本平《にほんだいら》一帯）が行く手をさえぎっている。武尊《タケルノミコト》の軍勢が進んできた東海道《うみつみち》は、前方の山塊を避けるべく、安倍川から先は内陸部に向けて北東に進路をとっている。そして、その街道沿いには、家屋が密集し、その外側に田畑が広がっている。この街道沿いは、のちの万葉の時代に「安倍の市」と呼ばれ、にぎわったところで、駅家《うまや》（伝馬・宿泊の施設）の横田駅の所在したあたりがその中心となっている。

武尊《タケルノミコト》は、山塊のほうを指さしながら、弟橘媛《オトタチバナヒメ》に語りかける。

「あの樹々の合間に建物らしきものが垣間見えるが、あれが廬原《イオハラ》氏の館に違いない」

さらに、言葉を継ぐ。

「いずれにせよ、ここから先の地勢と敵勢の配置状況を十分把握しないことには、敵と対等にやり合うことはむずかしい」

弟橘媛《オトタチバナヒメ》は、その言葉にうなずいた。

ただちに、武尊《タケルノミコト》は、久米七掬脛《クメノナナツカハギ》を呼び、物見を放って廬原《イオハラ》氏の居館とその先の状況を把握するよう命じた。そして、みずからは、部隊を安倍川の手前まで進め、ここに駐屯させた。

夕刻にかけて、遠物見《とおものみ》からの報告がつぎつぎと上がってきた。

——廬原《イオハラ》氏の居館は、安倍川から東に七里ほど（約二・八キロ）隔たり、西側を正面として堅固な城柵《じょうさく》と深い濠《ほり》に囲まれている。出入りのための懸橋は、必要のあるとき以外はすべて取り外されている。

——廬原《イオハラ》氏の居館から先、東方四里（約一・二キロ）の山腹にも砦《とりで》が築かれており、ここにはかなりの兵士が詰めているように見受けられる。

――安倍川の東岸を南に下ったところにも、物見櫓《ものみやぐら》を備えた砦があり、そこには若干の兵士が配置されている。

武尊《タケルノミコト》の軍勢は、落日を前にして、急遽、安倍川を越え、川沿いに南下する。そして、木立ちに囲まれた手近《てぢか》の砦に夜襲をかけ、ここを占拠して野営に入った。砦の櫓からは、廬原《イオハラ》氏の居館に灯《とも》る明かりを見晴るかすことができた。

居館を攻めるとすれば、居館とその東方の砦との間を遮断することが必須となる。加えて、敵軍がさらに東の珠流河《するが》方面に援軍の要請をしている可能性もあり、あまり悠長には構えておれないという事情もある。武尊《タケルノミコト》は、駿河湾の沖合で待機している大伴・吉備の両副将軍に向け、針《ハリ》間《マノ》長日子《ナガヒコ》と久米《ク》七掬脛《メノナナツカハギ》を急使として派遣し、二日後の未明を期してみずからの軍勢と連携して行動するよう要請させることにした。

長日子《ナガヒコ》たち数名の者は、野良着をまとって夜陰にまぎれ、まずは安倍川河口に向かった。そこで小舟を探し出すと、これを操って味方の軍船に近づき、灯火で合図を送った。たまたま、その船は、武尊《タケルノミコト》直属の船であった。聞けば、吉備軍の船団は、それよりも東寄りに位置し、大伴軍の船団は、さらにその先にいるとのことであった。

長日子《ナガヒコ》は、大船に移乗し、直接、大伴軍の旗艦をめざすことにした。七掬脛《ナナツカハギ》のほうは、別途、吉備軍の旗艦に向かい、副将軍の吉備武彦《キビノタケヒコ》に随従して大伴軍の旗艦に赴くことにした。

副将軍、大伴武日連《オオトモノタケヒノムラジ》は、長日子《ナガヒコ》からの報告を受けて驚く。

「なにっ、武尊《タケルノミコト》の軍勢が駿河軍から奇襲を受けただと……。まったく信じられんことだ。なにはともあれ、王子《みこ》が無事でなによりであった」

「武尊《タケルノミコト》は、明日の未明、全軍挙げての総攻撃を決意しておられます」

「されば、寸刻の時間も惜しい。吉備武彦公《タケヒコノキミ》にただちにここに来てもらおう」

「間もなく、七掬脛《ナナツカハギ》が吉備武彦《タケヒコ》公をともなうはずです」

「七掬脛《ナナツカハギ》といえば、大将軍がとみに目をかけている部将のようだな」

「彼は、臨機応変にして融通無碍《ゆうづうむげ》、なかなか機転のきく兵《つわもの》です。このたびも、敵勢の実情をよくつかんでくれました」

吉備武彦《キビノタケヒコ》が急を知って同旗艦に駆けつけたころには、すでに東の空がほんのりと白みはじめていた。早暁から大伴武日連《オオトモノタケヒノムラジ》以下四者の間で作戦会議がもたれた。七掬脛《ナナツカハギ》からは、駿河軍の勢力、居館と砦の位置づけ、周辺の地勢などについての説明があり、これを基にして大和側の対応が検討された。

大伴軍の船団が駿河湾の湾央深くに位置していたのに対し、吉備軍の船団は、安倍川河口域により近いところに集結していた。このような両軍の位置関係から、大伴武日連《オオトモノタケヒノムラジ》は、「砦の軍勢は、吾《あ》が軍が受け持とう。吉備軍は、館《やかた》攻めにまわったらどうか」と提案した。

その提案を受けて、両副将軍の任務分担は、つぎのように決定された。

――大伴軍は、三保《みほ》半島の内懐に所在する港湾（現在の清水港）から上陸して海岸沿いを西に向かい、駿河王の居館とその東方に位置する砦との間に布陣して、砦からの出撃を阻止する。

――吉備軍は、安倍川河口から上陸し、その半数をもって駿河王の居館の北側へと迂回し、武尊《タケルノミコト》の手勢の正面（西側）攻撃に呼応して側面攻撃に臨む。その余の半数は、搦《から》め手《て》として居館正面の反対側（東側）にまわる。

この決定に基づき、吉備・大伴の両軍はただちに行動に移った。

吉備軍の兵士は、つぎつぎと安倍川の岸辺に降り立つ。長日子《ナガヒコ》と七掬脛《ナナツカハギ》も、吉備軍の旗艦に搭乗し、ここまで同行してきた。長日子は、武尊のもとに帰任することにしたが、七掬脛は、吉備軍の居館周辺への配置には隠密性を要するところから、その先導を買って出た。

盧原《イオハラ》勢は、明け方より居館から軍勢を繰り出し、安倍川沿いの砦に拠る大和軍に対して、ときには矢を射かけ、ときには接近戦を挑むというように、何度かにわたって攻撃をしかけてきた。武尊の軍団のほうは、総攻撃のときまで隠忍自重《いんにんじちょう》の姿勢に徹せざるをえず、駿河軍の攻撃に懸命に耐えに耐えた。安倍川河口に転進した吉備軍のほうも、隠密裏に居館周辺の配置につく必要があり、両軍の攻防を遠目で見守るほかはなかった。

そして、翌日の未明、折からの小雪の舞うなか、いよいよ、東征軍が盧原《イオハラ》氏の居館に対して総攻撃に移る。

武尊《タケルノミコト》の軍勢も吉備武彦《キビノタケヒコ》の軍勢も、ひそかに分散して居館への接近をはかっていた。すると、居館の西正面では、一部の廬原《イオハラ》勢がその外に出て駐屯していた。武尊は、吉備勢が北側面への布陣を完了した時節を見計らい、みずからの手勢をもってこれに斬り込みをかけた。分散していた他の手勢も、これに呼応して突撃していく。かの廬原勢は、虚をつかれ、ここで戦いになるのは不利と判断して居館内へとすばやく後退する。居館内の廬原軍は、迫りくる大和勢の動きに備え、懸橋をはずし、居館の周囲に張り巡らされた城柵の内側に戦闘要員を二重三重に配置し、防戦態勢を固める。

武尊《タケルノミコト》は、居館の西正面への配備に加えて、居館の南側に面する木立ちのなかに、十数名の弓箭隊《きゅうせんたい》を伏兵として潜《ひそ》ませた。廬原《イオハラ》軍が劣勢に陥ると、西、北、東の三方へは出られず、南側から逃亡を企てる者が出るはずである。これを弓箭隊に狙い射ちにさせようとするものである。

また、吉備武彦《キビノタケヒコ》は、北側面への配備部隊の指揮を副官の加夜種継《カヤノタネツグ》に任せ、みずからは搦《から》め手《て》を率いて居館の裏手、すなわち東側面に向かい、濠《ほり》からはかなり隔たった森の繁みに部隊を潜めさせた。

居館の西正面と北側面の配置についた東征軍は、まずは、敵の前衛の勢いを殺《そ》ぐべく矢を連射する。敷地内の邸宅に向けては、火矢を撃ちこむ。また、濠に大木をもって架橋《かきょう》し、あるいは、濠に下りて対岸に梯子《はしご》をかけ、これを渡らんと努める。さらには、数多の鉤縄《かぎなわ》を城柵に絡《から》め、これを倒さんと試みる。しかしながら、相手側も、矛《ほこ》をそろえて槍衾《やりぶすま》の態勢を敷き、矢を斉射し、大岩を落とし、油を注いで火をつけるなど、東征軍の兵士の濠と城柵を越えようとする企図を打ち砕く。かくては、しばらくは一進一退の状態がつづく。

ところで、廬原《イオハラ》氏の館では、国王の廬原意加部《オカベ》がわなわなと身を震わせながら、その弟、意田《オタ》部《ベ》を問い詰めていた。

「とうとう大和勢にまわりを囲まれる事態となってしまったではないか。以前から、湾内に滞留する船が不気味だったのだ。奴らを陸《おか》に上げてしまいおって。吾《あれ》は、なんらの挨拶もなく吾がもの顔で領内を通過しようとする王子《みこ》の軍勢に、ひと泡吹かせてやりたいと思っただけのことなのだ。汝《いまし》が、茅野で火攻めをすれば、王子の軍勢を手もなく捻《ひね》れると言うから、家臣の反対を押し切って汝の献策を採用したのだ。それがどうだ。話が全然違うではないか」

「四方から火攻めにしたところ、奴らは、自分のまわりに火を点《つ》けたのです。その所為《せい》で、火が王子の軍勢に届く前に消えてしまったのです。これは、思いも寄らぬことでした。その後も、湾内の船の奴らが気づく前に、方《かた》をつけようと攻めつづけたのですが、若いのに似ず、王子は軍《いくさ》慣れしており、追い詰めることができませんでした」

「なんという態《ざま》だ。いまとなっては、降伏することもむずかしくなった。生きて許される望みは断たれたといってよい」

「なにを弱気な。この堅塁《けんるい》をもってすれば、一〇日やそこら攻められたところで、びくともするものではありません。それに、多気毘古《タケヒコ》（砦の守備隊長）の砦勢がいるではありませんか。そのうちに、珠流河《するが》方面の諸部族の助勢を得ることだってできるでしょう」

「気休めを言うな。ここにいたっては、近隣の諸部族からの仲裁への働きかけに期待をかけるしかなかろう。汝は、その工作に専念せよ。下手をすると、吾が一族は滅んでしまう」


さて、居館の外の、東征軍の動静に話を戻そう。

居館の裏手の配備についた吉備武彦《キビノタケヒコ》は、木立ちに身を潜《ひそ》めながら、遠見で敵勢の防備の状況をうかがっていた。居館の内からは、間断なく、矢鳴りに加え、兵士の怒号や資材の行き交う音などが入り混じり、それが轟音《ごうおん》となって響いてくる。また、時折、反対側のほうからも喊声《かんせい》が聞こえてくる。こちらのほうは、大伴軍と砦の兵士との間の攻防にともなうものであろう。

午刻をすぎようとするにもかかわらず、さっぱり突入命令が下りず、別働隊の兵士の間にも、あせりが出はじめた。部将たちは、まだかまだかと、搦め手《からめて》の隊長、吉備武彦《キビノタケヒコ》に決断を促す。居館の反対側からも、問い合わせの使者が迂回してきた。しかし、武彦は、いまだ配下の進軍を許さない。

だが、あたりが夕闇に覆われるに及んで、居館の裏手に配置された駿河軍の兵士の間に動きが出てきた。彼らは、松明《たいまつ》を手に橋を渡して濠を越え、周辺の探索をひと通り行なうと、戻っていった。しばらくすると、こんどは七、八名の騎馬武者が現われ、東の方角をめざして疾駆していった。恐らくは、東方の砦の部隊との連携を確認するため、ないしは、その先の部族の支援を得るために派遣された兵士たちであろう。深更《しんこう》、数名の騎馬武者が戻ってきた。しばらくして、また、一〇名ほどの兵《つわもの》が姿を現わし、東に向けて馬を走らせた。

夜間にあっては、東征軍の攻撃は中断されていたが、東の空が白みはじめるに及んで、一斉攻撃が再開された。この際、居館の裏側の防備状況にも変化が現われはじめた。ただちには搦め手からの攻撃はありえないと考えたのか、しだいに表のほうへの救援に比重を移しているようである。かの兵士の備えと警戒心の緩みを見極めると、武彦《タケヒコ》は、やっとのことで配下の者に居館への突入を命じた。

副将軍、吉備武彦《キビノタケヒコ》の読みと決断は、的確であった。配下の兵士たちは、駿河軍の反撃をかいくぐり、濠と城柵を踏み越えてつぎつぎと館の敷地内に入り込んでいく。この際、駿河軍の動揺を衝《つ》き、正面と北側面からも、漸くにして兵士が城柵を越えはじめる。この段階で形勢が一気に東征軍の側に傾いた。やがて、味方の手によって内部から橋が渡され、外周の大和軍の兵士がこぞって館の敷地内に攻め入っていく。

邸内からは、くすぶる炎のなかを駿河国の王族がつぎつぎと引きだされ、転《ころ》がるようにして武《タケルノミコト》尊の足下にひれ伏す。武尊は、彼らを睨《にら》みつけながら、申し渡す。

「汝《なれ》らは、大和軍に弓引き、炎で殲滅《せんめつ》しようと謀《はか》った。それがなにを意味するかわかっておろうな」

駿河王、廬原意加部《イオハラノオカベ》は、これに対して責任逃れの言を吐く。

「王子に向け火を放つなどとは、恐れ多いこと。吾《あれ》の意に逆らった者たちが独断でやったこと。どうか吾の苦しい立場を察していただきたい」

他の王族どもも、交々《こもごも》駿河王同様の言い訳を繰り返した。武《タケルノミコト》尊は、「見苦しい奴らめ」と吐き捨てるように言い、剣を一閃《いっせん》させて意加部《オカベ》を袈裟《けさ》斬りにした。伏したその余の者たちに恐怖の戦慄が走る。つづいて、武尊の側近の者が、さらに王族とおぼしき者数名を斬首した。

ちょうどそこへ、居館の南側に配置した弓箭隊《きゅうせんたい》の者から、「王族の一員ではないかと思われる」として武将級の首が届けられた。首実検をしてみると、その者こそ、大和軍を茅野に誘導した廬《イオ》原意田部《ハラノオタベ》その人であった。南側から逃亡を企てたため、弓の者に射殺《いころ》されたのであろう。

この段階で、参謀格の物部気津奴別《モノノベノケツヌワケ》が、各隊の督励と巡視の任を終えて戻ってきた。彼は、駿河国の王族の処刑のようすを目にすると、血相を変えて武《タケルノミコト》尊のもとに駆け寄り、もの申した。

「自重されよ。大和軍に刃向かったのが、駿河勢の総意とは限りませんぞ。両国の今後の関係を考えれば、彼らに恩義を施すことも必要ですぞ」

武尊《タケルノミコト》は、物部気津奴別《モノノベノケツヌワケ》のほうへ顔をねじり、その顔をまじまじと見据《みす》えた。

「なにを申すか。吾らは、危うく皆焼け死ぬところであったのだぞ」

武尊《タケルノミコト》は、物部の息のかかった廬原《イオハラ》勢が自分たちを攻撃してきたことに対し、怒り心頭に発していた。そんなときに、同じ物部一族の気津奴別《ケツヌワケ》が、駿河国の王族の問責の場にしゃしゃり出てきて、彼らの非礼をなじるならともかく、その命乞いをしてみせるのである。武尊は、怒りで顔を紅潮させ、気津奴別をぎりぎりと睨《ね》め付けた。しかし、征東大将軍たる自分が、大勢の部下を前にして激昂《げっこう》するのは得策でないと気づき、その場でなんとかみずからの感情を制御した。


いっぽう、大伴軍のほうは、どうなったであろうか。

駿河湾の奥深くには、大伴軍の船団以外にも、近郷からと思われる船が何十隻《せき》も停泊していた。しかし、そのほとんどは、小型の舟であって、大伴軍の軍船が旗艦上での作戦会議を終えて一斉に始動しはじめると、蜘蛛《くも》の子を散らすように沖合へと逃げ出して行った。

大伴軍の船は、三保半島の懐深くに入りこみ、兵士を降ろしにかかる。すると、にわかに、西側に立ちはだかる山塊から駿河兵がつぎつぎと姿を現わした。どうやら、大伴軍の動向は、砦の兵士によって逐一《ちくいち》把握されていたようである。

大伴軍は、水際で集中的に矢を浴びた。しかし、さすがに鍛え上げられた大和国の正規軍である。敵軍の攻撃に動ずることもなく、船端に楯を並べて応射しつつ、頃合いを見計らってつぎつぎと楯を掲げて上陸を敢行する。陸《おか》に上がった兵士は、楯を構え、剣をかざして整列する。ほどなくして、両軍ともが、白兵戦を求め、一丸《いちがん》となって相手目がけて突撃していく。ここに、楯と楯をぶつけ合い、剣と剣を叩き付け合い、すさまじい戦闘が繰りひろげられる。

しかし、大伴軍の一糸乱れぬ攻撃には勢いがあり、やがて、砦勢は時機をみて一斉に山中へと退《ひ》いていった。ただし、その退き際は、水が跡形も残さず地面に吸い込まれていくのに似て、なかなか鮮やかなものであった。

大伴軍は、海際を西に進んで山塊を通り越すと、その西の裾野に布陣し、盧原《イオハラ》氏の居館と砦との間を遮断した。その後も、砦の兵士は、大伴軍の隊列を崩そうと、度々《たびたび》にわたって戦いを挑んできた。しかし、大伴軍は、頑強に砦の封鎖に徹し、そのつど、敵の挑発を退けた。大伴軍の存在意義は、砦勢の押さえのみにとどまるものではない。その堂々たる布陣と果敢なる戦闘姿勢は、周辺諸部族の、盧原《イオハラ》勢支援に向けた動きを牽制するに十分なものがあったといえよう。

二日後、盧原《イオハラ》氏の館への攻撃が一段落すると、吉備軍が大伴軍の応援に駆けつけてきた。吉備軍は、盧原軍の武将をともなっていた。大伴武日連《オオトモノタケヒノムラジ》は、副官の久米阿加志毘古《クメノアカシヒコ》を敗軍の武将とともに使者にたて、砦勢に降伏を勧めた。その後も、両陣営は対峙《たいじ》をつづけたが、翌早朝になって、さしもの砦の軍勢も、降伏勧告に応じた。

砦の守備隊長、五百原多気毘古《イオハラノタケヒコ》は、廬原《イオハラ》氏の一族であった。彼は、単身、大和軍の陣営を訪れ、部下全員の生命の安堵を求める代わりに、潔くみずからの処分を大和軍にゆだねた。彼らは、周辺の地形を熟知しており、東の方角に逃げて再起を期すこともできた。しかし、隊長以下、かかる方途を卑怯未練《ひきょうみれん》であるとし、これに与《くみ》しなかったのである。

戦闘が大和軍の勝利に終わると、珠流河《スルガ》氏をはじめ、周辺の地域から部族長がつぎつぎと武尊《タケルノミコト》のもとへ恭順《きょうじゅん》の意を示しにやってきた。彼らのうちには、大和軍と廬原《イオハラ》軍の戦いの結果をみてから態度を決しようと、日和見《ひよりみ》を決め込んでいた者も多かったであろう。

武尊《タケルノミコト》は、しばらく駿河国の要人の品定めに時間をかけ、国の改革と復興に熱意をもつ人材を抽出すると、彼らを中心に組織の再編と館の修築にとりかからせた。また、砦の守備隊長、五百原多気毘古《イオハラノタケヒコ》については、大伴武日連《オオトモノタケヒノムラジ》の上申に基づきこれを赦《ゆる》したばかりか、むしろその人物を見込んで駿河国の要職に推挙したのであった。

そして、かれこれ一か月を過ぎたころ、京《みやこ》からは、武振熊命《タケソルクマノミコト》以下数十名の者が勅命を受け、駿河国の王政再建への目処《めど》をたてるために派遣されてきた。武尊《タケルノミコト》は、彼が来てくれたことをたいそう喜んだ。武振熊命は、武尊がこれまで京にて信をおくことのできた、数少ない逸材のひとりであった。

「やあ、遠路はるばるよく来てくれた。大王《おおきみ》にはお変わりないかな」

「ご心配めされるな、至極《しごく》元気であらせられる。それにしても、廬原《イオハラ》氏の火攻め、よくぞ凌《しの》がれたもの。敬服いたす」

「廬原《イオハラ》氏の独断によるものか否かは、はっきりせぬがの」

「それぞれ、京《みやこ》でも、その憶測でもちきりですよ」

「駿河国の再建については、いまやっと緒に就いたばかりのところ。この後、すべてを汝《いまし》に任せたい」

「ひとつだけご教示いただきたい。最大の懸案は、軍事組織の再編であろうと推察する。これをどのように進めるべきか……」

「砦の守備隊長を務めた五百原多気毘古《イオハラノタケヒコ》なる人物がいる。吾は、多気毘古を私欲から離れた責任感の強い人物とみている。彼と相談しながら進めてもらえばよいであろう」

「重々心得申した。これからのことは、吾にお任せいただきたい」

大和軍は、駿河の地につごう三か月ほど滞在した。そして、駿河を離れるまでの一か月間は、周辺部族への示威も兼ねて、安倍川河口域や三保半島沿岸、さらには、その周辺の海域において水陸両軍による徹底した訓練を反復したのである。

二、陸奥へ向けた東征軍の進発

征東大将軍を拝命
――その一、大和の情景と身辺のことごと

武尊《タケルノミコト》は、征西の旅を終えてのち、しっかりと京《みやこ》に根を下ろした。

大和は、緑濃き山並みによって囲われた、麗《うるわ》しき真秀《まほ》の地であった。

初瀬川《はつせがわ》と纏向川《まきむくがわ》とが合流するあたりでは、北側に、王統の巫女、倭迹迹日百襲媛命《ヤマトトトヒモモソヒメノミコト》の墓と伝わる、外堤《がいてい》と周濠《しゅうごう》に囲まれた巨大な前方後円墳・箸墓《はしはか》がその威容を露《あら》わにする。墳丘の外壁は、全面が葺石《ふきいし》で覆われており、陽光を反映して白く輝く。

南西方向の飛鳥川《あすかがわ》流域には、神代の昔、山の神々が恋を競いあったという伝説の香具山《かぐやま》、耳成山《なしやま》、畝傍山《うねびやま》の大和三山がたたずむ。そして三輪山《みわやま》の南麓を西に向かえば、二上山《ふたかみやま》が山容を顕《あら》わにする。その雄岳・雌岳のあたりに夕陽が沈む光景は、得も言われぬほどの神々しさであった。

また、三輪山からその北方の若草山にかけて連なる山々の裾《すそ》に設《しつら》えられた、山の辺の道を進むなら、道すがら、わが国最古とされる二つの神社に行き会う。すなわち、三輪山西麓の大神神社《おおみわ》であり、道半ばに控える石上神宮《いそのかみ》である。

大神神社《おおみわ》は、三輪山を御神体とし、大国主神の幸魂《さきみたま》・奇魂《くしみたま》とされる大物主神を主祭神とする。御神体が三輪山ゆえに、この神社には、神殿はなく、拝殿があるのみである。他方、石上神宮の御神体は、熊野にて神武帝の危急を救うべく、天《あめ》から下された布都御魂剣《ふつのみたまのつるぎ》である。特筆すべきは、石上神宮が大和国の武器庫の役割をになってきたことである。当時は、物部十千根大連《モノノベノトナネノオオムラジ》が、この神宮の神宝管理の衝《しょう》にあたるとともに、大和国の武器を一手に押さえていたのである。

そして、若草山に登れば、その頂《いただき》からは、大和盆地を一望することができ、眼下に幾筋もの川や人工の水路が陽光に映《は》えて眩《まぶ》しく輝く。正面はるかに聳《そび》え立つ生駒山《いこまやま》との間には、広大な敷地が整備され、先代、垂仁《スイニン》帝の御陵（宝来山古墳《ほうらいやま》）の築造が進行中であった。

墳丘を築くために、盛り土が同じ高さを維持しながら、積み上げられている。そのまわりでは、修羅《しゅら》（二股に分かれた大型の木製の橇《そり》）を操作して巨石を運搬する人びと、畚《もっこ》をかついで掘削土を運ぶ人びと、背負子《しょいこ》で石材を運ぶ人びと、こうした人びとが蝟集《いしゅう》し、また、延々と列をなしていた。

ところで、御陵の築造を管理していたのは、あの武人として知られる野見宿禰《ノミノスクネ》・阿陀勝《アダカツ》の父子であった。野見宿禰は、垂仁帝に対して、殉死の慣習を改め、葬送儀礼に埴輪《はにわ》を用いるよう献言し、生地の出雲から大勢の土器づくりの職人を呼んで埴輪づくりにいそしんできた。その後、彼は、土師部《はじべ》の責任者に任命され、王室の喪葬《そうそう》一般を司《つかさど》るようになったのである。

いっぽう、武尊《タケルノミコト》はといえば、早々に、大きな決断を迫られることになった。

大王《おおきみ》から、垂仁帝の女《むすめ》、両道入姫王女《フタジノイリビメノヒメミコ》を正妃とするよう要請されたのである。両道入姫王女といえば、武尊《タケルノミコト》にとって叔母にあたる。とりあえず、即答を避けたが、すでに弟橘媛《オトタチバナヒメ》や穴戸武《アナトタケ》媛《ヒメ》との関係は知れ渡っており、みずからの年齢の不足を理由に断ることはできない。両道入姫王女は、武尊よりも年長であるにしても、先帝の年老いてからの女であって、なお若さに満ち溢れていた。それに、あっけらかんとした気性の女性であって、武尊は、両道入姫王女に不思議と違和感を抱かなかった。しかも、母親の愛に飢えて育ってきたため、むしろ年上の女性には憧れに似たようなものを抱いていた。

結局、武尊《タケルノミコト》は、両道入姫王女《フタジノイリビメノヒメミコ》を正妃として迎えることに同意した。大王は、武尊の意向を確認すると、王宮の外に新たな住まいを設け、両道入姫を住まわせた。武尊は、その新居を足しげく訪ね、両道入姫をいとおしんだ。二人は、子宝に恵まれ、三男一女をもうけたのである。

側近の針間長日子《ハリマノナガヒコ》と葛城宮戸彦《カツラギノミヤトヒコ》も、あい前後して国もとから嫁をめとり、それぞれ両道入姫《フタジノイリビメ》の住居近くに移ってきた。彼らにも子どもができ、両道入姫の住居の近辺は、群れ集う子どもたちでにぎやかになってきた。

武尊《タケルノミコト》は、機会をみつけては、長男と次男を引っ張り出して乗馬の指導をしたり、剣の扱いや蹴り技の手ほどきをした。いつものことながら、長男の稲依別王《イナヨリワケノミコ》がおっとりと構えるのに対して、次男の足仲彦《タラシナカツヒコ》は、負けず嫌いの性格を丸出しにする。両道入姫《フタジノイリビメ》は、脇からそうした親子の触れ合いを嬉しそうに眺めるのであった。

このほか、弟橘媛《オトタチバナヒメ》も、郊外に居を構え、武尊との間にできたひとりの男の子《おこ》、稚武彦王《ワカタケヒコノミコ》を育《はぐく》みつつ、武尊《タケルノミコト》を迎える日々を送っていた。武尊と弟橘媛の二人は、折に触れては、轡《くつわ》を並べて大和国の山裾や川のほとりを散策したものである。

しかしながら、弟橘媛《オトタチバナヒメ》は、武尊《タケルノミコト》が東征に赴く数年前から、子どもを相模《さがみ》国の実家に預け、みずからは伊勢に赴き、倭媛尊《ヤマトヒメノミコト》の下で巫女としての修行に打ち込みはじめている。これとて、武尊の行く末に幾多の苦難のあることを慮《おもんぱか》り、身を浄《きよ》めることにより、すこしでも王子の助けになりたいという発願《ほつがん》から出たものであった。

また、武尊《タケルノミコト》は、穴戸武媛《アナトタケヒメ》との間に二人の男の子をもうけている。しかし、穴戸武媛は、大和の雅《みやび》は自分には合わないとして、吉備《きび》を離れることには頑《がん》として応じなかった。それは、武尊にとって痛恨の想いであった。

なぜにというに、鷹揚《おうよう》に構える両道入姫《フタジノイリビメ》や厳とした趣のある弟橘媛《オトタチバナヒメ》とは異なる、はつらつとした若さに溢れる媛なるがゆえにである。

しかし、両道入姫《フタジノイリビメ》は、弟橘媛《オトタチバナヒメ》や穴戸《アナト》武媛《タケヒメ》にありあまる敬意と好意を示してくれた。それは、武尊《タケルノミコト》にとって望外の喜びであった。しかも、あの口うるさい八坂入媛《ヤサカノイリビメ》でさえ、先帝の女《むすめ》なるがゆえに、両道入姫に対するあからさまな誹謗中傷《ひぼうちゅうしょう》は憚《はばか》られたのである。

征東大将軍を拝命
——その二　大伴、吉備の両副将軍とともに

武尊《タケルノミコト》二七歳の年、夏六月、東国にて、蝦夷《えみし》が倭国の東の辺境を掠《かす》め、周辺の国々に動揺が広がった。これまで、蝦夷のほか、ツングース系の粛慎《みしはせ》や土着型の土蜘蛛《つちぐも》・八掬脛《やつかはぎ》・国巣《くず》などと呼ばれる諸部族も、たびたびにわたって同様の行為を繰り返してきた。

秋七月の半ば、大王《おおきみ》は、いよいよ東夷を鎮《しず》める時節がきたと判断し、群臣を集めて東征の必要を議するべく決意された。

大王は、かねてより、海西《わたのにし》の諸韓《もろもろのから》の動きに心おきなく対処するには、その前提として倭国のいっそうの結束強化が必要であると考えていた。そのためには、なによりも、これまで手つかずできた東国の鎮撫《ちんぶ》が急がれたのである。そこで、このたびの辺境での騒ぎをよき機会としてとら

え、これを実行に移そうと決意したのであった。

　大王は、のたまう。

「いま東国に暴れる神が多く、また蝦夷《えみし》がすべて背《そむ》いて、人民を苦しめている。だれを遣《つか》わしてその乱を鎮《しず》めようか」

　群臣は、即答を控えて黙していたが、ひとり武尊《タケルノミコト》のみが、あえて言上に及んだ。

「このたびの大役は、吾《あ》が兄、大碓王子《オオウスノミコ》が適任でしょう。大碓王子は、それにふさわしい胆力《たんりょく》と見識を備えております。吾《あれ》も、副官として王子を補佐いたしましょう」

　すると、列席の者たちの間から、ざわめきが湧き起こった。このざわめきは、武尊《タケルノミコト》の発言に対するあからさまな批判の表明である。なにしろ、大碓王子《オオウスノミコ》は、大王の意に逆らい、美濃《みの》国西部の豪族、神骨《カンボネ》氏の二人の娘と同棲をつづけており、長年、王宮に顔をみせていない。それゆえ、武尊の発言に不満が噴出するのも、やむを得ない面がある。

　しかし、大王は、こうした動きを抑えて仰せられた。

「大碓王子《オオウスノミコ》とするのもやぶさかではないが、それも当人の意思しだいであろうよ。汝《いまし》が大碓王子を説得してみるがよい」

　武尊《タケルノミコト》としては、大碓王子《オオウスノミコ》に、大王の期待にこたえることによって王室への復帰を果たしてほしいと願っていた。それゆえ、大碓王子には、機会をとらえては幾度となく、「東国征討の機会でもあれば、ぜひ先頭に立ってほしい、必ず吾が援《たす》けるゆえ」と説得を重ねてきた。だが、大碓王子は、これまで決して色よい答えを返してくることはなかった。

そして、果たしてというべきか、大碓王子《オオウスノミコ》は、東国鎮撫のことを伝え聞くと、門を閉ざしてだれとも会おうとはしなかった。大王の正使として武 尊《タケルノミコト》が訪ねても、にべもなく応答を拒絶された。あからさまに大王の諮問にこたえようとしなかったのである。

ここにいたって、大王は、大碓王子《オオウスノミコ》に美濃の首長として赴くよう下命された。いわば、大碓王子は美濃へ所払いにされたのである。かくて、大碓王子は、二人の姉妹の親もと、神骨《カンボネ》氏のところへ身を寄せることとなる。

結局、武 尊《タケルノミコト》が、大碓王子《オオウスノミコ》を推薦するに際してみずからも名乗りを上げたことでもあり、征東大将軍に任じられることとなった。

『日本書紀』は、大王の東夷についての認識を、つぎのように記《しる》している。

「かの東夷は性凶暴で、陵辱《りょうじょく》も恥じず、村に長《おさ》なく、各境界を犯し争い、山には邪神、野には姦鬼《かんき》がいて、往来もふさがれ、多くの人が苦しめられている。その東夷のなかでも、蝦夷《えみし》はとくに手強《てごわ》い。男女親子のなかの区別もなく、冬は穴に寝、夏は木に棲《す》む。毛皮を着て、血を飲み、兄弟でも疑い合う。山に登るには飛ぶ鳥のようで、草原を走ることは獣のようであるという。恩は忘れるが怨《うら》みは必ず報《むく》いるという。矢を、髪を束《たば》ねた中に隠し、刀を衣のなかに帯びている。

あるいは仲間を集めて辺境を犯し、稔《みの》りの時をねらって作物をかすめ取る。攻めれば草にかくれ、追えば山に入る。それで昔からいちども王化《おうか》に従ったことがない」

武尊《タケルノミコト》に対して、大王から激励の言葉が発せられる。

「どうか深謀遠慮をもって、良くない者はこらしめ、徳をもってなつかせ、兵を使わずおのずから従うようにさせよ。ことばを考えて暴《あら》ぶる神を静まらせ、あるいは武を振るって姦鬼を打ち払え」

その後、大王は、武尊《タケルノミコト》に、神霊を宿し悪霊を斥《しりぞ》けるとの言い伝えのある、柊《ひいらぎ》の八《や》尋矛《ひろほこ》を授けた。

それから、副将軍として大伴武日連《オオトモノタケヒノムラジ》と吉備《キ ビ》武彦《ノタケヒコ》の両名を指名した。さらに、久米七掬脛《クメノナナツカハギ》に、膳夫《かしわで》（料理担当）として従軍するよう命じた。


ここで、武尊《タケルノミコト》と行をともにする人びとのことに、少しばかり触れておきたい。

まずは、大伴武日連《オオトモノタケヒノムラジ》である。彼は、剛直なる武人として倭国じゅうにあまねく知れわたっており、東国鎮撫の将としては、最適任の人選であるといえた。しかも、彼は、物部十千根大連《トチネノオオムラジ》の一統とは一線を画しており、途上の国々の物部系の勢力に迎合するようなことは考え得べくもなかった。しかし、武尊《タケルノミコト》にとっては、大伴武日連は、少々荷の重い相手といえた。彼との間にとりわけ深い親交があったわけではない。彼は、大和朝廷の重鎮のひとりとして重きをなしており、若者が気軽に声をかけられる相手ではなかったのである。

武尊《タケルノミコト》は、今回の東国遠征を成功裏に導くには、大伴武日連《オオトモノタケヒノムラジ》と心を一《いつ》にすることがなによりも肝心であると考えた。そこで、自分のほうから大伴武日連をその邸宅に訪ね、いろいろと東征についての所見を質《ただ》すことにした。

大伴邸を訪《おとな》うと、武日連《タケヒノムラジ》とその息子の武以《タケモツ》が、恐縮して出迎えた。

武日連《タケヒノムラジ》は、かねてからの持論を披歴《ひれき》した。

――長距離にわたる遠征では、兵站《へいたん》部門、とりわけ食料や軍需品の補給が重要となる。街道筋や沿海の国々から、これらの支援が受けられる仕組みをくふうする必要がある。東国に向けて物資の補給が期待できるのは、相模国までである。その先の国々にも、協力を求めて物資を補給するための軍事拠点を設けていくべきであろう。

――また、今回は、大量の兵士や物資を輸送する軍船の調達が必須である。吉備勢は自前の軍船を用意できるからよいが、武尊《タケルノミコト》の手勢と大伴勢を運ぶ軍船《いくさぶね》については、大和国だけからすべてを調達するのはむずかしいだろう。それゆえ、吾らの軍船については、他の同盟国から徴用することにしてもよいのではないか。

大伴武日連《オオトモノタケヒノムラジ》の提言は、示唆に富んでいた。とりわけ、大伴軍を運ぶ軍船については、東国への道筋に位置し、強力な水軍を保持する尾張《おわり》国から支援を受けるのが順当のように判断された。

武尊《タケルノミコト》は、このことで、尾張国へ働きかけることを引き受けた。

つぎは、吉備武彦《キビノタケヒコ》である。彼は、武尊《タケルノミコト》にとって幼いころより気心の知れた仲であり、大王は、武尊の意を汲んで彼を副将軍のひとりに任命したのである。しかし、それだけが副将軍任命の理由ではない。彼の並々ならぬ政治上、軍事上の手腕を認めてのことでもある。

吉備武彦《キビノタケヒコ》は、長子の御友別《ミトモワケ》をはじめ多くの子を生《な》し、いまや国王稚武彦《ワカタケヒコ》の堂々の後継者として自他ともに許す存在となっていた。父王の政《まつりごと》をよく援《たす》け、内には、大和王権の制度に倣《なら》い、官位制と税制の整備を進めてきた。また、外には、出雲・播磨・安芸《あき》・讃岐《さぬき》といった周辺の国々との友好をはかり、そのいっぽうで、辺境の開拓にもつとめてきた。軍備の増強にも意を払い、水軍の強化にも尽力してきた。このように、吉備武彦は、若いながらも、大伴武日連《オオトモノタケヒノムラジ》に劣らぬ風格を備えるにいたっていたのである。

つづいて、久米氏のことである。久米氏は、もともとは隼人《はやと》の出で、早くから大和王権に徴用され、軍事氏族として頭角を現わしていた。久米《くめ》舞《まい》は、隼人舞同様、つとに知られており、斧《おの》をかざして舞うなどときわめて勇壮なものであった。しかし、この時代には、久米氏は、同じ軍事氏族の大伴氏の管轄下に配属されるようになっていた。したがって、副将軍、大伴武日連《オオトモノタケヒノムラジ》の率いる軍勢の半ばは、久米氏のそれで占められていた。そして、大伴武日連の下で久米氏の軍勢を束ねていたのが、彼の副官となる久米阿加志毘古《アカシヒコ》であった。

膳夫《かしわで》として東征軍に付された久米七掬脛《ナナツカハギ》も、隼人の流れをくんでおり、武尊《タケルノミコト》が熊襲《くまそ》国で会した吾田雄人《アタノタケヒト》と同様、目尻に入れ墨をしていた。武尊は、七掬脛を引見してみて、外見とは異なる彼の優れた資質に驚かされた。それがゆえに、彼を膳夫の職務にとどまらず、みずからの手勢の輜重《しちょう》隊長として遇することとした。武尊としては、彼らの資質がそれにも増して斥候《せっこう》や間諜《かんちょう》に向いているのではないかと、ひそかにその一統に期待を寄せていたのでもあった。

征東大将軍を拝命
――その三、最新鋭の軍船と手練れの乗組員

問題は、武尊《タケルノミコト》の手勢を運ぶ軍船《いくさぶね》の徴用であった。

本論にはいる前に、若干、当時の船の構造とその推進原理について説明を加えておきたい。

倭国の船は、本来、刳《く》り舟《ぶね》部材を船首・胴・船尾と前後に継ぎ足したものであった。大型のものでも、せいぜい、刳り舟部材を左右につないで船底部の横幅を広げ、船梁《ふなばり》を渡すなどしてこれを補強したものというにとどまっていた。そのため、倭船は、中国や西洋の船とは異なり、船底に基本的な骨格たる竜骨を欠き、重心の位置が高く、荒波や強風など外部からの衝撃に弱かったのである。

こうした弱点を克服するため、倭船は、外板の補強で外圧をまかなおうとした。すなわち、船の舳先《へさき》と舷側を浪切り材で補強するようになる。とりわけ、舳先に取りつけた浪切り材は、水押《みよし》と呼ばれ、文字どおり、荒波を押し分けて進むのに重要な機能を発揮し、あわせて、敵船からの弓矢による攻撃に対して楯となる役割をもになった。このような形態の倭船は、鎌倉時代以降に現われる棚板づくりの「構造船」に先んずるものとして、「準構造船」として位置づけられている。

そして、大型の倭船は、舷側上に櫂座《かいざ》や櫓台《ろだい》などの支点を一定間隔で何か所か設け、それぞれ水夫《かこ》が櫂や櫓を漕《こ》ぐことによって推力を得ていた。弥生時代から古墳時代にかけては、櫂が主力をなしていたが、このころには、原初的な櫓の使用がはじまっていたのではないかと思われる。そもそも、櫓は、櫂を練るように操って推力を得る、「練り櫂」の操作から発展していったものと考えられている。

櫓は、その先端が航空機の翼《つばさ》のような断面をもち、その部分を左右に弧を描くように動かし、水中に揚力を発生させることによって推進力を生む。そして、舷側上に配置された櫓のなかでも、最後尾の櫓（艫櫓《ともろ》）は、ほかの櫓（脇櫓）とは異なり、舵《かじ》としての機能をあわせもっていた。総じて、櫓は、櫂にくらべて漕ぎ手の負担が少なく、より長距離の航海が可能になる。それゆえ、やがては全面的に櫂に取って代わるようになっていく。

とはいえ、櫓や櫂の操作だけでは、速力と持続性において限界があり、これに加えて帆を併用するほうが、より効率的であった。ただし、当時の帆は、藁《わら》や藺草《いぐさ》で編んだ一枚帆であったと思われる。順風に恵まれないと、帆も、推進力とはなりえなかったであろう。

さて、今回の遠征は、太平洋沿岸を北上し、海路はるかに陸奥《みちのく》をめざすのである。それゆえに、帆を取りつけた準構造船に加えて、櫓舵や帆をあやつる経験豊かな水夫《かこ》・楫取《かんどり》を集めることも、軍船の徴用に劣らず、大事なことであった。

武尊《タケルノミコト》は、大和国の軍船を管理する物部氏と掛け合い、さらに、周辺国の紀《き》国・播磨《はりま》国の支援を受け、都合、二六隻の軍船とこれを運航させるに必要な要員を供出させることができた。

武尊《タケルノミコト》は、まずもって、物部十千根大連《モノノベノトチネノオオムラジ》の弟、物部大咩布命《オオメフノミコト》に、軍船と水夫《かこ》の供出および操船責任者としての軍監《ぐんげん》の選任について協力を取りつけた。大咩布命は、大和土着の豪族、磯城《シキ》氏およびその同族の十市《トイチ》氏を傘下《さんか》に収め、彼らに船軍《ふないくさ》を管掌させていた。大咩布命は、武尊の要請にこたえて準構造船二〇隻からなる軍船を用意し、あわせて軍監として十市黒主《トイチノクロヌシ》を指名してきた。二〇隻のうちには、旗艦用としての大型船が含まれていた。それは、櫓が片側一〇挺の二〇挺櫓船で、全長一二間半（二二メートル強）に及んだ。それ以外は、おおむね片側が七挺ないし八挺の櫓船であった。

紀国については、武内宿禰《タケノウチノスクネ》の口添えによる。彼の母、影媛《カゲヒメ》は、紀国の首長の女《むすめ》であり、紀国は、彼を後見する立場にあった。播磨国は、武尊《タケルノミコト》が幼少のころを過ごした故郷であり、いまなお少々の無理がとおせた。紀国と播磨国は、いずれも林業が盛んで、樟《くすのき》や杉など造船用の原木にも恵まれており、最終的に、それぞれ準構造船を三隻ずつ供出してくれた。

ところで、武内宿禰《タケノウチノスクネ》は、幼少のころより学問に精励し、とりわけ、国の慣行や祭礼に深い素養を身につけていた。彼は、八坂入媛《ヤサカノイリビメ》の長子、稚足彦王子《ワカタラシヒコノミコ》と歳が同じということもあって、王子に頼りにされていた。生まれた月日が同じというううわさも流れているくらいである。その武内宿禰が、武尊に対して、格別の敬意を払ってくれた。

武尊《タケルノミコト》は、武振熊命《タケフルクマノミコト》とも親交を深めていた。彼も、開明派の父、大口納命《オオクタミノミコト》に似て、倭国の行く末に確固とした意見を持ち合わせていた。

武尊《タケルノミコト》の出陣を前にして、武内宿禰・武振熊命《タケフルクマノミコト》の二人が祝いの席を設けてくれた。両人は、祝杯を上げたあと、武尊にはなむけの言葉を贈った。

「この日が来るのを待ちわびておりました。このたびの王子の東征事業により、この国の進むべき方向が一段と明らかになることでしょう。されど、東国には、大和王権の統治に反発を示す国々のみならず、好戦的な部族すらおります。用意周到を旨とし、くれぐれも命を粗末にするような行動は慎んでいただきたい」

「剛直なる大伴武日連《オオトモノタケヒノムラジ》に、細心にして緻密な吉備武彦公《キビノタケヒコノキミ》と、この二人の組み合わせは、王子の補佐役として最高の人選です。王子の力量に加え、この二人の支えがあれば、このたびの遠征は、必ずや成功裡に終始することでしょう。栄《は》えあるご帰還を祈っております」

武《タケルノミコト》尊は、かく応じる。

「しばしのお別れです。今回の遠征では、御二方の期待に沿うよう、微力ながら力を尽くす所存です。お二人は、いずれ、国の重鎮となられる方々です。吾らは、国の進むべき道を過《あやま》たぬよう、大王《おおきみ》に対して提言を怠ってはならないと考えます。吾の不在の間、このこと、よろしくお願いします」

じつをいうと、武《タケルノミコト》尊は、あの老獪《ろうかい》な十千根大連《トチネノオオムラジ》に代わって、彼らが王室を導く立場に立ってくれればよいのだがと、心ひそかに願っていたのである。


折しも、八坂入媛《ヤサカノイリビメ》は、十千根大連《トチネノオオムラジ》の専用の控室を訪ねていた。次期大王の争いは、衆目の見るところ、武《タケルノミコト》尊が一頭地を抜いていた。それだけに八坂入媛には焦りがみられた。

「武《タケルノミコト》尊が東征に出向き、大和を離れます。あの者を始末する絶好の機会が訪れたといえるのでは……」

「これ。だいそれたことを軽々しく口にするでない。大王をはじめ大和国の重臣たちは、こぞって武《タケルノミコト》尊の東征にその命運を託しているのだ。大和王権にとって役にたつ者には、働けるだけ働いてもらわねばならないのだ。……もっとも、どこまで任務を果たすかによるがの」

「ということは……」

「今回の任務は、常人であれば、生還すらおぼつかないくらいのものだ。しかし、逆に、ありあまる大事を成し遂げたとなると、この吾とても扱いにくくはなる」

「武尊《タケルノミコト》がどこまで結果を残せるかということ、ですね」

「うーむ、そうよな。少しは歯止めをかけてやったほうがよいのかもしれんな」

十千根大連《トチネノオオムラジ》も、なにを考えているのやら、妙なもの言いをする。

だれしも、「今回は熊襲《くまそ》や西出雲のようにはいかないだろう」と、武尊《タケルノミコト》の先行きに憂慮を感じていた。八坂入媛《ヤサカノイリビメ》の二人の王子ですら、武尊の性格からすると、生還はむずかしいのではないかと考えていた。にもかかわらず、五百城入彦王子《イオキイリヒコノミコ》は、武尊の進軍の状況を逐一把握することが肝要と、母、八坂入媛と策を凝らすのであった。

ある日のこと、十千根大連《トチネノオオムラジ》が、王宮の渡り廊下で武尊《タケルノミコト》の通りすぎるのを待ち受け、話しかけてきた。

「たいへんな使命を背負われましたな。……東方の国々は、西国とは異なり、簡単には靡《なび》きませんぞ。ましてや、その先の東夷となると、言葉が違い、理を弁《わきま》えず、しかも、行き交うことのままならぬ遠隔の地ときている。力づくではなく、なだめすかすことも必要となりましょうな。さいわい東国には、物部の息のかかった者もおりますので、大和軍の意向に沿うよう注意を促してはおきますがの」

「かたじけない。是非にも、大連《おおむらじ》の力をお借りしたいものです。また、先には、大咩布命《オオメフノミコト》から軍船の提供をいただいております。まことにありがたいことです」

「なんの。なんの。決して無理はされるな。ご武運を祈っておりますぞ」

大事な出発を前にして、意地を張るのも大人気ない。武尊《タケルノミコト》は、十千根大連《トチネノオオムラジ》の忠告に感謝の気持ちでこたえたのであった。

ところが、それからしばらくして、武尊《タケルノミコト》は、大王に呼ばれた。物部氏の一族、気津奴別《ケツヌワケ》を参謀格として同道させたい、という仰せなのである。

「十千根大連《トチネノオオムラジ》が、東国の物部系諸部族の押さえにと、他の重臣たちの同意を得てその者を推薦してきた。汝《いまし》も、物部一族の協力を望んでいるやに聞いておるぞ」

「なんですと……」

武尊《タケルノミコト》は、しばし絶句した。

「大王の仰せですから否《いな》やはありませんが、彼の存在が軍事の妨げにならなければと危惧《きぐ》します」

「汝の思惑とは隔たりがあったかの。されど、十千根大連《トチネノオオムラジ》の申し出も、いちおう、筋がとおっておる。吾としても、彼らの意向を無視するわけにはいかぬ。気津奴別《ケツヌワケ》は、存外、人のよいところがある。とはいえ、あまり外れたことを言うようであれば、無視すればよいのじゃ。その程度の男よ」

「仰《おお》せ、たしかに承りました」

武《タケルノミコト》尊は、大王のところから退出すると、歯噛《はが》みして悔しがった。

――うーむ、あの狸爺《たぬきじじい》に一杯喰わされたか。それにしても、先々、物部の縁者と語らって余計なことをたくらまねばよいが。まあ、奴には、それほどの才覚はないとは思うが……。

尾張にて東征軍が総結集

さて、一〇月早々、いよいよ出陣である。

武《タケルノミコト》尊の率いる二六隻の軍船は、兵士と乗組員に加え、輜車《ししや》や各種の装備品を積み、難波津《なにわのつ》出航を目前としていた。大王《おおきみ》をはじめとして大和国の名だたる群臣が、こぞって見送りのため難波津まで出向いてきていた。その顔ぶれをみると、武尊に倭国の版図拡大の命運を託そうとする大和王権の決意がひしひしと伝わってくる。

武《タケルノミコト》尊の座乗する軍船（旗艦）は、他の軍船にくらべ際立って大きい。その舳先《へさき》には、紺地に「日本武尊」と白く染め抜いた大将軍旗が掲げられ、風にはたはたとひるがえっている。その舷《げん》側には、三本足の八咫烏《やたがらす》を表面にあしらった楯がずらりと並べて掛けられており、その楯の合い間から一〇挺の櫓《ろ》が海中へと伸びている。

武尊《タケルノミコト》は、船上から、岸壁に集う見送りの人びとに答礼を返していたが、その人びとのなかに、盛んに手を振っている両道入姫《フタジノイリビメ》と子どもたちの姿を認めることができた。そして、驚いたことに、両道入姫の隣りに穴戸武媛《アナトタケヒメ》のいるのがはっきりと認識できた。あれほどかたくなに大和に上ることを拒んでいた穴戸武媛が、である。両道入姫が彼女に一生懸命働きかけてくれたのにちがいない。両道入姫は、そういう人であった。

武尊《タケルノミコト》は、親族の者たちの思いやりに目頭が熱くなり、内から突き上げてくる衝動を抑えるのに苦労した。それと同時に、穴戸武媛《アナトタケヒメ》への追憶がどっと押し寄せてきた。あのあどけない少女のころのことが、熊襲《くまそ》に向けて行をともにした日々のことが、そして彼女の息づかいやぬくもりのひとつひとつが鮮明に想い起こされたのである。

そうこうするうちに、武尊《タケルノミコト》は、はげしく打ち鳴らされる銅鑼《どら》の音にふと我に返った。それを合図に、旗艦上の艫綱《ともづな》が解かれる。指揮下の各軍船も、それぞれに追随の動きをみせはじめた。するとそのとき、遠征軍の船出を見送らんと、舳先に鏡と榊《さかき》を飾り、赤・緑・青・黄と何条もの吹流しをたなびかせた、大王の御座船が近づいてきた。その船の中央には、朱塗りの四本の柱に支えられた蓋《きぬがさ》が設けられており、蓋の両側には、左手に楯を保持し、右脇に旗幟《きし》を抱えた兵士が居並んでいる。やがて、大王が、玉杖《ぎょくじょう》を手にして蓋から姿を現わす。父王は、慈愛に満ちた眼差《まなざ》しと微笑《ほほえみ》をもって武尊《タケルノミコト》を見つめる。

武尊《タケルノミコト》は、「必ずや東国征討を成功させてご覧に入れます。それまでの間、心安らかにお待ちください」と心のうちで誓い、父王に低頭した。軍船では、それぞれ水夫《かこ》が「エイヤー、エイヤー」と声をかけ合いながら、櫓《ろ》を漕《こ》ぎはじめ、そこここに梶の音《ね》（櫓台での櫓のきしむ音）が響きわたる。諸々の軍船が、沖をめざして進んで行く。

武尊《タケルノミコト》の潤《うる》んだ眼に、見送りの人びとの姿がしだいに霞んでいった。武尊としては、まずは、伊勢湾に赴き、伊勢神宮を訪ね、任務の完遂を祈るとともに、倭媛尊《ヤマトヒメノミコト》の助言を求めるつもりである。

武尊《タケルノミコト》の軍勢は、難波津出港のあと、五日を経て伊勢神宮を訪れた。伊勢神宮では、倭媛尊《ヤマトヒメノミコト》とその後継者の五百野王女《イオノノヒメミコ》、それに加えて弟橘媛《オトタチバナヒメ》が、武尊を待ち受けていた。

武尊《タケルノミコト》は、事前に倭媛尊《ヤマトヒメノミコト》から、弟橘媛《オトタチバナヒメ》の従軍の意志を受け入れるよう、指示を受けていた。弟橘媛は、かねてより巫女としての行も積んできており、行軍の上で少しでも干子の助けになればと、あえて倭媛尊に従軍の口添えを頼んだのである。倭媛尊は、その申し出でを、「健気《けなげ》なる心根かな」と即座に受け入れられたのであった。

武尊《タケルノミコト》は、このことについて前もって両道入姫《フタジノイリビメ》に話をとおしておいた。その際、両道入姫は、「あら、弟橘媛《オトタチバナヒメ》は危ないところへ行くのね。よくお世話をしてあげなくては」とだけのたもうた。彼女には、そんなことに拘泥《こうでい》するより、育ち盛りの子どもたちに囲まれて過ごすほうが幸せだという想いが、全身に滲み出ていた。

さてさて、武尊《タケルノミコト》とその部将たちは、早速にも五十鈴川《いすずがわ》で身を清め、白装束に着替えた。その後、倭媛尊《ヤマトヒメノミコト》に導かれ、本殿に昇り、祭壇に向けて武運長久を祈った。

そのあとで、武尊《タケルノミコト》は、倭媛尊《ヤマトヒメノミコト》より別室に呼ばれ、三種《みくさ》の宝物《たから》のひとつ、天叢雲剣《あめのむらくものつるぎ》を携行するようにと授かった。武尊は、天叢雲剣を手にすると、「これぞ、素戔嗚尊《スサノオノミコト》が八岐大蛇《やまたのおろち》の尾から取り出した、まごうことなき真《まこと》の剣なるか」と、出雲大社の社殿にて出雲建《イズモノタケル》の演じた大蛇《おろち》退治の演舞を想い起こし、感無量なるものがあった。

さらに、倭媛尊《ヤマトヒメノミコト》からは、「ゆめゆめ油断なきよう心して参られよ。もし火急《かきゅう》のことあらば、この袋の口を開けよ。よき思案が生まれるやもしれぬ」と、袋包みを渡された。（茅野《かやの》で火焔攻撃を受けた際、この袋のなかの燧石《ひうちいし》が起死回生の策を生んだのは、すでに「火攻めの罠に向かい火で」の項で述べたとおりである）。

翌日、家守《ヤカモリ》と名乗る若者が、長日子《ナガヒコ》にともなわれて武尊《タケルノミコト》のところへやってきた。聞くと、その者は、武尊にとっての命の恩人、背長《セナガ》と浪《ナミ》との間に生まれた子どもであった。武尊が京《みやこ》に上ったばかりのころ、武庫川《むこがわ》のほとりに背長夫婦を訪れた折に見かけた幼子が、いまや一六歳の若者に育っていたのである。

家守《ヤカモリ》は、父の職を継ぐべく、斎王《いつきのみこ》の衛士に推挙されていた。その彼が、顔を真っ赤にして、武尊《タケルノミコト》につぎのように懇願した。

「どうか、吾を東国遠征に連れて行ってください。必ず役に立ってみせます。父母も、必ずや喜んでくれると思います」

武尊《タケルノミコト》は、家守《ヤカモリ》の真剣な表情を目にして、「うーむ」とうなった。彼の気持には、うそ偽りはないだろう。純情そのものである。しかし、親御の背長《セナガ》と浪《ナミ》には、自分のために大きな犠牲を払わせてしまったのである。彼らの子供を過酷な戦場に駆り出し、犠牲にするには忍びない。

「汝《なれ》の気持ちはわからぬではないが、まだ若すぎる。こたびの戦《いくさ》は、いまだかつてないほどに苛酷なものとなろう。つぎの機会を待っても遅くはあるまい。この遠征から戻った暁には、汝を希望する任に就けると約束しようほどに」

「王子《みこ》は、吾の年ごろには、すでに熊襲や出雲で戦いの場に臨まれたと聞き及んでおります。吾にだってできないことはありません。吾は、未知の国々を見てみたいのです。戦場で走りまわってみたいのです。大和国のため、そして、王子のために働きたいのです。たとえ、身を滅ぼすことになろうとも、絶対に後悔はしません」

家守《ヤカモリ》は、大粒の涙をとめどもなく流していた。武尊《タケルノミコト》には、痛いほどこの若者の気持ちがわかる。たしかに、自分は、その年ごろには、すでに戦いに身をやつしていた。とはいえ、彼の要請を認めるわけにはいかない。最後には、鬼になった気持ちで本人を叱りつけ、長日子《ナガヒコ》ともどもその場を引き取らせたのである。

そのあとで、武尊《タケルノミコト》は、機会をみて倭媛尊《ヤマトヒメノミコト》に家守《ヤカモリ》の望みとみずからの判断とを話しておいた。その際、倭媛尊は、話を聞きながら、なぜかただうなずいておられるだけであった。

武尊《タケルノミコト》の軍勢は、かれこれ一〇日間ほど伊勢にとどまった。そして、早朝、倭媛尊《ヤマトヒメノミコト》と五百野王女《イオノヒメミコ》の見送りをうけるなか、武尊は弟橘媛《オトタチバナヒメ》を帯同し、陸路、騎馬にて尾張王の館に向け出立した。

武尊《タケルノミコト》は、足結《あゆい》を施した褌《はかま》の上に筒袖の衣《きぬ》と革製の短甲《たんこう》を着し、腰には縞模様の倭文布《しずり》を締め、左腰に天叢雲剣《あめのむらくものつるぎ》を吊るしていた。弟橘媛《オトタチバナヒメ》のほうは、あでやかな衣裳《きぬも》の下に袴褶《こしゆう》（馬乗り袴）をはき、肩から領巾《ひれ》を、そして腰から倭文布を垂らしていた。そして、なによりも、その胸には翠《みどり》色の勾玉《まがたま》を緒にとおした頸珠《くびたま》（首飾り）が、ひときわ光り輝いていた。弟橘媛のうしろには、数名の侍女が随った。

ところで、副将軍の大伴武日連《オオトモノタケヒノムラジ》のほうも、副官、久米阿加志毘古《クメノアカシヒコ》を同道のうえ、およそ四百名の軍勢を率いて尾張に向け進発しており、武尊《タケルノミコト》と武日連は、尾張王の館で落ち合うことになっていた。

武《タケルノミコト》尊は、すでに難波津から航行してきた二六隻の軍船を、軍監《ぐんげん》・十市黒王《トイチノクロメシ》の指揮のもと、知多《ちた》半島東側の知多湾に先行させていた。別途、もうひとりの副将軍、吉備武彦《キビノタケヒコ》の率いる二二隻の軍船も、四百名ほどの兵士を乗せ、軍監、大伯諸久《オオクノモロヒサ》の操船により、吉備津から知多湾まで回航してくることになっている。

武《タケルノミコト》尊の一行は、伊勢湾沿いの街道を進み、鈴鹿・桑名を過ぎ、尾津の浜（三重県桑名郡多度町のあたり）にいたると、そこで小休止した。当時は、このあたりにも伊勢湾が広がってきており、湾岸に係留された大型船を何隻か遠望することができた。対岸には、いくつかの岬が南に向けて突き出しており、いちばん手前の岬には、熱田《あつた》の邑《むら》が見渡せた。（以後、この岬を熱田岬と称したい）。

武《タケルノミコト》尊は、とある黒松の根方で弟橘媛《オトタチバナヒメ》と並び、握り飯を包んだ炊葉《かしきは》を広げて食事をとった。たまたま、その黒松の樹のうしろには、大きな巌《いわお》が控えていた。その巌には、いくつかの隙間ができており、武尊は、食事が終わると、その空隙《くうげき》のひとつに小型の剣を奥深く隠し入れた。弟橘媛との間で、「必ずや二人そろって帰還しよう、帰途、ここに寄ってこの剣を取り出そう」と、誓いを立てたのであった。

尾津の浜から北に向けては、さらに海水が湾入しており、この一帯は味蜂間《あはちま》の海と呼ばれていた。この海には、北方から揖斐川《いびがわ》・長良川《ながらがわ》・木曾川《きそがわ》の木曾三川が、流れ込む。陸行をつづける武尊《タケルノミコト》の軍勢は、河口域の低湿地帯は避けねばならず、海沿いを大垣の先まで遡って渡河を試みなければならなかった。さらに、その先には、東方から庄内川《しょうないがわ》が巡ってきており、伊勢湾の熱田岬寄りに河口を開いていた。

尾津神社　桑名市多度町に所在。『古事記』は、武尊が尾津崎で食事をした際、大刀を置き忘れたが、帰途に立ち寄ると残っていたと記す。

この当時、熱田岬の東隣りには、瑞穂台地の形づくる岬があり、さらにその南には、山崎川と天《てん》白川《ぱくがわ》にはさまれるようにして笠寺台地が島（松《まつ》炬島《きよじま》）をなしていた。そして、これら二つの岬のつくる狭間から山崎川のあたりにかけては、年魚《あゆ》市潟《ちがた》と呼ばれる干潟が形成されていた。

尾張王は、天白川の南の、ちょうど、知多半島の付け根にあたる火《ほ》高火《だかひ》上《かみ》の地（愛智郡氷上邑）に居を定めていた。この地は、のちに、熱田岬の年魚《あゆ》市郡《ちのこおり》に熱田神宮が設けられると、その元宮の地として位置づけられるようになる。

武尊《タケルノミコト》は、尾張王の館に到着すると、早速、先着していた大伴武日連《オオトモノタケヒノムラジ》に物部気津《モノノベノケツ》奴《ヌ》別《ワケ》を加え、

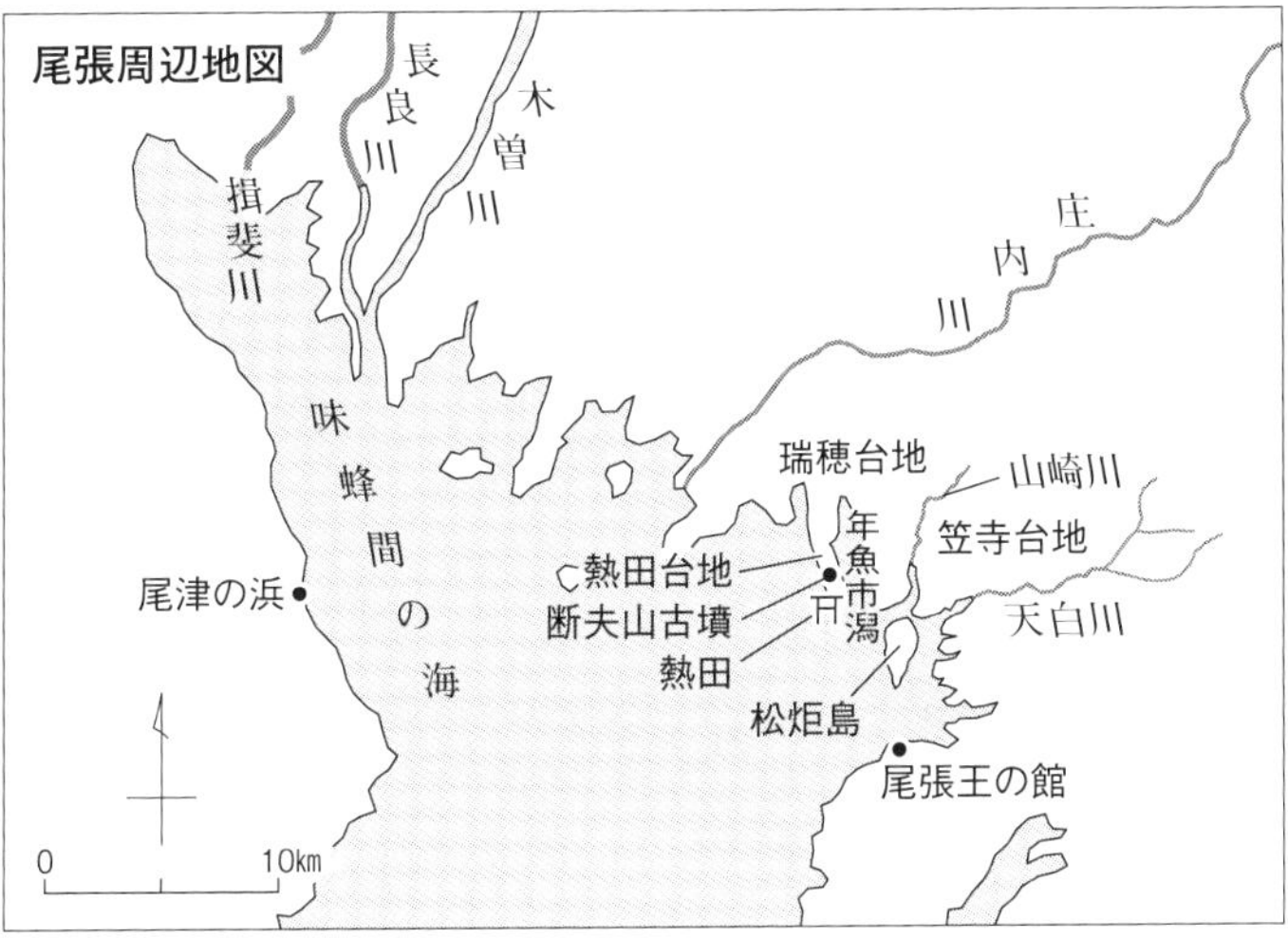

国王乎止与《オトヨ》とその長子・建稲種《タケイナダネ》との会見に臨んだ。型どおりの挨拶《あいさつ》がすむと、建稲種は、父王のほうを見やって父王がうなずくのを確認したうえで、つぎのように申し出た。

「尾張国は、喜んで二二隻の軍船を用意します。吾がその操船の任に就き、大和軍に忠誠のかぎりを尽くすつもりです」

「率先して軍船の指揮に当たってくれるとは、まことに喜ばしきことだ。これで、吾が軍の船は、七〇隻を数える」

武尊《タケルノミコト》は、大伴武日連《オオトモノタケヒノムラジ》のほうに顔を向け、同意を促すかのようにいちどうなずくと、さらに言葉をつづけた。

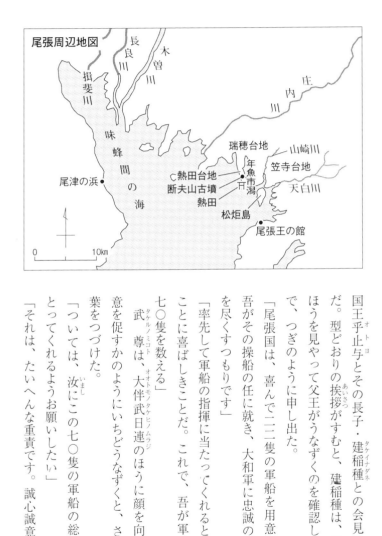

「ついては、汝《いまし》にこの七〇隻の軍船の総指揮をとってくれるようお願いしたい」

「それは、たいへんな重責です。誠心誠意、この任務に専心したいと存じます」

ここで、建稲種《タケイナダネ》は、中座すると、ひとりの屈強な兵《つわもの》を連れてきて、武 尊《タケルノミコト》たちに紹介した。

「この者は、吾が一族の海部志理都彦《アマベノシリツヒコ》といいます。吾が東征軍の船団の総指揮に当たる代わりに、大伴軍の操船をこの志理都彦に委《ゆだ》ねることにしたいと思います。」

「それは、ありがたい」

つづけて、建稲種《タケイナダネ》は、久米八腹《クメノヤハラ》なる腹心を招き寄せ、武 尊《タケルノミコト》に引き合わせた。

「王子《みこ》の当地滞在中、この者を側近くに仕えさせますので、諸事万端、この者になにかとお命じください」

「重ねがさねのご配慮、かたじけない」

会談が終わると、別途、建稲種《タケイナダネ》は、武 尊《タケルノミコト》に対して大和国と尾張国の絆を強めるべく、妹の宮《ミヤ》簀《ズ》媛《ヒメ》を妃として迎え入れてくれるよう要請した。そして、武尊を導いて宮簀媛の待ち受ける別室へと案内した。

「吾は、尾張王平止与《オトヨ》の娘、宮簀《ミヤズ》と申します。王子の勇名は、つとにとどろき渡っております。また、このたびは、陸奥への遠征の旅、ご苦労の多いこととお察し申し上げます」

「丁重なるご挨拶、痛み入ります。媛を妃として迎え入れることは、吾にとって願ってもないこと。東征の帰途、必ずやこの館に立ち寄り、媛を正式に妃とすべく式を挙げることとしたい。それまでお待ちいただけますか」

宮簀媛《ミヤズヒメ》は、恥じらいに顔をうつむけつつも、笑みを浮かべてうなずいた。ここに、尾張国の要望を入れ、武尊と宮簀媛との婚約が成立したのである。

ところが、まもなくして宮簀媛《ミヤズヒメ》は、武尊《タケルノミコト》が美貌の媛を同行していることに気づく。やがてその者が相模国の媛君であると知り、宮簀媛の吐く息が険しくなってくる。燃え立つ敵愾心《てきがいしん》を抑えるのに苦労しているようである。宮簀媛は、武尊がこれまであい見《まみ》えた女性たちとは、また違う類型の方のようである。

弟橘媛《オトタチバナヒメ》は、尾張王の館にて、王妃の眞敷刀婢《マシキトベ》と建稲種《タケイナダネ》の妻の玉姫の二方からねんごろなもてなしを受けた。弟橘媛は、武尊《タケルノミコト》と宮簀媛《ミヤズヒメ》との間の婚約を承知しており、宮簀媛との仲を親密にしておくべきだと思ったのであるが、宮簀媛は弟橘媛を避けているようで、かの方とは、なじむことができずにいた。

さて、武尊《タケルノミコト》と大伴武日連《タケヒノムラジ》は、すでに、それぞれの手勢を、陸路、知多湾の最深部たる衣ヶ浦《ころもがうら》（境川河口部に位置する、現在の衣浦港）の後背地へと先行させていた。そして、建稲種《タケイナダネ》の用意が整うのを見届けると、二人も、久米八腹《クメノヤハラ》の先導により、衣ヶ浦をめざした。館から、しばらく南へと歩を進め、南流する境川の支流をとらえると、舟に乗り換え、これを下っていったのである。名にし負う強力な水軍を擁する尾張国である。その湾岸には、数多くの軍船が係留されていた。

知多湾沿いには、武尊《タケルノミコト》直属の軍船に加え、吉備武彦《キビノタケヒコ》の軍勢も到着していた。ここに、尾張の軍船の集結を見、東征軍の総勢が、水陸合わせて一堂に会したのである。

これだけの軍勢を円滑に動かすとなると、事前にかなりの時間をかけて訓練を繰り返す必要がある。とはいえ、厳寒の季節を迎えようとしており、あまり悠長に構えてはいられない。武《タケルノ》尊《ミコト》は、弟橘媛《オトタチバナヒメ》の生地にして大和国の最東端の同盟国、相模国まで直行し、そこでしばし落ち着きたいと考えていた。今回の遠征の目的は、相模国の先にある。そこで、武尊は、水陸両軍の連携をたしかめると、早々に訓練を切り上げた。

明けて一二月。いよいよ尾張を出立するときがきた。

大伴武日連《オオトモノタケヒノムラジ》・吉備武彦《キビノタケヒコ》の両軍勢は、軍船の総指揮を建稲種《タケイナダネ》にゆだね、海路、知多湾から駿河湾へと転じることとなった。ひとり武尊《タケルノミコト》のみは、尾張国から馬匹《ばひつ》の供与を受け、親衛隊・弓箭隊・輜重隊からなる直轄部隊を率い、そのまま駿河国をめざして陸行をつづけることとした。それゆえに、武尊の直属の船は、建稲種《タケイナダネ》と行をともにさせた。

武尊《タケルノミコト》の軍勢は、境川沿いをさかのぼり、東海道《うみつみち》へと分け入る。その後、本坂《ほんざか》峠を越えて浜名湖（古名、遠淡海《とおつあはうみ》）の北側を迂回する。そして、大井川を渡河して駿河国にはいるや、あの茅野で駿河軍から火焔による攻撃を浴びることとなったのである。

駿河戦役の余波
——物部宗家に向けられた疑惑の目

駿河《するが》国に滞留中、武尊《タケルノミコト》は、東征軍に対して徹底した海上訓練の反復を課した。幸い、尾張《おわり》勢・吉備《きび》勢は、水軍としての実戦経験が豊富であった。しかしながら、武尊自身は、水軍の運用には不慣れであった。陸戦の勇、大伴武日連《オオトモノタケヒノムラジ》とて、この点では五十歩百歩であっただろう。武尊《タケルノミコト》は、機会をみつけては、大伴・吉備の両副将軍らとともに、総指揮官の建稲種《タケイナダネ》や軍監《ぐんげん》の十市黒主《トイチノクロヌシ》たちから、多くのことを学んだ。すなわち、船の構造、風波の影響、船団の陣形などについての説明を受けるいっぽうで、図上演習によって実戦感覚を養った。そして、海上の訓練に当たっては、つねに旗艦に身を置いて各船の動きを熱心に観察したのである。

かくして、東征軍は、水軍としての充実度を増し、兵士たちは、皆が皆、これまでになく自信をみなぎらせるようになっていた。武尊《タケルノミコト》は、このあたりが潮時と判断し、武振熊命《タケフルクマノミコト》と五百原多《イオハラノタ》気毘古《ケヒコ》とに後事を託し、先へ進むことにした。

まずは、大伴・吉備の両部隊を軍船に戻し、伊豆半島を迂回して相模《さがみ》湾にはいるよう指示した。相模湾には、相模川が流れ込んでおり、その西岸（現在の平塚市）には、相模干の居館が所在する。相模川河口に位置する須賀湊には、大型船の停泊が可能であった。そして、武尊《タケルノミコト》自身の率いる軍勢は、引きつづき陸路にて相模国をめざすことにした。

いまや、武尊《タケルノミコト》の軍勢は、春うららかな日差しのなかを、駿河湾沿いを東に向け進軍している。武尊は、道々、馬上にて心地よい微風を頰《ほお》に受けながら、巨大な富士の山容を見飽きず眺めつづけた。この季節にあっても、富士山は中腹ちかくまで冠雪しており、そこからさらに雪渓が何本もの筋となって斜面を下っていた。

やがて、武尊《タケルノミコト》は、過ぎにし方に想いを馳《は》せる。しだいに、胸の底にわだかまっていた想いが彼の脳裏を去来しはじめた。

――なぜに駿河王は大和軍に刃向かったのか。彼らは、物部《モノノベ》一族の気津奴別《ケツヌワケ》もろとも、吾とその軍勢を抹殺しようとしたのだ。気津奴別は、物部から見捨てられた存在なのだろうか……。

武尊《タケルノミコト》は、また、駿河軍との戦いが終結した直後の部将会議の模様を思い返していた。それこそ、物部気津奴別《モノノベノケツヌワケ》と大伴武日連《オオトモノタケヒノムラジ》の間の、駿河勢の意図をめぐる論争であった。

席上、物部気津奴別《モノノベノケツヌワケ》は、あえて駿河国の王族、廬原《イオハラ》氏に対して厳罰をもって処断したことに反省を促す発言をしたのであった。

「本来、駿河国は、大和国の東に位置する重要な同盟国である。その駿河軍が大和軍を攻めてくるなどとは想像もできないことであった。おそらくは、それは、駿河国の総意ではあるまい。駿河王の独断ないしは側近の妄動から出たことではなかろうか。こののちも、駿河国は、東国経営の重要な拠点である。その意味では、今後のことも考え、その処刑は、最小限に抑えるべきだったのではなかろうか。いまとなっては、統治権をできるだけ早く駿河王の一族に戻してやることこそ肝要であろう」

これを聞いて、武尊《タケルノミコト》は、やれやれもういちど、気津奴別《ケツヌワケ》に言って聞かせねばならぬかと、やおら重い口を開こうとした。しかし、それよりも早く、大伴武日連《オオトモノタケヒノムラジ》がすさまじい形相で気津奴別に噛《か》みついた。

「汝《いまし》はさようなことを言うが、物部は、廬原《イオハラ》を掌《たなごころ》に載せていたはずだ。その廬原がなんで大和軍を攻めてきたんだ。物部宗家の承諾がなければ、彼らは大和軍を攻めたりすることはできないはずだ。物部は、この東征事業を妨害しようとしているのか」

「な、な、なんと、物部を誹謗《ひぼう》するのか。吾までが攻撃に遭《あ》っているのだぞ。物部宗家が吾を殺そうとするはずがないではないか」

「汝など、物部宗家からすれば、歯牙《しが》にも掛けぬ手合い。それが分からぬとはの」

「重ね重ねの雑言《ぞうごん》、聞くに堪えぬわ。つまるところ、物部と一戦を交えようというつもりか」

しばらく両者の間でなじり合いがつづいた。しかし、武尊《タケルノミコト》は、このまま放置すると、部将の間に遺恨を残すことになると懸念した。

「待て待て、二人ともそのぐらいにせよ。吾も、大和国の盟友ともいえる駿河国がなぜに東征軍に攻撃をしかけてきたのか不思議でならない。真実は、駿河王の胸三寸にあったのであろうが、当人が死去したいまとなっては、究明の手立ては失われた。後日、詳《つまび》らかとなることもあろう」

このように、武尊《タケルノミコト》は、将来に向けて含みを残す言葉でもって、両者の論争を締めくくったのであった。武尊がいろいろと物思いにふけるうち、期せずして、老獪《ろうかい》な十千根大連《トチネノオオムラジ》の容貌が、ありありと眼前に浮かんできた。それへ向けて、武尊は、呻《うめ》きの言葉を投げかけた。

――おのれ、十千根大連《トチネノオオムラジ》。汝が仕掛けたことなのか。

騎馬にて併進していた物部気津奴別《モノノベノケツヌワケ》は、武尊《タケルノミコト》の呻き声を聞き、ぎくっと体をのけぞらせ、ついで武尊の顔をまじまじと覗《のぞ》きこんだ。

気津奴別《ケツヌワケ》の怪しむような目つきに接し、武尊《タケルノミコト》はこれまでの自分を恥じた。先の部将会議では、みずから駿河勢の疑惑に封印をしたのである。このようなわだかまりにいつまでも囚《とら》われていることは、百害あって一利なしである。彼は、あらたな行軍に向けて気持ちを切り替えるべく、ここでつきまとういっさいの疑惑や妄想・幻想の類《たぐい》をかなぐり捨てた。


ところで、駿河での一連の事態は、現地からの報告を受けた大和朝廷でも問題にされていた。

大王《おおきみ》は、かく仰せられた。

「廬原《イオハラ》が裏切り行為に出るとはの。武尊《タケルノミコト》であればこそ、かの災禍《さいか》を免れることができたのだ。

十千根大連《トチネノオオムラジ》よ。こんなことでは、物部気津奴別《モノノベノケツヌワケ》を同道させた意味がないではないか。駿河国の押さえはどうなっている。緩《ゆる》んでいるのではないか。——皆の者よ、ただちに現地に人を遣《や》り、駿河国の礎《いしずえ》を固め直すのだ」

「ははっ、大王の仰せ、しかと承りました」

物部十千根大連《トチネノオオムラジ》は、諸臣を代表して答えた。さすがの彼も、顔面蒼白《そうはく》となり、額《ひたい》から汗を滴《したた》らせていた。彼のもとには、大伴武日連《オオトモノタケヒノムラジ》の物部を指弾《しだん》する発言も伝わってきていた。それにこのたびの大王からの叱責である。怒りのやり場がなく、息子の膽咋宿禰《イグイノスクネ》や、五百城入彦《イオキイリヒコ》をともなって訪れてきた八坂入媛《ヤサカノイリビメ》に当たり散らした。そして、駿河国へは、諸臣協議の末、武振熊命《タケフルクマノミコト》を長とする数十名の者が派遣されることとなったのである。

じつは、十千根大連《トチネノオオムラジ》にとっても、うしろめたいことがないとは言い切れなかった。大王が群臣に東征の必要を議されるよりも数日早くに、十千根大連は、大王から東征に向けた決意のほどを聞かされていた。

そして、ちょうどそのころ、十千根大連《トチネノオオムラジ》の肝入りで、美濃・尾張・駿河・相模など東国の物部系の者が大和に呼び集められ、物部一統の結束と情勢認識の共有がはかられていたのであった。駿河国からは、国王、廬原意加部《イオハラノオカベ》の弟、意田部《オタベ》が大和入りしていた。

その彼が、駿河国に戻るにあたり、挨拶《あいさつ》のため十千根大連《トチネノオオムラジ》の控室を訪れた。

「これにて帰参つかまつります。物部宗家の意を体し、兄王を支えて国事に励む所存です」

「ご苦労であった。駿河王には、よしなにお伝えいただきたい」

「心得ました」

「ところで、近々、陸奥に向けて東征軍が組織される」

「なんと、大和の軍勢が東に向かうのは、崇神《スジン》大王のとき以来のことではありませぬか。して、大将軍には、どなたが就《つ》かれますか」

「恐らくは、日本武尊《ヤマトタケルノミコト》であろうかの」

「また、武尊《タケルノミコト》に名をなさせるのですか」

「武尊《タケルノミコト》も、このごろは大王の覚えめでたく、その威を借りて少々のさばってきた感はあるが……。しかし、これだけの大事を任せるとなると、大和の王族には、ほかに適任の者はおらぬでの。八坂入媛《ヤサカノイリビメ》の二人の息子では、帯に短し襷《たすき》に長しというところだろうて。ましてや、武尊の兄の大碓王子《オオウスノミコ》ともなると、大王の意にそぐわぬ行動を改めようとはせず、論外といってよい。ほかにも王子たちは大勢いるが、ほとんどの者は、国や郡に封ぜられて、現地に赴いている。いずれにせよ、彼らとて、力不足は否《いな》めぬだろうて」

「うーむ。たしかに」

「したが、大和の軍勢は、海路を採るとばかりは限らぬでの。東海道《うみつみち》を進み、駿河の領域をも踏みにじることになるかもしれぬ。その場合、駿河国では、どう対処されるかの」

「駿河国の対応ですか。よくよく兄王と相談してみないことには……」

このようなやりとりをしたあと、廬原意田部《イオハラノオタベ》は帰国したのであった。

しかし、十千根大連《トチネノオオムラジ》には、その後の駿河国の対応は、信ずることのできないものであった。駿河勢が大和軍を火焔で包もうとは、そして、泥沼の戦いに引きずり込もうとは。こうしたことは、十千根大連の想像をはるかに超えた事態であった。十千根大連のつもりとしては、廬原意《イオハラノオ》田部《タベ》に事前に、東征軍派遣の情報を流してやっただけのことである。駿河国の対応といっても、遠征軍に対して歓迎の宴を開くことから、知らぬ存ぜぬに徹することまで選択肢は多々あったはずである。駿河国の意加部《オカベ》・意田部《オタベ》兄弟が、自分たちの思惑に基づいて東征軍に過剰反応したとしか思えないのであった。

朝廷の人びとのなかには、口には出さないものの、十千根大連《トチネノオオムラジ》になんらかの関与があったのではないかと疑惑の目を向ける者もいる。さすがに、彼も困惑し、このところ少々心の張りを失っているのである。

相模でのいっときのくつろぎ

武尊《タケルノミコト》の軍勢の進路を追ってみよう。

富士川を渡り、富士山が横に並ぶようになる。東海道《うみつみち》は、そろそろ三島を前にして箱根山の北側へと大きく迂回しはじめる。すなわち、長倉駅（駅は、のちの駅家《うまや》の名称）で内陸にふくらみ、横走《よこはしり》駅をすぎた御殿場のあたりで甲斐路と分岐する。当時は、箱根峠は整備されておらず、駿河・相模の国境《くにざかい》を越えるには、より北側の足柄《あしがら》峠を踏破せねばならなかった。岩肌もあらわな急峻な坂道を馬や輜車《ししゃ》を曳《ひ》いて進むのは、容易なことではなかった。

だが、足柄峠からの眺望は、絶景であった。来し方を振り返れば、雪を戴いた富士山の勇姿がそびえ立ち、その手前には、新緑をちりばめた広大な裾野が広がっていた。

足柄峠を越えれば、麓の坂本駅から小総《おぶさ》駅（現在の小田原市東部）に出、そこから海岸沿いの道を辿《たど》ることになる。そして、相模川にさしかかると、その手前に相模王の館がある。

相模国は、当時、師長《しなが》国（足柄平野）と相武《さがむ》国（相模川流域）とに分かれていた。穂積《ホヅミ》氏は、物部氏の一族として、かつては大和を本拠にしていた。しかるに、大和国の東方への進出が滞っているところから、その先鋒を切って師長地方に派遣されることとなったのである。弟橘媛《オトタチバナヒメ》の父の穂積忍山《ホヅミノオシヤマ》の代になると、いまや土着の豪族として力を蓄え、師長地方のみならず、相武地方の諸部族の支持を得て、相模国王に推戴されるにいたっていた。

すでに、相模湾には、東征軍の軍船が大挙して入港しており、大伴武日連《オオトモノタケヒノムラジ》・吉備武彦《キビノタケヒコ》・尾張《オワリノ》建稲種《タケイナダネ》といった面々は、相模王の招きを受け、ひと足先に相模王の館に逗留を決め込んでいた。

武尊《タケルノミコト》一行を迎えると、相模王は、なにはさておき、盛大な酒宴を催すことにした。相模湾に停泊中の軍船からも、兵士や水夫《かこ》がこぞって館に集まってきた。館の部屋という部屋はすべて開け放たれ、中庭までが宴席の場となった。

陽が翳《かげ》るにしたがい、中庭では、あちらこちらに篝火《かがりび》がたかれ、陽焼けと酒焼けに染まった兵士たちの顔をいっそう赤くほてらせた。そのなかには、取っ組んで暴れまわり、その挙句《あげく》、篝火台を倒して火の粉をまき散らしたり、篝火に掛けられた鍋物をひっくり返したりと、やたら騒々しい連中がいた。

座敷のほうでも、御多分に漏《も》れず、車座になった連中が諸肌脱ぎになり、口角泡を飛ばしている。中央の宴席では、ひとしきり駿河での火難とそれを果敢に乗り切った武尊《タケルノミコト》の機転に話題が集中していた。また、座の者は、武尊が小碓尊《オウスノミコト》と名乗っていた当時の、熊襲や出雲での活躍についても知りたがり、葛城宮戸彦《カツラギノミヤトヒコ》や針間長日子《ハリマノナガヒコ》が得意になってその模様を語ったりしていた。

大伴武日連《オオトモノタケヒノムラジ》が、武尊《タケルノミコト》に語りかける。

「伊勢に向けて王子を迎えに行ったときのことが、懐かしく思い起こされる。失礼ながら、あのころは、まだ幼さが感じられた。そのころにくらべると、王子は大変な成長ぶり、王子の、間髪をいれぬ判断はたしかなものだ。いまや、その名にふさわしき堂々たる大将軍であられる。王子のおわす限り、大和国の基《もとい》は、いささかも揺らぐことはなかろう」

「剛直で名の轟《とどろ》く武日連《タケヒノムラジ》からかかる評価を受けようとは、ただただ恐れ入る。したが、駿河での勝利も、汝《いまし》の砦勢《とりでぜい》に対する奮闘があったればこそ。まだまだ汝には遠く及びもせぬ。これからも、機会あるごとに指導のよろしきを得たいものよ」

「なにを言われるか。引きつづき、吾らをきびしく叱咤《しった》していただきたい」

とはいえ、このように武尊《タケルノミコト》への関心が高まってきたことは、武尊への信頼感が確固たるものとして醸成されてきたことの証左といえよう。酔いがまわるとともに、宴席はいちだんと盛り上がり、幾人かの部将が興に乗ってお国自慢の唄や舞を披露しはじめた。

物部気津奴別《モノノベノケツヌワケ》は、結構な酒飲みであるが、乱れるのも早い。しかも、駿河国での攻防以来、鬱屈《うっくつ》したものが腹に溜《た》まっていた。酒の勢いを借りてだれかれとなく突っかかっていたが、とう武尊《タケルノミコト》の前にまでにじり寄ってきた。

「駿河では、野火に向けいっせいに火を放たれましたな。じつにみごとな作戦でした。吾も、早速にも国もとに報告の使者を走らせました。国もとでもこの話で持ちきりでありましょう」

気津奴別《ケツヌワケ》は、朝廷において、武尊《タケルノミコト》の戦いぶりのみごとさを称えるそのいっぽうで、物部氏に対する疑惑が渦巻いている事実を十分にわきまえていないようである。

「いや、汝の奮戦振りもなかなかのものであった」

「たしかに、吾も生死の際《きわ》に立たされたのです。言っておきますが、駿河勢の攻撃は、物部一族とはなんら関係のないことですぞ。あれは、駿河王の個人的なもくろみから出たこと、当人を生かしておいてきびしく詮議《せんぎ》すべきでした」

「それは、もう済んだことだ」

「いえいえ、どうして」

なおも、気津奴別《ケツヌワケ》は、くどくどと同じことを繰り返した。

少し離れたところからこの状況をはらはらしながら見守っていた宮戸彦《ミヤトヒコ》と長日子《ナガヒコ》は、このまま放置することはできないと判断し、二人してうしろから気津奴別《ケツヌワケ》を抱え、武尊《タケルノミコト》から引き離しにかかった。武尊は、苦笑してこれを見送った。

それから、しばらく経ったある日の昼どきである。武尊《タケルノミコト》は、皮剥《カワハギ》から、相模川の河原で若者が集い、相撲《すまい》に興じていると知らされ、連れだって覗《のぞ》きに行ってみることにした。相撲といっても、投げ技が中心で打突や蹴りは禁じられている。倒されて地面に体がついたら負けとなる。

大勢の観衆が輪になって相撲の取り組みに声援を送っている。中央では、内日子《ウチヒコ》と名乗る若者が、その強靭《きょうじん》な足腰にものをいわせ、すでに、五、六名の者を倒して勝ち抜いていた。

先に来て観戦していた長日子《ナガヒコ》は、武尊《タケルノミコト》を認めると、その傍にやってきて、「内日子《ウチヒコ》は、吾の遠縁にあたる者で、自分を頼って播磨《はりま》から出てきた者です」と告げた。武尊は、それを聞いて喜び、長日子にかく応じた。

「吾の同郷の者ではないか。なぜ早く教えてくれなかったのだ。かの若者を吾の側近くに置くようにしようではないか」

「時機を見て、内日子《ウチヒコ》を取り立ててやろうとは考えていました。かの者は、幼少のころから石つぶてを投げるのを得意としており、このごろでは、独学で打剣（小刀《こがたな》を手にとって敵に投げつける技）の訓練を積んでいるようです。これがものになれば、使い道があると思います」

「それはおもしろい。ぜひいちど、その打剣とやらを見てみたいものだ」

中央では、いまや、内日子《ウチヒコ》は、すばしこそうな小柄の若者と相対していた。その若者は、するりするりと内日子の腕《かいな》をかいくぐり、ついには、相手の横の腰帯に取りつき、頭を下げてくいさがった。そして、機を見て相手を送り出すようにして投げ、地に這《は》わせた。

武尊《タケルノミコト》は、その若者の敏捷《びんしょう》な動きを絶賛したのであるが、ここで首をひねった。その若者には、見覚えがある。はて、だれであったか。

長日子《ナガヒコ》は、武尊《タケルノミコト》のようすを見て、とても隠しおおせるものではないと観念したのか、とうとう白状してしまう。じつは、その若者こそ、あの背長《セナガ》の息子、家守《ヤカモリ》であった。

「お許しください。家守《ヤカモリ》は、吾らを追ってきたようで、大井川を目前にして吾の前に現われたのです。あまりの不憫《ふびん》さゆえに、彼を帰すこともならず、七掬脛《ナナツカハギ》に事情を告げ、身柄を預けたのです。使ってみると、なかなか目端《めはし》の利く男の子《おこ》で、駿河では、廬原《イオハラ》氏の館やその先の砦の内情をよくつかんで報告してくれました」

武尊《タケルノミコト》は、「うーむ」と絶句した。しかし、すぐに思い直した。「倭媛尊《ヤマトヒメノミコト》は、家守《ヤカモリ》のことを報告したとき、すでにこのことあるを見ておられたのだな」と、いまになって気づいたのである。「やむを得ぬか。これも、天の配剤であろう。叔母上には、のちほど、文を届けて了解を求めることとしよう。七掬脛《ナナツカハギ》には、家守のこと、引きつづきよしなに頼むと伝えてくれ」

かくて、武尊《タケルノミコト》は、相模国に来て、みずからと縁《えにし》で結ばれた若者が二人も配下にいることを知ったのである。

ところで、相撲のほうは、どうなったであろうか。

家守《ヤカモリ》は、さらに何人かの挑戦を退けていたが、筋骨隆々《きんこつりゅうりゅう》とした巨漢の、角山《ツノヤマ》と名乗る武者が登場してくると、いとも簡単につかまえられ、身動きもならず、ころがされてしまった。

その後も、何人かが角山《ツノヤマ》の相手となったが、さっぱり彼には、歯が立たないようである。すると、業を煮やした皮剥《カワハギ》が、「どれ、吾が相手になってくれよう」と声を上げ、角山の前へと進み出た。両者とも、がっちりと組み合い、しばらく動きが止まった。観衆の声援を受け、皮剥がいちどは角山を吊り上げたものの、その後は、しだいに息が上がり、逆に高々と吊り上げられ、そのまま勢いよく落とされ、腰砕けとなってしまった。

こんどは、若者たちの視線が武尊《タケルノミコト》に集中しはじめた。やんや、やんやの手拍子もはじまった。どうやら、皆で武尊の出場を促しているらしい。

このような要請を受けて引き下がるような武尊《タケルノミコト》ではない。中央に進み出て、角山《ツノヤマ》と相対した。武尊は、相手の懐に跳び込んで両腕で相手の腰帯をつかむことはできた。しかし、相手はなかなかの剛力の持ち主で、そう簡単には技をかけられない。右に左にと振りまわされ、防戦するだけで精一杯である。観衆は、これを見て大声で囃《はや》したてた。

武尊《タケルノミコト》は、前には出るのがむずかしいとわかると、うしろに素早く下がり、やおら左の差し手を抜き、左足を引いて体を開き、相手を前のめりに落とそうとはかった。しかし、相手も然《さ》る者、前のめりになりながらも、左手を広げて武尊の背に圧力をかけ、両者がほとんど同時に地に着いた。観衆は、総立ちとなり、歓声を上げて両名の健闘を称えたものである。

内日子《ウチヒコ》と家守《ヤカモリ》は、並んで坐り、武尊《タケルノミコト》と角山《ツノヤマ》の対戦を観ていた。二人は、長日子の仲立ちで親しくなっていたのである。その二人のうしろに年老いた一人の兵士がいた。彼は、みんなから御《み》火焚《ひたき》（篝火《かがりび》をたく係）の彦爺と呼ばれていた。内日子たちは、日ごろから彼に教わることが多く、彼には、格別の敬意をはらってきた。その彦爺が二人に語りかけてきた。

「吾は、知ってのとおり、先代の垂仁大王《スイニン》のときからというもの、数限りなく戦いの場に駆り出されてきたものじゃ。景行大王《ケイコウ》の九州遠征にも参加したしな。そういうわけで、これまで多くの武将に仕えてきたさ。だが、このたびの武尊《タケルノミコト》のように、だれ彼の区別なく、吾らの心のうちに入り込んでくる人はいなかった。吾ら下々の者にこれだけ親しく接してくれる人はめずらしい。まことにありがたいことじゃ」

武尊《タケルノミコト》は、兵士たちにきわめてきびしい軍事訓練を課した。限られた人数で未知の軍勢を相手にしなければならないのだから、当然といえば当然のことである。しかし、それ以上に、仲間をできるだけ犠牲にしたくないという強い想いも込められていた。そして、戦闘や訓練の場から離れると、少年時代の初心《うぶ》な心持ちに戻り、兵士たちとの間に温《ぬく》もりのある関係をつくろうと努めるのであった。

三、上総勢との激突、そして和解

走水での上総軍の奇襲
――その一、弟橘媛とは永遠の別れに

東征軍は、五月の半ば、相模《さがみ》をあとにし、決意もあらたに東国をめざす。

この時代の東海道《うみつみち》は、海岸沿いに鎌倉をすぎたあたりから三浦半島に入り、東海岸の走水《はしりみず》（現在の横須賀市）に出て、そこから船で上総《かみつふさ》（房総半島の中央部）の西海岸に渡る道のりとなっていた。当時は、古東京湾沿いを進もうにも、古東京湾に注ぐ利根川・荒川・多摩川などの河口域において広大な低湿地帯が形成されていたがために、通行が困難だったのである。そのため、東海道としては、相模から上総へと、海路に拠らざるを得なかったのである。

武尊《タケルノミコト》は、穂積《ホヅミ》氏の館を辞すると、すべての軍船を走水に先行させ、兵士は全員、陸路により走水に赴かせた。走水からは、総員、船で「走水の海」を渡らなければならない。走水の海と

は、三浦半島と房総半島にはさまれた浦賀水道のことをいう。そこは、ふだんでも潮の流れが速いのに、迫りくる嵐の予兆ででもあろうか、厚い黒雲が天を覆い、間断なく襲う雨まじりの突風で、海は見るからに荒れ模様であった。

武尊《タケルノミコト》は、船出をたじろぐ水夫《かこ》たちを前にして、「少々荒れ気味ではあるが、こんな小さい海、飛び上がってでも渡ることができよう」と、あえて強気のふうを装った。弟橘媛《オトタチバナヒメ》は、これを聞いて、「走水《はしりみず》の海は、難所です。よく事故の起こるところです。軽視してはいけません」と、武尊をたしなめた。

翌日、午後になると、天候はやや落ち着きをみせた。操船指揮官の建稲種《タケイナダネ》は、武尊《タケルノミコト》の意向を尊重しながらも、さらに数刻かけて天候の成りゆきを見きわめ、申《さる》の刻下がり（午後四時をまわったころ）、全船に順次出港するよう指示を出した。武尊の座乗する旗艦には、建稲種・物部《モノノベ》気津奴別《ケツヌワケ》・針間長日子《ハリマノナガヒコ》の面々のほか、弟橘媛《オトタチバナヒメ》とその侍女も同乗した。

しかし、しばらく進むと、一天にわかにかき曇り、真っ黒に染まった叢雲《むらくも》から大粒の雨が落ちてきた。加えて、稲妻が走り雷鳴が轟く。風も吹き荒れ、またしても暴風雨の気配となってきた。

船は、荒波をくらって縦に横にと大揺れに揺れ、翻弄を余儀なくされる。いずれの船も、帆柱を倒そうとするが、これがなかなかはかどらない。そのうちに、帆桁《ほげた》が折れたり、帆が引き裂かれたりする被害が続出する。押し寄せる波に引きずられるようにして海中に没する者も出はじめる。ここにいたって、兵士や漕ぎ手の双眸《そうぼう》に恐怖の影が浮かび上がる。

このとき、弟橘媛《オトタチバナヒメ》は、つぎのように武尊に問いかけた。

「駿河《するが》の茅野《かやの》に燃え立つ火の、その炎のなかに立って、吾の安否を尋ねてくださった吾《あ》が夫《せ》の君よ」

そして、みずからの決意を伝えた。

「こたびは、かなわぬまでも、吾が夫の君に代わり荒波を鎮《しず》めましょう」

弟橘媛《オトタチバナヒメ》は、侍女たちが制止するのも聞かず、身を揺らめかしながら船首のほうへと寄って行く。舳先《へさき》の右脇で前方を凝視していた建稲種《タケイナダネ》も、弟橘媛の真剣な面持ちに威迫《いはく》され、媛と入れ替わり後方へと退いた。

旗艦の舳先の右側には、素戔嗚尊《スサノオノミコト》の御子神にして浮宝《うきだから》(船のこと)の神、五十猛神《イソタケルノカミ》が祀ってある。また、舳先の左側には、旗柱が立てられ、これに大王《おおきみ》から授与された柊《ひいらぎ》の八尋矛《やひろほこ》が添えてある。その上方では、大将軍旗が風になびいている。

弟橘媛《オトタチバナヒメ》は、五十猛神《イソタケルノカミ》に一礼すると、前方に迫《せ》り上がる水押《みよし》(舳先の浪切り材)をよじ上っていき、左手で旗柱をしっかとつかみ仁王立ちとなった。そして、右手を高々と挙げ、天照大神をはじめ、海神《わだつみ》・雷神《いかづち》・火神《かぐつち》・水神《みづち》など八百万《やおよろず》の神々に祈りを捧げ、これをもって全軍を鼓舞せんとした。

吹き荒れる風に大将軍旗が翩翻《へんぽん》とひるがえる。その下《もと》で、媛の黒髪がなびき、そのまとった薄《うす》衣《ぎぬ》がひらひらと舞う。それは、美しくも壮絶な光景であった。後続する軍船の兵士たちは、多くの者が荒波に翻弄されながらも、弟橘媛《オトタチバナヒメ》の神々しい姿を目に焼きつけたのであった。

しばらくすると、弟橘媛《オトタチバナヒメ》の祈りが天につうじたのか、さしもの嵐も、収まる気配をみせた。みるみるうちに黒雲は散じてゆき、夕空を残照が茜《あかね》色に染めはじめた。

しかるに、このとき、大和軍の船団の乱れをついて、はるか前方から数多くの火矢が襲来した。火の粉が濡れた帆や積荷に飛び散り、あちこちでくすぶりはじめる。

武尊《タケルノミコト》は、弟橘媛《オトタチバナヒメ》に危険が迫っている状況を見て、水押《みよし》の下に身を伏せるよう声をからして叫ぶ。しかし、媛はいっかな動じない。彼は、媛を連れ戻そうと、水押の下に歩み寄る。しかし、このときすでに遅く、船が大きく横揺れするなか、飛来した矢が媛の胸に突き刺さる。媛の体は、大きく揺らいで水押をずり落ちると、そのまま右舷の方向に流され、散乱していた舫《もや》い綱《づな》に足を取られて船端にもたれかかる。

武尊《タケルノミコト》は、弟橘媛《オトタチバナヒメ》の傍に駆け寄ると、片膝立ちとなって媛を抱き寄せ、気をたしかにもつよう懸命に呼びかけた。矢はなおも間断なく降り注いでおり、弟橘媛と武尊のまわりを囲んだ侍女たちも、つぎつぎと矢を受けて倒れていく。これを見て、楯を持つ兵士たちがあわてて武尊の周囲を固めに走った。

矢は、媛の胸に深く食い込んでいた。これを引き抜けば、出血多量で媛の生命が危殆《きたい》に瀕《ひん》するであろう。媛のこうむった傷の深さに、武尊《タケルノミコト》としては、なす術《すべ》を知らなかった。そのうち、媛を喪《うしな》うかもしれぬという漠然とした思いが脳裡をよぎるに及んで、武尊の頭はくらくらし、目が眩《くら》んできた。

そのときである。弟橘媛《オトタチバナヒメ》は、にわかに大きく目を見開いた。そして、武尊《タケルノミコト》の、血の気が失《う》せたかのごとき蒼白《そうはく》と化した顔を直視し、「無事、東征の成就を」とささやき、微笑んでみせた。それは、この世のものとは思えぬほどの気高く美しい微笑《ほほえみ》であった。武尊には、このとき、媛の身体が一瞬、光で包まれたかのように感じられた。

それから、弟橘媛《オトタチバナヒメ》は、みずからの頸珠《くびたま》を首からはずして武尊《タケルノミコト》に預けると、武尊の腕をするりと抜け、ごく自然な所作で舷側をまたいで海へと降りていった。媛の身体は、しばし海面を漂ったあと、やがて、海中深く沈んでいった。矢を受けた侍女たちも、意識のある者は、弟橘媛のあとを追って海中へと没していった。

武尊《タケルノミコト》は、なにが起こったのかさっぱりわからず、放心したまま、右舷の船縁《ふなべり》から身を乗り出して媛が降りたあたりの海面を覗《のぞ》き込んでいた。こんどは、武尊が船外に落下する恐れがあり、まわりから兵士が集まってきて武尊をむりやり船内に引きずり込んだ。

暗雲散じて茜色の夕空へと移ろう時の流れの、ある刹那《せつな》において、この世とあの世が紙一重に連なったのである。その一瞬に呑み込まれた以上、いまとなっては、弟橘媛《オトタチバナヒメ》をこの世に引き戻すことはできない。武尊《タケルノミコト》は、なお茫然自失の状態にあった。長日子《ナガヒコ》にしても、歌垣山での二人の出会いとその後のお互いの想いを知っているがゆえに、慰める術《すべ》を知らなかった。

建稲種《タケイナダネ》にとっても、かかるがごとき事態は、悪夢であるとしか思えなかった。それでも、彼は、「この期《ご》に及んで悲嘆に暮れているわけにはいかない、いまは正面の敵に備えることこそ先決である」と気力を奮《ふる》い起こし、躍起《やっき》になって船内の動揺の抑えにかかった。

しかるに、すでにそのころには、大小さまざまな敵の軍船が間近に迫っており、あれよあれよという間に、それらの軍船が大和軍の船団の間に勢いよく割り込んできた。ここに、先頭集団をなす武尊《タケルノミコト》の直轄軍の船上では、いたるところで両軍の兵士による白刃きらめく壮絶な戦いが繰り広げられることとなったのである。

武尊《タケルノミコト》の坐《いま》す旗艦にも、敵兵がつぎつぎと踊り込んできた。後部からは、僚船が接舷し、湾《わん》刀《とう》を掲げた皮剥《カワハギ》を先頭に味方の兵が乗り移ってくる。皮剥の一党は、敵兵が武尊に迫らんとするのを懸命になって防いだ。その間にあって、長日子《ナガヒコ》は、武尊を僚船へと誘導し、激戦の場からの離脱をはかった。武尊は放心状態にあったとはいえ、その右手には、弟橘媛《オトタチバナヒメ》が残した、例の頸珠がしっかりと握られていた。

いまや日はどっぷりと暮れ、両軍の兵士は、月の薄明かりとあちこちで立ち上《のぼ》る炎の明かりを頼りに、剣戟《けんげき》を交わす。武尊《タケルノミコト》の直轄軍の後方に詰めていたその余の軍船も、まずは吉備《キビ》勢、ついで大伴《オオトモ》勢と、つぎつぎ、敵の船団めがけて突進していく。やがて、東征軍の軍船が敵勢に向けて勢揃いするころには、敵兵はいっせいに自軍の船へと退《ひ》いていき、敵船は、やおら後退をはじめた。

大和側は、これを追撃しようとするが、敵船は、潮流をうまく活用して速度を上げ、たちどころに闇にまぎれて視界の外へと消えていった。

武尊《タケルノミコト》が移乗した軍船に、大伴武日連《オオトモノタケヒノムラジ》・吉備武彦《キビノタケヒコ》・物部気津奴別《モノノベノケツヌワケ》・建稲種《タケイナダネ》・宮戸彦《ミヤトヒコ》といった兵《つわもの》たちが集まってきた。武将たちは、武尊に弔意を表わしたあと、建稲種をはさんで協議に入る。武尊は、いまはなにをする気にもなれず、今後の方針とて彼らに任せるほかはなかった。

これだけ整然と軍船を操れる勢力となると、総国《ふさのくに》を構成する豪族以外には考えられず、上総《かみつふさ》（房総半島中央部）に拠る上海上《かみつうなかみ》氏か、下総《しもつふさ》（房総半島北部）の東部を押さえる下海上《しもつうなかみ》氏ということになる。どちらも、同一の祖、海上《うなかみ》氏から分流してきた豪族である。大和軍の前面をさえぎる当の軍勢は、地勢的にみて、まずは上海上氏のそれとみて間違いはあるまい。

武尊《タケルノミコト》の乗船は、すでに航行不能に陥っていた。武尊直属のその余の船も、多かれ少なかれ、なにがしかの疵《きず》をこうむっていた。ただ、大伴軍の船は、最後尾に詰めていたがために、総じて被害が少なくして済み、兵士と乗組員の士気に衰えもなかった。それゆえ、大伴武日連《オオトモノタケヒノムラジ》は、敵船を追撃する役割をみずから買って出た。大伴武日連の申し出にともない、吉備武彦《キビノタケヒコ》は、敵の本拠の襲撃を引き受けることとなった。

その結果、大伴武日連《オオトモノタケヒノムラジ》と吉備武彦《キビノタケヒコ》の任務分担が、つぎのように決せられた。

――大伴武日連《オオトモノタケヒノムラジ》は、建稲種《タケイナダネ》とともに、吉備軍の船一二隻を加え、総数三四隻の軍船を率いて上総《かみつふさ》の西海岸沿いを南下し、攻撃してきた軍船の索敵《さくてき》に努める。

――吉備武彦《キビノタケヒコ》は、航行可能な残余の船を率いて上総の西海岸から上陸し、内陸を進んで上海《かみつうな》上《かみ》氏の居館（現在の市原市北部）の攻略をめざす。

協議が終わると、建稲種《タケイナダネ》は、暗夜にもかかわらず、すべての軍船を富津《ふっつ》岬の北側に集結させ、船団の再編成を行なった。そして、武尊《タケルノミコト》の御座船をはじめ破損の著しい船は、はかの船に最寄りの港まで曳航《えいこう》させる段取りをつけた。

走水での上総軍の奇襲
――その二、上総王の居館に対する攻略

夜明けとともに、吉備・大伴の両副将軍は、ただちに行動に移った。

大伴武日連《オオトモノタケヒノムラジ》は、三四隻の船を率いて富津《ふっつ》岬の南側へと転じた。吉備武彦《キビノタケヒコ》は、疵《きず》ついた船の修

理に算段をつけると、残りの船団を率いてやや北上し、木更津港から上陸した。
武尊《タケルノミコト》は、上陸後もしばらく海辺にとどまり、そこから離れるのを躊躇《ちゅうちょ》した。弟橘媛《オトタチバナヒメ》との別れになかなか踏ん切りがつかなかったのである。木更津の地名の由来は、「君去らず」からきているという。

さらに、海岸沿いを北上すると、海辺に衣類の切れ端が点々と流れ着いており、そのなかに、弟橘媛のものと思われる袖《そで》の切れ端をみつけることができた。武尊は、それを拾い上げ、弟橘媛の形見として持ち帰ることにした。ちなみに、その地は、今日、袖ヶ浦とよばれている。

さて、東征軍は、はるか前方に南東にさかのぼる養老川《ようろうがわ》があるのを認めると、進路を東にとって内陸部をめざす。すると、養老川の対岸に陣を張っている上総《かみつふさ》軍の存在に気がついた。かくて、この川をはさんで両軍が対峙《たいじ》することとなった。

数刻を経たのちのことである。暗雲にわかに垂れ込めたかと思う間もなく、ふたたび、大粒の雨が落ちはじめ、上空を稲光が走り、雷鳴が轟《とどろ》きわたる。やがて、雷雲は、養老川上空にさしかかり、とうとう大和軍の陣営の右脇に密生する樹林に強烈な閃光《せんこう》と轟音《ごうおん》をともない、落雷した。ちょうど、武尊《タケルノミコト》の手勢が布陣する場所の近くであった。

東征軍の兵士たちの間では、当初、落雷を神の啓示と受け止め、その意図をめぐって疑心暗鬼となり、動揺が広がった。しかし、この落雷は、天上の神々の、武尊《タケルノミコト》に対する「覚醒《かくせい》せよ」と

の啓示ででもあったのであろう。武尊は、この轟音に弾《はじ》かれたかのように、やにわに本来の自分を取り戻した。そして、両軍が対峙するという緊迫した状況を確認するや、体の内からなる闘争本能に火がついた。

武尊《タケルノミコト》は、しばらくすると、七掬脛《ナナツカハギ》を呼んで、「川沿いをさかのぼり、対岸の敵勢の配置状況を見きわめたうえで、迂回《うかい》部隊の渡河に適した地点を探れ」と命じた。

兵士たちも、武尊《タケルノミコト》の体に力強さがみなぎるのを目撃するに及んで、彼らの動揺は収まり、逆に、武尊への期待と信頼がいやが上にも高まっていったのである。

夜の帳《とばり》が下りると、東征軍は、そのまま養老川の手前で野営にはいった。深更、七掬脛《ナナツカハギ》の使いとして家守《ヤカモリ》がやってきて、「八里（約三・三キロ）ほど上流で敵の軍勢がこちら側の岸に渡っている」旨、武尊《タケルノミコト》に報告した。

家守《ヤカモリ》が武尊《タケルノミコト》に見《まみ》えるのは、伊勢以来のことである。緊急時でもあり、武尊は多くを語らず、「体をいとえよ」とのみ告げた。

武尊《タケルノミコト》は、この情報を得ると、ただちに東征軍の半ばを割《さ》き、みずからがその先頭に立ち、夜の静寂《しじま》をついて敵勢の渡河地点にほど近いところまで進出した。

敵勢は、すでに渡河を終え、川岸に陣屋を設け、その前面に歩哨《ほしよう》を配置して駐屯《ちゆうとん》していた。武尊《タケルノミコト》の指示を受け、七掬脛《ナナツカハギ》とその配下が音もなく歩哨に忍び寄り、つぎつぎとこれを片づける。ついで、武尊の手勢が一斉に駐屯部隊を襲う。敵勢は、不意をつかれ、形勢をくつがえすことができず、多くの者が斬り死にし、その余の者は縛《ばく》についた。

敵勢をもれなく制圧すると、武尊《タケルノミコト》の迂回部隊は、対岸に渡って待機態勢に入る。物見《ものみ》を放って前方の探索に当たらせると、敵の本営にいたるまでの間には、敵の遊撃隊や分遣隊が重複して配置されていることがわかった。空が白みはじめるよりも早く、武尊の手勢は、敵の本営に向けて進軍をはじめた。とはいえ、途上、敵勢の執拗《しつよう》な反撃にあい、そう簡単には前に進めない。武尊は、上空に火矢を放ち、吉備武彦《キビノタケヒコ》の本隊に突撃を促した。

吉備武彦《キビノタケヒコ》の軍勢は、友軍からの要請を受けると、武彦を先頭にここを先途《せんど》とばかり、つぎつぎと川に入り、飛来する矢数をものともせず、敵陣めがけてその真っただ中に突っ込んでいった。

ここにおいて、両軍、一進一退の乱戦状態となる。しかしながら、敵勢のほうが数において勝り、時の経過とともに、吉備武彦《キビノタケヒコ》以下東征軍の兵士たちは押し返されはじめる。とはいえ、彼らは、川を背にしており、後退することは、自滅を意味する。ともかく、彼らは、劣勢であるにもかかわらず、一刻半（四五分）ちかくにわたり、乱戦状態のなかを耐えに耐えた。

やがて、東征軍の迂回部隊が、敵の遊撃隊・分遣隊をつぎつぎと粉砕し、敵本営に側面から迫るに及び、攻守所を変えて大和軍の勢いが上総《かみつふさ》軍を上まわりはじめる。上総軍は、じりじりと後退をはじめ、ついには総崩れとなって塹壕《ざんごう》と砦柵《さいさく》に囲まれた上総王の居館のうちに逃げ込んでいく。東征軍も、上総軍につけいり、塹壕で、門櫓《もんやぐら》で、さらには館の内外で、なおも白兵戦が繰り広げられる。上総軍も最後までよく戦ったが、東征軍は、終始変わることなく攻勢をつづけ、ついには敵軍を殲滅《せんめつ》に追いやったのである。

館から引きずりだされた上総王・上海上忍毛多比《カミツウナカミノオシケタヒ》をはじめ、この国の王族どもは、「吾らは、大和王権の膝下《しっか》に屈するつもりはない。殺すなら殺すがよい」と、なおも強情に反発の姿勢を崩さない。

武　尊《タケルノミコト》は、弟橘媛《オトタチバナヒメ》が犠牲になったことでもあり、彼らに対する怒りはなおも解けなかったのであるが、それでも、言い訳に終始した駿河国の王族よりもよっぽどましだと、むしろ彼らの姿勢に好感をおぼえた。なにはともあれ、彼らをすべて獄中に収容することにした。

その後、武　尊《タケルノミコト》と武彦《タケヒコ》は、大伴軍への支援策について論じた。

「上総軍は、思ったより手強い相手だったな」

「彼らは、容易には屈しません。武日連《タケヒノムラジ》も、さぞ苦戦していることでしょう。港に係留している軍船の修理を急がせています。二日もあれば、あらかた修理の目途《めど》がつくはずです。これらの軍船をすべて大伴軍の支援に向かわせましょう。ここにいる大和軍の過半をこれに充《あ》ててください。ここは、残りの者でなんとか守ってみせます。」

「うむ、そうしてくれるか。しかし、それまで手をこまねいているわけにもいくまい。七掬脛《ナナツカハギ》が上総軍の部将を籠絡《ろうらく》して不穏な情報を得ている。香取海《かとりのうみ》（現在の霞ヶ浦一帯）の南岸を押さえる下　海上《しもつうなかみ》氏や、それより北の久慈川《くじがわ》の河口を制する甕星《ミカボシ》一族が、船団を組んで上海上《かみつうなかみ》氏に加勢しようとする動きもあるやに聞く。吾は、これより陸路にて反対側の海に出て、上総国の船着き場を攪乱《かくらん》に陥れてくれよう」

「わかりました。したが、王子の手勢は少ない。決して無理はされませんように。――ところで、甕星《ミカボシ》一族とは、どのような部族なのです」

「彼らのことは、京《みやこ》でうわさを聞いたことがある。甕星香々背男《ミカボシノカカセオ》を祖とする常陸《ひたち》の先住民だ。その末裔が久慈川流域に勢力を張り、久慈川河口域周辺の制海権を掌握しているという。一筋縄ではいかぬ、屈強な相手らしいぞ」

「うーむ。いずれ彼らを相手にせねばなりませんな。心しておきましょう」

房総沖での海戦
――その一、武尊の敵船への破壊工作

上海上《かみつうなかみ》氏の居館から外房の海辺までの道のりは、相当の長丁場《ながちょうば》になろう。武尊《タケルノミコト》は、上総《かみつふさ》勢から、精力的に騎馬の接収に努めた。そして、上総軍の部将を案内にたて、長日子《ナガヒコ》・七掬脛《ナナツカハギ》・皮剥《カワハギ》ら二十数名の兵《つわもの》とともに、全員騎馬にて山間《やまあい》の道を南東に向かうことにした。その際、替え馬や、飲料・資材などを積んだ駄馬を何頭か帯同する必要があった。かてて加えて、物部気津奴別《モノノベノケツヌワケ》が、「居残るよりは敵軍とあい見《まみ》えたい」と言って分遣隊入りを志願してきた。武尊は、少々わずらわしいなと思いつつも、彼の殊勝な心がけに感じ入り、気津奴別とその従者二名を分遣隊に迎え入れた。

房総半島の中南部は、丘陵が幾重《いくえ》にも重なり、しかも、南に行くほどその起伏がはげしくなる。武 尊《タケルノミコト》の一行は、その谷あいをたどり、馬を駆《か》った。

夕刻、にわか雨に見舞われたが、それも一時《いっとき》のことで、やがて、澄み切った夜空に、満天の星が煌々《こうこう》と輝きはじめた。とりわけ、天空を帯となって横切る天の安河《あめのやすかわ》（天の川のこと）は、潤いを帯びた星の数々で埋め尽くされており、そのひとつひとつからいまにも涙の雫《しずく》が滴《したた》り落ちてきそうである。

一行は、馬の疲労を考慮し、何度か休みを取った。そして、星空のもと、相も変わらず早駆けに専心する。そろそろ前方の空が白みはじめようかというころ、左側の繁みから矢による集中攻撃を受けた。武 尊《タケルノミコト》の手勢は、委細かまわず、その場所を駆け抜けると、反転して襲撃者のいたあたり目がけて斬り込むが、すでに彼らの姿は見当たらない。そのどさくさにまぎれ、案内役の敵の部将も、姿を消していた。確認すると、数名の兵士が矢傷をおっていた。傷の重い者はその場に残して行かざるを得ない。

すでに、午刻をまわっていた。武 尊《タケルノミコト》は、なおも物見を先行させつつ、先を急ぐ。そのうちに、物見の者から、「この先、大木で道がふさがれ、そこにかなりの兵士が詰めている」との急報があった。そこで、上総軍の阻止線を避けるため、武尊の手勢は、乗馬を放棄し、右手の繁みに分け入ることにした。

かくては、樹々の生い茂る起伏のはげしい丘陵を、道なき道を求めて南東にたどらなければならない。それでも、しばらく藪をかき分けながら進むうちに、祠《ほこら》を設置した、ちょっとした空き地に行き当たった。その先には、幸いなことに、粗朶《そだ》（雑木の枝）を埋め込んで設《しつら》えた階段状の細い道ができていた。それを下りていくと、家屋の密集した集落に行き着いた。そこからは、わりに整備された道が伸びており、これ幸いと先を急ぐ。さらにいくつかの集落を越えると、やがては、左右に岬が湾曲して伸びた、比較的大きな港湾（現在の勝浦湾）のほとりにたどり着くことができた。

前方を注視すると、湾口左寄りの沖合に、帆船《ほぶね》と漕《こ》ぎ舟《ぶね》を大小とり混ぜた上総国の軍船が大挙して集結しているようすが目についた。

右手の方角を見やると、岸辺に建物らしきものがあり、そのうしろに何隻かの軍船が係留されている。近づいてみると、横長の平屋があり、その前面には、数名の歩哨《ほしょう》が立っている。そこは、軍船の発着場であった。武尊《タケルノミコト》主従は、屋舎に対面する丘の中腹に潜《ひそ》み、船着き場の視察にあたることにした。

建物のなかには、かなりの人数の兵士が休んでいるようだ。また、船には、船子が材木を運び込んでおり、どうやら破損した箇所の修理がはじまるようだ。

夕刻を前に、騎馬の集団が船着き場に駆け込んできた。すると、屋舎で屯《たむろ》していた兵士が全員飛び出してきてこれを迎えるではないか。よく見ると、騎乗者のなかには、上総国の王をはじめ、獄に容《い》れておいたはずの王族が何名か含まれていた。なんらかの形で、吉備武彦《キビノタケヒコ》が守る居館の獄が破られたのであろう。

やがて、黄昏《たそがれ》のなか、一隻《せき》の軍船が、船着き場を出で、湾口左手の船団のほうに向かっていった。おそらく、上総国の王族も乗っているのであろう。

夜の闇がふたたび訪れた。船着き場には、なお二隻の軍船が係留されていた。それらの船上では、赤々と火を灯《とも》し、大勢の船子が槌音《つちおと》を響かせながらせわしく働いている。

武尊《タケルノミコト》は、二隻の船のほうを指さしながら、七掬脛《ナナツカハギ》に語りかけた。

「上総軍は、王族を迎え、さぞかし勢いづいたことだろうて。こうなれば、せめてあの二隻の軍船の出港くらいは、阻止したいものだが……」

七掬脛《ナナツカハギ》は、武尊《タケルノミコト》の問いに即座に応じた。

「吾に兵を貸してください。敵船を炎上させてやります」

武尊《タケルノミコト》は、七掬脛《ナナツカハギ》がこのように応えてくれることを期待していた。早速、配下の過半を割《さ》いて決死隊を編成し、七掬脛に与えた。

「そうしてくれると、助かる」

決死隊には、七掬脛《ナナツカハギ》の要望に基づき、皮剥《カワハギ》とその仲間も加えられた。七掬脛は、当の皮剥に、「岸辺に舫《もや》う小舟を何艘か確保し、係留されている軍船の近くで待機してほしい」と要請した。七掬脛が皮剥を指名した背景には、彼が瀬戸内で海賊稼業をしていたがゆえに、小舟の扱いに慣れているという事情がある。

小舟手配の見通しが立つと、七掬脛《ナナツカハギ》たちは、いくつもの松明《たいまつ》を手にして船着き場へと忍び込んでいく。やがて、彼らは、二手に分かれ、歩哨《ほしょう》を斬り伏せながら、それぞれ軍船二隻の舷側に架《か》かる勾配のある渡し板をのぼっていった。

武尊《タケルノミコト》をはじめ、丘陵の中腹に残留した兵たちは、決死隊の任務を支援するため、頃合いをみて一斉に上総兵の屯《たむろ》する屋舎に火矢を射《う》ち込みはじめた。上総兵は、一時的に混乱に陥ったものの、敵の所在をたしかめると、弓矢をとって応戦してきた。さらに、彼らは、敵を蹂躙《じゅうりん》せんと丘陵に押し寄せてきたが、後方での騒ぎに気づくと、そちらのほうに踵《きびす》を返した。

二組の決死隊は、軍船に乗り込むと、敵兵と斬り結びながらも、積み重ねられた俵《たわら》や筵《むしろ》につぎつぎと松明を投げ込んでいった。船に火の手が上がったのを確認すると、武尊《タケルノミコト》たちは、その場を早々に引き払った。決死隊の連中も、炎の燃え盛るなか、多くの者が舷側から海へ飛び込み、近くに待ち受けていた小舟に拾われた。

武尊《タケルノミコト》の手勢は、互いに約束の地点で落ち合い、明け方まで仮眠をとった。その後、味方の船影を求めて沖合いを注視しながら、さらに海辺を南下していった。

入江と岬が入り組んだ海岸をめぐるうち、やがて、ひときわ大きな岬（明神岬）に出た。たまたま、その突端からは、いくつかの入り海や岬を越えた先に、湾岸（興津《おきつ》湾西岸）に勢揃いする大伴軍とおぼしき船団を、おぼろげながら望むことができた。武尊《タケルノミコト》の一行は、湾曲した入り海を越え、つぎなる岬の西岸にいたり、四里（約二・二キロメートル）ほど先の船団に向けて、自分たちの存在に気づくよう、松明《たいまつ》の炎を左右に揺らし、また、一定の間隔で火矢を放った。

房総沖での海戦
――その二、建稲種、劣勢をものともせず

さて、大伴軍の船団のほうである。

大伴軍は、富津《ふっつ》岬の南側に移ると、三四隻の船団を二手に分け、昼過ぎまで相互に攻防を繰り返す猛訓練にはげんだ。その後、二列縦陣をなして索敵《さくてき》の途についた。

房総半島の最南端まで回航してきたときのことである。突如、野島《のじま》（現在は、房総半島とつながって野島崎となっている）の後方から四〇隻ちかくの大船が、多くの漕《こ》ぎ船《ぶね》をともなって姿を現わし、大伴軍の船団の脇腹に火矢を射かけてきた。

大伴軍のほうは、急ぎ楯《たて》を船端《ふなばた》に並べて火矢の襲来を防ぐ。すでにして、あちこちの船で、積

荷から、くすぶった煙が上がっている。

敵船は、旗艦を先頭に楔形《くさびがた》の陣形をとり、接近戦を求めて迫ってくる。その旗艦の舳先《へさき》には、巨大な鏡が掲げられており、それが鋭く陽光を反射し、大伴軍に対して不気味な光を投げかける。

大伴軍の船団も、急遽、船首を相手に向け直し、二列横陣の構えをもって迎え撃つ。船と船が接舷し、交差すると、お互いに兵士が相手の船に乗り移り、ここでも白兵戦が展開されることになる。敵の小舟はといえば、一斉に大伴軍の船団の隙間にはいりこんで大船に横付けとなり、それぞれ鉤《かぎ》付縄梯子《なわばしご》を使って舷側からの侵入を企図する。かくて、大伴軍は、正面の敵のみならず、側面からの敵にも備えなければならず、兵力の分散を余儀なくされる。

いかんせん、敵勢は、軍船の規模と兵力にまさるばかりか、先制の勢いに乗じており、さしもの大伴軍の兵士も、しだいに追いまくられ、味方の船へと戻っていく。

ここにいたって、建稲種《タケイナダネ》も、自軍の船を一斉に敵船から引き離そうと試みる。だが、櫓《ろ》の操作で逆行することはむずかしく、ましてや敵前で回頭《かいとう》するわけにもいかず、なかなか現場を離脱することができない。逃さじと追いすがる敵船に対して、あるいは矢を斉射《せいしゃ》し、あるいは矛《ほこ》を連ね、その接近を防ぐだけで精一杯である。時の経過とともに、孤立した大伴軍の船が敵船に取り囲まれ、一隻また一隻と蹂躙《じゅうりん》されていく。

建稲種《タケイナダネ》は、武日連《タケヒノムラジ》に進言する。

「このままでは、吾が船団は、敵船に割り込まれて分散し、壊滅的な打撃をこうむるは必至です。こうなったら、仕方がありません。幸い風向きは吾が方に有利です。吾が軍中央の船二隻に火をつけ、敵の船団めがけて突進させたいと考えます」

「うーむ。やむを得ぬか」

季節柄、風向きは、南ないし南東寄りである。大伴軍の北側に位置する敵の船団は、燃え上がる大伴軍の二隻の船を目にすると、延焼を恐れ、急遽、後退をはじめた。敵の小舟も、あたふたと離脱をはかる。

火だるまと化した船二隻の犠牲のうえに、大伴軍の船団は、一斉に左に旋回する余裕を得、最後尾を先頭に立てて西向きに戦線からの離脱をはかる。だが、敵勢は、燃えさかる船を遠巻きにしたあと、なおも大伴軍めがけて殺到せんともくろむ。

しかし、幸いなことに、この時分には暗雲が上空を覆いはじめ、あたりが薄暗くなるとともに大粒の雨をともない、突風が吹き荒れだした。やがては、闇を切り裂いて稲妻が走り、雷鳴が耳をつんざく。あの武尊《タケルノミコト》を覚醒させた落雷と時を前後する強烈な風雨である。

敵軍も、これ以上の攻撃はむずかしいと判断し、追撃を中止した。かくて、大伴軍の船団は、にわかなる荒天にも助けられ、窮地を脱することができたのである。ただし、この戦いで、大伴軍は、破壊されたり、みずから焼燬《しょうき》したりで、つごう六隻の船を失ったのであった。

翌日の昼下がり、前日とは打って変わって好天に恵まれ、あたり一面の、べた凪《なぎ》である。大伴軍の船団は、不十分ながらも軍備を整え終えると、ふたたび二列縦陣となって房総半島南端に向かい、野島の沖合を警戒しながら通過した。緒戦《しょせん》に敗北を喫したとはいえ、大伴軍の兵士は、復讐に燃えたぎっており、その士気は、これまで以上に高揚していた。

このたびは、戦闘に際して効率よく動けるよう、つぎのように、旗艦以下の左列と副旗艦以下の右列の指揮系統を明確化した。

――武日連《タケヒノムラジ》と建稲種《タケイナダネ》の座乗する旗艦は、後続する左列一三隻を直接指揮する。

――右列先頭の、副官・久米阿加志毘古《クメノアカシヒコ》と軍監《ぐんげん》・海部志理都彦《アマベノシリツヒコ》の座乗する副旗艦に、後続する右列一三隻の指揮をまかせる。

――左列一四隻の最後尾には、久米八腹《クメノヤハラ》を配し、退却する際の兵士の収容と船列の維持を監督させるとともに、一斉に反転した際の船団の陣頭指揮に当たらせる。

大伴軍の船団は、外房の沖合をゆっくりと北上する。すると、千倉《ちくら》港沖で上総国の軍船が待ち受けており、ふたたび両軍が相見《まみ》えることとなった。このたびは、敵船は、大伴軍を揶揄《やゆ》するかのように、船列を大きく開き、両翼を前に出す三日月形の陣形をとっている。大伴軍の船団を包み込み、その殲滅《せんめつ》をはからんと、もくろんでいるようである。三日月陣の中央に位置する敵の旗艦からは、またもや大鏡の反射光がまぶしくきらめく。

しかし、建稲種《タケイナダネ》は、上総軍の陣形を見て、むしろこれを好機としてとらえ、武日連《タケヒノムラジ》に進言した。

「敵の船列は、伸びきっています。吾が船団は、右側の翼の部分に割り込んでこれを分断し、久米阿加志毘古《アカシヒコ》に孤立した敵船を攻撃させてはいかがかと……」

「吾がほうが阿加志毘古《アカシヒコ》の立ち回りの楯となるわけだな。それは妙案だ」

さすが歴戦の闘将、大伴武日連《オオトモノタケヒノムラジ》である。呑み込みが早い。

建稲種《タケイナダネ》は、武日連《タケヒノムラジ》の同意を得ると、ただちに副旗艦に接舷するよう求め、阿加志毘古《アカシヒコ》にその旨、指示した。旗艦と副旗艦は、それぞれ帆柱の頂《いただき》に戦闘旗を掲げ、後続する船列に、追随して行動するよう促した。

建稲種《タケイナダネ》は、船の速度を上げて直進すると見せかけつつも、突如として舵《かじ》を右に切って自軍の船を右に誘導した。敵船も、この動きに合わせて包囲網を縮め、大伴軍の船団を捕捉しようと企図する。が、しかし、なにしろ船列が広がっており、大伴軍の敏速な動きに遅れをとってしまう。

二列縦陣に連なる大伴軍の船団は、旗艦を先頭に敵船列の右側の翼に迫るや、迎え撃つ敵勢の真ん中を強引にこじ開ける。つづけて、旗艦以下左列の船は、蝟集《いしゅう》せる敵船に向け、左舷から集中的に矢を放ち、機を見て、一斉に左に回頭して船首を敵に向ける。これを見て、敵船のほうも、大伴軍の船列に船首をぶつけ、これを突破しようと試みる。しかし、大伴軍の船列は、頑強に結束してこれを許さない。激突し、きしみ合う両軍の舳先と舳先の間では、たちまちにしてはげしく干戈《かんか》が交えられる。

かくて、大伴軍は、敵船七、八隻を右側に分断させることを得た。その海域では、すでに副旗艦以下の右列一四隻が、孤立せる敵船に猛撃を加えている。

やがて、遠方の敵勢も、続々と戦闘の場に駆けつけてくる。かくして、大伴軍左列に対する敵勢の攻撃は、しだいに苛烈《かれつ》なものとなっていく。敵船のなかには、大伴軍の旗艦の先を越えてその奥にまわりこもうとするものも出る。勢い、大伴軍は、船列を少しずつ右方へと広げていかざるを得ない。そうこうするうちに、大伴軍の船列にほころびが出はじめる。なかでも、その中央部が敵船によって押し込まれ、ここから船列を突破される恐れが出てきた。

戦端が開かれてから、すでに一刻半（四五分）に及ぼうとしていた。左列の最後尾から戦況の推移を観察していた久米《クメ》八腹《ノヤハラ》は、そろそろ船列を撤収すべき時期がきたと判断した。そして、敵兵の蹂躙を受けて危殆《きたい》に瀕《ひん》している船列中央の船は見捨てざるを得ないと考えた。まずは、手近な船を一隻、戦線から離脱させ、見捨てるべき船の焼燬《しょうき》と、兵士・水夫《かこ》の収容に向かわせた。

救援船は、船列中央の二隻の船に放棄の意思を伝える。すると、それらの船では、にわかにいくつかの菰《こも》包みの甕《かめ》が打ち割られ、盛られていた油が滲みだして船底をじわっと広がっていく。そこへ救援船から燃えさかる松明《たいまつ》がつぎつぎと投げ込まれる。それらの船は炎を上げながら、前方へとゆっくりと進んでいく。その最中《さなか》、大和側の多くの兵士と水夫《かこ》が、救援船や隣接船のほうに逃れ去ってきた。

敵船の中央部は、延焼を恐れ、後退を余儀なくされる。しかし、一拍置くと、敵軍は、こんどは、大伴軍の左列最後尾に攻撃の矛先を向けはじめた。敵方の船が最後尾を越えてその先へとまわり込むのは、もはや時間の問題である。ぐずぐずしてはいられない。久米八腹《クメノヤハラ》は、火矢を打ち上げ、旗艦に撤退の決断を促した。

ここにいたって、大伴軍の旗艦は、銅鑼《どら》を打ちとどろかせて後列の船に追従するよう促しながら、大きく右方へ旋回する。そして、副旗艦以下の軍船を傘下《さんか》に収めながら、南方へと戦闘海域を離脱していく。しかし、残念ながら、焼燬《しょうき》した二隻のほかにも、旗艦の数隻後方に位置していた船が一隻、上総勢に占拠されており、大伴軍の船列に復帰することはかなわなかった。

敵船は、大伴軍の船列に向けて一斉に弓矢による攻撃を加えてきた。さらに、何隻もの船が大伴軍の船列めがけて突進し、みずからの船体をこれにぶち当て、その船列を崩さんと企図する。しかし、彼らのほうも、陣形にひずみを生じて統率に乱れをきたしており、味方の組織的な援護が得られず、途中で追跡を断念した。

大伴軍の消えた海域には、大伴軍の、炎に包まれた船二隻と拿捕《だほ》された船一隻が残された。ほかに、大伴軍の集中攻撃にさらされ、炎上し、浸水し、操船機能を失って傾いた上総軍の四隻の無残な残骸がとり残されていた。そのあたりの海域には、多くの兵士や水夫《かこ》が波のまにまに漂っていた。

上総軍の側では、大伴軍の集中攻撃を受け、さらに数隻の軍船に疲弊と損耗が生じていた。その結果、上総軍の軍船の陣形は乱れ、団子状態となって統率に手間どる。結局、上総軍は、大伴軍への備えから、損傷・損耗の著しい軍船を真ん中に配置し、その周囲を固めた方円の陣形へと収斂《しゅうれん》していく。

建稲種《タケイナダネ》のほうは、戦場から抜け出したあと、大伴軍の船団をして右まわりに西方へと迂回させることをもくろんでいた。やがて、蝟集《いしゅう》せる敵軍の南側にまわると、二列縦陣から単縦陣へと陣形を変え、右舷に弓の放列を並べて上総軍の船団に向けて整然と矢を射かけたのである。

かくして、上総軍の軍船は、方円の備えのまま、矢を応射しながら北方へと現場を離脱していく。その際、漕ぎ舟、二、三艘が脱落し、大伴軍の餌食《えじき》となった。

だが、大伴軍のほうも、先の海戦で六隻の軍船を毀損したのにつづき、今回あらたに軍船三隻を失い、しかも、疵《きず》ついた船を何隻か抱えている。あまつさえ、全兵士の保持する矢の数量は尽きようとしていた。もとより、追撃するだけの余力は残っていない。

上総軍のほうは、軍船を勝浦《かつうら》湾沖に集結させた。そして、損耗のいちじるしい数隻の軍船を修理のため勝浦湾の船着き場にまわした。しかし、すでにみてきたように、これらのうち、二隻の軍船は、武尊《タケルノミコト》の手勢の奇襲を受けて炎上し、航行不能となっている。

房総沖での海戦
――その三、　白兵戦による最終決着

大伴軍は、急戦を避け、翌一日を破損した船の補修と兵士の休養に当てた。そして、未明には船団を沿岸伝いに北上させ、明け方、ひそかに興津湾に入った。昼前、興津湾の西岸に集結していたところ、東方の岬で松明が揺らめき、火矢が放たれている状況を認めた。幸いなことに、差し向けた探索要員によって、武尊《タケルノミコト》とその配下の存在が確認された。

武尊《タケルノミコト》は、大伴軍の兵士に大歓声で迎えられた。武尊は、そこここに激戦の跡を生々しく残す大伴軍の旗艦上に立つ。大伴勢は、いままでのところ、建稲種《タケイナダネ》の献策とその操船技術に支えられ、上総勢とはそこそこ互角の戦いを演じてきている。

「これまで苦しい戦いを強《し》いられてきたとはいえ、吾が軍は、決して上総軍に引けをとるものではない。ここに武尊《タケルノミコト》を迎え、吾ら一同勇気百倍の思いです」

武尊《タケルノミコト》は、大伴武日連《オオトモノタケヒノムラジ》からの戦況報告に讃辞を惜しまなかった。

「戦力を上回る敵の攻撃によくぞ耐えてくれた。しかも、二度目の戦いでは、敵を総崩れにさせたという。すばらしい戦果を挙げたものだ」

「これもみな、建稲種《タケイナダネ》の周到な計略と果敢な判断の賜物《たまもの》です」

「うむ。武日連《タケヒノムラジ》と建稲種《タケイナダネ》の組み合わせが絶妙な神業《かみわざ》を生みだしたとみえる」

兵士たちは、武尊《タケルノミコト》の言葉を聞くと、歓声を上げて名指しされた二人をはやしたてた。

武日連《タケヒノムラジ》は、歓声を抑えて言上《ごんじょう》する。

「それから、武尊《タケルノミコト》には、敵の軍船二隻を付け火により航行不能にしていただいたとのこと。敵方は、戦わずして二隻の軍船を失い、相当にこたえたはず」

こんどは、武尊《タケルノミコト》に対する賛嘆の声があがる。

武日連《タケヒノムラジ》がさらに言葉を継ぐ。

「――ただ、憂《うれ》うべくは、吾が軍の多くの船が失われ、矢の数も底をついてきたことです」

「さもあろう。ここにくる前に、修理を終えしだい、残りの軍船をすべてこちらの方面にまわす手筈《てはず》をとった。もう少しの辛抱だ。ただ、この戦《いくさ》が長引くと、下総《しもつふさ》や常陸《ひたち》方面の軍勢が上総軍の支援に向けて不穏な動きをみせるかもしれぬ。なんとか、上総軍の船団を早い段階で叩きつぶしたいものだ」

「そのような懸念があるのですか。されば、急ぎ船列を整え、攻撃の準備にかかるとしよう。敵の軍船も、かなりの打撃をこうむっているはず。接近戦に持ちこめば、十分勝負できよう」

武尊《タケルノミコト》は、武日連《タケヒノムラジ》の言葉に深くうなずいた。

大伴軍の全船が、出航命令の下りるのを、いまかいまかと待ち受けていたときのことである。

折しも、そこへ、加夜種継《カヤノタネツグ》を司令とする吉備《きび》軍の船八隻が先遣隊として内房から回航してきた。その報告によると、今日中には、葛城宮戸彦《カツラギノミヤトヒコ》指揮下の十数隻の軍船も、こちらに到着する予定だという。ここにおいて大伴軍兵士の士気は、いや増しに高まったのである。

大伴軍に新参の吉備勢を加えた東征軍の船団が、興津《おきつ》湾の沖合に姿を現わすと、これを認めた上総勢も、勝浦湾の沖合から出撃してきた。今回は、ともに楔形《くさびがた》よりも緩やかな弓形の陣形をとり、真っ向からぶつかっていく。準構造船の数からすると、両軍の戦力は、ほぼ拮抗《きっこう》するにいたっている。上総軍の弓形陣の先頭を切る旗艦からは、例によって舳先《へさき》に掲げた大鏡が陽光を反射し、まぶしく光る。武日連《タケヒノムラジ》とともに旗艦の舳先に立つ武尊《タケルノミコト》が、それを見ていぶかしがる。

「あれが上総軍の旗艦か。なんとも不気味な光を放つものだ」

「なんの、こけおどしのようなもの。驚くにはあたらない」

東征軍は、吉備勢の参加により若干の軍需品の補強がなされたものの、いまだ上総勢にくらべて矢の数量が不足していた。それゆえ、敵船との隔たりがあるあいだは、楯を並べて飛来する火矢を防ぎ、かつ、荷や材についた炎を消し止めることに専念せざるをえなかった。

しかし、敵船に接舷するや、大和勢はこぞって、初戦での接近戦の鬱憤《うっぷん》を晴らさんとばかりに敵船に躍り込む。大伴勢に合流した皮剥《カワハギ》も、久方ぶりに船戦《ふないくさ》の場を得、例の湾刀《わんとう》を掲げて勇躍敵船に跳び込んでいった。

上総勢も、黙ってはいない、逆に大和勢の船に乗り込んでくる。かくして、またもや、いずこの船にあっても、凄烈な白兵戦が展開されることとなった。

当初こそ、上総勢の勢いが大和軍を圧倒するかにみえたが、時間の経過とともに、東征軍が盛り返しはじめ、しだいに、東征軍の勢いが上総勢を上まわるようになった。

ここで、少々補足をすると、総じて、戦いにおける大和勢の勝利の陰には、用兵の妙や士気の高さもさることながら、そのいっぽうで、その鉄製武器と鉄製防具の優秀性も寄与していたのである。大和や吉備といった国々の鉄製品は、上総国のものよりも純度の高い鉄素材を基に鍛え上げられたものであって、その強度においてまさっていた。その細い鏃《やじり》や細身の長剣は、同じ鉄製でも上総勢のものよりすぐれて威力のあるものであった。甲冑《かっちゅう》などの防護具にしても同じで、上総勢のものにくらべて軽量であるにもかかわらず、より強靭《きょうじん》にできていた。

すなわち、彼我の勢力が拮抗する場合であっても、時間の経過とともに、じわりじわりと鉄製の武器や防具の威力の差が顕在化し、やがては、それが決定的な勝因となり得たのである。

さて、両軍のあいだで白兵戦が展開されている最中《さなか》、大和側の第二陣の軍船が内房から回航されてきた。そして、いつでも攻撃に移れるよう戦闘海域の後方に横陣の構えをとり、詰めるにいたった。ところが、これに相前後して戦闘海域の向こう側にも、かなりの数の軍船が現われ、同じく横陣の構えをとって控えたのである。その軍旗からして、それらの軍船は、上総軍のものではなく、下総国の下海上《しもつうなかみ》軍のものと推測できた。

こうなると、後詰《うしろづ》めの大和軍は、下総勢を牽制するため、東征軍と上総軍との激戦を見守るしか手はない。下手に動くと、下総勢の介入を招き、事態の収拾がむずかしくなる。とはいえ、後詰めの大和軍を率いる葛城宮戸彦《カツラギノミヤトヒコ》は、血気にはやる猛進型の武将であり、戦闘に加わりたくてしようがない。これを軍監《ぐんげん》の十市黒主《トイチノクロヌシ》が理を説いて懸命に引き止めた。

宮戸彦は、はるか前方に布陣する下海上《しもつうなかみ》軍の船列と目前の戦闘の状況とを等分に眺めつつ、なんら手の出せぬことを切歯扼腕《せっしやくわん》して悔しがったのである。

しかし、いまや、戦況は、大和勢優位のうちに進行している。激戦の果てに、上総勢は、ついに拿捕《だほ》された軍船二隻を残し、勝浦湾に向け後退しはじめる。この動きを見て、下総勢も、一斉に回頭し、北方へと退《ひ》いていった。

東征軍は、拿捕した上総軍の船二隻と航行不能となった自軍の船一隻を置き去りにしたまま、旗艦を先頭に上総勢を追い、最終決戦をめざして勝浦湾の入口にて勢揃いする。さらに、その背後には、宮戸彦《ミヤトヒコ》の指揮する船団が後備えとして横一列に展開する。

しばらくして、湾央に整列する上総軍の船団から、旗艦とおぼしき船が一隻、舳先に掲げた大鏡を降ろし、白幡《しらはた》をたなびかせながら、進み出てきた。そして、東征軍の旗艦に接舷すると、数人の武将が乗り移ってきた。彼らは、武尊《タケルノミコト》にも見覚えのある上総国の王族たちであった。

上総王、上海上忍毛多比《カミツウナカミノオシケタヒ》が武尊《タケルノミコト》に申し向けた。

「吾らは、大和王権の風下に立つことを嫌った。しかし、このたび力負けした以上、今後は、大和王権に恭順を誓うことにする。ついては、吾を除き、上総勢の身の安全について配慮をお願いしたい」

「うむ。勝敗は時の運。上総軍の戦いぶりは、なかなかみごとなものであった。これからは、恨みつらみは忘れ、両国の親交をよりたしかなものとしていきたいものだ」

「王子の言葉、肝に銘じたい」

上総王は、誓いの証《あかし》として、旗艦の舳先に掲げていた、ことさらに巨大な銅製の鏡を武尊《タケルノミコト》に奉呈した。そのうえで、上総王は、自軍の船列に戻ると、みずからの船の舳先に立ち、みずからの首に剣を当て自刃した。その後、二名の武将が上総王のあとを追い、自決して果てた。

東征軍のあいだには、上総勢に対してさらなる責任追及を求める声も強かった。その急先鋒に立ったのが、物部気津奴別《モノノベノケツヌワケ》であった。しかし、武尊《タケルノミコト》は、大局に立ってこうした強硬派の要求を抑え、それ以上の責任追及を控えた。上総側はといえば、大和側の寛大な措置に感激し、これまでの敵愾心《てきがいしん》を捨て、大和王権に対して見るからに従順の姿勢を示すようになった。

それにしても、両軍の犠牲は大きかった。武尊《タケルノミコト》は、敵味方を問わず、戦闘の犠牲者を集め、埋葬することに全力を尽くした。その後、両軍の和解と逝った者たちへの鎮魂を兼ねて、海辺にて全員で神々に祈りを捧げたのであった。

翌日、武尊《タケルノミコト》は、東征軍・上総軍双方の軍船を率いて房総半島の西海岸に向かい、上海上《かみつうなかみ》氏の居館へと凱旋《がいせん》した。

留守居の吉備武彦《キビノタケヒコ》は、この勝利を大いに喜んだのであるが、そのいっぽうで、奇襲を受け、獄を破られてしまったことを無念そうに報告し、処罰を受けることを申し出た。しかし、武尊《タケルノミコト》は、少ない要員でよくぞ居館を守りとおしたと、その労をねぎらい、すべてを不問に付した。

武尊《タケルノミコト》は、一か月近くにわたって、すべての将士に休息をとらせた。その後、全軍を挙げ勝浦湾に直行させ、その後背地において野営の体制を築かせた。東征軍の船団には、使用不能となった軍船に替え、上総軍の軍船八隻があらたに加えられた。かくして、武尊は、勝浦湾から興津湾にかけて、海陸ともに東征軍の総勢を展開し、二か月ほどを軍事訓練に費やしたのである。

いっぽう、京《みやこ》のほうでは、八坂入媛《ヤサカノイリビメ》が物部十千根大連《トチネノオオムラジ》の控室を訪ねていた。

「武尊《タケルノミコト》が、また総国《ふさのくに》で大勝を収めたとか。武尊の人気はいや増すばかり」

「ここまでやるとは予想以上の出来だ。いま思えば、吾らは、王子の力量を軽く考えていたのだ」

「吾は、大王《おおきみ》の地位を息子たち以外に譲りたくはないのです」

「吾も、このところ、少しばかり落ち目での。したが、汝の次子、五百城入彦王子《イオキイリヒコノミコ》は、どうも評判が悪い。少し策を弄《ろう》しすぎるところがあるからの」

「あの子としても、精一杯もてる力を発揮しようと努めているのです。それが、やることなすこと裏目に出てしまって」

「それにくらべると、長子の稚足彦王子《ワカタラシヒコノミコ》のほうは、信があるとの評判だ。武将としての資質では武尊《タケルノミコト》に劣るが、政治向きの判断では、武尊にまさるかもしれんぞ。近ごろの御前会議では、稚足彦王子の発言に注目が集まっている。口数が多いわけではないが、見解を求められると、なかなか筋のとおった存念を披露する。大王も、決断する前に、王子の意見を徴する機会が増えてきたように思う」

「そのひと言をお聞きし、少し晴れやかな気持になれました」

事実、八坂入媛《ヤサカノイリビメ》の硬い表情が少しばかりゆるんだかにみえた。

甕星一族の出迎え

いよいよ陸奥《みちのく》へ向けての旅立ちである。

ここに秋冷の季節を迎えようとしていたが、外房一帯にあっては、沖を流れる黒潮の恵みを受け、いまなお温暖な気候を享受していた。

武尊《タケルノミコト》は、勝浦湾上に軍船を並べ、それを背景に湾岸に集結した全将士を前にして大号令を下す。

「時は来たれり。いざ往《ゆ》かん。いまだ見ぬ国、陸奥へ」

全将士は、鬨《とき》の声を上げ、旗幟《きし》を高く掲げ、軍旗をひるがえす。各軍船からは、水夫《かこ》が船縁《ふなべり》を叩いてこれにこたえる。

ついで、将士の乗船がはじまる。武尊《タケルノミコト》は、旗艦に座乗すると、まずもって舳先《へさき》に上総王の献上になる銅製の大型の鏡を掲げさせた。この銅鏡は、よく磨きあげてあり、太陽光の具合によっては、光がまぶしく反射して直視できないほどである。

東征軍の軍船は、北に進路をとる。

まずは、九十九里浜の沖合を進み、銚子《ちょうし》半島をまわりこむ。すると、そのあたりで、海面が陸地の奥深くに湾入している。その先には、香取海《かとりのうみ》と呼ぶ広大な内海が開けていた。

香取海の痕跡は、いまもって、霞ヶ浦・印旛沼《いんばぬま》・手賀沼《てがぬま》などとして残っており、その広大さがわかろうというものである。今日にあっては、利根川が、鬼怒川《きぬがわ》（古くは、毛野川《けぬ》）を合して銚子の方向に流れ出てくる。しかし、当時は、利根川は、内陸奥深くに食い込んだ古東京湾のほうに流れ込み、鬼怒川が、これとは別に香取海の南部に注いでいたのである。

その香取海の南岸を下海上氏《しもつうなかみ》が押さえていた。

東征軍としては、下海上軍《しもつうなかみ》に対して、状況によっては、海陸両様の作戦を展開する必要があった。武尊《タケルノミコト》は、香取海につうじる水路の両岸に物見《ものみ》を放って下海上軍の備えを窺《うかが》わせた。

武尊《タケルノミコト》は、しばらく水路の外で待機していたが、特段の緊急通報もないところから、相手の出方をうかがうため、みずからが直接指揮する船団を順次、水路に入れた。すると、船団は、なんら妨害を受けることなく、大きく開けた内海に出ることができた。この内海は、港湾を兼ねており、左手の湾岸には数多くの船が係留されていた。武尊の軍勢は、内海に出たところで勢揃いする。

東征軍の船からは、岸壁や船上で人びとの右往左往する様が手にとるように見て取れた。そうこうするうちに、湾岸からは、白幡を掲げた一隻《せき》の船が、榊《さかき》の上中下の枝にそれぞれ剣・鏡・玉を懸け、進み出てきた。武尊《タケルノミコト》の坐《いま》す旗艦に移乗してきたのは、下総王、下海上久都伎《シモツウナカミノクツキ》とその幕僚たちであった。

下総王は、上海上軍《かみつうなかみ》を支援せんと軍船を派遣した先の非礼をしきりに詫び、大和国への服従を誓って、剣・鏡・玉の三種《みくさ》の宝物《たから》を献上した。武尊《タケルノミコト》はこれを収受し、下総王を赦《ゆる》した。すでに落日が迫っており、東征軍の船は、こぞって内海に入り、湾内で一夜を過ごすことになった。

武尊《タケルノミコト》は、このあたりの土地柄や風情について関心をいだき、下総国の者にいろいろと尋ねてみた。その際、たまたま、香取海の東寄りに所在する白鳥郷《しらとりのさと》（鉾田《ほこた》市中居）のことが話題になった。そこは、垂仁《スイニン》帝の御世に、数羽の白鳥が降り立ち童女《わらわめ》と化して池や堤を築こうとした、という言い伝えのある土地柄だという。叔母からは、自分の誕生を前にして白鳥が飛翔する夢を見たという話を聞かされており、武尊としても、この地の伝承には無関心ではいられなかった。

そこで、翌早朝、武尊《タケルノミコト》は、長日子《ナガヒコ》・宮戸彦《ミヤトヒコ》・内日子《ウチヒコ》・皮剥《カワハギ》ら、側近の者数名とともに、下総国の支援を得て、香取海の東岸沿い（現在の北浦）を舟で北上することにした。そして、二日後の明け方には、鹿島灘《かしまなだ》に面した海辺、角折浜《つのおれのはま》（鹿島市大字角折）に出ることによって、大和軍の船団と合流することとした。

この広大な内海は、その先々で放射状に内陸部に食い込んでいる。武尊《タケルノミコト》たちが進む水域も、遡上《そじょう》するにしたがい、放射状に分かれた水路のひとつとして独立し、川幅がせばまり、かつ、岸辺には葦《あし》の茂みが深くなってくる。

初日は、夕刻を前に、香島《かしま》の船着き場（鹿嶋市）にて下船し、香島の宮（のちの鹿島神宮）にて宿る。夜明けとともに船出し、午刻をまわったころには、白鳥郷《しらとりのさと》の近くまでたどりつくことができた。里人は、葦原をかき分けながら、岸辺に接岸させようと苦労している舟を見かけると、皆して駆け寄り、牽引用の綱を持って葦原にはいり、舟を誘導してくれた。

里人に感謝の意を伝えたあと、白鳥郷の所在について尋ねると、長者らしき男が、やや北寄りの方向を指し示した。それから、同人は、この水路の北端から西岸にかけては、余所者《よそもの》を快しとしない先住の部族がいるので、その郷よりも先には行かないほうがよいと付け加えた。

教示された方向に行ってみると、立派な用水池の堤が築かれており、その周囲には、脱穀後の稲藁《いなわら》の束を積み重ねた「藁ぼっち」（藁塚）が列をなして並んでいた。このとき、にわかに、用水路の水たまりで餌をついばんでいた白鳥《しらとり》の群れが一斉に飛び立ち、武尊《タケルノミコト》の頭上を旋回すると、やがて西方の湖のほうへと去って行った。白鳥が武尊の頭上に飛来したのを目撃した土地の人びとは、かの方を徒人《ただびと》に非ず、と察したようである。武尊の一行に向けて湯茶や御膳《みけつもの》の接待に努め、崇敬の念をあらわにしたのである。

一行は、白鳥郷を辞したあと、やや南下して角折浜へと進み、ここで宿営することにした。『常陸国風土記《ひたちのくにふどき》』に、その地名の謂われのひとつとして、「武尊《タケルノミコト》の一行は食事をつくろうにも水がなく、鹿の角で地を掘ってみたが、その角が折れてしまった」という趣旨のことを記している。

翌朝、海岸に出て、鹿島灘沖にて待機中の船団に所在を知らせるべく、数か所で狼煙《のろし》をあげ、また、間隔をおいて火矢を上空に向けて射た。ほどなくして、沖合から迎えの船がこの地に向かってきた。

東征軍の船は、武尊《タケルノミコト》を迎えると、鹿島灘を北上し、まずは、那珂川《なかがわ》の河口域にて停泊した。問題は、この先の久慈川《くじがわ》の河口域である。この一帯を押さえる甕星《みかぼし》勢が東征軍にどのように対応してくるか想像もつかない。硬軟両様の備えが必要であるとはいえ、でき得れば、穏便な形でその沖合いを通過したいものである。

東征軍の船団は、十分に意思疎通をはかったうえで、警戒を怠らず、久慈川の沖合いに向け北上する。案じたとおり、久慈川河口域に形成された港湾からは、軍船二十数隻がつぎつぎと出てきて、大和軍の行く手をはばんだ。船上では、兵士が鈴なりになり、弓につがえた矢を大和軍のほうに向けている。音に聞く甕星《みかぼし》一族の出迎えである。

武尊《タケルノミコト》は、すべての軍船を停止させ、建稲種《タケイナダネ》にいっさいの手出しは無用と念を押したうえで、単身、酒壺をかかえて小舟に乗り込み、甕星《みかぼし》勢の旗艦に向かった。旗艦に移乗すると、かの兵士たちが抜き身の剣を手に武尊を取り囲んだ。しばらくして、族長らしき髭面《ひげづら》の男が、いきり立つ兵士を制して武尊の前に現われた。

その男は、名を建速背男《タケハヤノセオ》といった。彼は、「建速《たけはや》の」(勇猛迅速の意)と謳《うた》われた素戔嗚尊《スサノオノミコト》の崇拝者であるがゆえに、建速を名に冠していた。素戔嗚尊は、彼ら先住民にとっては、天津神《あまつかみ》に最後まで抵抗した国津神《くにつかみ》側の輝かしき大先達《せんだつ》であった。

「ふーむ。汝《なれ》が武尊《タケルノミコト》とかいう奴か。ひとりで乗り込んでくるとは、なかなか豪胆《ごうたん》な奴よのう。汝がその昔、熊襲《くまそ》の王を倒したという話は聞いているぞ」

「吾も、甕星《みかぼし》一族の剛勇なることを聞き知っている」

「……いずれにせよ、ここを黙っては通すわけにはいかぬ。海上勢《うなかみ》は、大和軍に屈したようだが、吾らはそうはいかない」

「まずは話を聞いてくれ。酒を酌《く》み交わしたいと思って、ほれ、このとおり、酒壺を持参してきた」

「なんと、酒樽を持参したと。うわっはっはっは。それは用意がよいことよのう」

「やれ、これは恐れ入り申した。酒樽にすべきであったか」

これを聞いて、取り囲んだ兵士が、どっと笑い出した。

「さよう。吾らが長《おさ》には、酒樽でなければのう」

「されど、長に毒酒でも呑《の》ませるつもりではないだろうな」

「そうさな、長よ、騙《だま》されてはなりませんぞ」

「待て待て。おもしろい。その毒酒とやらを呑んでやろうじゃないか」

船上は、にわかに両者の酒席の場へと転じた。

両者は、兵士の輪に囲まれたそのなかで相対して座り、大き目の杯に酒を注ぐと、お互いに一気に呑み干した。

「ふむ、大和のへな猪口《ちょこ》が酒を食らうか」

「されど、甕星公《ミカボシノキミ》、大和の酒は、美味であろう」

「なんの、ここ久慈の地には、旨《うま》い酒、旨い肴《さかな》がたんとあるぞ」

「吾は、幼きころ、播磨《はりま》や吉備《きび》で過ごした。播磨や吉備にも、旨い酒、旨い肴がたんとあった」

「なんと、幼くしてすでに酒をたしなんでいたのか」

「いやいや、そういうわけではないが……」

まわりの者たちは、また笑いに包まれる。いくぶん座の空気が和らいできたようである。

酒壺が空になると、族長は、さらに数壺《こ》の酒壺と取れたての縞蝦《しまえび》・鮑《あわび》などの肴を持ってこさせ、二人の鯨飲《げいいん》はとことんつづいた。

酔いがまわるにつれ、二人は、どちらともなく立ち上がって組みつき、力相撲をはじめた。船《ふな》端《ばた》に押しつけ、寄りかかり、一歩間違うと船から落下する恐れがあり、危険きわまりない。まわりの兵士たちも、二人の意地の張り合いに圧倒され、どうすることもできず、ただ二人を取り巻き、二人の動きに合わせてあっちへ寄ったり、こっちへ寄ったりしている。だが、お互いに力尽きたのか、二人ともその場にへたりこみ、挙句の果て、重なり合って大いびきをかき、寝込んでしまう。

いっぽう、大和側では、武尊《タケルノミコト》が深更になっても帰艦せず、気が気ではない。大伴・吉備の両副将軍を中心に対応を検討するが、建稲種《タケイナダネ》に伝えられた武尊の指示があるのみで、その後の武尊の動静がさっぱりわからず、どう行動すべきか判断がつかない。とりあえず動きが出るまで待つほかはなかった。

さて、夜空の一角が白みはじめようかというころ、建速背男《タケハヤノセオ》が先に目をさました。彼は、自分にもたれかかっている武尊《タケルノミコト》を押しのけて体を起こした。二人のまわりには、族長の配下が大勢、ごろ寝をしている。族長は、東の方角を指差して武尊に告げた。

「向こうの海の上のほうでひときわ明るく輝いているのが、吾らの守り神、甕星《みかぼし》なのだ」

「おお、なんと神々《こうごう》しい」

「そう言ってくれるか。嬉《うれ》しいことだ」

甕星《みかぼし》とは、どうやら明星、すなわち、金星を意味するようである。この星は、太陽からあまり離れておらず、ふつうは、太陽の強い光に邪魔されて簡単には確認できない。太陽が地平線の直下に隠れているわずかな時間、すなわち、明け方か（明けの明星）日没後か（宵の明星）のどちらかでしか、観察することができない。いまは、太陽が昇ってくるまでのしばらくの間、明けの明星として東の空にひときわ明るく輝いている。

「よいか、王子よ。吾がこれから話すことをよく聞いておくのだ。——吾らの祖先は、倭人が現われるよりも早く、この地に住み着いていたのだ。それをあとからきた倭人が貶《おとし》め、追い払おうとする。奴らは、先住の部族を『やれ土蜘蛛《つちぐも》だ、八掬脛《やつかはぎ》だ、国巣《くず》だ』と、馬鹿にした名で呼ぶ。東の蝦夷《えみし》にしても、西の熊襲《くまそ》にしても同じことだ。聞くところによると、吉備の温羅《うら》一族だって、そのようにして亡ぼされたのだ」

武尊《タケルノミコト》は、驚いた。倭国の領域を離れれば、これまで大和や吉備で教えられてきたこととは、まったく違った見方が成り立つのだ。

族長は、さらに語り継いだ。

「吾らの祖、甕星香々背男《ミカボシノカカセオ》は、天津神の側から武甕槌神《タケミカツチノカミ》と経津主神《フツヌシノカミ》の二人の将軍による攻撃を受けたが、これによく耐え、屈しなかった。あらたに派遣された建葉槌命《タケハツチノミコト》との戦いでは遅れをとったものの、その後も、なんとか先祖伝来の土地を守り抜いてきた。吾らは、これからも、いかなる困難をともなおうと、部族の土地を護り、部族の血縁を守ってゆかねばならない。それをあの甕星《みかぼし》が見守ってくれているのだ」

東の空はすでに明るさを増し、甕星《みかぼし》も、輪郭がぼやけて認めるのがむずかしくなっていた。

武尊《タケルノミコト》は、族長の話に大きくうなずいた。彼の話は、自分を彼と同じ立場においてみれば、よく理解できることであった。

武尊《タケルノミコト》のほうも、海西《わたのにし》の高句麗《こうくり》・百済《くだら》・新羅《しらぎ》といった国々の現下の情勢を説いた。そして、これらの国々と伍《ご》していくためには、倭国を構成する国々が意思を統一し、軍事的にも統一行動がとれる体制を築く必要がある。あわせて、倭国の東に隣接する諸部族との同盟関係を確固たるものとし、後顧《こうこ》の憂《うれ》いを断っておかなければならない、と東征軍が陸奥へ向かうことの背景を説明した。

しばらくして、甕星《みかぼし》の族長は、麾下《きか》のすべての軍船に航路を空け、帰港するよう命じた。そして、別れ際に、武尊《タケルノミコト》に言った。

「汝なら、吾らの気持ちをわかってくれるだろう。この先でも、蝦夷《えみし》の部族を僻目《ひがめ》で見ることだけはしないでくれ」

みずからの軍船に戻るため小舟に乗り移る段階にいたって、武尊《タケルノミコト》は、張りつめていた弦が切れたかのように緊張がゆるみ、にわかに泥酔状態に陥った。酔眼朦朧《すいがんもうろう》とし、足をふらつかせながらみずからの船に戻ってみると、大将軍の身を心配して集まっていた武将たちが歓声を上げて迎えてくれた。

一戦も交えず、甕星《みかぼし》一族を退けることができたのだから、それは喜ばしいことに違いない。しかし、武尊が酔っているだけでなく、深く考え込んでいるのに気づき、皆、いぶかしがったのである。

四、蝦夷勢の開明派と武闘派

日高見国の人びとと文化
――その一、蝦夷の歴史的位置づけ

東征軍が陸奥にて蝦夷《えみし》と呼ばれる人びとと接するに先立ち、彼らの歴史的位置づけについて、若干の言及をしておきたい。

かつては、北海道も含め、日本列島全体が、同質の縄文文化によって広くおおわれていたのである。やがて、東北地方の北部、津軽《つがる》地方には、三内丸山《さんないまるやま》遺跡や亀ヶ岡《かめがおか》遺跡においてみられるような、この地特有の進んだ文化的伝統が生まれる。

その後も、この地方には、弥生時代の早い時期から、砂沢《すなざわ》遺跡や垂柳《たれやなぎ》遺跡にみられるように、日本海ルートをつうじて水稲耕作の技術が伝わってきた。しかし、三世紀後半から四世紀にかけて、気候の寒冷化にともない、津軽地方での稲作は途絶してしまい、多くの住民がこの地を離れ

ていったのである。

いっぽう、北海道では、気候的条件のゆえに、水稲耕作を内容とする弥生文化へと移行することはなかった。ただ、本州の弥生文化の影響のもとに、鉄石併用の続縄文《ぞくじょうもん》時代へと移行していく。その初期段階にあっては、北海道の南西部において、亀ヶ岡文化の影響を受けた恵山《えさん》文化が定着していたが、しだいに弥生文化の影響のもとに変質していく。これと並行して、北海道東部では、北方文化の影響を受けつつも、旧来の縄文的要素を色濃く残す文化が存続していた。やがて、これら東西の文化が統合され、北海道の中央部において、江別《えべつ》式土器（後北式《こうほくしき》土器ともいう）を特徴とする文化が強力に発展を遂げる。そして、弥生時代後半から古墳時代へかけて、この江別文化が、わが国の東北地方北部から北方の樺太《からふと》や千島《ちしま》列島あたりまでを広く覆うようになる。この時期、文化の南進にともない、多くの人びとが東北地方に移住していった。

他方、三世紀後半からはじまった気温の低下を受けて、沿海州《えんかいしゅう》方面に居住していたツングース系の種族が、獲物を追って樺太経由で南下しはじめた。そのなかには、粛慎《みしはせ》のように、北方地域から北海道ないし東北地方北部にかけて行き来する者もあれば、オホーツク人のように、北海道に居を移そうとする者も現われた。とりわけ、オホーツク人は、北海道の島嶼《とうしょ》部への移住を皮切りに、本島への進出をもくろみ、五世紀には、北海道のオホーツク海沿岸に姿を現わす。

このようにみてくると、北海道における居住民の南下の現象は、津軽地方からの稲作フロントの後退や北方からのオホーツク人の圧迫などとも絡んでくるといってよい。

『日本書紀』神武天皇〈東征〉の条に、愛瀰詩《えみし》なる語が、大和地方の先住民を意味するものとして出てくる。倭の国々の勢力圏の拡大により、彼らの居住地域は、関東、ついで東北へと後退していく。やがて、大和王権の側は、東北から北海道にかけて居住する先住民を毛人《えみし》、ないしは、蝦夷《えみし》と呼ぶようになる。

毛人なる呼称から想像できるように、その身体的特徴は多毛性にある。それは、のちのアイヌ民族を彷彿《ほうふつ》とさせる。また、今日にいたるも、東北地方には、アイヌ語で解ける地名が残されているともいう。こうした点から考えて、アイヌ民族は、蝦夷と民族的なつながりをもつといってよいのではないかと思われる。

東北地方では、土着の蝦夷に倭人が混在し、両者が共存していくようになる。その北部の住民は、都加留《つがる》といい、かつてのすぐれた土着文化を受け継ぐとともに、北方地域や周辺海域の国々との交易に力を入れていた。また、彼らが北上川の流域に築いた街《まち》や邑《むら》は、大和王権の側からは、日高見《ひたかみ》国と呼ばれるようになる。

大和王権の側は、東国の蝦夷《えみし》を、倭国への地理的な近さや倭人への順応性を基準に熟蝦夷《にぎえびす》、麁《あら》蝦夷《えびす》というように区別していた。このような区別にしたがうなら、日高見国の住民というのは、熟蝦夷に倭人の末裔《まつえい》が混在せる人びとといってよいであろう。

大和王権は、武尊《タケルノミコト》を陸奥に派遣して蝦夷《えみし》との接触を試みる。その後は、倭の国々と蝦夷との関係は、交易をとおして比較的良好に推移する。

大和王権が、本格的に蝦夷《えみし》の制圧に乗り出すのは、七世紀の半ばすぎのことである。そのころ、陸奥では、奥羽山脈と北上山地のもたらす豊富な鉄資源の恵みを受け、製鉄・鍛冶が盛んとなり、その技術は、日本刀の起源をなすともいわれる蕨手刀《わらびてのかたな》に凝縮されていた。大和王権の蝦夷制圧の背景には、その鉄生産の流れを押さえようとする企図が込められていた。

やがて、朝廷側の領域に取り込まれた蝦夷《えみし》は、俘囚《ふしゅう》と称されるようになる。しかし、俘囚は、しだいに勢力を蓄え、ついには朝廷に反旗をひるがえす。

平安時代も半ばをすぎると、朝廷側は、俘囚や蝦夷（このころから、蝦夷《えぞ》と呼ぶようになる）の攻略に行き詰まりを覚えはじめる。そのいっぽうで、東北地方では、俘囚の勢力を基盤として、安倍氏・清原氏・藤原氏などの豪族が育っていき、盛衰を繰り返すことになる。この間、この地方では、蝦夷の倭人への同化が進んでいく。

北海道では、長きにわたり続縄文文化の時代がつづいたのであるが、八世紀末から九世紀にかけて、オホーツク人の文化を吸収し、擦文《さつもん》土器を特徴とする新たな文化へと変貌を遂げた。この擦文文化が、のちのアイヌ文化につながっていくことになる。

日高見国の人びとと文化
――その二、開墾の推進と刀鍛冶の技術

さて、話を東征軍の動静に戻したい。

東征軍の船団は、秋色深まりゆくみぎり、鹿島灘《かしまなだ》を越え、さらに太平洋側を海岸に沿って北上する。小春日和のときがあるかと思えば、強風が吹きすさび、霙《みぞれ》混じりの雨が降りかかる。さすがにこの時期、海が時化《しけ》ることも多く、操船には技術を要する。先々、河口や入江を探して風待ち・潮待ちの場所としたり、漁村を見つけて物資を購入したりと、苦労を重ねる。

かくするうちに、船団は、大きくはだかる牡鹿《おしか》半島の、その根元に開く石巻《いしのまき》湾の沖合いに到達した。いまだ昼時には間があり、上空は雲で覆われ、海上には靄《もや》が漂っていた。

石巻湾に流れ込む北上川の河口には、石巻湊が形成されている。沖合いから靄をとおしてその方向を眺めると、北上川の西岸に武装した人びとが蝟集《いしゅう》し、待ち構えているように見受けられた。武《タケルノミコト》尊は、すべての船を沖合いに停泊させ、石巻湊に入港する頃合いを見計らうことにした。

昼過ぎ、幸いなことに、雲間が広がって薄日が射してきた。海上の靄もみるみる退《ひ》いていく。武《タケルノミコト》尊は、天空を眺めて陽射しの強くなるのを待っていたが、そのうちに、頃合いよしとみてとり、旗艦を先頭に全船を率いて石巻湊に突入する。このとき、旗艦の舳先《へさき》に掲げられた大鏡が

太陽光を反射して強烈な光を放ちはじめる。

湾岸に集まった人びとは、数多の軍船が突入してくるその勢いと旗艦が放つまぶしい光に圧倒され、戦意を喪失してしまったようで、武器を捨ててずるずると後ずさりしていく。

武尊《タケルノミコト》は、北上川の西岸に上陸すると、長老たちとの話し合いにのぞんだ。恐る恐る近寄ってきた長老たちのなかには、倭人系の者もいた。そこで、彼らに、大和側に害意はさらさらなく、大和国を盟主とする同盟を求めにやってきたのだと説明した。すると、彼らはすっかり安心し、武尊の軍勢を客人として迎え入れてくれた。

日《ひ》高見《たかみ》国の集落には、武内宿禰《たけのうちのすくね》から聞いていたとおり、頭に髷《まげ》を結《ゆ》い、顔や手に入れ墨をした蝦夷《えみし》の人びとが大勢いた。

武尊《タケルノミコト》は、蝦夷の人びとを見て、西国遠征の折、熊襲《くまそ》国で会した隼人《はやと》族の眼の隅への入れ墨や、彼らの掲げる楯《たて》に描かれた渦巻文様のことを思い起こした。そして、蝦夷の人びとの顔や手の甲に施した線刻にしても、もともとは、隼人族の場合と同様、狩猟や漁撈に際しての魔除《まよ》けというような意味合いをもっていたのではなかろうか、と推量した。

とりわけ、武尊《タケルノミコト》は、子供のころ、吉備中山の麓《ふもと》の市場で、蝦夷《えみし》産と銘打った曲線文様の刺繍を施した鉢巻や古着を見たことがある。そのとき以来、その独特の文様に格別の想いを抱いてきた。そして、こちらに来て、それらの文様は、刺《とげ》のついた楕円や菱形、ないしは渦巻きなどの模様を組み合わせてつくられたもので、単に装飾的な意味をもつにとどまらず、悪霊を威嚇《いかく》し、監視するという呪術的内容を合わせもつということを理解したのである。

それはさておき、集落の後背地《こうはいち》では、山林や原野を切り開いてあちらこちらで耕作地の整備が進んでいた。畑地には、野菜・豆・芋《いも》などが植えられ、山地には、栗《くり》・団栗《どんぐり》・胡桃《くるみ》・栃《とち》など堅果《けんか》類《るい》の樹々の集中した区画がある。また、布地・籠《かご》・木工品なども豊富で、草木染めや漆《うるし》塗りを施された工芸品も揃っている。ただし、夏季においても、この地特有の冷たい北東風、ヤマセ（山背）が吹き込み、農作業は楽ではないという。

このほか、丘陵地では、結構、馬の放牧がみられる。ただし、この地の馬は、大和や吉備・筑紫などで見慣れた馬にくらべると、かなり小型の部類に属する。

武尊《タケルノミコト》は、幼きころ、古老から、「倭国には、昔、小型の馬しかいなかった」という話を聞いたことがある。現在は、船も大型化し、筑紫島を介して海を隔てた西の隣国との間の行き来も頻繁となっており、それらの地から、骨格のしっかりした大型の馬が運ばれてくる。筑紫島では、各地で繁殖用の馬が育てられているが、なかでも、同島南部の地で育てられた種馬は、質が高く、各国の垂涎《すいぜん》の的《まと》となっている。

しかし、東国は、西国とくらべると、全般的に大型の馬の普及が遅れている。武尊《タケルノミコト》は、「陸奥ともなると、西方の国々との交渉の機会に恵まれず、一時代前の小型の馬に甘んじるほかないのだろう」と理解した。

ところで、大和国からきた者にとって、とりわけ奇異に映ったのが、日高見国の兵士の所持する鉄製の大刀《たち》であった。それは、両刃《もろは》ではなく、片刃の直刀であった。その柄《つか》は、樹皮で巻かれ、把持しやすいようにしてある。その大刀は、剣などよりも斬りつけるのに適しており、馬上からの操作に利便がある。武 尊《タケルノミコト》たちは、彼らの大刀のつくりから、日高見国が進んだ刀鍛冶の技術をもっていることを思い知った。また、馬は小型であるとはいえ、騎乗の技術にすぐれたものをもっているに違いないと推察した。

このように、陸奥の蝦夷《えみし》は、これまで倭の諸勢力と接する過程で、農耕を積極的に取り入れ、馬の移入と増殖をはかり、さらには、鉄鍛冶の技術の導入にも努めている。彼らは、その進取の姿勢において、北方の蝦夷地（北海道）在住の部族をはるかに上まわっていたといえよう。

長老たちから話を聞くと、日高見国の中心部は、北上川をさかのぼった中流域の街《まち》や邑《むら》にあり、日高見国の指導者も、そちらにいるという。また、こうした街や邑のまわりには、さらに蝦夷の集落が広がっているという。

当地にきてひと月を経過したころ、武 尊《タケルノミコト》は、両副将軍に諮《はか》ったうえで、倭人系の指導者がいるという、北上川中流域の黒沢尻《くろさわじり》（北上市）に赴くことにした。輜重《しちょう》要員を含めて一六〇名余りからなる遠征隊を編成し、一八艘《そう》の漕《こ》ぎ舟《ぶね》を調達して北上川をさかのぼったのである。

石巻湊から柳津《やないづ》・米谷《よねや》・大泉門畑《もんばた》（いずれも、現在の登米《とめ》市の管内）と、たゆたう水の流れに櫓《ろ》を差し込み、ゆったりと上っていく。総じて、北上川の右方は、北上山系の山々が迫っており、平地が少ない。だが、左側は、平原が広がっており、ちらほらと小集落が散見され、そのまわりに畑地の広がっているのがわかる。しだいに、流路は、切り立った丘陵が両岸から迫り、川幅も狭隘《きょうあい》となってくる。このような状況は、左から注ぐ磐井川との合流点の手前に位置する狐禅寺《こぜんじ》（一関市）のあたりまでつづく。

その後、北上川の川幅は、ふたたび、広がってゆく。左方には、六日《むいか》入《いり》（奥州市前沢区大曲）・跡呂《あとろ》井《い》（同水沢区真城《しんじょう》中河原）と舟溜まりがつづき、右方には、下河原の舟着き場（奥州市江刺区愛宕《おだき》）とその背後に集う江刺の邑が見渡せる。つづけて、左方では、胆《い》沢川《さわがわ》が滔々《とうとう》と流れ込んでくる。そして、その先の三《み》ケ《か》尻《じり》（胆沢郡金崎町）の舟溜《ふなだ》まりをすぎると、やがて前方より和《わ》賀《が》川《かわ》が迫ってくる。その合流域の北側が黒沢尻にあたる。

それぞれの舟には、交代要員を含めて、脇櫓《わきろ》（舷側）と艫櫓《ともろ》（船尾）に一名ずつ舟方を配置していた。しかし、狐禅寺にいたるまでの狭窄《きょうさく》部では、所によっては脇櫓を二人にふやし、また、櫓を棹《さお》に代えて、川底を押しながら進む必要も出てきた。途次、たびたびにわたって、恰好《かっこう》の船溜まりをみつけては、仮泊し、露営《ろえい》を重ねた。結局、目的地に着くのに、一〇日近くを要したのである。

黒沢尻の倭人系の指導者たちは、いずれも濃い頬髯《ほおひげ》と顎鬚《あごひげ》をたくわえ、島津神・国津神などと畏《おそ》れ多い名前を名乗っていた。武尊《タケルノミコト》は、彼らとの間で、日高見国と大和国の間の交流・交易の活発化に関して話し合いをもち、一応の合意を得ることができた。

その後、武尊《タケルノミコト》は、鉄の鍛冶加工の実情について尋ねてみた。

彼らは、基本的には、山塊から採取した鉄鉱石を元手に、交易によって鉄素材としての古鉄《ふるがね》を得ているようである。とりわけ、北上川の上流域からは、往々にして鉄塊が磨耗《まもう》し丸みを帯び、河床を転がってくるという。この鉄塊に対しては、倭人からの要望が格段に強いという。今日、かかる鉄塊は、餅鉄《べいてつ》と呼ばれている。正確には、磁鉄鉱石であって、通常の鉄鉱石よりも、不純物が少なく、鉄の純度が高いことで知られている。

彼らは、手に入れた古鉄《ふるがね》を高温で熱して板状にしたあと、何度も折り返しては鎚《つち》で打ち、鍛え上げる。このようにして、材質の均一化をはかりながら、大刀《たち》の形状へとつくりあげていくのである。

武尊《タケルノミコト》は、彼らの話から、この地が純度の高い鉄鉱石に恵まれていることを知り、将来、有数の鉄生産地となるであろうことを予見したのである。

武尊《タケルノミコト》の一行は、厳寒の季節を迎えたことでもあり、黒沢尻にとどまって越冬することにした。この間、たまたま、現地の者から、つぎのような話を耳にした。

——北上川に合流してくる胆沢川をさかのぼっていくと、その源流域に北方の蝦夷地《えぞち》より移住してきた部族の集落がある。彼らは、原始的な生活をしており、なかなか気性が荒い。

武尊《タケルノミコト》は、胆沢川の源流域に住む部族こそ、麁蝦夷《あらえびす》といわれる人びとに違いないと判断し、彼らのことに少なからず興味を覚えた。

このごろでは、武尊《タケルノミコト》は、倭国の辺境に住む人びとに偏見を抱いてきたことを反省するようになっていた。蝦夷は、野蛮な種族であるという先入見をもって陸奥にきたのであるが、日高見国の人びとを見るかぎり、そんなことはなかった。彼らは、総じて温和であり、その文化も進んでいた。

そして、熟慮の末、獰猛《どうもう》さで知られる麁蝦夷《あらえびす》の部族との会見を求めることこそ、このたびの東征の目的に適《かな》うことではなかろうかという考えにいたり、この件を部将会議で議することにした。

「吾らは、誤った先入見をもってこの地にきたようだ」

「たしかに、聞くと見るとでは、ずいぶんと違うものです」

吉備武彦《キビノタケヒコ》がかく応ずると、他の部将たちも、一様にこれにうなずいた。

「甕星《みかぼし》の族長にしてもそうであった。偏見を捨てまっさらな気持で接したところ、心をかよわせることができた」

「いかにも。いかにも」

多くの部将が武尊《タケルノミコト》の言葉を肯《がえ》んずる。

「聞くところによれば、この近くの胆沢川をさかのぼっていくと、麁蝦夷《あらえびす》の集落に行き着くそうだ。倭国では、彼らを獰猛な種族と決めつけているが、吾は、現地に行ってそれをたしかめてみたいのだが……」

大伴武日連《オオトモノタケヒノムラジ》が補足する。

「されど、胆沢川源流域の麁蝦夷《あらえびす》は、日高見国の人びとと同日には論じられない。この地の長老たちですら、かの部族はかなり戦闘的で、鳥兜《とりかぶと》の根から得た毒を使うこともある、とまで言っている。行くとすれば、相当の覚悟でのぞまねばなるまい」

表立っての反対意見は出ず、最終的には、武尊《タケルノミコト》の強い要請に基づき、遠征隊の総力を挙げてその集落を訪ねることとなった。

胆沢川源流域での悪戦苦闘

東国は、春の訪れが遅い。武尊《タケルノミコト》は、しびれを切らし、春まだきに進軍に踏み切った。

武尊《タケルノミコト》の一行は、何艘もの小舟を連ね、胆沢川《いさわがわ》の上流をめざす。胆沢川がつくりあげた扇状地を通り抜け、山岳地の谷あいへとはいっていく。しだいに両岸の起伏がはげしくなり、川幅の狭い所、水深の浅い箇所がふえてくる。こうなってくると、漕ぎ手《こて》は、棹《さお》で川底や岩を押しながら舟を進めねばならず、場合によっては、何人かの者が岸辺に上がり、綱で舟を曳《ひ》く必要も出てきた。さかのぼれるだけさかのぼると、右岸の河原に舟を引き揚げた。

川沿いは一面の樹林地帯で、その外縁の樹々の足もとでは、随所で雪椿がその艶《つや》やかな葉を、うず高く積もった雪の間からのぞかせている。大空高くでは、鷲《わし》か鷹《たか》が、大きな羽を広げて悠然と旋回している。

麁蝦夷《あらえびす》の集落は、この樹林帯を越えた向こう側になると推量される。山中で夕暮れを迎えるわけにはいかず、武尊《タケルノミコト》は、この河原で野営することとした。

翌早朝、一行は、樹林帯のなかへと分け入り、緩《ゆる》やかな傾斜をのぼっていった。その樹林帯は、見慣れた故郷の常緑の樹々とは異なり、みな一様に葉を落としている。柏《かしわ》や水楢《みずなら》のように、いまもって茶褐色の大柄な枯葉を梢《こずえ》にまとわりつかせている群落も目につく。

しばらくは、一行の前方を、小鳥が騒がしく飛び立ち、狐《きつね》や鹿《しか》などが逃げ惑っていたが、そうこうするうちに、一行は、深閑と静まり返って奥まった一帯へと踏み込む。いまや、兵士たちは、随所に残る根雪に足をとられ、進むのも楽ではない。

突如、あちらこちらでカランカランと鳴子《なるこ》が鳴ったかと思うと、前方からつぎつぎと矢が飛来し、先頭の兵士がばたばたと倒れる。いずれも、体を痙攣《けいれん》させたかと思うと、嘔吐《おうと》しつつ苦しみもだえながら意識を失っていく。しかも、前方には、人らしきものの気配がない。兵士たちは、見ることのできぬ影に怯《おび》え、身動きすることもかなわなくなった。

武尊《タケルノミコト》は、なにか仕掛けがあるなと感じ、全員をその場にとどまらせた。そして、兵士の異常な倒れ方から、これが例の鳥兜《とりかぶと》の毒の作用かもしれないと気づいた。矢を取り上げてみると、鏃《やじり》は石製で、その凹みになにか固形物が塗り込めてあった。

この先、いかなる仕掛けがなされているか、わかったものではない。森のなかをこのまま大勢で行をともにしていては、威令が行きわたらず、危機対応に機敏性を欠く。そこで、武尊《タケルノミコト》は、部隊を二つに分け、大伴武日連《オオトモノタケヒノムラジ》に兵士の半ばを預け、少々後退したあと、右方を迂回して進ませることにした。そして、みずからは、吉備武彦《キビノタケヒコ》とともに、残余の兵士を率いてそのまま前進したのである。

武尊《タケルノミコト》に従う兵士たちは、樹々の背後に身を隠すようにしながら、楯をかざしてじりじりと前進をつづける。飛来する矢は、間断なく樹の幹や防護楯に突き刺さる。苦心惨憺《さんたん》の末、武尊の一行は、なんとかこの危険地帯を潜《くぐ》り抜けることができた。

さらに前進をつづけるうちに、一行は、樹々の密集した森を抜け、積雪を残す谷あいとおぼしき窪地にはいり込んでしまった。すると、その谷あいをぐるりと囲む高みの岩陰・樹陰から、弓に矢をつがえた兵士たちが姿を現わした。彼らは、かの蝦夷《えみし》の戦闘兵に違いない。

大和軍の兵士は、さすが歴戦の勇士たちである。自分たちの置かれた状況をみてとるや、楯をかざして矢を避けながら、またたく間に楯を連ねて、ほぼ一五、六名ごとの円陣を五組こしらえた。みなして、内側に傾斜した楯の壁の内に身を潜《ひそ》めたのである。すさまじい数の矢が前後左右から飛来する。何人かの者が矢を受けたが、幸い、このたびは、先ほどのような事後症状はみられず、毒の仕掛けはないようである。

矢による集中攻撃が途絶えたと思う間もなく、かの兵士たちは、一斉に傾斜を駆け下り、楯を連ねて閉じこもる大和軍に大刀《たち》を叩きつけてきた。大和軍の兵士も、それぞれ身を起こし、楯を相手に押しつけながら前に進み、応戦する。しばらく白兵戦がつづいたものの、楯の有無が戦況を左右しはじめた。そのうちに、彼らは、鋭い笛の音を合図に傾斜を上にたどりはじめ、たちまちのうちに跡形もなく姿を消した。敵ながら統率のとれたあっぱれな進退ではある。

いずれにせよ、大和軍としては、もはや後戻りは許されない。大和軍の誇りにかけて前進あるのみである。吉備武彦《キビノタケヒコ》も、葛城宮戸彦《カツラギノミヤトヒコ》も、加夜種継《カヤノタネツグ》も、みな、目をつり上げ、歯を噛《か》みしめ、肩をそびやかしている。窪地を抜けると、行く手は、少々勾配《こうばい》のある上りとなっており、さらに樹々の間を縫うようにして前進をつづける。

いっぽう、大伴武日連《オオトモノタケヒノムラジ》の率いる迂回部隊のほうも、障害物に行く手をさえぎられ、悪戦苦闘していた。所々に切り倒された樹々が山積みにされている。それを避けようとその脇にまわると、獣《けもの》を捕えるための落とし穴が仕掛けられていたりする。また、低く張られた紐《ひも》に脚を引っ掛けでもすると、土中に埋め込んだ楔《くさび》が結び付けられた綱とともに跳ね上がり、樹上から丸太が落ちてくる。このような具合で、道筋を一歩一歩たしかめながら進まざるを得なかった。

さて、大和軍の本隊のほうである。一行は、樹間の灌木《かんぼく》をなぎ倒しながら進むうちに、やがて、樹々が広範囲にわたって伐り開かれた見通しのよい高みにたどり着いた。そのはるか先のほうでは、騎乗の兵や徒歩《かち》の兵が武器を手に整列し、迎撃体制をとっている。彼らの身に着けた濃紺の衣服が、遠目によく映《は》える。彼らのさらに向こうには、家屋の密集した集落が控えている。

相手側は、大和軍を認めると、おもむろに前進をはじめた。大和軍のほうも、しばらく相手の動きを静観していたが、闘いは避けるべくもなく、三列横隊となってゆっくりと前進を開始する。先頭に立つ武　尊《タケルノミコト》のうしろで、吉備武彦《キビノタケヒコ》と葛城宮戸彦《カツラギノミヤトヒコ》が左右の兵を指揮することになる。

かの蝦夷《えみし》軍は、先の戦闘でも一糸乱れぬ進退を示しており、なまじなことでは崩せそうにない。彼我《ひが》との間に高低差があるがゆえに、大和軍は、緒戦《しょせん》では互角に渡り合えるかもしれぬ。とはいえ、数において敵勢に劣っており、戦いが長引けば、惨敗《ざんぱい》を覚悟しなければならない。武　尊《タケルノミコト》は、戦いの早期終結のため、できるだけ敵の首領級の者を狙い打ちにするよう全兵士に命じた。そして、この勝負は、大伴武日連《オオトモノタケヒノムラジ》の率いる別働隊が間に合うように駆けつけてくれるかどうかにかかっていると踏んでいた。

両軍とも、間にほどよい隔たりを残して動きを止める。まずは、彼方から小振りの裸馬にまたがった武者十数騎が一団となり、降り注ぐ矢もものかは、大和軍の戦列の中央部めがけて突進してきた。ある者は、馬上で短弓を自在に操り、ある者は、大刀《たち》を右に左にと叩きつけてくる。相当に手ごわい相手である。そこへ敵の徒歩《かち》の兵士もなだれこんできて、しだいに消耗戦となる。

彼らの武器は、短弓に大刀《たち》・剣・矛《ほこ》・斧《おの》と多彩であった。短弓も、馬上の操作に適していた。

大和軍の長弓とは異なり、みずからの体を敵にあけすけにさらすことなく、周囲の者への速射が可能なのである。

乱戦の最中《さなか》、ひと際、猛々《たけだけ》しい騎乗の武者が、武尊《タケルノミコト》を認めると、手持ちの斧を振り上げ、武尊めがけて投げつけてきた。武尊は、身をよじりつつ、手持ちの楯で向かってくる斧を斜めに弾《はじ》き飛ばした。楯は砕けたものの、かろうじて斧をかわすことができた。

時間が経過するにしたがい、大和軍の兵士は、すっかり敵勢に包囲され、いまや壊滅の危機を目前とする。しかし、彼らは、迂回部隊が救援に現われるまでは、なんとしても殲滅《せんめつ》をまぬがれてみせると、歯を食いしばって蝦夷《えみし》軍の攻撃に耐えていた。

そして、ついに、はるか右手の方角から喊声《かんせい》が上がった。迂回部隊がようようにして戦いの場に駆けつけてこようとしているのである。これを知って、大和軍の兵士は、息を吹き返した。迂回部隊の兵士が戦闘の場に到達するには、なお時を要した。しかし、それよりも早く、蝦夷《えみし》勢は、大和軍の支援部隊の出現をみて、体勢を立て直さんと一斉に退《ひ》いていった。

大和勢は、迂回部隊の兵士たちを歓声でもって迎え入れた。

大伴武日連《オオトモノタケヒノムラジ》と武尊の間で言葉が行きかう。

「駆けつけるのが遅くなり、迷惑をかけ申した」

「いやいや、ちょうど頃合いであった。敵が退《ひ》いたので、吾がほうも、戦術を練り直すだけの時を稼ぐことができた。つぎには、敵を粉砕してみせようぞ」

「いかにも。吾が配下の兵士たちは、奴らに目にもの見せてくれようといきり立っておりますぞ」

武尊《タケルノミコト》は、別働隊を加えてただちに新たなる部隊の編成に取り組んだ。まずは、弟彦《オトヒコ》たち弓の扱いに長《た》けた兵を中央に配置した。ついで、その右に、大伴武日連《オオトモノタケヒノムラジ》の指揮する別働隊を置き、その左には、残余の兵士を配置し、その指揮を吉備武彦《キビノタケヒコ》に執《と》らせた。

そして、弓の者には、騎馬武者を撃ち取るのがむずかしければ、次善の策として馬そのものを狙うよう命じた。

この作戦は、図に当たった。再度の戦闘がはじまるや、敵勢の馬はつぎつぎと射すくめられ、前脚を高々と上げて武者を振り落とすものもいれば、つんのめって武者を跳ね飛ばすものも出た。簡易な手綱《たづな》を施したのみの裸馬ゆえに、武者は、馬上に踏みとどまることができないのである。このため、敵勢の攻撃は、いったん中断の憂き目をみた。大和軍は、この機をとらえ、敵軍との間に一定の距離を保ちながらじわじわと押していく。やがて、敵軍が態勢を整えるに及んで、両軍ともが動きを停止した。

武尊《タケルノミコト》は、この機を逃さず、ただひとり、日《ひ》高見《たかみ》国から連れてきた訳語人《おさびと》（通訳）をともなって彼らのほうに歩み寄っていく。これを目にして、相手のほうからも、騎乗の武者が従者をともなって進み出てきた。例の斧を投げつけてきた兵《つわもの》である。その男は、髭《ひげ》をはやし、手の甲《こう》や、目の下から頬《ほお》にかけて線刻を施し、紺色の鉢巻と紺色の厚手の衣服を身につけていた。驚いたことに、彼がともなった従者は、倭の言葉を解する倭人の末裔《まつえい》であった。

武尊《タケルノミコト》と蝦夷《えみし》の兵《つわもの》とは、それぞれの訳語人《おさびと》を介して言葉を交わした。武尊は、大和国の王子であることを告げたあと、自分たちは戦闘を望んでいない、大和国を盟主とする倭国の同盟に加わるよう求めにきた、と相手に伝えた。これに対して、相手は、胆沢の村長《むらおさ》の子、麁弓狗《アラユク》と名乗り、自分たち二人の決闘によって決着をつけることを提案する。そして、「汝が勝ったら、その申し出を聞き入れよう。負けたら、このまま帰れ」という。

両者ともいったん自軍に戻った。大伴・吉備の二人の副将軍は、武尊《タケルノミコト》から決闘の話を聞くと、これに真っ向から反対した。これに対して、武尊は、「ただ敵を倒しさえすればよいというわけではない、相互に深い信頼関係を築くには、最高指揮官の自分が決闘の場に臨み、しかも相手を殺さずに屈服させるというのが最善の方法だろう」と、彼らを説得した。両将軍とも、「しかし、相手は相当の使い手ですぞ」と言おうとしたが、声にはならなかった。武尊にこれ以上のことを言っても詮無《せんな》きことを、十分承知していたからである。

改めて両軍の兵士が見守るなかで、それぞれ剣《つるぎ》と大刀《たち》を得物《えもの》としてあい対することとなった。麁弓狗《アラユク》は、猛烈な勢いで大刀を叩きつけてくる。その大刀筋は鋭く、力強い。武尊《タケルノミコト》は、最初こそ受けに徹していたが、やがて相手の大刀筋に慣れてくると、反転して攻撃にまわった。しかし、押しつ押されつで、なかなか勝負がつかない。両者とも、攻撃の手を止め、間合いをとってひと息つく。武尊は、相手が斬りかかってくるつぎの瞬間が勝負の分かれ目とみてとった。武尊は、みずからの意識をすべて解き放ち、無心の境地で相手のつぎなる動きに備えた。

数瞬ののち、武尊《タケルノミコト》は、相手の気が強まり、静から動へと転ずる気配を察した。その瞬間には、武尊の体は、意識することもなく自然に反応し、おもむろに前に向かっていた。つまりは、みずからの剣で相手の大刀《たち》を軽く押さえるようにしながら斜め前に進み、相手の首筋に剣を添えていたのである。相手は、身動きを封じられ、やむなくみずからの大刀を引いた。

麁弓狗《アラユク》は、まさに攻めに移らんとして一方向に気を集中させようとするところであった。そのため、武尊《タケルノミコト》の動きに対応する柔軟性を失っており、武尊に名をなさしめたのである。武術用語に、「気の起こりを押える」という言葉があるが、武尊の動きは、まさにそれを実践している。

その後、武尊《タケルノミコト》は、村長《むらおさ》・麁弓婆《アラテバ》との会見にのぞんだ。村長は、白髪混じりの豊かな頭髪に白髪の頬髯《ほおひげ》と顎鬚《あごひげ》をたくわえ、大柄の刺繍のある紺色の着物を身につけた、堂々たる人物であった。

武尊《タケルノミコト》は、この地を訪ねるにいたった理由を説明し、あわせて、胆沢の集落が大和の者を迎え入れてくれたことに感謝の意を示した。そのあとで、山中にて蝦夷《えみし》勢が大和軍に毒矢で攻撃を加えたことに強く抗議した。

それに対して、村長《むらおさ》は、つぎのように平然と応じた。

「あそこは、人の通り道ではない。獣道《けものみち》だ。獣を捕らえるための仕掛け弓を設けてある。鏃《やじり》には毒が塗り込めてある。同時に、万一の場合に備え、わが集落に対するひそかな攻撃を未然に防ぐための仕掛けを兼ねている。しかし、我々は、部族間の争いには、毒は使わない」

仕掛け弓は、薄い触《さわ》り糸《いと》を張って仕掛けとしたもので、これに触れると自動的に矢が飛び出す。彼らとしても、危険を避けるため、まわりの樹に鳴子《なるこ》を取り付けたり、目印をつけたりしているようではある。それにしても、彼らの仕掛けは巧妙にできていた。さすがの大和の兵士たちも、残雪を踏みしめて進まねばならぬという悪条件のなかでは、飛んでくる矢を防ぐのが精一杯で、その仕組みを探る余裕なぞなかった。

たしかに、村長の言うとおり、その後の戦闘の場では、毒の類《たぐい》は使われていない。武尊《タケルノミコト》としても、村長の説明に不承不承引き下がらざるを得なかった。

北方民族由来の儀礼や習俗

村長《むらおさ》父子は、武尊《タケルノミコト》の武勇に感じ入っており、改めて武尊の一行を集落の客人として招待することに決めたようである。にわかに、酒宴の食材として熊を仕留めるべく、狩猟団が編成された。彼らは、山の神々に祈りを捧げ、山にはいって猟をすることについて許しを請うと、松明《たいまつ》を手に猟犬をともない、北方の山中深くに分け入っていった。山奥には、山小屋が設けられており、彼らは、ここを拠点として熊狩りをするのである。

この雪解けの時節は、熊猟として最良のときである。熊は、冬眠による長い絶食で体力が衰えている。熊穴から出ていなければ、さらに仕留めやすいであろう。

翌日、日暮れを前にして、彼らは、熊の四肢を縛り付けた丸太ん棒を肩に担《かつ》いで意気揚々と戻ってきた。翌朝には、捕獲された熊は、御幣《おんべ》を手にした年老いた巫女《みこ》によって祓《はら》い清められたあと、解体に付された。ここに、御幣とは、白木の棒の表面を削って花の房のように垂らした削り掛けのことで、神との意思疎通に欠くことのできないものである。

その後、熊の恵みに感謝し、かつ、豊かな実りを乞う、祈りの儀式がはじまった。武尊《タケルノミコト》以下大和側の主だった者は、みな、この儀式に参列した。

胆沢の集落は、数十年前、北方の蝦夷地《えぞち》たる北海道より移住してきた人びとによって構成されている。彼らの先祖は、代々、北海道北部を生活圏とし、樺太やアムール川流域の古アジア系ないしツングース系の北方民族と交わってきた。ところが、三世紀後半にかけて、天候の不順があいつぎ、彼らの居住地一帯から生活の糧《かて》を得ることがむずかしくなってきた。かかる状況のなかで、周辺部族との間で諍《いさか》いが頻発するようになったばかりか、北方民族までもが、食糧を漁《あさ》り、北海道北辺を荒らすようになった。かくして、彼らは、その本拠を移さざるを得ないところまで追い詰められていったのである。

彼らは、豊かな土地を求めて西方へとさすらったあと、ついには、津軽海峡を越え、東北地方の深部、この胆沢の地へと入植するにいたった。とはいえ、その集落では、いまなお、北方民族に共通する儀礼や習俗がよく保存されていた。

さて、祈りの儀式である。集落のはずれには、西向きに祭壇が設けられていた。この地では、その方向にそびえる焼石《やけいし》連峰が神々の所在する方角なのであった。とりわけ、その主峰、焼石岳は、胆沢川の流れ出ずる源をなしており、集落の人びとの尊崇《そんすう》を集めていた。

祭壇の中央には、熊の頭部が置かれ、その左右には、酒を注いだ坏《つき》をはじめ、木の実、山野菜、火《ひ》干《ぼ》しの川魚などを載せた土器《かわらけ》がいくつか並べられている。祭壇の右側の柵には、幾振りかの大《た》刀《ち》が置かれ、その先に、御幣《おんべ》が何本も立てかけてある。また、左側の柵には、弓矢が数具置かれ、その向こうに、雪椿の枝に笹の葉を組み合わせて束ねたものが何組か飾られている。

祭壇の前には、首飾り・耳飾り・腕輪など色彩豊かな装飾品を身にまとった、先ほどの巫女が立ち、御幣《おんべ》を左右に振るって祓い清めたあと、神々に祈りを捧げ、熊を獲物として送り届けていただいたことに対する感謝の気持ちを伝えた。ついで、雪椿と笹の枝葉を束ねたものを取り上げ、これを振るって、栽培作物や山菜・木の実に害虫がつかず、豊かな実りが得られるようにと祈りを捧げた。つづけて、弓矢を手にした若者たちが出てきて、一斉に矢を上空へと射放った。

武尊《タケルノミコト》は、儀式の最中《さなか》、祭壇のあたりから何羽もの白鳥《しらとり》が舞い上がっていくような錯覚に襲われた。そして、例の倭媛尊《ヤマトヒメノミコト》の夢見のことを思い出してもいた。

のちに、武尊《タケルノミコト》は、村長《むらおさ》に、祈りの儀式に際して自分が白鳥の飛翔らしきものを認めたことについて話してみた。村長は、それを聞いて驚きを隠せないでいた。

「白鳥は、神々の世界と吾らの世界をつなぐ使者の役目をになっている。吾らが、かの遠き蝦夷地にいたころ、白い房を垂れた御幣《おんべ》は、白鳥の化身であるといわれていた。だが、それを確認し得る者は稀有である」

武尊《タケルノミコト》は、祈りの儀式に際して、その類稀《たぐいまれ》なる鋭敏な感覚によって、御幣《おんべ》が白鳥となって一斉に飛翔するようすをおぼろげながらも感じとることができたのであろう。

神々への祈りの儀式が終わると、武尊《タケルノミコト》たちは、北方の山裾にみえていた、柵で囲まれたひと際《きわ》高い台地へと導かれた。そこは、神聖なる祭場であって、すでに大勢の人びとが厳粛な面持ちで中央の舞台を囲んで坐していた。

やがて、舞台には、例の御幣《おんべ》を手にした巫女が、数名の従者を引き連れて登場してきた。従者たちはみな、大刀《たち》や弓矢などさまざまな採物《とりもの》を携えていた。まずは、はげしく太鼓が乱打され、祖神が巫女に乗り移る。神懸り状態となった巫女は、従者とともに笛《ふえ》や琴《こと》の音《ね》に合わせ、幾多の困難を乗り越えてきた祖神たちの労苦を仮装舞踏劇の形で演じはじめた。

古代社会にあっては、シャーマン的な性格をもった巫者《ふしゃ》が、部族を牽引する者として絶大な力を有していた。胆沢の集落の祖神たちも、神託を得て運勢を判断し、祈りによって飢饉や洪水を鎮《しず》め、異民族との戦いでは、先頭に立って軍を導いてきたのである。

さて、陽が中天に昇るころともなると、いよいよ酒宴のはじまりである。集落の中央の広場に場所を移し、煮物にした熊肉の料理や、燻製《くんせい》や塩漬《しおづ》けにして保存されてきた鮭《さけ》の料理が、酒とともに大量に振る舞われた。さらには、旬《しゅん》のものとして、蕗《ふき》の薹《とう》や藪豆《やぶまめ》の塩茹《しおゆ》でといった料理も供された。そこへ、みごとに紅色に染まった、体長二尺（約六〇センチ）を超えようかという雄《おす》の伊富魚《いとう》が届けられた。今年いちばんの初物だそうで、大勢の者がその至福に与《あずか》ろうと、歓声をあげてそのまわりに殺到した。伊富魚は、早春、雪解けで川の水かさが増すと、産卵のため遡上してくる。とりあえずは、切り分けられ、煮つけや焼き物の素材にまわされた。

料理が出つくすと、みなして卓を叩き、拍子をとるなか、麁弓狗《アラユク》をはじめとする十数人の若者が勇壮な「大刀《たち》の舞い」や「弓矢の舞い」を演じる。やがては、村人が総出で大篝火《かがりび》を取り巻いて輪になり、にぎやかに舞踏を繰り広げる。それらは、白鳥や熊などの神々に扮した踊りであったり、また、狩りをしたり、舟を漕《こ》いだり、酒を濾《こ》したりというような演出をともなう群舞であったりする。

武尊《タケルノミコト》はというと、村人が男も女も子供も一緒になって楽しそうに踊る情景に接し、いままでになく心休まるものを感じていた。しかし、その醸《かも》す平和な風情と、先の武装集団としてのすさまじき戦闘性とのあいだのあまりの違いに、戸惑いを感じてもいた。そのうちに、武尊は、踊り手のなかに、とりわけ若くしてたおやかな女子《おみなご》がいるのに気づき、しばしのあいだ、彼女の踊りのしぐさに見とれていた。

このようにして、宴《うたげ》は、夜を徹して翌日の夜遅くまでつづけられる。

翌日の昼すぎのことである。

集落の西側では、焼石連峰の岩間から滴《したた》る水が集まり、それが沢水となって南に向かって流れている。内日子《ウチヒコ》は、少し気分を変えようと、その小川の方角に向けて宴の場を抜け出した。小川の周辺では、おおいかぶさる雪を押しのけて、蕗《ふき》の薹《とう》や福寿草《ふくじゅそう》が顔をのぞかせている。たまたま、彼は、小川沿いに崩れかけた土塀があるのに気がついた。そこで、これ幸いと、久方ぶりに土塀めがけて打剣の練習をはじめたのである。

すると、遠くでそのようすを眺めていた蝦夷《えみし》の若者が寄ってきて、内日子《ウチヒコ》の肩を叩き、「そこをどけ」というようなそぶりをした。そして、自分の小刀《こがたな》を手にして土塀に打ちつけた。その小刀は、みごと、土塀に突き刺さっていた内日子の小剣を弾《はじ》き飛ばした。のみならず、つぎつぎと四、五本の小刀をその一点に突き刺してみせた。

内日子《ウチヒコ》は、その技に舌を巻いた。内日子がみずからを指差して名を名乗ると、その若者は、同じくみずからを指差して山狗縷《サンクル》と名乗った。

蝦夷《えみし》の男《お》の子《こ》は、幼いころより小刀を渡され、遊び感覚で打剣の技を身につけ、多彩な木彫の技能を磨く。内日子《ウチヒコ》は、山狗縷《サンクル》とすっかり仲良くなり、この後、打剣の指導を受けるのみならず、彫刻の技法についても見よう見まねで学ぶようになる。

その後、たいへんな事件が起こった。

その日の夕暮れどき、さすがに飲み疲れたのか、武尊《タケルノミコト》は単身、宴の喧騒《けんそう》をよそに西側の小川のほとりに行き、腰を下ろして山の端《は》にかかる夕日に見とれていた。そのうちに、大和や吉備に残してきた家族、さらには先に逝った弟橘媛《オトタチバナヒメ》のことへと、想いがめぐっていった。

少々感傷に浸っていた武尊《タケルノミコト》であるが、その彼が、ふと身の危険を感じて本能的に身を伏せた。鋭い矢音が頭上をすれすれに通過していった。ついで、上体を右に傾けるも、二の矢が左の肩をかすめて飛んでいった。単なるかすり傷かと思ったが、案に相違して呼吸が苦しくなり、心臓が強く脈打ちはじめた。しだいに意識が朦朧《もうろう》となっていく。周囲がぐるぐると渦を巻きはじめ、みずからがそのなかに巻き込まれて奈落《ならく》の底へ落ち込んでいくような錯覚に襲われ、やがて意識を失っていった。

気がつくと、武尊《タケルノミコト》は、村長《むらおさ》の住居で身を横たえていた。まる三日間、人事不省に陥っていたのである。傍らには、かの巫女がおり、盛んに祈りを捧げていた。少し離れたところには、大和側の主なる面々が神妙な顔つきで詰めていた。武尊の意識が戻ったことで、みな一様に安堵の吐息を漏らしていた。

武尊《タケルノミコト》に向けられた矢は、二本とも回収されていた。それらは、仕掛け弓の矢と同様、石の鏃《やじり》に鳥兜《とりかぶと》を主成分とする毒が塗り込められていた。

今日においても、鳥兜の毒に対する有効な手立てはないとされる。武尊《タケルノミコト》の場合は、矢傷を負ったとはいえ、軽症であったがために、村長《むらおさ》の妻や娘たちの厚い看護を受けて蘇生することができたのである。

ところで、武尊《タケルノミコト》が人事不省に陥っていたあいだ、大和側は、蝦夷《えみし》側が武尊を弑《しい》しようとしたに違いないと疑い、一時、両者の間に険悪な空気が漂ったという。

最初に、武尊《タケルノミコト》の異変に気づいたのは、たまたま、連れ立って集落から出てきた内日子《ウチヒコ》と山狗《サンク》であった。内日子は、思わず叫び声を上げた。と同時に、内日子は、倭人風の男が何人かあわてて集落の並びに走り込んでいくのを視界の隅でとらえた。この男どもが下手人であるかどうかは即座に断定できないとはいえ、内日子のこの話によって、とりあえず大和側も、蝦夷《えみし》側に対する疑惑の追及を控えたのである。

宮戸彦《ミヤトヒコ》は、内日子《ウチヒコ》の話を聞いて、ある光景を思い出した。あれは、当日の昼近く、用足しに、長日子《ナガヒコ》と連れ立って宴の席を離れたときのことであった。長日子が、集落のはずれのほうを指さして、「おい、あれは、気津奴別公《ケツヌワケノキミ》ではないか」と聞いてきた。宮戸彦がそのほうを見ると、物部気津奴別が、顔半分を布で覆った不審な男となにやら話し込んでおり、その男の話にしきりに頷《うなず》いているようであった。そのうちに、その男は、気津奴別に一礼すると、集落のほうへと消えていった。このことが、武尊への襲撃と直接結びつくかどうかは別にして、その後も宮戸彦の心に引っ掛かることになる。

いずれにしても、何者の仕業《しわざ》であるかは判然としない。仕掛け弓から放たれた矢を再利用した可能性も否定できない。しかしながら、武尊は、これ以上の詮索を禁じた。生じた混乱をできるだけ早く鎮《しず》めたかったのである。

武尊《タケルノミコト》は、覚醒したあともしばらくの間、寝床に身を横たえたまま、村長《むらおさ》の末娘からなにくれとなく世話を受けることとなった。武尊は、その娘を見て驚いた。武尊が見とれた、あの美しき踊り手は、村長の末娘だったのである。彼女も、顔や手の甲に線刻を施していた。それがために、超絶的な神秘感を漂わせ、彼女の美しさがいっそう引き立ってみえた。

彼女は、みんなから美利河《ピリカ》と呼ばれていた。しかも、彼女は、倭の言葉に精通しており、武《タケルノ》尊《ミコト》との会話にほとんど不自由を感じさせなかった。武尊が毹弓狗《アラユク》に最初に会したとき、彼は、倭人の末裔を従者としてともなってきたが、この集落には、同様の倭人が数人住み着いていた。彼女は、彼らから倭の言葉を習ってきたようである。

美利河《ピリカ》は、武尊《タケルノミコト》が歩けるようになると、武尊を集落の西よりの小川のほとりに導いた。このところの晴天つづきで寒気もゆるみ、樹陰《こかげ》をのぞいて、あらかた雪は消えていた。

小川では、透きとおった水がさらさらと音をたてて流れていく。すると、美利河《ピリカ》は、小川の流れから、小川の話す言葉を聞き取り、弾《はず》む声でそれに挨拶《あいさつ》を返すではないか。土手では、あちらこちらで土筆《つくし》ん坊《ぼう》が芽を伸ばしはじめているし、菫《すみれ》が薄紫色の花を草葉の陰から控えめにのぞかせてもいる。彼女は、ここでも腰を落として、あちこちの草花になにやら話しかけている。

美利河《ピリカ》は、武尊《タケルノミコト》のほうを振り返って微笑《ほほえ》む。

「樹だって草だって、それに小川だって風だって、みんな魂があるのよ。みんな神々の世界から命を吹き込まれているの。だから、吾らは、みんなの魂を神様って呼んでいるの」

美利河《ピリカ》は、なおも嬉《うれ》しそうに声を弾ませる。

「みんなが吾に声をかけてくれるの。みんな、すっかり春めいてきたって喜んでいる」

「わかる。わかる。そのとおりだ」

「わかってくれるの。ほんとに。そういえば、汝《いまし》は、白鳥《しらとり》の生まれ変わりっていわれているけど、本当なの」

「生まれ変わり。……そんな、大げさな。それは、汝の父御の思い込みから出たことだと思うよ」

武尊《タケルノミコト》は、白鳥にまつわる話の経緯《いきさつ》について、憶測を交えずに美利河《ピリカ》に説明した。

「白鳥が飛んでいくようすを目にしたなんて、それは、すごいことよ。父の思い込みなんかじゃない」

武尊《タケルノミコト》も、幼くして播磨にいたころは、祖父《おおじ》の館の庭で大きな樹々とよく会話をしたものだった。武尊は、往時を思い起こしながら、蝦夷《えみし》の人たちの自然と一体になった生きざまと、その成長してなお変わることのない心の純朴さに、改めて敬意を表するのであった。

さて、武尊《タケルノミコト》の負うた傷のこともあって、大和勢は、胆沢の集落にかれこれ四〇日間ちかくも滞在することとなった。だが、武尊の傷も癒《い》え、大和勢の帰還の時が訪れた。

武尊《タケルノミコト》は、集落を離れるに際して、村長《むらおさ》の麁弖婆《アラテバ》夫妻とその娘たちを前にし、これまで世話をかけたことに対してねんごろに感謝の思いを伝えた。そのいっぽうで、村長からは、海驢《あしか》の皮を土産としてもらい受けた。それは、北方の蝦夷地でしか手にはいらない、とてもめずらしい産品であった。

さて、武尊《タケルノミコト》の一行は、麁弓狗《アラユク》をはじめとする蝦夷の若者たちに先導され、集落の西側を流れる小川に沿って下っていく。滝のようになった落差のある箇所の脇を何か所か通りすぎ、やがて胆沢川の本流にいたった。さらにこれを川伝いに進み、何艘もの漕ぎ舟が陸揚げしてある、あの岸辺へとたどり着いた。往路のときとは異なり、山裾《やますそ》では、雪椿がてんでに赤い花を開き、その存在を誇示していた。

いよいよ、胆沢の集落の人びととの別離の時がやってきた。蝦夷《えみし》の人びとは、みなして川に入り、大和側の舟を、うしろから押すことによって、つぎつぎと流れに乗せてくれた。かくて、武尊《タケルノミコト》の一行は、蝦夷の人びとが大勢見守るなか、舟を連ねて川を下っていったのである。

遠征隊が北上川の河口に舟を着けると、残留していた大和の兵士がどっと駆け寄ってきた。いちおう、一行の動静については知らされていたが、一行の帰還があまりにも遅いので、心配のあまり支援隊を派遣するかどうか迷っていたという。

大和軍が日高見国《ひたかみ》を離れるときがくると、かねてからの約束に従い、日高見国の長老が、三〇名ほどの蝦夷の男女を連れてきた。彼らは、大和軍に同行して京《みやこ》に向かうことになる。

武尊《タケルノミコト》は、国を発《た》つ前、陸奥では、蝦夷《えみし》をはじめ辺境の諸部族が倭国の境界を犯し、略奪を繰り返していると教えられてきた。しかし、こちらにきてみると、日高見国やその周辺の蝦夷は、気性もおだやかで、文化や技術の水準も相当なものがあるということがわかった。麁蝦夷《あらえびす》でさえ、筋をとおして申し込めば、友好関係を築くことも、そうむずかしいことではないように思える。

武尊《タケルノミコト》は、倭の国々が、日高見国をはじめ蝦夷《えみし》の人びととこれまで以上に密接にかかわっていくべきであると考えていた。その手はじめに、蝦夷の人びとを京《みやこ》に連れて行き、都の人びとに蝦夷の文化や風俗を知ってもらうとともに、蝦夷の人びとに大和の文化に馴染《なじ》んでもらいたいと考えていたのである。

白河郷での危急存亡
——蝦夷軍の奇襲を受けて

帰路は、ほぼ半数の六〇〇名をもって陸路を進むこととし、残りの兵士は、任を解き、軍船にてそれぞれの本籍地へ転送してもらうこととした。ただ、建稲種《タケイナダネ》は、腹心の久米八腹《クメノヤハラ》ら数名をともない、武尊《タケルノミコト》に随従して陸路を進むことを望んだ。

大和軍は、内陸を南西へと向かう。おおむね海沿いを進み、阿武隈川《あぶくまがわ》流域に到達すると、それを上流にさかのぼる形で進んだ。それは、福島・郡山・白河とたどる、現在の福島県の中通りにあたる。とはいえ、開拓の遅れた倭国の領域外を行軍することは、多大の難儀をともなう。時として、悪天候を避けねばならないときもあり、食糧に窮するときもあり、人跡未踏《じんせきみとう》の地を越えねばならないときもある。それゆえ、所によっては、樹林を切り開き、仮小屋を設け、長期野営を余儀なくされることにもなった。

当初は、梅雨どきゆえに、しばしば篠突《しのつ》く雨に濡れながらの行軍となった。しかし、しだいに雲間から青空が広がって晴天の日々がつづくようになり、陽射しも日増しに強まっていった。行く先々で、木立ちからは、かまびすしい蟬《せみ》の声が届くようになる。ぎらぎらと輝く陽の光も、重装備の兵士には、かなりきついものがある。時折、雨脚《あまあし》が流れるようにして目の前を走り抜け、涼を誘《いざな》う。

白河地方には、阿武隈川・那珂川《なかがわ》・久慈川《くじがわ》という三つの大河が流れ込む。阿武隈川と那珂川は、それぞれ西方の旭岳《あさひだけ》・那須岳《なすだけ》に源を発する。久慈川は、南方の八溝山《やみぞさん》の北側斜面を源流域とし、しばらく北東に向けて流れ、やがて南流する。

大和軍は、白河にいたると、阿武隈川沿いを離れ、南下して八溝山の西側へと歩を進める。西方はるかには、那須連峰が聳《そび》え立つ。その斜面からは、那珂川水系のつくる数多くの水流が、樹林帯を縫《ぬ》うようにして下ってくる。諸々の那珂川水系は、南北に連なる八溝山地にさえぎられ、進路を南に変えて那珂川本流へと吸収されていく。

大和軍は、武尊《タケルノミコト》の直轄軍、大伴軍、吉備軍と三か所に分かれ、それぞれに八溝山の西麓を切り開いて野営地を築いた。兵士たちはみな、汗と埃《ほこり》にまみれつつも、長丁場の行程を乗り切り、なんとか倭国の最北の地、毛野《けぬ》国と常陸《ひたち》国の交わるその北端にたどり着くことができたのである。

ただし、武尊《タケルノミコト》は、白河をすぎたあたりから、左右の繁みや岩陰で大和軍の行軍の模様を窺《うかが》う現地民を幾度となく目撃しており、警戒を怠らぬよう各隊に伝令を走らせた。ことに、日高見《ひたかみ》国から同行してきた蝦夷《えみし》の集団については、いかなる事態が生じようとも、これに巻き込まれることのないよう、七掬脛《ナナツカハギ》に命じ、少々離れた高みで輜重隊《しちょうたい》に警護させることにした。

果たせるかな、二日後の払暁《ふつぎょう》、北西の方向で幾筋かの狼煙《のろし》が上がったかと思うと、そこここで喊声《かんせい》が上がり、馬のいななきがとどろきはじめた。やがて、倭国の辺境を根城とする蝦夷《えみし》勢が、大挙して大和軍の野営地に奇襲をかけてきた。彼らは、直前で二手に分かれ、武尊《タケルノミコト》の直轄軍とその南側の大伴軍の陣所に火矢を放ちながら、怒濤《どとう》のごとくなだれ込んできた。彼らの射る火矢がつぎつぎと大和勢の歩哨《ほしょう》を倒し、仮設の柱や屋根を炎上させる。

大和軍の兵士は、武尊《タケルノミコト》の指示により、連夜、甲《よろい》を帯び、楯と剣を身に添えて休んでいた。奇襲の報に接するや、楯を立てて矢を防ぎ、突進してくる敵勢に対して遅れじと干戈《かんか》を交える。ここに両軍入り乱れての白兵戦となる。例によって、蝦夷《えみし》の軍勢は大刀《たち》・剣・矛・斧と多様な得物を手にし、騎馬からは短弓より放たれた矢が飛んでくる。

武尊《タケルノミコト》は、敵勢が想像した以上に組織化された大軍勢であるのに驚かされた。このまま消耗戦がつづくとなると、大和軍は、壊滅的打撃をこうむること必至である。それを避けるためには、なんとしても一度、相手を退《ひ》かせ、こちら側の態勢を整え直す必要がある。彼は、「押し返せー、押し返せー」と叫びつつ、草薙剣《くさなぎのつるぎ》を振るって、さえぎる者を薙《な》ぎ倒しながら、敵勢に向かっていった。その両脇には、長日子《ナガヒコ》と内日子《ウチヒコ》がぴたりと寄り添っていた。

吉備軍は、大伴軍の陣所よりもさらに南側に駐屯《ちゅうとん》していた。彼らは、大伴軍が蝦夷《えみし》勢に攻め込まれ、苦境に陥っている状況を目にするや、たちまちに勢揃いし、吉備武彦《キビノタケヒコ》の号令一下、蝦夷勢の土手っ腹に一丸となって突っ込んでいった。ここを駆け抜けると、その勢いのまま、武《タケルノ》尊《ミコト》の直轄軍に群がる敵勢めざして突っ込んだ。蝦夷側は、吉備軍に横槍を入れられたため、組織をつなぐ紐帯《ちゅうたい》が断ち切られ、兵士の統率に乱れを生じた。かくて、蝦夷勢のほうも、態勢を立て直す必要に迫られ、鋭い笛の音を合図に一斉に戦場を離脱していった。

ここに、大和軍は、態勢を立て直すだけの時を得た。この間に、三軍を一か所に集め、そのまわりに柵を巡らした。さらにその内側には、土を盛り上げたり、伐採した樹幹を積み上げたりして土塁や防護壁を築き、再度の敵襲に備えた。

蝦夷《えみし》勢は、翌朝、ふたたび大挙して押し寄せ、巡らされた柵を前にして布陣した。その前面には、数多くの篝火《かがりび》が焚《た》かれる。彼らは、鉤縄《かぎなわ》をからませ、あるいは、大木の幹を押し込み、柵を倒しにかかる。大和軍は、矢を斉射《せいしゃ》することによって敵の接近を防ぐものの、敵勢は、防護楯に身を潜《ひそ》めながら、柵越しににじりじりと迫ってくる。ここに、両軍の攻防は、土塁や防護壁を境として繰り広げられることになる。しかし、大和軍は、この防衛線を懸命に固守し、敵勢の再三にわたる攻撃をなんとか凌《しの》いだ。

両軍が対峙《たいじ》するなか、夜が更《ふ》け、また、夜が白々と明ける。戦いが再開されるや、蝦夷《えみし》勢は、燃え盛る松明《たいまつ》をつぎつぎと投げ込みながら、大和軍の防衛線の一点に向けて攻撃を集中し、ついにその一角を崩すのに成功した。大和軍は、とうとう防衛線内部への蝦夷勢の侵入を許し、ここに、両軍入り混じっての猛烈な白兵戦がはじまったのである。

ところが、その最中《さなか》、戦場のはるか左手の方角（すなわち、南の方向）から、轟々《ごうごう》たる地響きがとどろいてきた。あらたな軍勢が、騎馬を先頭に軍旗を押し立て、この戦場をめざして突き進んでくる。敵か味方か、敵であれば、最早《もはや》、大和軍の生還の望みは断たれたも同然である。しかし、目を凝らして軍旗をみると、そこには星の図が描かれている。どうやら、久慈川沿いに勢力を張る甕星《みかぼし》一族の軍勢のようである。

彼らは、蝦夷《えみし》軍の背後にまわるや、猛然とこれに攻めかかった。蝦夷軍は、腹背に敵を受ける恰好《かっこう》となり、大和軍を攻めるどころではなくなった。しばらくすると、ふたたび鋭い笛の音が響き渡り、蝦夷の兵士は、一斉に甕星軍の間をすり抜けて退《ひ》いていった。かくて、大和軍は、殲滅《せんめつ》の憂き目にさらされたものの、甕星軍の救援を受け、きわどいところで救われたのである。

武尊《タケルノミコト》は、甕星《みかぼし》軍が警戒線を張ってくれているあいだに、敵味方を問わず、戦いの犠牲となった者を集め、土中に埋葬させるとともに、多くの部将とともに彼らの霊が神々の国に向かうのを丁重に見送った。それが一段落すると、武尊は、荒涼とした激戦の跡地に、簡素な囲いと敷物だけの、にわか仕立ての宴席を設け、建速背男《タケハヤノセオ》とその左右の将軍を、大伴・吉備の両副将軍ととともにもてなすことにした。

「吾ら、蝦夷《えみし》軍の奇襲を受け、ここで最後を迎えるかと観念し申した。それを甕星《みかぼし》勢に救っていただき、なんとも礼の申しようもない。戦乱の最中《さなか》とはいえ、せめて酒を酌《く》み交わし、甕星勢に感謝の意を表したい」

「ほほう、それは豪気《ごうき》なこと。もっとも、奴らは、もう攻めてくるだけの才覚はもっていないだろうがのう。吾が将星たちよ、ここは腰を落ち着けて大和勢に負けずに呑もうぞ」

「心得申した。やれ、この趣向、大いに気に入り申した」

大きな器《うつわ》になみなみと酒が注《つ》がれ、みなしてこれを豪快に呑み干す。

まずは、武尊《タケルノミコト》が話の口火を切った。

「したが、甕星《みかぼし》の長《おさ》が、このような奥地に軍勢を率いて現われるとは、吾らにとって想像もつかぬこと」

「うむ。吾らは、たまたま、久慈川を少々さかのぼったところで軍事訓練にはげんでいたのよ。すると、北方の部族の者から、大和軍が南に向かっているという情報が寄せられてきた。そこで、大和軍の行軍の模様を、逐一、現地から報告させることにしたのじゃ。そのうちに、蝦夷《えみし》の連中がしつこく大和軍の動向をうかがっているという連絡がはいってきた。蝦夷がこのような行動にでるのは、並大抵のことではない。ひょっとすると、戦《いくさ》になるかも知れんと危ぶんだ。このあたりは、久慈川の源流域、吾らとしても、このようなところを戦で穢《けが》してもらいたくはない。それゆえ、吾らは、それを鎮《しず》めるために出張ってきたのだ」

「それはそれは。重ね重ねのご配慮、まことにかたじけない。汝が近場におられたという幸運にも、感謝しなければ……」

ここで、武日連《タケヒノムラジ》が口をはさむ。

「されど、あの蝦夷《えみし》軍は、いかなる素性のものであろうか」

「奴らは、下毛野《しもつけぬ》（毛野国の東半分、現在の栃木県に相当）の北側に隣接する蝦夷《えみし》の部族での、主なる族長は、たしか足振辺《アシフリベ》とか大羽振辺《オオハフリベ》とかいったと思う。奴らは、下毛野の諸部族とは友好関係を保ってはいるが、時としてその領内深くに入り込み、彼らとの間ではげしい戦いとなることもある。かの蝦夷たちも、大和勢の東国進出に危機感を抱いているのであろうよ」

その後、ひとしきり陸奥の蝦夷《えみし》のことが話題となった。なかでも、麁蝦夷《あらえびす》との戦闘、とりわけ、麁弓狗《アラユク》の豪腕、矢毒の強烈な作用などに話が及ぶと、甕星《みかぼし》側は、これに並々ならぬ関心を示した。

話が一段落したところで、建速背男《タケハヤノセオ》がこれを引き取る。

「陸奥の話をいろいろと聞くことができ、吾らがここまで出張ってきただけのことはあったというものよ。それにしても、王子は、聞けば聞くほど、きわどい場面を、人知を超えた力を発揮して切り抜けてきたものじゃ。いかに並外れた力を持っていようと、それだけではこうはいかぬものなのじゃが……」

「運に恵まれただけのことです」

「否、運も実力のうちじゃ。王子の背後に神の支えがあるのであろうよ」

列席のいずれもが、この言葉に同意を示し、深く肯《うなず》いた。

ここで、建速背男《タケハヤノセオ》は、武尊《タケルノミコト》に草薙剣《くさなぎのつるぎ》を見せてほしいと申し向けた。草薙剣は、彼が慕う素戔嗚尊《スサノオノミコト》ゆかりのものであり、剣を受け取ると、これをしげしげと眺め、胸を熱くしていた。そして、剣を鞘《さや》に収めると、つぎのように、言の葉を継いだ。

「本当のところ、吾らがここにきたのも、汝に惚れ込んだからよ。この前は、取っ組み合ったが、勝負がつかなかったのう」

「たしかに。したが、この場では、汝と取っ組み合いをしたくはないわ」

「はっはっは、たしかに」

夜は更けていく。お互い負けじと酒をあおり、その果てに、いずれもがへべれけに酔ってしまう。いまや、話も途切れがちとなり、武尊《タケルノミコト》と甕星《みかぼし》の三人の猛者《もさ》は、その場で座ったままうつらうつらしはじめる。さすがというべきか、大伴・吉備の二人の副将軍は、ここらでよかろうと、足をふらつかせながらも、部下に支えられ、自軍へと戻っていった。

翌日、大和軍は、甕星《みかぼし》勢を丁重に見送った。その後、軍列を整え、南に向けて出立した。しばらくは、南流する那珂川に併進して毛野《けぬ》国の内を進む。やがて、東に向きを変える那珂川と別れ、山間《やまあい》を南にたどって常陸《ひたち》国にはいる。

このあたりは、のちの新治郡《にいはり》に属し、筑波連山《つくば》の西側を、桜川《さくらがわ》とその西隣りの小貝川《こかいがわ》が南流している。とりわけ、小貝川は暴れ川で、その氾濫《はんらん》により一帯に湿地が広がっていた。新鮮な水が乏しかったのであろう。『常陸国風土記』に、武尊《タケルノミコト》が、新治を通過するに際して毘那良珠命《ヒナラスノミコト》に井戸を掘るよう命じた、とある。

やがて、軍列は、筑波山の西麓にさしかかった。筑波山は、標高八七〇メートル余、ここも、歌垣の盛んな場所としてつとに知られている。武尊《タケルノミコト》は、先程から、筑波山の頂を見上げては、歌垣山や海石榴市《つばいち》でのことに想いをいたしていた。そのいずれもが、弟橘媛《オトタチバナヒメ》と出会い、そして再会を果たした、武尊にとって心に深く刻み込まれた思い出の地なのであった。

そこへ、長日子《ナガヒコ》が寄ってきて、「この先で、常陸国の部族長が、王子にお目通りしたいと集《つど》っています」と伝えた。

彼らは、武尊《タケルノミコト》を認めると、前に出てきて、つぎのように言上に及んだ。

「お待ちしておりました。武尊《タケルノミコト》におかれては、長い道中にもかかわらず、意気天を衝《つ》く勢いとお見受けいたします。私どものところへは、数々の戦いでの大和軍の縦横の奮戦ぶりが聞こえてきております。また、道中、賊軍の襲撃を受けられたとか、とにもかくにも、ご無事でなによりのことでありました。ここには、常陸国の多くの部族長が馳せ参じております。どうか、私どもの長《おさ》の館（現在の石岡市国府町のあたり）に立ち寄り、疲れを休めていただきたいものです」

「これは丁重なる出迎え、恐れ入る。したが、こたびは、先を急ぎたい。その代わり、ここで少々休憩をとり、その間、主だった方々と歓談いたしたいと存ずる」

大和軍は、一路、甲斐《かい》の酒折宮《さかおりのみや》（甲府市酒折所在）をめざしており、途次、常陸国についで武蔵《むさし》国を通過する必要があった。常陸・武蔵といった国々は、内陸寄りの毛野《けぬ》国ともども、いずれは、東国の雄として強国へと発展していくのであるが、この時代は、それぞれまだ諸部族の同盟という色彩が強かったといえる。常陸国でも、多くの部族の連合の上に盟主が担《かつ》がれていた。その有力な部族のうちには、物部系の者も含まれていた。彼らは、日下《ひのもと》を旗印として掲げ、河内の日下《くさか》（草香）から進出してきた者であることを鮮明にしていた。

常陸国側には、大和軍にあらがう意図は微塵《みじん》も存しなかった。遠来の同胞に対して、懐かしいという気持ちのほうが先立っていた。武尊《タケルノミコト》が、両国の間における同盟関係の確立と相互の出先機関の設置を要請すると、常陸国側は、これを快諾した。

武尊《タケルノミコト》と歓談する部族長たちとは別に、物部気津奴別《モノノベノケツヌワケ》を取り囲む物部系の者たちがいた。彼らは、大和国の物部一族の動静や日高見《ひたかみ》国の実情を知りたがっていた。気津奴別も、嬉々《きき》として彼らの質問に応じていた。そこから少し離れた樹陰では、顔の下半分を布で覆った兵士が、物部系の者に囲まれて舞い上がっている気津奴別を見て、苦々《にがにが》しげに舌打ちしていた。

さて、筑波を越えると、その南西には、小貝川や鬼怒川を擁する、見通しのよい広大な常陸の平原が広がっていた。そして、利根川・荒川などの形作る氾濫原を前にすると、これを避けるべく西に向けて大きく迂回する。

やがて、大和軍は、相模国と武蔵国を南北に結ぶ街道（のちの奥州古道。先で東山道《やまのみち》と合流する）に行き着く。そこは、すでにして武蔵国の首長の館（現在の府中市の大国魂《おおくにたま》神社境内）に近接しており、ふたたび、参集した数多くの部族長の歓迎を受けた。しかし、ここでも、武《タケルノ》尊《ミコト》は、相互の同盟関係の確立と出先機関の設置を要請し、彼らの理解を得ると、館には寄ることなく先を急いだ。

大和軍は、かの奥州古道を夷参《いさま》駅（現在の座間市にあたる）、浜田駅（海老名市浜田町）と南に進み、そこから進路を西寄りにとって相模川《さがみがわ》を渡る。さらに、箕輪《みのわ》駅（伊勢原市笠窪字三ノ輪）、坂本駅（南足柄市）と進み、足柄山を越えて御殿場のあたりで甲斐路に分け入る。そこから先は、籠坂《かごさか》峠・山中湖西岸・河口湖東岸・御坂《みさか》峠とたどり、ようようにして甲斐の酒折宮《さかおりのみや》にて落ち着く。

酒折宮での逗留の日々

武尊《タケルノミコト》は、酒折宮《さかおりのみや》を包む周囲の風情に魅せられていた。

夕暮れどきともなると、酒折宮を囲む木立ちや近くの小川や沼から、蜩《ひぐらし》のキリキリキリと鳴く声や蛙《かわず》のケロケロケロケロという大合唱が響いてきて、寂寥《せきりよう》感をかき立てる。やがて、秋色しだいに濃くなり、草陰からは虫の音が繁くなっていく。茜《あかね》さす夕暮れどき、大空高くを見上げれば、雁《かり》の群が楔形《くさびがた》の編隊を組み、南に向けて渡っていくのを目にする。武尊は、整然と列を組む渡り鳥の群がうらやましくてしようがない。いずれは、自分も雁行《がんこう》同様の陣形で船団を率いて南をめざすのだと、まだ見ぬ南海の島々に思いを馳《は》せるのであった。

暮れなずむ晩秋のある日のことである。武尊《タケルノミコト》は、座敷を出で、庭に面した回廊に座していた。足もとでは、蚊遣《かや》りのため、榧《かや》の枝葉が燻《いぶ》されており、その臭気と煙が立ち昇っていた。庭の植え込みを眺めているうちに、その一角に、緑濃き葉に包まれ、小粒の黄色の実をつけた小ぶりの樹が何株かあるのに気がついた。降り立つと、その実は、あたりにかぐわしき香りを漂わせている。おそらく、この樹は橘《たちばな》であろう。

武尊《タケルノミコト》は、このような地に来てまで橘に出逢えるとはと、その奇縁に驚いた。もしかすると、橘を名にし負う弟橘媛《オトタチバナヒメ》が、常世国《とこよのくに》からこの香りに乗って、自分に語りかけているのかもしれないと思った。

日暮れを前にして、宮舎の内外で多くの従者がせわしなく立ち働いている。武尊《タケルノミコト》は、この樹が橘であることを確認するため、彼らに問いかけてみた。

「みなの者、吾の問いに答えよ。――かのかぐわしき樹の実は、いかなるものか」

酒折宮　甲府市酒折に所在する。東征の帰途、武尊が立ち寄った『酒折宮』の跡地とされる。滞在中、武尊と御火焚との間で交わされた問答歌が、のちの連歌の起源になったという。

従者のうち、だれひとり答えられる者はいなかった。ただ、手持ちの松明《たいまつ》であちこちの篝火《かがりび》に火を灯《とも》していた老人が、近寄ってきて「非時《ときじく》の香《かぐ》実《のみ》です」とぼそっと口にした。当の老人は、かの御火焚《みひたき》の彦爺であった（「非時の香実」とは、時を問わず香りを保つ実というような意味である）。

武尊《タケルノミコト》は驚かされた。このような下働きの年寄りから、非時《ときじく》の香実《かぐのみ》なる言葉が出てくるとは思いもしなかったのである。

「そのいわれを知るや」

「垂仁大王《おおきみ》から常世国《とこよのくに》に求めに行くよう勅命を受けた田道間守《タジマモリ》が、一〇年の歳月をかけて持ち帰ったもの。戻ったときには、すでに大王はお隠れになっておりました。この樹は、いまでは、橘と呼ばれております」

武尊《タケルノミコト》は、老人の答えにことのほか満足し、

これを褒《ほ》め称《たた》えた。

それからしばらく時を経たある日の夕暮れどき、武尊《タケルノミコト》は、座敷にて明かりを灯し、食事の席に着いていた。食事がてら、しばし、常陸・武蔵とたどってきた来《こ》し方《かた》に思いを馳せた。その挙句、ここでも控える従者に問いかけを試みた。

「吾の問いに答えよ。――新治《にいはり》、筑波をすぎて、幾夜か寝つる（幾夜寝ただろうか）」

まわりの者はみな、畏《おそ》れかしこまって返事をすることができないでいる。みなが困り果てているのを見て、例の彦爺が回廊越しに王子の歌のあとにつづけて、つぎのように詠《うた》って返した。

「計《かが》なへて（日数を重ねて）、夜には九夜《ここのよ》、日には十日《とおか》を」

武尊《タケルノミコト》は、彦爺の博識に加えてその機敏な対応を喜び、このたびは、褒美を与えてこれを賞《め》でたのであった。

さて、武尊《タケルノミコト》は、新しい年を目前にして各部将を集め、これからの進むべき道を協議することにした。出征後、早や三年目にはいろうとしているのである。

「京《みやこ》を離れるときは、日《ひ》高見《たかみ》国のような北の果てまで行って、果たして戻って来れるのかというのが、偽らざる吾の気持ちだった。いまや帰路に就《つ》き、甲斐にまでたどり着くことができた」

大伴武日連《オオトモノタケヒノムラジ》が、これに応ずる。

「思い起こせば、駿河《するが》で戦渦に巻き込まれたのを皮切りに、走水《はしりみず》の海では嵐のなかを襲われ、胆《い》沢《さわ》では麁蝦夷《あらえびす》と死闘を演じ、白河でも麁蝦夷の襲撃を受けるというように、苦しい戦いを強いられてきた。こうした苦難を無事乗り越えることができたのも、王子の果断な采配があったればこそです」

「いや、走水《はしりみず》の海では、吾に慢心があった。そして、弟橘媛《オトタチバナヒメ》に降りかかった災厄《さいやく》に気が動転してしまった。また、胆沢の地では、矢傷をこうむり、ここでも汝《いまし》らに心配をかけた。よくぞみなで任務を分担し、的確な対応をとってくれた。心から礼を言う」

吉備武彦《キビノタケヒコ》が言葉をはさむ。

「弟橘媛《オトタチバナヒメ》は、旗艦の舳先《へさき》に立ち、命を懸けて神々に吾らの無事を祈り、吾らを鼓舞してくれたのです。弟橘媛がみまかられたことは、本当に残念なことです」

列席者は、みな一様に吉備武彦《キビノタケヒコ》の言葉に肯《うなず》いた。

「それはさておき、これから吾らはどのように身を処すべきであろう。このまま大和に帰還してよいというわけにもいくまい。まだまだまつろわぬ部族が残っているように思えるのだが……」

大伴武日連《オオトモノタケヒノムラジ》が言葉を継ぐ。

「吾らがいまだ接触を試みていない国となると、残りは、毛野《けぬ》・信濃・越《こし》といったところだろうか。それから、信濃の一帯には、諏訪《すわ》という出雲の流れを汲《く》む特異な国がある」

「うむ、そのとおりだ。吾も、信濃と越とになんらかの手を打たなければと案じている。兵士たちは、数々の戦《いくさ》と過酷な行軍で疲れていることと思うが、もうひと踏ん張り奮起を促してほしい」

新年早々、大和国から大王の書状が届けられた。その書状には、これまでの武尊《タケルノミコト》の功績を称揚したうえで、大略、「蝦夷征討の所期の目的を達成した以上、これからはあまり無理をせず、早めに帰途についてもらいたい。王子には、いずれ海を渡り加羅《から》に赴き、その北の国々の鎮撫《ちんぶ》という大任を果たしてもらいたいと考えている」と、書かれていた。武尊は、父王の温情あふれる書状に心を打たれた。そして、いずれ加羅以北の国々との折衝に臨むつもりなら、東国の鎮撫をおろそかにしてはおけまい、と心中深く期するところがあった。

武尊《タケルノミコト》は、三月の声を聞くや、全軍に、秩父経由で上毛野《かみつけぬ》（毛野国の西半分。現在の群馬県に相当）に向かうよう号令を発した。まさに満を持しての出立である。

一行は、秩父に向けて、いまだ積雪を残す、起伏のはげしい山道をたどる。まずは、甲斐と秩父の国境にある、難所随一として聞こえの高い雁坂《かりさか》（雁坂峠のこと）を越えなければならない。

奥秩父の山々は、麓《ふもと》でこそ常緑樹が目につくが、中腹を越えると、落葉樹による枯れ木の風情で満たされる。雁坂《かりさか》の界隈においても、峠に向けては、橅《ぶな》・水楢《みずなら》などの群落から岳樺《だけかんば》の林へと移ろっていく。そのいっぽうで、頂上にかけては、米栂《こめつが》の群落や白檜曾《しらびそ》の林などと常緑の針葉樹も現われる。そして、標高二〇〇〇メートルに垂《なんな》んとする頂上付近では、雪で覆われた笹原が広がり、矮小化した白檜曾や岳樺がそこここに点在する。

一行が、その頂上付近において幣《ぬさ》を手向《たむ》け終わり、先へ進もうとしたときのことである。にわかなる降雪に遭遇し、だれひとりとして先を見通すことができなくなってしまった。やむを得ずして総員その場に釘付けとなる。しばらくして、雪はやみ、視界は広がったものの、こんどは進むべき方向がわからなくなり、みなして途方にくれる。

兵士がこぞって神々に祈りを捧げていると、灰色の狼《おおかみ》か山犬とおぼしき獣《けもの》が現われ、前方を横切っていった。「これぞ、神のご加護なり」と、武尊《タケルノミコト》は、先頭を切ってその獣の足跡をたどる。当の獣は、密生した岳樺の林のなかへ入り込んでいった。そのあたりを捜すと、樹林の間に笹藪の踏み分け道を見いだすことができた。しばらくこれを進むうちに、本道に出ることもできた。

このあたりから東の方角を見渡すと、白雪を戴いた山並みが幾重にも重なり、折からの陽射しを受けてきらめくのを遠望することができた。多くの兵士が、思わず感嘆の声をあげた。それは、みるからに神秘的な光景であった。

武尊《タケルノミコト》は、峠越えのあと、荒川の上流域で行軍を止めた。そして、神々の導きにより無事に峠を越すことができたことに感謝の祈りを捧げ、その後、総勢で篝火《かがりび》を焚《た》いて野営にはいった。

翌朝、武尊《タケルノミコト》は、行軍に先立ち、側近の者をともない、近くの丘（通称、三峰山《みつみねさん》）に登った。そして、当地のうるわしき山河を愛《め》でるとともに、伊弉諾尊《イザナギノミコト》・伊弉冉尊《イザナミノミコト》の国産みを偲《しの》び、見晴らしのよい場所を選んで祭壇を設け、二神を祀ったのであった。

五、毛野勢、諏訪勢との対決

待ち受ける毛野勢との駆け引き

大和軍は、秩父の山並みを越え、熊谷にいたる。そこから東山道《やまのみち》（のちの中山道）にはいり、これを北西に進んだ。やがて、武尊《タケルノミコト》は、秩父と上毛野《かみつけぬ》の境をなす神流川《かんながわ》（烏川《からすがわ》の支流）を前にして全軍を停《と》めた。

ここにいたって、武尊《タケルノミコト》は、先行きになにとはなしに胸騒ぎをおぼえた。ただちに七掬脛《ナナツカハギ》を呼んで所見を問うと、彼も、前途に不穏な気配を感じるという。そこで、このたびも、同行してきた蝦夷《えみし》の集団を輜重隊《しちょうたい》の兵士に預け、後方に下げさせることにした。

ついで、七掬脛《ナナツカハギ》に対し、前方探索の任を課し、弓箭隊《きゅうせんたい》の部将、田子稲置《タゴノイナキ》と乳近稲置《チヂカノイナキ》を加えて斥候団《せっこうだん》を編成するよう命じた。七掬脛は、斥候団を二手に分け、みずからは二名の弓の者を含めた一団を率いて左側の丘陵地へと向かい、他の一団を右側の平坦な森へと分け入らせた。武《タケルノ》尊《ミコト》は、野営をしながら、彼らの報告を待つことにした。

明け方になって、幾人かの物見《ものみ》が戻ってきて復命した。

――神流川の先を四里ほど（約一二・一キロ）進むと、温井川《ぬくいがわ》（同じく烏川の支流）にぶつかる。その対岸の一町ほど（一〇〇メートル余）先にかなりの数の軍兵が控えており、その最前列には、矛《ほこ》を所持した兵士が整列している。軍列のさらに奥のほうでは、烏川本流（利根川水系）が街道を横切っている。

――街道の左側は、起伏のある丘陵がつづき、深い森に覆われている。温井川の手前の、街道に面した丘の中腹あたりに兵士の動きがある。おそらく、伏兵が潜《ひそ》んでいるものと思われる。

――街道の右側は、平地の森となっており、その奥のほうは、湿地帯となっている。さらにその向こう側では、烏川が街道と並行して流れている。この森には、伏兵は認められない。

大和軍の行く手を阻《はば》んでいるのは、上毛野《かみつけぬ》勢とみて間違いないであろう。上毛野軍は、大和軍に温井川を越えさせ、背後から伏兵を使って大和軍を挟撃《きょうげき》する作戦なのであろう。

ここで、武尊《タケルノミコト》は、すべての部将に、戦闘となっても、無理な攻撃はせず、敵兵を殺さずに捕獲するか、自陣に逃亡させることを主眼とするよう、徹底をはかった。武尊としては、双方の被害を最小にして戦線の収拾をはかりたかったのである。この地で泥沼の戦いに引きずり込まれることだけは避けねばならなかった。この先、まだまだ行く手を阻む勢力の存在が想定されている。

まず、武尊《タケルノミコト》は、吉備武彦《キビノタケヒコ》の軍勢に、敵側の間者《かんじゃ》の動静に注意を払いつつ、迂回して左側の丘陵地の裏側にはいり、敵の伏兵のうしろにつくよう命じた。そのいっぽうで、武尊の直轄部隊と大伴武日連《オオトモノタケヒノムラジ》の軍勢は、神流川を渡り、さらに進んで温井川の手前で布陣した。たしかに対岸の先のほうで、兵士が矛を列《つら》ねて整列している。

ところで、七掬脛《ナナツカハギ》は、いまや、弓の者と家守《ヤカモリ》ら数名の配下をともない、温井川の先の、街道左側のひときわ高い丘の頂をめざして裏側からのぼっていた。そこへ、先行した物見が戻ってきて、「丘の頂に敵の間者《かんじゃ》が五名ほど屯《たむろ》している」との注進に及んだ。七掬脛とその手の者は、動きをさとられぬよう忍び足で接近し、彼らを急襲した。そのうちの三名をなんとか押さえたものの、あとの二名が逃れ去る。これを背後から弓の者が討ち取った。その丘の頂からは、上毛野《かみつけぬ》軍の布陣する状況をつぶさに観察することができた。

七掬脛《ナナツカハギ》は単身、確保した捕虜のうち首領級と判断される者一名を、ちかくの密集した木立ちのなかへと連れ込んだ。そして、外部から遮断されたところで、情報を得るべくこれを責め立てた。その後、家守《ヤカモリ》を呼び、その捕虜から得た内容を口述し、武尊《タケルノミコト》の坐《いま》す本営へと報告に行かせた。

武尊《タケルノミコト》は、家守《ヤカモリ》を認めると、表情を和らげてその労をいたわった。

彼の伝えた内容は、つぎのようであった。

——正面の上毛野《かみつけぬ》勢は、およそ六〇〇名といったところである。

——敵の間者から、「正面と側面の上毛野《かみつけぬ》軍のほかに後続の部隊はいない、丘の中腹の伏兵は大和軍に発見される可能性があり、状況によっては、温井川を渡って本隊のうしろをとおり、反対側の森にまわることになるかもしれない」という自供を得た。

武尊《タケルノミコト》は、上毛野《かみつけぬ》勢との直接対決を回避するため、夜には、すべての軍勢を両脇の森に潜《ひそ》めさせようと考えていた。しかるに、七掬脛《ナナツカハギ》からの情報によれば、右側の森に敵の伏兵が移動してくる可能性が出てきたわけである。そこで、とりあえず、件《くだん》の森に、実地踏査と部隊先導の任務を兼ねて先遣隊数十名を送り込むことにした。

これより先、上毛野《かみつけぬ》の館（現在の前橋市元総社町のあたり）では、厩橋《うまやばし》（前橋の旧名）を押さえる盟主の石上赤麻呂《イソノカミノアカマロ》を中心に、赤石古麻呂《コマロ》・新田河麻呂《カワマロ》・和田多気麻呂《タケマロ》など多くの部族長が集まり、協議をつづけていた。事前に日本武尊《ヤマトタケルノミコト》から丁重な文《ふみ》（実際には、冊に束ねた文書木簡《もんじょ》）が届けられており、これにどう対処すべきかをめぐってのものである。

赤麻呂《アカマロ》は、「大和国は、この地からはずいぶんと離れており、そう無理なことは要求できるはずもない。時節が時節でもあり、ゆるやかな同盟ならば、応じてもよいのではないか」と、柔軟な考えを示していた。河麻呂《カワマロ》も、これに同調した。

しかし、もっとも強硬な部族長が赤石古麻呂《コマロ》であって、こう主張した。

「吾らは、将来、常陸国・武蔵国などと組むことができれば、大和国と対等の力をもつことだってできる。現時点で大和軍にあっさりと降《くだ》るべきではない。ここは、彼らの要求に応ずるにしても、一矢《いっし》を報いておく必要があるのではないか」

さらに、こうも付け加えた。

「かの部隊には、日本武尊《ヤマトタケルノミコト》のほかにも、大伴武日連《オオトモノタケヒノムラジ》・吉備武彦《キビノタケヒコ》などという名うての戦《いくさ》上手がいる。ほかに弟彦《オトヒコ》なる者を長とするすぐれた弓上手がいるとも聞く。一武人として、ぜひとも彼らと手合わせしてみたいものだ」

結局、和田多気麻呂《タケマロ》をはじめ、半数近くの部族長が古麻呂《コマロ》の意見に靡《なび》いた。赤麻呂・河麻呂ら、その余の部族長は静観することとし、古麻呂たちのお手並み拝見ということになった。そのようなわけで、手ぐすねひいて待ち受けていたのが、赤石古麻呂を長とするいくつかの部族からなる編成部隊なのであった。


対峙《たいじ》する両軍のあいだを、この地特有の空っ風が容赦なく吹きすさび、川面《かわも》をはげしく波立たせ、岸辺の残雪を粉塵《ふんじん》のようにして舞い上げる。

そのような状況下にあって、七掬脛《ナナツカハギ》が、どこで手に入れたのやら、乗馬を一頭、「なにかの役に立つのでは」と、武尊《タケルノミコト》の前に引き連れてきた。武尊は、これ幸いと、白幡《しらはた》を手に単騎、温井川を越えて敵陣をめざした。これを見て、相手のほうからも、騎乗の武将が二人して進み出てきた。こちらが名乗ると、相手側も、上毛野《かみつけぬ》の族長、赤石古麻呂《コマロ》、同じく和田多気麻呂《タケマロ》と名乗った。

武尊《タケルノミコト》は、彼らに対して、大和軍は東の国々との同盟を求めにきたのであって、上毛野《かみつけぬ》軍に敵対する意志のないことを、伝えた。しかし、彼らは、武尊の和平の要請を退け、「堂々の勝負を望む」という言葉を残して戻っていった。二人の武将はいずれも、卑劣を憎む愚直な人となりのようである。それだけに、戦《いくさ》を避けるのは容易ではなさそうに思えた。

自陣に戻ると、武尊《タケルノミコト》は、楯を携えた兵士を岸辺のところへ整列させ、喊声《かんせい》を上げつつ、楯を勢いよく地に衝《つ》き立てさせた。すると、敵方の兵士、数十名が、ようす見に対岸のところまで進み出てきた。そして、遠目ながらも、ずらりと並んだ楯の図柄の、群がる異様な鳥の姿態を認めるや、やかましく野次を飛ばしはじめた。

そのうちに、何人かの者が手持ちの弓で矢を射かけてきた。しかし、楯を把持《はじ》する大和勢の兵士のうしろから、弓に矢をつがえた兵士が現われると、彼らは、急ぎ引き返していった。

つづけて、武尊《タケルノミコト》は、弟彦《オトヒコ》に、「鏑矢《かぶらや》を何発か打ち込んでみたらどうだろう」と問いかけた。

これを受けて、弟彦は、輜重隊から弩《おおゆみ》（機械仕掛けの弓）を五具取り寄せた。それぞれの弩に弩《ど》手《しゅ》二名をあてがい、温井川の浅瀬に整列させると、弩の臂《ひ》（銃身の形をした発射台）に鏑矢を装《そう》塡《てん》させ、順次、敵陣の上空に向けて打ち込ませた。

鏑矢は、「ヒュー」と尾を引く音をとどろかせながら弧を描いてつぎつぎと飛んでいく。敵陣では、鏑矢の発する音もさることながら、それが遠く離れた自陣の上空にまで飛来したのに驚かされ、どよめきが、さざ波のように後列に伝わっていった。

鏑矢に挑発されたようである。上毛野《かみつけぬ》の兵士何名かが、隊列の前方に進み出てきて棒杭を地に打ち立て、そのてっぺんにこれ見よがしに衝角付甲《しょうかくかぶと》を載せた。——どうやら、この甲を射落としてみろと大和軍を挑発しているようである。風の吹きすさぶなかでの射的《まと》までの距離もある。大和軍は、どうこたえるのであろうか。

しかし、案じるほどのことでもない。弟彦《オトヒコ》は、武尊《タケルノミコト》に、「相手の挑発に乗ってみるのも一興《いっきょう》、石占横立《イシウラノヨコタチ》に射させてみたい」と申し出た。結果はどうあれ、挑戦を受けて引き下がるわけにはいかない。武尊も、喜んでこれを許した。

横立《ヨコタチ》は、温井川の浅瀬に立ち、弓に矢をつがえたまま、風の静まるのをしばし待ち受けた。両陣営とも、固唾《かたず》をのんでこれを見守る。空っ風は、吹き荒れるかと思うと、時にその矛を収める。彼は、その頃合いを見計らい、弓弦をぐいと引き絞り、矢を射放つ。矢は、緩い弧を描きながら、みごと、甲《かぶと》の上に落ちた。矢は甲にはじかれたとはいえ、矢が甲に的中したことに間違いはない。両陣営からは、射手《いて》に対してやんやの喝采《かっさい》が沸き起こった。

武尊《タケルノミコト》は、この間に、兵卒をして左右の森から樹の枝や蔓《つる》を集めさせ、さらに手持ちの藁《わら》や藺草《いぐさ》を加え、偽装用の人形《ひとがた》を数多くつくらせていた。そして、陽が落ちはじめると、軍列の中央部に柱と覆《おお》いからなる簡易式の幕舎《ばくしゃ》を設営させ、その前面に数多くの篝火《かがりび》を焚《た》かせて、全軍がここにとどまる意志であることをにおわせた。さらに、その手前に、例の数多の人形を立てさせた。これらの人形も、うしろからの篝火に照らされて黒々とした陰影を映し出し、遠目には警戒する兵士の存在を彷彿《ほうふつ》とさせた。

そのいっぽうで、武尊《タケルノミコト》は、大伴武日連《オオトモノタケヒノムラジ》の軍勢に、隠密裏に神流川まで後退し、迂回して左側の丘陵地に、吉備軍よりも手前に潜むよう指示した。これを受けて、大伴軍は、何回かに分けて少しずつ離脱していった。そして、頃合いを見計り、最後に、武尊の直轄部隊が、街道右側の平坦な森に向かうべく、暗闇のなかを後退にはいった。

神流川《かんながわ》の河畔では、十数名の兵士が、松脂《まつやに》を蝋燭《ろうそく》状に整形したものに火をつけてぶら下げ、地面すれすれをほのかに照らしながら、待ち受けていた。その案内で川沿いをしばらく進み、そこから雪の残る森のなかへと分け入った。しばらく進むと、案内の兵士たちは、足もとの火を消した。すると、急にあたりは漆黒《しっこく》の闇となる。それでも、葉を落とした枯れ木が多いぶん、かすかに月明かりの余恵《よけい》を体に感じとる。

静かな夜である。どこからか、梟《ふくろう》のホッホーと鳴く声が聞こえてくる。巣作りにはいった梟がにわかなる闖入者《ちんにゅうしゃ》に警戒の声を発しているのであろう。

そこへ、先行する物見から、「温井川の向こうから敵兵が現われ、川を渡りはじめた」旨の注進がはいった。その報告は、驚くにはあたらない。事態は、七掬脛《ナナツカハギ》が報告してきたとおりに進行しているようだ。

さて、東の空が白みはじめるよりも早く、上毛野《かみつけぬ》軍の本隊が、突如、太鼓を乱打し、喊声を上げながら、温井川を越えて攻撃に移ってきた。騎馬武者につづき、徒歩《かち》の兵士が矛を小脇に抱えて突進する。平地の森に潜む伏兵も、これに呼応して本隊への合流をはかる。並べられた人形《ひとがた》や仮の幕舎などは、たちまちのうちに破壊され、無残な残骸と成り果てた。

上毛野《かみつけぬ》軍は、大和軍が蛻《もぬけ》の殻《から》なのを知り、地団駄《じだんだ》踏んで悔しがる。彼らは、勢いのまま神流川の河畔にまでいたり、そこで隊列を整えて反転を試みることになる。彼らは、立ちはだかる大和軍の手前一町半（およそ一六〇メートル）のところまで進出してきた。ここに、両軍は、当初相対した陣地とはまったく逆の配置で対峙《たいじ》することとなったのである。

武尊《タケルノミコト》は、改めて敵陣に和睦を求める使者を送る。やがて、敵将、赤石古麻呂《コマロ》が単騎、武尊のもとへやってきた。そして、下馬すると、辞を低くして和睦に応じる旨を言上《ごんじょう》した。

二人は、床几《しょうぎ》に腰を下ろして会談に及んだ。

「すっかり計略にはまってしまいました。お恥ずかしい限りです」

「これほど遠くに来てまで、戦《いくさ》をしたくはなかったのです。毛野《けぬ》国は、倭国のなかでも有力な国のひとつです。時代は、否応《いやおう》なく倭国全体が意思を統一する方向に向かっています。大和・毛野の両国は、以降、ともに提携を深めていきたいものです」

「むずかしいことはともかく、兵士の犠牲を最小限に抑えるために取っていただいた数々のご配慮、感謝のしようもありません。吾がほうは、軍勢をそれぞれ国もとに返します。厩橋《うまやばし》の館へは、吾が先導いたしましょう」

尚武を尊ぶ上毛野のお国柄

厩橋《うまやばし》の館の門前には、伝令使をつうじて戦況の推移を見守りつづけてきた多くの部族長が、出迎えに出ていた。

翌日、昼すぎから、館のあらゆる部屋を開放し、庭や館まわりの空間まで使い、盛大な宴《うたげ》が催された。勢い、武尊《タケルノミコト》・大伴武日連《オオトモノタケヒノムラジ》・吉備武彦《キビノタケヒコ》の三名を上毛野《かみつけぬ》の各部族長が取り囲み、話題がはずむ。まずは、夜襲を予期した戦法、伏兵を無力化した戦法に絶大な賛辞が送られる。それから、弩《おおゆみ》の威力、遠矢当ての正確さに話が移っていく。

少し離れたところでは、石占横立《イシウラノヨコタチ》が、多くの人びとから歓迎攻めにあっていた。また、例によって、宮戸彦《ミヤトヒコ》・弟彦《オトヒコ》・長日子《ナガヒコ》たちも、人びとにせがまれ、酒で顔を赤く染めながら、これまでの戦いの数々を語って聞かせていた。

上毛野《かみつけぬ》には、武人を尊ぶ伝統が築かれているのであろう。戦話《いくさばなし》に宴席が異様なまでに盛り上がる。そのうちに、上毛野の人びとから、ぜひ、弓術の手本を示してほしいという要望が相ついだ。そのいっぽうで、女人は酒肴《しゅこう》を運ぶだけで、宴席に侍《はべ》るということがない。

翌日は、館の外で、大和側が弓と剣の術を披露することとなった。

そこへは、上毛野《かみつけぬ》の北方に隣接する蝦夷《えみし》の村長《むらおさ》、遠津闇男辺《トオツクラオベ》とその一族の者が何人か、招かれて見学にやってきていた。彼らを見て、当初、大和側の部将のあいだに異様な緊張が走った。しかし、よく聞いてみると、彼らは、白河郷で大和軍を襲ってきた連中とは部族を異にし、上毛野国とは良好な関係にあるという。

遠津闇男辺《トオツクラオベ》のほうから武尊《タケルノミコト》のもとへ挨拶にやってきた。

「足振辺《アシフリベ》・大羽振辺《オオハフリベ》らが王子の部隊を襲撃したとか。同族の者として、王子に謝りたい。吾は、かねてから一族あげて平穏な生活を送りたいと願ってきた。そのためには、倭の国々とのあいだに親密な関係を築いておくことが、なににも増して大切だと信じている」

「蝦夷《えみし》の部族長のなかに、汝《なれ》のような考えをもつ者がいるということに、吾らは勇気づけられる思いがする」

「それはそうと、吾らの部族のあいだにも、王子の名はとどろいておりますぞ。ぜひ、王子の武術の真髄なるものを披露してもらいたいものだ」

さてさて、大和側の武術の披露がはじまった。

弓術の分野では、馳射《ちしや》を得意とする田子稲置《タゴノイナキ》と乳近稲置《チヂカノイナキ》の両名が、騎馬を疾走させながら、道沿いに設置された三間（五メートル余）先の小さな的をつぎつぎと射抜いてみせた。遠津闇男《トオツクラオ》辺《べ》たち蝦夷《えみし》の者は、「馬上であれほど大きな弓がよく扱えるものよ」と、これを見ながら半ばあきれていた。

わが国の弓は、これまで世界の趨勢とは異なり、ことさらなる長弓を用い、しかも、射手《いて》は、弓手《ゆんで》（左手）で弓の中央部を握るのではなく、下から三分の一のあたりのところを握る。この伝統は、倭の時代にまでさかのぼるようである。すなわち、「魏志倭人伝」は、「（倭の）兵は矛・楯・木弓を用いる。木弓は下が短く、上が長い」と伝えている。本来、長弓は、馬上から斜め下を射るのには適さないのであるが、弓の下部を握ることにより、弓自体が馬に当たるのを防ぐ結果となっている。

つづいて、石占横立《イシウラノヨコタチ》が、遠矢を再現してみせた。五〇間（約九〇メートル）先の金銅製の甲《かぶと》めがけて五度の連射を試み、四たび、矢を的中させた。この神業《かみわざ》ともいうべき射技を目にし、観衆からは再三にわたって地響きのような大歓声が沸き上った。

剣術の分野では、宮戸彦《ミヤトヒコ》や加夜種継《カヤノタネツグ》が毛野《けぬ》の兵士と木剣で戦い、相手を圧倒してみせた。その後、武尊《タケルノミコト》が木剣を受け取ってぶらりと中央に出てきた。それを見て、上毛野《かみつけぬ》の盟主・石上赤《イソノカミ》麻呂の弟の佐太麻呂《サタマロ》が、木製の矛を手にして飛び出してきた。佐太麻呂は、上毛野では、矛の使い手として名がとおっている。

武尊《タケルノミコト》は、佐太麻呂《サタマロ》の持つ木製の矛を目にすると、「そのような代物では、気が乗るまい。吾も、真剣を使おうほどに、汝《いまし》も、真《まこと》の矛を用いてもらいたい」と指示した。かくして、赤石古麻呂《コマロ》の立会いのもとに、両者が真剣勝負にのぞむこととなった。観衆も、極度の緊張を強いられ、みながみな、咳《しわぶ》きひとつせず、一瞬たりとも見逃すまいと目を凝らしてこの勝負を見守る。

佐太麻呂《サタマロ》は、右手で矛の柄《え》をうしろに少々余して握り、左手をその前に添え、つぎつぎと矛を繰り出してくる。武尊《タケルノミコト》は、一瞬、伸びてくる矛先をかわし、体を真っ直ぐ沈めたかと思うと、左足を軸にして右足を相手の足もとに滑り込ませ、その前足を払う。相手は、手持ちの矛が空を切ったばかりか、その直後には、強烈な足払いを受け、崩れるようにして尻餅をつく。相手は、起き上がると、改めて気合いを込め、突きに薙《な》ぎに払いにと、攻勢をかけてくる。

武尊《タケルノミコト》は、しばらく剣を振るって応戦していたが、時期をみて剣を左手に持ち替え、相手の矛の柄を左に払いのけつつ、突進し、跳躍する。そして、相手の上体を一、二歩、歩くようにしてその両肩の上に立つ。やや間をおき、相手の肩からひょいと反対側へ飛び降りる。着地したときには、もう相手のほうに向き直り、その首に剣を当てていた。

上毛野《かみつけぬ》の人たちは、このような技には慣れていない。彼らには、まさに神技と映ったであろう。

佐太麻呂《サタマロ》は、茫然自失の態《てい》で立ちつくしていた。観衆のどよめきは、なかなか止まなかった。蝦夷《えみし》の者たちも、武尊が胆沢の勇者を殺さずに意のままに押さえつけたという、彼らの間に流れたうわさがでたらめでなかったことを改めて確認し、武尊を驚嘆の眼《まなこ》で見上げるのであった。

その日も、夕刻から宴が張られ、昼間の演武を話題ににぎわいを見せる。そうこうするうちに、新田河麻呂《カワマロ》が武尊《タケルノミコト》の前に進み出て、このように語りかけた。

「王子は、この地に落ち着かれる気はありませんか。毛野《けぬ》が武蔵《むさし》と常陸《ひたち》を誘い、三国の王として王子を迎え入れるならば、大和国に匹敵するほどの強国が生まれます。……とはいえ、王子は、いずれ大和国の王になられるお方。これは、無理な要請というものでしょうな」

「三国の同盟とは痛快な構想です。魅力は感じますが、いまは、倭国の意志がひとつにまとまることを優先すべきときです。吉備《きび》や筑紫《つくし》など西の国々は、そのことを十分に弁《わきま》えています。それから、吾は、大和国の大王の地位などに恋々《れんれん》とするつもりはありません。信頼できる仲間とひとつの目的に向かって邁進《まいしん》することが望みなのです。軍事だけではありません。大きな船で異国の地を訪れることでもよいし、未開の地を開拓することでもよいのです」

他の部族長たちも、二人の会話に真剣に聞き入っていた。

しかし、比較的まじめな会話は、このあたりまでで、酒がゆきわたるにつれ、にわかに騒々しくなった。そのうちに、突如として歓声が上がった。その方角に目を向けると、二張《ふたはり》の大太鼓と四張の小太鼓が引き出されていた。やがて打ち手がバチを手に取り、おのおの太鼓を打ち鳴らしはじめた。なかなかに豪壮な韻律である。

しかし、それが一段落すると、大勢が囃《はや》したてるなか、妙な連中が登場してきた。なんと、女性の衣類を身に着けた部族長たち五、六名が、白粉《おしろい》を顔に塗りこめ、紅をさし、蔓草《つるくさ》で頭髪を飾り、輪になって踊りはじめたではないか。部屋の隅を見ると、まだまだ女性を装った連中が、出番を待って控えている有様である。

そのいっぽうで、宮戸彦《ミヤトヒコ》は、部将たちから化粧を強いられて逃げまわっていた。すると、こんどは、隅のほうで素《す》っ頓狂《とんきょう》な悲鳴が上がった。そのほうを注視すると、物部気津奴別《モノノベノケツヌワケ》が、化粧を施そうとする部将たちに取り押さえられていた。気津奴別の必死のようすを見て、武尊《タケルノミコト》も、おかしさをこらえるのに苦労した。しかし、武尊は、「こんなことに巻き込まれては大変」とばかり、まわりの者の慰留をよそに早々に宴席をあとにした。その後も、延々と宴はつづいたようである。

武尊《タケルノミコト》は、ひと月ほどして上毛野《かみつけぬ》を辞することにした。大和軍は、これよりあらたに馬匹《ばひつ》の提供を受け、装備品の充実を図ったうえで、東山道《やまのみち》を信濃《しなの》の方向へと向かうことになる。出掛けには、大勢の人びとが見送りに集まってきた。

ことに、赤石古麻呂《コマロ》は、武尊《タケルノミコト》との別れを惜しんだ。

「吾は、王子のような方に仕えてみたい。今後、なにかあれば、必ず声を掛けていただきたい。いつ何時であれ、軍勢を引き連れ、王子のもとに馳せ参じるつもりです」

「たいへんありがたいお言葉です。しかと心に刻んでおきましょう」

いっぽう、宮戸彦《ミヤトヒコ》は、かくうそぶく。

――上毛野《かみつけぬ》は、たしかに尚武の国だった。したが、まったく女っ気とは無縁の国だったわい。給仕の女《おみな》の手をちょっと握っただけで、平手で頬《ほ》っぺたを叩かれてしまったものな。だからといって、むくつけき男の化粧など見たくもないわ。奴らは、少しおかしいぞ。やはり、ここは住むには少しきついところだな。

東山道信濃路を諏訪めざして

いよいよ上毛野《かみつけぬ》から信濃へ向けての行軍である。

武尊《タケルノミコト》は、帰途に向けて、漸次《ぜんじ》、大和軍の陣容を縮小していくべきであるとする考えをもっていた。とりわけ、建稲種《タケイナダネ》については、本来、水軍の総指揮をゆだねたのであって、陸上での戦いにまで延々と引っ張ることは、彼に必要以上の犠牲を強《し》いることになりかねない。このように考えて、武尊は、建稲種とここで別れることにした。

武《タケルノミコト》尊のみならず、大伴武日連《オオトモノタケヒノムラジ》も吉備武彦《キビノタケヒコ》も、建稲種《タケイナダネ》の東征軍への貢献を高く評価しており、尾張《おわり》国での再会を堅く約した。建稲種たちは、東山道《やまのみち》を逆方向に進み、武蔵《むさし》国経由で相模川《さがみがわ》河口に向かう。そこで船を雇い、西方の伊勢湾をめざすことになる。

武《タケルノミコト》尊のほうは、東山道《やまのみち》信濃路の最初の難所、碓日坂《うすひのさか》（現在の碓氷峠ではなく、それよりも南寄りの入山《いりやま》峠にあたる）にかかる。武尊は、慣例に従い、峠の頂上において神々に幣《ぬさ》を手向《たむ》けることとした。

神座《しんざ》となる磐座《いわくら》の手前には、すでに先人の手により簡易の祭壇が設けられていた。武《タケルノミコト》尊たちは、祭壇まわりを清掃し、先例にならって幾多の供物《くもつ》を奉った。そして、かねて用意の、木綿《ゆう》四《し》手《で》に加えて滑石《かっせき》製の勾玉《まがたま》・管玉《くだだま》・臼玉《うすだま》などを吊り下げた榊《さかき》の枝を手にし、祓《はらえ》を行なって行軍の無事を祈ったのである。

花霞ただよう季節である。涼風が吹き抜けるたびに、新緑をまとう梢《こずえ》が揺らぎ、山桜の花片が舞い上がる。武《タケルノミコト》尊は、この天と地の境に立つとき、神々の世界へと旅立った弟橘媛《オトタチバナヒメ》のことがことさらに偲ばれ、「吾《あ》嬬《づま》はや」（ああ、吾が妻よ）と、この言葉を何度か口にした。（この故事から、碓日坂より東の諸国を、吾嬬国《あづまのくに》と称するようになったという）。

しばらく進むと、街道は、東山道《やまのみち》信濃路の本道と越国《こし》に通じる脇道（のちの北国街道）との分《わか》去《さ》れに達する。ここで、武《タケルノミコト》尊は、大伴武日連《オオトモノタケヒノムラジ》と吉備武彦《キビノタケヒコ》の両副将軍にそれぞれ五〇名ほどの兵

信濃追分(分去れの道標) 長野県北佐久郡軽井沢町追分に所在。道標は、中山道(旧東山道)と北国街道の分岐点を示す。写真の右が北国街道、左が中山道となる。

士を率いさせ、本隊とは別にこの脇道を進ませることにした。それぞれの任務は、つぎのようである。

——大伴武日連《オオトモノタケヒノムラジ》は、北国街道沿いに所在する信濃国王の館（現在の上田市）に赴き、同盟関係の確立をはかるとともに、諏訪国の内情掌握にあたる。

——吉備武彦《キビノタケヒコ》は、北国街道をさらに北上して越国王の居館（現在の上越市）を訪ね、同盟関係を打診するとともに、その地の人情や風土の視察につとめる。

ここで、若干、越国について補足すると、その領域は広大で、西で若狭《わかさ》国と接し、東は信濃川から阿賀野川《あがのがわ》あたりにまで及んでいた。後年、律令制のもとで、越後《えちご》・越中《えっちゅう》・能登《のと》・

加賀（かが）・越前（えちぜん）に区分されるが、当時は、それぞれの領域において、河口域や湊を中心に多くの豪族が割拠《かっきょ》していた。

　大和からもっとも遠隔の地である越後の領域においては、古来、上越地方一帯を領する阿彦王《アヒコ》の系統が国王として推戴《すいたい》されてきた。阿彦王の領国は、関川河口の直江津《なおえのつ》を拠点として幅広く交易を展開することで栄えてきた。とりわけ、西隣りの奴奈川《ぬながわ》（姫川）流域は、峡谷から硬玉翡翠《ひすい》の塊をもたらし、他に例をみない翡翠の一大産地として知られていた。阿彦王は、代々にわたり、この地域から翡翠の原石を得、勾玉・管玉などさまざまな玉に加工し、これを交易の主要な取引材料としてきたのである。

　越後の東端にあたる信濃川・阿賀野川の流域では、倭人と蝦夷《えみし》の人びととが共存していた。ただし、両川の下流域には、ところどころに低湿地や潟湖《せきこ》が形成されており、彼らは、河岸の微高地や丘陵のふもとなどに集落をつくり、張りめぐらされた水路を舟で移動していた。

　とはいうものの、過去においては、この一帯は、大国主神《オオクニヌシ》の侵攻を受け、一時、出雲国の支配下に置かれたことがある。このとき、大国主神は、奴奈川流域を押さえていた奴奈川姫に求婚したという。そののちには、崇神《スジン》帝の命を受け、四道将軍のひとり、大彦命《オオヒコノミコト》が、北陸道《くぬがのみち》に派遣され、阿賀野川まで到達した。そして、阿賀野川をさかのぼることによって、同じく東海道《うみつみち》を進軍してきた息子の武渟川別《タケヌナカワワケ》と会津にて会している。

この時代、大和国は、丹波《たんば》国を足がかりに北陸に向け進出を試み、若狭を越え、日本海航路の主要な拠点である敦賀津《つるがのつ》まで歩を進めていた。いまや、敦賀津から日本海をさかのぼって能登半島を越え、越国の各地の豪族と交易を重ねている。そうしたなかで、信濃川河口右岸に設けられた新津《にいつ》を経由して、その北方への入植者もふえているようである。

さて、武尊《タケルノミコト》の本隊のほうへと話を戻そう。

武尊《タケルノミコト》は、二組の使節団を見送ると、東山道《やまのみち》信濃路をそのまま進んだ。それにしても、信濃国は、山は高く谷は深い。青い嶽《たけ》が幾重にも重なり、人は杖をついても登るのがむずかしい。岩は険しく坂道は長く、高峰数千、馬は行き悩んで進まない。しかし、大和の軍勢は、霞《かすみ》を分け、霧《きり》を凌《しの》いで大山をゆるりゆるりと進む。

やがて千曲川《ちくまがわ》（越国にはいると信濃川と呼称される）にかかる。雪解け水が流れ込み、水位が上がっており、流れも速い。両岸に配備された舟つなぎ石のあいだに縄紐《なわひも》を張り、その下に何艘《そう》もの船をつなぎ止め、船の上に板を渡す。そのにわかづくりの船橋《ふなばし》の上を、兵士が荷を背負ってつぎからつぎへと向こう岸へ渡っていく。

対岸にいたると、大和軍は、河原で野営にはいり、大伴武日連《オオトモノタケヒノムラジ》が戻るのを待ち受けることにした。まずは、兵士たちは水辺で汗を流し、ひと息入れる。ここは、山菜に川魚にと食材も豊富である。あちこちで魚を焼いたり、煮炊きをしたりと、うまそうな匂いと煙が漂いはじめた。

一夜が明けると、武尊《タケルノミコト》は、内日子《ウチヒコ》に、家守《ヤカモリ》と角山《ツノヤマ》を連れて自分の幕舎《ばくしや》に来るよう伝えた。内日子《ウチヒコ》は、ほかに、渋る御火焚《みひたき》の彦爺を無理やり引っ張り、武尊《タケルノミコト》のもとへ連れていった。彦爺までが来たのを知り、ことのほか嬉しそうであった。

それぞれに酒を注《つ》ぎながら、話しかける。

「角山《ツノヤマ》、相撲《すまい》では、汝《なれ》には歯が立たなかった」

「なにを言われます。そもそも吾が王子に勝負を挑むなどということは、不遜なことでした。お許しください」

「ははは、そんなことあるものか。これからも大和国のために、汝の怪力を縦横に振るってもらいたいものだ」

しばらく相撲談議がつづいた。それが一段落すると、武尊《タケルノミコト》は、家守《ヤカモリ》に声をかけた。

「汝も、戦場で場数を踏んだ。立派に育ったものだ。帰還した暁には、汝の父母は、うれし涙をこぼされることであろう。吾も、背長《セナガ》と浪《ナミ》の喜ぶ顔を見てみたいものだ」

「吾は、まだまだ経験不足です。さらにむずかしい戦いの場に臨んで吾が身を鍛えたいと思っております」

「それは剛毅《ごうき》だ。よい根性をしているわい」

ところで、彦爺のほうは、武　尊《タケルノミコト》の前で固くなったまま、一言も発しない。先ほどから緊張をほぐそうと、たてつづけに酒をあおっているようである。

武　尊《タケルノミコト》は、そんな彦爺を見て、おだやかに語りかけた。

「汝《いまし》は、酒折宮《さかおりのみや》で非時《ときじく》の香実《かぐのみ》のいわれを説明してくれたし、吾の問いに歌をもって返してくれた。いまもって、汝の博学には敬意を払っている。この際、改めてご老人に教えを乞いたいものだ」

彦爺も、この段階でやっと口が滑らかになったようである。

「王子は、たいしたものじゃて。兵士をきびしく鍛えるかと思うと、兵士を友達のようにやさしく遇する。まさしく『一張一弛《いっちょういっし》、文武（周《しゅう》王朝の文王《ぶんのう》・武王《ぶおう》をさす）の道なり』（『礼記《らいき》』）を実践しているかのごとくじゃ……。されど、王子は、これまで戦《いくさ》に負けずにきた。それゆえ、将としての評価はまだ未知数なのじゃ。敗勢のときこそ、将たるものの真価が問われるのですぞ……。

うおっほん」

「したが、白河では、甕星《みかぼし》勢の救援がなければどうなっていたか。あのときは、負けたも同然。吾が軍に運があったにすぎぬ」

「問題は、これからじゃ。なにごともよいことばかりはつづかぬ。運とていずれは尽きるもの。『月満れば則ち虧《か》く』（『史記』）という言葉のとおりなのじゃ。兵も過労が重なってくる。相手も、王子の弱みをついてくる。往路よりも帰路が険《けわ》しいと知るべきなのじゃ。これまでにも増して、自重に自重を重ね、とらわれのない心で判断する必要がありますぞ……。うおっほん」

武尊《タケルノミコト》は、驚いた。これだけのことを具申してくれる人物は、自分のまわりには、ほとんど皆無《かいむ》といってよい。数々の戦いと長い旅路の末に、日常に慣れ、知らず知らずのうちに傲慢《ごうまん》に陥っていること無きにしも非《あら》ず、と反省を促された。

しかし、これだけのことを言うと、彦爺は、酔いがまわったからなのか、うつらうつらしはじめ、さっぱり正体をなくしている。彼は、人並み以上の学問と経験を備え、一家《いっか》言《げん》をもつ人物のようである。それにしても、なんともつかみがたい人物のようではある。

野営にはいって八日ののち、大伴武日連《オオトモノタケヒノムラジ》が戻ってきた。

信濃国は、大和国に兄事《けいじ》することを誓い、交易・交流にも積極的であるという。ただし、諏訪国に関しては、信濃国も対処に苦労しているという。

諏訪国は、大国主神の息子の建御《タケミ》名方神《ナカタノカミ》により築かれた。それゆえ、出雲とのつながりが強い。現状ではどうかというと、諏訪国の首長はともかく、その長子、諏訪建《スワノタケル》は、大和国への反発心が強く、ことに、出雲建《イズモノタケル》が武尊《タケルノミコト》に誅殺されたことを根にもち、武尊を恨んでいるのではないかという。

武尊《タケルノミコト》は腕を組んで考え込む。諏訪方の本音を引き出すには、当方が隙《すき》をつくり、彼らに「大和勢与《くみ》しやすし」と思わせる必要がある。そのためには、ある程度、危険を覚悟しなければならない。

大伴武日連《オオトモノタケヒノムラジ》と話し合った末、とりあえず、武尊《タケルノミコト》と武日連とで一〇〇名ほどの兵士を率いて諏訪氏の居館を訪れることにした。そして、有事に対する備えとして、残りの兵士を葛城宮戸彦《カツラギノミヤトヒコ》・久米阿加志毘古《クメノアカシヒコ》・加夜種継《カヤノタネツグ》の三名に指揮させてその外周に潜《ひそ》めさせることにした。武尊は、念のため、別働隊にその先導役として七掬脛《ナナツカハギ》をともなわせた。

大和軍は、まずもって全軍にて東山道《やまのみち》信濃路の最大の難所といわれる和田峠を越えた。武尊《タケルノミコト》以下の先行部隊は、ここから別働隊に先んじて諏訪湖の東岸を南に進み、諏訪氏の居館へと急いだ。

諏訪湖畔での死闘の果てに

諏訪氏の居館は、諏訪大社の南東四里（約二・二キロメートル）先、現在の上社前宮《まえみや》のあるあたりに所在し、諏訪大社も居館も、その西から南にかけて奥深い山々に接していた。案内を乞うと、諏訪国の首長父子が出てきて丁重に武尊《タケルノミコト》一行を迎えた。

「高名なる日本武尊《ヤマトタケルノミコト》に諏訪をお訪ねいただき、まことに光栄です。今回の大和軍の大遠征において、数々の大戦《おおいくさ》で鮮やかな勝利を収められていること、この界隈《かいわい》にも伝わってきております。のちほど、その経過を、わずかなりともお教えいただければ幸いです」

「丁重なるご挨拶《あいさつ》、恐れ入ります」

「形式的な挨拶はこのぐらいにし、とりあえず、宿所にご案内いたします。今日は、旅の疲れをゆっくり休めていただき、明日、諏訪の神々にお参りいただきたい」

その宿所は、諏訪氏の居館の敷地内にあり、大和側の兵士全員を収容できるだけの広さを有していた。


ところで、この地方には、もともとミシャグチと呼ばれる土俗神への信仰があった。この神は、本来、樹や岩に降りてくる精霊とされているが、象徴的に男性器や大蛇《おろち》の姿で表現されることもある。そして、この地方に出雲から建御名方神《タケミナカタノカミ》の一族が襲来し、ミシャグチ神を信奉する土着の洩矢《モリヤ》族を征服したのである。

建御名方神《タケミナカタノカミ》は、『先代旧事本紀《せんだいくじほんぎ》』によると、大国主神と、越国の奴奈川《ヌナカワ》姫とのあいだに生まれた子であるとされる。彼は、天津神側への国譲りに最後まで抵抗したのであるが、天津神側の武《タケ》甕槌神《ミカツチノカミ》と戦った末に敗れ、出雲を追われて信濃地方まで逃れてきたのであった。

諏訪大社では、建御名方神《タケミナカタノカミ》の子孫が諏訪氏を名乗り、その頂点にある者は、神の化身として大祝《おおほうり》と称されるようになる。また、洩矢《モリヤ》族の後裔は、守屋氏を名乗り、神官筆頭として諏訪氏に仕えることになる。この地方における土着信仰の伝統は根強く、建御名方神の一族も、これを尊重せざるを得なかったといえる。

諏訪地方では、往々にして湿原帯に生える葦《あし》・茅《ちがや》・真薦《まこも》などの根や茎に水中の鉄成分が沈殿して褐鉄鉱《かってつこう》の団塊《かたまり》がつくられる。これを乾燥させて内部を空洞化させたものは、鉄鐸《てつたく》と呼ばれ、振ると、カラカラと音がした。矛の先に鉄鐸をいくつかぶら下げたものを、「佐奈伎《さなぎ》の鈴」と呼ぶ。この鈴は、神との交流のうえで、欠かすことのできないものである。

話を戻そう。その日の夕刻は、首長父子から夕食の招待があり、武 尊《タケルノミコト》に大伴武日連《タケヒノムラジ》を加えた四名でじっくりと酒肴を味わった。鹿肉料理が主体で、これに鮎《わかさぎ》などの淡水魚や蕨《わらび》・薇《ぜんまい》などの山菜が添えられた。

武 尊《タケルノミコト》は、この席で、海西《わたのにし》の蕃国《となりのくに》における急変を語り、倭の国々が一致協力してこれに当たる必要のあることを熱心に説いた。また、首長父子の要望にこたえて、武日連《タケヒノムラジ》ともども、日高《ひたか》見《み》国や甕星《みかぼし》一族の実情についても説明を加えた。しかし、諏訪建《スワノタケル》は、必要以上の詮索《せんさく》は避け、極力自身を抑えようとつとめているように推量された。彼の自制に徹した姿勢は、武尊たちにとってかえって不気味に映った。

宿所に戻ると、夜伽《よとぎ》の若い女が武 尊《タケルノミコト》を待っていた。武尊は、「行軍の疲れがとれないので、今日はゆっくり休みたい」と伝え、女が躊躇《ちゅうちょ》するのもかまわず、強引に引き取らせた。

翌朝、武 尊《タケルノミコト》と武日連《タケヒノムラジ》は、居館の北西寄りに位置する諏訪大社に赴いた。新しい土地を訪ねたときに、来訪者がまずせねばならぬことは、その土地の神々に祈りを捧げて土地に入ることの許しを請い、その庇護《ひご》を求めることである。

諏訪大社には、神殿はなく、拝殿があるのみである。諏訪大社の祭神は、建御名方神《タケミナカタノカミ》とミシャグチ神ということになるが、その御神体は、拝殿の後背に位置する、広大な樹林で埋めつくされた山々であった。これら裏山の裾野は深く、すでに昨夜のうちに、七掬脛《ナナツカハギ》の伝令が、「別働隊は裏山の樹林の奥深くに潜《ひそ》んだ」という連絡をもたらしている。

諏訪大社の境内の四隅には、拝殿を囲むようにして長大な御柱《おんばしら》が建てられていた。これらの御柱は、枝を落としただけの樅《もみ》の樹幹であって、裏山から曳行《えいこう》されてきたものである。それぞれの柱は、ミシャグチ神の依り代《よりしろ》としての役割をになっている。また、境内の近くには、ミシャグチ神の化身たる大蛇《おろち》が潜んでいるという岩室《いわむろ》がある。このほか境内の周辺一帯には、同じくミシャグチ神の化身とされる岩や石棒を安置した瑞垣《みずがき》や祠《ほこら》がそこここに散在する。

大祝《おおほうり》は、拝殿の前で、御幣《おんべ》を手に祓《はら》い清めたあと、祝詞《のりと》を読み上げた。侍立する守屋氏は、大祝の言葉の要所要所で佐奈伎《さなぎ》の鈴を振ってカシャカシャと鳴らした。ついで、梓弓《あずさゆみ》を手にした諏《ス》訪建《ワノタケル》が前に出てきて、「ビューン、ビューン」と弓弦《ゆづる》を鳴らしたあと、これに矢をつがえて上空に向け射放った。

拝殿での儀式が終わると、大祝《おおほうり》は、拝殿に付設された弊殿（参詣者が幣《ぬさ》を捧げる社殿）にて拝礼をしたあと、常盤樹《ときわぎ》を献じた。武 尊《タケルノミコト》と武日連《タケヒノムラジ》も、大祝にならい、弊殿に常盤樹を捧げた。

弊殿には、祭壇が設けられており、稲籾《いねもみ》・酒・果実などの供物に加えて、佐奈伎《さなぎ》の鈴がいくつか置かれていた。とりわけ、彼らの眼を引いたのは、それよりも奥の祭壇で、そこには、串刺しにした兎《うさぎ》や、切り落とされた鹿や猪の頭部が生贄《いけにえ》として捧げられていた。武 尊《タケルノミコト》と武日連《タケヒノムラジ》は、昨夜食した鹿肉の料理のことを思い、お互いに目を見合わせた。二人は、胆沢の集落での、熊の恵みに感謝する祈りの儀式の荘厳さを思い出し、この場でのあまりにも異なるようすに戸惑っていたのである。

夕刻、武 尊《タケルノミコト》と武日連《タケヒノムラジ》は、守屋氏の接待を受けた。しかし、この席では、守屋氏は、終始、控えめで、あまり話題がはずまなかった。

その後、守屋氏が武 尊《タケルノミコト》の部屋に酒肴を用意してくれたので、武尊と武日連《タケヒノムラジ》は、弟彦《オトヒコ》と長日子《ナガヒコ》を交え、しばらく席をともにした。しかし、だれもが本当には飲んでいなかった。笑いを装いながらも、その目は真剣そのものであった。みな、なにを言わずとも、本能的に身の危険が迫っていることを察知していた。いざとなれば、全員一丸となって敵勢の囲みを破り、血路を開かねばならない。弟彦は、考えるところあって一足先に座を辞した。

他の者も引き上げ、武尊《タケルノミコト》ひとりとなったとき、昨夜の若い女《おみな》がまた訪れた。こたびは、むげに追い返すわけにもいかず、武尊は、寝衣に着替えて床に入り、かの女を呼び入れた。

彼女に添うと、極度の緊張で彼女の体がこわばり、かすかに震えているのがわかった。武《タケルノ》尊《ミコト》が予想したとおり、彼女は、懐剣を忍ばせていた。武尊は、懐剣を奪い取り、「声をたてぬなら、危害は加えぬ」と伝えた。彼女は、抵抗の気配はみせず、みるみるうちに目に涙を浮かべて感謝する素振りを見せた。

聞いてみると、彼女は、守屋氏一族の女で、今夜は昨夜とは異なり、隙をみて武尊《タケルノミコト》を刺すよう諏《ス》訪建《ワノタケル》から懐剣を渡されていたのだという。彼女は、そのような才覚も能力もなく、困り果てていたとのことで、武尊に意図を見抜かれてむしろ安堵《あんど》したと語る。

そこへ弟彦《オトヒコ》が、音をたてずに現われた。

「すでにこのあたり一帯は兵士でびっしり囲まれています。すぐ外へ出る用意をしてください。乗馬二頭を厩舎《きゆうしや》から連れ出して別の場所につないでおきました」

武尊《タケルノミコト》は、急いで着替え、例の草薙剣《くさなぎのつるぎ》を手に弟彦《オトヒコ》のあとを追った。なお、かの女は、当人が疑われないためにも、猿ぐつわをかませて縛り上げておいた。

弟彦《オトヒコ》は、一〇〇名ちかくの大和軍の兵士が収容されている三間つづきの大部屋へ向かい、彼らに指示する。

「これから武尊《タケルノミコト》と武日連《タケヒノムラジ》が、床下を這《は》って三棟先まで行き、外に出る。そのあたりに、乗馬を二頭つないである。諸士も、このあとにつづいてほしい。床下は暗いが、冷静に行動せよ。取り囲んでいる敵の兵士に気づかれてはならぬ。もし途中で相手に気づかれるようなことがあったら、そのときは、仕方がない。一斉に敵めがけて討って出てもらいたい」

兵士たちは、声こそ出さないものの、手を上げてこれに応じた。

ついで、弟彦《オトヒコ》は、いちばんはずれの部屋に行き、その一角の床板をはずすと、みずからそこへ潜《もぐ》り込み、武尊《タケルノミコト》と武日連《タケヒノムラジ》にあとにつづくよう促した。床下は真っ暗であり、弟彦の掲げる燈明の薄明りだけでは、床材や基石にぶつかるのを避けるのはむずかしかった。それでも、しばらくするうちに、目が暗闇に慣れ、なんとか外からの薄明かりを捉えることができるようになった。

心なしか、外部の敵兵の殺気だった気配も、ここまでひしひしと伝わってくる。

弟彦《オトヒコ》を先頭に、大和の兵士たちは、三度、床下から這《は》い出で、渡り廊下の下をかい潜《くぐ》らなければならなかった。みながみな、頭には蜘蛛《くも》の巣をこびりつけ、衣類も顔も泥まみれになっていた。

武尊《タケルノミコト》と武日連《タケヒノムラジ》は、弟彦《オトヒコ》につづき、床下から這い出た。その近くには、敵兵の姿はなく、たしかに近くの柵に馬が二頭つないである。弟彦は、あとから来た数名の弓箭隊員とともに、近くの山積みにされた飼葉《かいば》の下から、前もって隠しておいた弓矢を探し出してきた。

弟彦《オトヒコ》は、武尊《タケルノミコト》と武日連《タケヒノムラジ》に、つぎのように述べて騎乗を促す。

「別働隊には、ただちに合図の火矢を打ち上げます。別働隊は、いずれ駆けつけてくるでしょう。したが、火矢を上げれば、吾らの動きは敵勢の知るところとなります。武尊《タケルノミコト》と武日連《タケヒノムラジ》には、ただちに敵勢の囲みを破り、裏山の繁みに向けて疾駆《しっく》していただきたい」

そして、館の床下から相つぎ這い出てくる兵士には、「騎馬を追え。かたがた、遅れをとるまいぞ」と抑えた声で叱咤《しった》した。

ちょうどそのころ、先方で敵兵の喊声《かんせい》があがった。宿所を包囲していた敵兵が一斉に攻め込んだのであろうか、それとも、床下を匍匐《ほふく》中の味方の兵士が発見されたのであろうか。

もはや、猶予はならない。

居館の塀沿いには、間隔をおいて篝火《かがりび》が焚《た》かれており、その間には兵士がびっしりと張りついている。武尊《タケルノミコト》と武日連《タケヒノムラジ》は、裏山につうずる門扉を突破しようと、これを護《まも》る敵兵の集団に馬もろとも躍りかかっていった。これを目にすると、外周の兵士が二人めがけて続々と集まってくる。武尊は、草薙剣《くさなぎのつるぎ》で群がる兵を右に左にと斬り払う。しかし、多勢に無勢《ぶぜい》、なかなか血路を開けない。二人を追ってきた味方の兵士も、討ちとられる者が相つぐ。かくては、二人とも、騎馬を放棄し、乱戦の渦中に呑み込まれていく。

これよりも早く、宮戸《ミヤト》彦《ヒコ》の率いる一〇〇名前後の兵士は、火矢の合図を受けてから動くという約束を破り、すでに裏山を駆け下っていた。居館内の動向が心配で、七掬脛《ナナツカハギ》や皮剥《カワハギ》と相談のうえ、「敵軍に見つかったときはそのとき」とばかり、先駆けをはかったのである。結局、それが幸いすることになる。

彼らが裏山の裾野へと駆け下りたころには、火矢が二筋か三筋、煙をたなびかせながら上空高く弧を描いていた。さらに居館近くにいたると、邸内からは、兵士の怒号や罵声《ばせい》、それに剣戟《けんげき》から生じる金属音がない交ぜになって響いてきた。彼らは、人数こそ少なかったが、その勢いたるやすさまじく、門扉《もんぴ》を蹴破るや、猛然と敵勢に襲い掛かり、包囲網の一角を崩した。だが、それもそう長くはつづかなかった。敵勢が体制を立て直すに及んで、大和勢はふたたび劣勢に追い込まれる。

武尊《タケルノミコト》は、四方八方から来る敵に対して、絶えず向きを変えながら、縦横に草薙剣《くさなぎのつるぎ》を振るっていた。しかるに、このとき、袋包みを携えた兵士がにわかに武尊の前に現われ、その中身をぶちまけた。それは、大量の灰であった。そのあたりでは、多くの者が灰をかぶり、一時的に動きが止まった。武尊にしても、灰が眼にはいるのを防ぎようもなく、眼前はまったくの闇と化してしまった。

武尊《タケルノミコト》がここで最後を迎えるかと観念したとき、ひとりの兵士が猛烈な勢いで武尊の懐に飛び込んできた。彼こそは、だれあろう、かの家守《ヤカモリ》であった。彼は、袋を抱えた兵士を斬り捨てるや、大声で仲間の名を呼ばわった。

武尊《タケルノミコト》は、家守《ヤカモリ》にうしろにまわるよう指示した。これを受けて、家守は、武尊と背中合わせとなり、迫る敵に懸命に剣を合わせた。武尊のほうは、後方を家守にゆだねると、目を閉じて無心の状態に身を置く。そして、敵の迫る気配を察しては、鋭く剣尖《けんせん》を突き出し、横薙ぎに払い、はたまた斬り返す。敵勢は、盲目と化した武尊にひっきりなしに襲いかかっていくが、おいそれとは武尊の無想の剣を崩すことができない。

やがて、家守《ヤカモリ》の叫びに呼応して、角山《ツノヤマ》と内日子《ウチヒコ》が群がる敵勢を蹴散らし、斬り伏せながら駆けつけてきた。彼らは、武尊《タケルノミコト》を取り巻く敵勢に果敢に襲いかかった。そのうちに、武尊の眼に入った灰も、涙とともに流れ去り、眼前に少しずつ視界が開けてきた。武尊は、三人に謝意を伝えると、以前にも増して阿修羅《あしゅら》のごとき奮迅《ふんじん》の立ちまわりを開始したのである。

久米阿加志毘古《クメノアカシヒコ》と加夜種継《カヤノタネツグ》の救援部隊が現われるまでには、なおしばらくの時を要した。しかし、彼らが轟音《ごうおん》をとどろかせて駆けつけてきた段階で勝負はついた。このときまで耐えに耐えた大和勢の粘り勝ちといってよい。

ただし、大和勢の犠牲は、大きかった。武尊《タケルノミコト》をはじめ、生き残った者といえども、みながみな、多かれ少なかれ傷を負っていた。武尊は、傷つき倒れている大和勢のなかで、内日子《ウチヒコ》と家守《ヤカモリ》が、横たわる長日子《ナガヒコ》に取りすがって泣いているのに気がついた。あわてて駆け寄り、長日子を抱き寄せた。彼は、致命傷を負ったようである。彼は、虫の息のなかで、武尊につぶやいた。

「さらばです。王子が大王《おおきみ》になるのを見たかった。妻と子をよろしく……」

長日子《ナガヒコ》との今生の別れに接し、武尊《タケルノミコト》は、その耳元に向けて懸命に語りかけた。

「しっかりせよ。目を開けてくれ。汝《いまし》には、世話のかけっぱなしだ。妻子の心配はするな。間違いなく、汝の子を武将に取り立てるからな」

長日子《ナガヒコ》は、すでに事切《ことき》れていた。

いまや、武尊《タケルノミコト》は、「いずれ、あの世で会おうぞ」と誓いの言葉をかけるのが精一杯で、あとは言葉にならなかった。長日子《ナガヒコ》は、幼いときから兄貴分として頼りにしてきた、側近中の側近であった。弟橘媛《オトタチバナヒメ》についで、またも心を許した身内を失ったのである。

武尊《タケルノミコト》は、しばし茫然自失《ぼうぜんじしつ》の態であったが、そのうちに、肩に手が添えられるのを感じた。気を取り直して振り返ると、武日連《タケヒノムラジ》がうしろに立っていた。彼も、肩や腕に切り傷をこうむり、袖口からは、鮮血を滴《したた》らせていた。

武尊《タケルノミコト》のいる場所からは少し離れた、いくつかの棟に取り囲まれた中庭では、諏訪側の兵士七、八名がまわりを囲む大和勢と剣を交えていた。諏訪の兵士は、つぎつぎと討たれ、とうとう最後のひとりとなった。その男は、観念したのか、白刃を地面に突き立てて座り込むと、「吾は諏訪《スワノ》建《タケル》なり」と大音声《だいおんじょう》に呼ばわった。そこへ通報を受けて武尊と武日連《タケヒノムラジ》が姿を現わした。武尊は、しばらく彼を睨《にら》みつけていたが、やがてつぎのように申し渡した。

「諏訪《スワノタケルノキミ》　建公、縄目の辱《はずかし》めを受けるもよし、自刃するもよし。はたまた、吾に最後の勝負を挑むもよし」

諏訪建《スワノタケル》は、その言葉も終わらぬうち、剣をつかんで一気呵成《かせい》に武　尊《タケルノミコト》に斬りかかった。武尊は、これを草薙剣《くさなぎのつるぎ》にて鞘《さや》ごと払うや、抜く手もみせず、相手の胴を斬り払った。

大伴武日連《オオトモノタケヒノムラジ》が言う。

「いつもながら冴《さ》えた太刀筋ですな」

「なんの、諏訪《スワノタケルノキミ》　建公が死に処を求めて斬りかかってきただけのこと」

大伴武日連《オオトモノタケヒノムラジ》の指示を受け、久米阿加志毘古《クメノアカシヒコ》が諏訪建《スワノタケル》に止《とど》めを刺した。

ここで、大和勢は、剣をかざして鬨《とき》の声を上げた。

武　尊《タケルノミコト》のところへ、宮戸彦《ミヤトヒコ》が、片腕をだらりと垂らし、足を引きずりながら近寄ってきた。彼も、相当の手傷を負っているようである。

「痛々しいな。ゆっくり手当てをするがよい。それにしても、汝の加勢がなかったら、吾らみな、殲滅《せんめつ》の憂き目をみていたかもしれぬ。よくぞ機転を働かせてくれた。礼を言うぞ」

「……長日子《ナガヒコ》が討ち死にしたとか。残念なことです」

宮戸彦《ミヤトヒコ》も、瞼《まぶた》を真っ赤に泣き腫《は》らしていた。

気がつくと、館の中庭の白州《しらす》に、大祝《おおほうり》の諏訪氏、神官筆頭の守屋氏以下、諏訪国の主だった者が、手をつき頭《こうべ》を垂れ、列をなして座っていた。みな、死を覚悟した面持ちである。

大和勢・諏訪勢ともに、こうむった傷跡は深かった。武尊《タケルノミコト》は、さすがにもう殺生はこりごりという気持ちになっていた。戦闘も、これを最後にしたいものだと、つくづく思っていた。彼は、武日連《タケヒノムラジ》の意見を徴《ちょう》したうえで、諏訪陣営の者をすべて不問に付した。

六、ひそかに進む反対派の策謀

尾張への凱旋
——建稲種の葬儀と宮簀媛との婚儀

諏訪にてひと月ほど滞在したあと、大和軍は、東山道《やまのみち》信濃路を美濃《みの》方面へと進み、美濃との国境となる信濃坂（現在の神坂峠《みさかとうげ》にあたる）にいたった。なにはともあれ、峠の頂上において神々に幣《ぬさ》を手向《たむ》けた。

武　尊《タケルノミコト》は、昼どきでもあり、空腹を感じていた。そこで、この峠で小休止し、にわか作りの卓を設《しつら》えて食事をとることにした。四囲は、緑濃き山並みに囲まれており、樹々の合間にそれが遠望できる。時折、一陣の風が吹き渡り、樹々を覆う葉群を揺るがす。汗に濡れた身体には、それが心地よく感じられた。

すると、大きな白い牡鹿《おじか》がどこからともなく現われ、巨大な角を突き立て武　尊《タケルノミコト》めがけて突進してきた。まわりの人びとは、直前まで気づかず、身じろぎもならなかった。武尊は、とっさに体を右に開き、右手で水に漬《つ》けた野蒜《のびる》の束《たば》をつかむや、その根元の部分を、手もとから外向けに腕を振る要領で大鹿の眼のあたりに打ちつけた。大鹿は、そのまま惰性で駆け抜けたが、野蒜の汁が眼に染みたのであろう、やがて、先のほうで苦痛の声を上げながらよろよろと体を揺るがしたかと思うと、どうと横向きに倒れた。

兵士たちにとって、野蒜の汁を用いて獣《けもの》に致命的な打撃を与えるなどということは、想像すらできないことである。これも、武尊《タケルノミコト》が幼いとき、播磨《はりま》の祖父母のところで見知った知恵のひとつであった。

ところで、武尊《タケルノミコト》が大鹿を倒した直後のこと、霧がむくむくと湧き上がってきて、やがて峠の一帯をくまなく覆った。武尊以下の兵士たちは、視界がさえぎられ、しばらく動くことができなくなった。一刻（三〇分）ほどしてやっと霧が晴れたが、そのときには、例の大鹿の姿は消えていた。兵士たちのなかには、「あの獣は、この山の神だったのでは」と、うわさするものもいた。

大和軍は、なおも東山道《やまのみち》美濃路を先へと進む。すると、後方から、越国《こし》に赴いていた吉備武《キビノタケ》彦《ヒコ》の一行が合流してきた。彼は、武尊《タケルノミコト》に対し、戦死した長日子《ナガヒコ》への哀悼の意を表したあと、とりあえず、つぎのように報告した。

「越国も、高句麗《こうくり》や百済《くだら》・新羅《しらぎ》の動きを気にしており、倭の国々が団結してこれにあたるべきであると考えています。改めて大和・越の両国で同盟に関する話し合いをもちたいと要望しております」

武尊《タケルノミコト》は、武彦《タケヒコ》が立派に役目を果たしてくれたことを喜ばしく思った。

しかし、吉報ばかりがつづくとは限らない。美濃と尾張《おわり》の国境に位置する内津坂《うちつのさか》（現在の内津峠）を下っているとき、建稲種《タケイナダネ》の腹心、久米八腹《クメノヤハラ》が早馬でやってきて、「建稲種公《ノキミ》が駿河湾沖で海中に落ちて行方知れずとなった」と武尊《タケルノミコト》に報告したのである。

武尊《タケルノミコト》は、あの剛毅な男がいとも簡単に命を絶たれるはずはないという思いが強く、「現《うつつ》かな、現かな」と口にし、涙に暮れたと伝わる。（なお、このときの現《うつつ》が内津の語源になったという）。

久米八腹《クメノヤハラ》の説明によると、「建稲種《タケイナダネ》の乗る船に、たまたま、美しい羽をもち、きれいな声で鳴く一風変わった鳥が現われ、建稲種は、これをつかまえて武尊《タケルノミコト》に献上しようと考え、たも網《あみ》を持って追いまわすうちに、折からの突風にあおられて船べりから海中に落ちた」ということであった。久米八腹たちも、建稲種に協力してこの鳥をつかまえようとしたが、なかなかすばしこく、つかまえるのはかなりの難事であった。そのうち、はげしい突風に見舞われて船が大きく片側に傾き、動くこともままならず、建稲種が行方知れずになったことも、突風がおさまってから気がついたという。

尾張王の館に着くと、武尊《タケルノミコト》は、なによりも国王乎止与《オトヨ》、王妃眞敷刀婢《マシキトベ》、建稲種《タケイナダネ》の妻の玉姫《タマヒメ》、同じく妹の宮簀媛《ミヤズヒメ》といった方々に、建稲種の不慮の事故のことについてお悔やみを申し上げ、かつ、彼のたびたびの功績を称揚し、彼への追慕の気持ちをあらわにした。これに対して、国王夫妻からは、弟橘媛《オトタチバナヒメ》の壮絶な死に対して哀悼の意が述べられた。

哀れなことに、玉姫は、建稲種《タケイナダネ》を悼《いた》み、こらえ切れずにむせび泣いておられた。それでも、玉姫は、建稲種とのあいだにすでに二男四女を儲けており、それがせめてもの慰めであった。

宮簀媛《ミヤズヒメ》は宮簀媛で、後悔の念にさいなまれていた。弟橘媛《オトタチバナヒメ》に嫉妬《しっと》らしき気持ちを抱いたことが過ちのはじまりだったと悔やまれるのである。結局、弟橘媛は身罷《みまか》り、そればかりか、兄の建《タケ》稲種《イナダネ》までもが神々に召されてしまったようなのである。

そのいっぽうで、久米八腹《クメノヤハラ》は、海部志理都彦《アマベノシリツヒコ》ともども、建稲種《タケイナダネ》の遺体探索のため、軍船を率いて駿河湾《するがわん》をめざすこととなった。天白川《てんぱくがわ》河口から、知多《ちた》の浦《うら》を経て、知多半島南部の豊浜《とよはま》（古名、須佐《すさ》の入江《いりえ》）にさしかかったときである。小舟が待ち構えており、久米八腹の船団に停止を求めてきた。小舟からは、三河湾を管轄する津守が乗船してき、「三河湾の宮崎海岸に建稲種《タケイナダネ》公《ノキミ》と思われる亡骸《なきがら》が漂着しており、いちど、検分していただきたい」と要請してきた。

駿河湾沖から西向きに、しかも、渥美《あつみ》半島を廻《めぐ》ってその内側の三河湾に遺体がたどり着くということは、常識的には、海流の関係で考えられないことである。久米八腹《クメノヤハラ》は、まさかとは思ったが、津守の要請をむげに断ることもできず、進路を変更して船を三河湾に入港させることとした。

検分の結果、それが、まぎれもなく建稲種《タケイナダネ》の亡骸であることが判明した。建稲種は、意識不分明の状態にありながらも、みずからの故郷にできるだけ近づこうと懸命に努力を重ねたのかもしれない。否《いな》、神がそれを助けたのかもしれない。久米八腹《クメノヤハラ》は、悲痛の思いでこれを尾張王の館まで運んだ。

国もとでは、建稲種《タケイナダネ》の遺体を得て、さらなる悲しみが人びとを深く覆うにいたった。そして、武尊《タケルノミコト》をはじめ多くの要人が参列するなか、盛大な葬儀が執《と》り行なわれたのであった。

近隣の豪族や部族長たちも、大勢して弔問に訪れた。

美濃の西部地域からは、大碓王子《オオウスノミコ》の家宰《かさい》を務める猪麻呂《イマロ》が、王子の代理としてやって来た。武尊《タケルノミコト》と宮戸彦《ミヤトヒコ》は、猪麻呂との久方ぶりの再会を喜んだ。

ことに、宮戸彦《ミヤトヒコ》は、子供のころ、仲間の谷田《ヤタ》や尻手《シッテ》と大和川中流域の亀の瀬《かめせ》峡谷を訪ねたとき、川に落ちた尻手を助けようとして、ともに溺《おぼ》れかかったことがある。このときは、たまたま、大《オオ》碓王子《ウスノミコ》に従って来合わせていた猪麻呂《イマロ》に助け上げてもらっている。それゆえ、宮戸彦は、いまもって彼には頭が上がらない。

猪麻呂《イマロ》の話によると、大碓王子《オオウスノミコ》は、長らく神骨《カンボネ》氏のところへ寄寓《きぐう》していたが、このころは、一念発起して三河の猿投山《さなげやま》（豊田市所在）の麓《ふもと》に居を定め、土師器《はじき》の制作に精を出したり、猿投山周辺地域の開拓に心血をそそいでいるという。武尊《タケルノミコト》と宮戸彦《ミヤトヒコ》は、近々、王子の住まいを訪ねて行きたいと、猪麻呂との間で約束を交《か》わしたのであった。

八坂入媛《ヤサカノイリビメ》の父、八坂入彦命《ヤサカノイリビコノミコト》も、尾張氏の縁戚に当たるところから、老齢にもかかわらず、領国の美濃中央部よりこの葬儀の席に駆けつけてきていた。しかし、武尊《タケルノミコト》とは、会釈のみで、とくに言葉を交わすこともなかった。

そのいっぽうで、多伊賀里《オオノイカリ》なる人物が、国王平止与《オトヨ》を介して武尊《タケルノミコト》に御意《ぎょい》を得たいと接近してきた。当人は、尾張と美濃の国境にあたる、木曽川中流域を本拠とする部族長であった。

「東国遠征で数々の功績を挙げられた大和国の王子にお目にかかる機会を得るとは、まことにもって光栄のいたり。吾は、八坂入彦命《ヤサカノイリビコノミコト》とは縁戚になります。八坂入彦命とは、なにかにつけて連絡を取り合う仲です。以後、お見知りおきを願います」

「さようですか。吾は、八坂入媛《ヤサカノイリビメ》の御子たちとは、これまで、国事においてともに奔走してきました。いまや、海西《わたのにし》の諸国《くにぐに》のあいだでは、緊迫した情勢が生まれており、倭国も、その脅威にさらされようとしております。今後とも、倭国の意思統一と国力の充実に向け、ご支援いただきたいものです」

「さすがは、大王の信頼厚い王子。卓越した見識を備えておられる」

武尊《タケルノミコト》は、このわずかな言葉のやり取りをとおして、この人物になにか陰険なものを感じ取っていた。八坂入彦命《ヤサカノイリビコノミコト》にちかいというだけでも、この者に対して警戒を怠るべきではないであろう。

三月《みつき》ばかり喪に服したあと、改めて大和軍の凱旋《がいせん》を寿《ことほ》ぐ宴《うたげ》が開かれた。この席の冒頭、宮簀媛《ミヤズヒメ》は、武尊《タケルノミコト》に大御食《おおみけ》と大御酒《おおみき》を奉り、尾張国の大和王権に対する服属を改めて公《おおや》けにした。このとき、異なことに、宮簀媛の長く垂れた上着（襲《おすい》）の裾《すそ》に月の障《さわ》りものがついていた。そこで、二人は、つぎのように、それぞれの思いを歌にして詠み交わした。

「（ひさかたの）天《あめ》の香具山《かぐやま》の上を、鋭くやかましく鳴きながら渡ってゆく白鳥よ。その白鳥の頸《くび》のように、かよわく細いなよやかな腕を、枕にしたいと吾《あれ》は思うけれども、汝《いまし》とともに寝たいと吾は思うけれども、汝の着ておられる襲《おすい》の裾に、月が出てしまったことよ」

「（高光る）日の神の御子《みこ》よ、（やすみしし）吾《あ》が大君よ。（あらたまの）年がたって過ぎてゆけば、（あらたまの）月も来て過ぎてゆきます。いかにもいかにも、汝《いまし》のおいでを待ちきれなくて、吾の着ている襲《おすい》の裾に月が出てしまったのでしょう」

席の人びとは、武尊《タケルノミコト》の問いかけに宮簀媛《ミヤズヒメ》がどのようにこたえるか、固唾《かたず》を呑《の》んで聞き耳を立てていたが、宮簀媛のさりげない答えに感嘆することしきりであった。

武尊《タケルノミコト》と宮簀媛《ミヤズヒメ》とは、婚儀を済ますと、尾張氏の館の一角に新居を構えた。

とはいうものの、武尊《タケルノミコト》は、弟橘媛《オトタチバナヒメ》につづく長日子《ナガヒコ》の死の衝撃から、いまもって立ち直れないでいた。いかなる苦境にあっても、自分の横には、長日子がいた。彼は、いつも命がけで自分を守ろうとしてくれていた。いまにして思えば、そんな彼に支えられていたからこそ、どんなに危険な場にあっても、臆《おく》することなく乗り越える勇気が湧《わ》いてきたのである。いまの武尊《タケルノミコト》には、胸に大きな穴がぽっかりと開《あ》いたようで、難事に向かっていくだけの気力が体内に満ちてこないのである。

しかしながら、武尊《タケルノミコト》が覇気を失うにいたった謂《いわ》れは、近親者の死ということだけに尽きるものではなかろう。長期にわたる遠征とたび重なる戦闘の最《さ》中《なか》にあって、先頭に立つ者に押し寄せる人知を超えた苦難の数々が、彼の心身を蝕《むしば》んできており、長日《ナガヒ》子《コ》の死をきっかけとして、それが顕在化したといえるのではないだろうか。

襲をつけた女子埴輪　裾まで長く垂れた襲で衣服を覆っている。京都府塩谷古墳出土。

武尊《タケルノミコト》は、連日のように宮簀《ミヤズ》媛《ヒメ》との情事に明け暮れた。毎夜の酒の量も、だいぶふえてきた。朝方から酒に手を出すようにもなっていた。みずからのうつろな気持ちをこうしたことによって癒《いや》そうとしているのであろう。

宮簀《ミヤズ》媛《ヒメ》のほうは、武尊《タケルノミコト》の人並みすぐれた資質を自分だけのものとすることに無常の誇りを感じていた。また、武尊という偉大なる日嗣《ひつぎ》の王子を長く尾張にとどめることは、尾張国の地位向上に寄与することでもあった。ただ、大伴武日連《オオトモノタケヒノムラジ》や吉備武彦《キビノタケヒコ》は、武尊の自暴自棄とも思える振る舞いを耳にし、武尊の体調を心配していた。とはいえ、口に出してまで注意を促すことはできずにいた。

そんなある日、武尊《タケルノミコト》は、諸臣を集め、慰労の宴を開いた。大伴武日連《オオトモノタケヒノムラジ》・吉備武彦《キビノタケヒコ》・物部気津《モノノベノケツ》奴別《ヌワケ》・久米阿加志毘古《クメノアカシヒコ》・加夜種継《カヤノタネツグ》・久米八腹《クメノヤハラ》・海部志理都彦《アマベノシリツヒコ》らに加え、宮戸彦《ミヤトヒコ》・弟彦《オトヒコ》・七掬脛《ナナツカハギ》・石占横立《イシウラノヨコタチ》・皮剥《カワハギ》といった側近の面々である。宮戸彦は、諏訪の戦場で肩や足を痛めた結果、身動きがぎこちなくなっていたが、この宴会には、従者に支えられながらも、うれしそうに参加してきた。

話題は、おのずと、数々の戦場における攻防の場面に集中した。加えて、麁蝦夷《あらえびす》や甕星《みかほし》の一族、上毛野《かみつけぬ》の人びとの気質にも及んだ。武尊《タケルノミコト》は、それぞれの語るにまかせ、もっぱら聞き役にまわった。そして、宴も果てるころ、武尊は、真剣な面持ちで居ずまいを正し、列席の者に部隊を縮小する旨、申し渡した。

大伴武日連《オオトモノタケヒノムラジ》には、大伴勢に武尊《タケルノミコト》の手勢、合わせて二〇〇名余りを率い、先発隊として大和国に帰還するよう指示した。加えて、大王《おおきみ》には、「武尊は、征東大将軍としてなお東に睨《にら》みをきかせる必要があり、いましばらく尾張国にとどまる」旨、復命してくれるように頼んだ。

ついで、吉備軍の任を解き、吉備武彦《キビノタケヒコ》には、体調不十分な宮戸彦《ミヤトヒコ》に代わり残留部隊の指揮をゆだねることにした。吉備武彦は、武尊《タケルノミコト》の指示を受けて、加夜種継《カヤノタネツグ》に、吉備軍の過半を軍船にて吉備国に連れ帰るよう、手はずを整えさせた。

そのいっぽうで、武尊《タケルノミコト》は、物部気津奴別《モノノベノケツヌワケ》に対しては、「なお最後まで残って任務の遂行にあたってほしい」と残留を求めた。諸士は、「この段階にいたったら、もはや気津奴別公を残す必要はなかろうに」と武尊のこの措置をいぶかしがった。これを斟酌《しんしゃく》するに、武尊には、彼を先に京《みやこ》に戻すと、どのようなうわさがばらまかれるか、わかったものではない、とする一抹《いちまつ》の危惧があったのかもしれない。

さて、おさまらないのは、当の気津奴別《ケツヌワケ》である。彼は、「吾を生殺しにするつもりか」と荒れに荒れ、何日間も自室でやけ酒をあおりつづけた。尾張王の意向を受けて、久米八腹《クメノヤハラ》が、連日にわたり懸命に彼のなだめ役をつとめたのであった。

武尊に対する毀誉褒貶

大伴武日連《オオトモノタケヒノムラジ》の軍列が大和国に足を踏み入れると、そこには、出迎えの使者として、嫡男の大伴武以《タケモツ》のほか、物部膽咋宿禰《イグイノスクネ》、武内宿禰、武振熊命《タケフルクマノミコト》など、次代をになうと目される臣下が待ち受けていた。彼らの先導を受けて王宮に向け進むうちに、沿道には、その凱旋《がいせん》を寿《ことほ》ぐ大勢の民が集まってきた。そして、王宮の門前には、諸臣が列をなして迎えに出ていた。東征とは、まさに国の命運をかけた一大事業なのであった。

大王《おおきみ》からも、ことのほかのねぎらいの言葉をかけられた。

「汝《いまし》の働きは、国の鑑《かがみ》となるものじゃ。しばらくは、寿ぎの宴《うたげ》もつづこうというものだが、そのあとは、すべてを忘れてじっくりと身体を休めるがよい」

「過分のお言葉、心に染み入ります。したが、こたびの功績は、武尊《タケルノミコト》あってのもの。かの御方の的確な判断とその行動力には、想像を絶したものがあります。なお、かの御方には、征東大将軍として引きつづき東に睨《にら》みをきかせる必要があり、いましばし尾張にとどまりたいと申しております」

「武尊《タケルノミコト》は、このたびの遠征で、いちだんと器《うつわ》が大きくなったことであろう。武尊には、まだまだ大きな仕事が残っておる。ただ、妃や近親の者を失い、気落ちしているとも聞く。しばらくは、尾張にとどまって静養するのも、武尊の身と心のためにはよいことかもしれぬの」

「恐れ入りました」

大王は、すっかりお見通しであった。

連日、大伴武日連《オオトモノタケヒノムラジ》に対する歓迎の宴がつづいた。そして、それが一段落したころ、八坂入媛《ヤサカノイリビメ》が、物部十千根大連《トチネノオオムラジ》の控室を訪ねていた。

「大伴武日連《オオトモノタケヒノムラジ》は、歓迎攻めに遭《あ》ったばかりか、大王の覚えもめでたく……」

「うむ。武尊《タケルノミコト》が凱旋するとなると、それは、武日連《タケヒノムラジ》どころの比ではあるまいて」

「そうなれば、物部の力もそがれます」

「わしも年老いた。そろそろ膽咋宿禰《イグイノスクネ》にあとを譲ろうかと思っておる」

「なにをおっしゃいます。大連には、まだまだ大和国のために、そして物部宗家のために働いてもらわねばなりません」

「そうは言うがの」

「それはそうと、武尊《タケルノミコト》の勢いを少しは押さえなくては……」

「この状況では、下手に動くと、汝も吾も命とりになる」

「それはそうですが……」

「武尊《タケルノミコト》は、尾張で意気阻喪《いきそそう》していると聞くが、残留した気津奴別《ケツヌワケ》も鬱々《うつうつ》としておるようじゃ。あやつは、まったくといってよいほど、気の利《き》かぬ奴だからの。各地の物部への締め付けも、津《ツ》門男人《トノオヒト》に任せきりだそうだ……。奴に明確な使命を与えるのは危険きわまりない。なにを言い出すかわからんでの」

「それは困ったことです」

「それでも、戦闘の場では、結構、働いてくれているようだ。奴には、三〇名ほどの従者をともなわせたが、酒折宮《さかおりのみや》に着いたときは、その半数しか残らなんだ。それゆえ、酒折宮滞在中に二〇名ほど補充してやった。したが、奴は、不満を訴えるばかりで、感謝するということを知らない。いまも、兵士が不足していると訴えてきておる。もう戦闘の機会はないとは思うが、奴のもとには、土産《みやげ》を持たせて一〇名ほどの者を赴かせようと考えている。これで、少しはなにか感ずるところがあるだろう」

「気津奴別公《ケツヌワケノキミ》としては、いかほど心強いことか」

「ただし、行く者には特別の使命は与えぬ。気津奴別《ケツヌワケ》を慰めてやれとだけ言っておくつもりじゃ」

「吾も、武尊《タケルノミコト》を抑える策がないか、とくと思案してみたいと思います」

「先ほども言ったとおり、無理は禁物じゃからの」

「重々、心得ておりまするほどに」

八坂入媛《ヤサカノイリビメ》は、自室に戻ると、目の前に広げた尾張周辺の地図を覗《のぞ》き込みながら、側近の者に五百城入彦王子《イオキイリヒコノミコ》を呼ぶよう命じた。

「母上、お呼びですか」

「そうよな。吾は、なんとしてでも、汝の兄、稚足彦《ワカタラシヒコ》を大王の地位に就《つ》けたいのじゃ。稚足彦なら、武尊《タケルノミコト》を抑えて大王の地位に就くことができるやもしれぬ。ただし、汝は、王位を狙うのはあきらめたがよい。汝は、裏で謀《はかりごと》をするほうが似合っている」

「そこまで言われなくても、吾自身のことはわかっているつもりです」

「ならよいが……。武尊《タケルノミコト》は、尾張国に逗留《とうりゅう》をつづけている。いまは、すっかり気力が萎《な》えているそうな。武尊の力量を軽んじてよいというものではないがの。気津奴別公《ケツヌワケノキミ》も、鬱々としているそうな。それで、十千根大連《トチネノオオムラジ》は、気津奴別公のところへ、慰労の意を込めて従者を一〇名ほど送るそうな」

「あれだけの戦果を挙げた武尊《タケルノミコト》です。いかに衰弱しておろうとも、彼が帰還してくる暁には、兄者とて、大王を継ぐ道が閉ざされるのは必定です」

「ところで、津門男人《ツトノオヒト》からは、なにか言ってきておるか」

「彼は、武尊《タケルノミコト》がひとりになったところを襲いたいといって、許可を求めております」

「なに、許可だと。あの者は、なにを考えておる。そのようなことを公《おおやけ》に許せるわけがなかろうが……」

「お怒りになってはいけません。津門《ツト》氏の独り言と聞き流しておけばよいのです」

「それはそうと、謀《はかりごと》を用いざれば、武尊《タケルノミコト》をひとりにするのはむずかしいであろうに……。気《ケ》津《ツ》奴《ヌ》別公《ワケノキミ》を動かす方法はないものかの。十千根大連《トチネノオオムラジ》は、彼を使うのは危険がともなうと案じておられたが……」

「だからといって、もはや、祖父《おおじ》（八坂入彦命《ヤサカノイリビコノミコト》のこと）の力を借りるわけにもいかぬでしょう」

「そういえば、尾張と美濃の国境には、そう、図面で見ると、このあたりじゃが、父上の遠縁にあたる多伊賀里《オオノイカリ》という御仁《ごじん》が国を築いておられるはずだが……」

「尾張国の近郷に、そのような方が居られるのですか。それは、好都合。津門《ツト》氏にそれとなく教えてやりましょう」

「そうよの。多伊賀里公《オオノイカリノキミ》の支援が得られたら、津門男人《ツトノオヒト》も心強かろう」

そこへ、付人から、稚足彦王子《ワカタラシヒコノミコ》の来訪が伝えられた。

稚足彦王子《ワカタラシヒコノミコ》は、部屋にはいってくるなり、津門《ツト》という名を耳にしたうえ、母と弟の間に広げられた尾張近辺の地図を目にし、さっと顔色を変じた。

「もしかして、よからぬ相談ごとではありますまいか」

「なんということを言う。汝を支えようと、二人して思案しているというのに」

「母上。人事は、天が決めること。絶対に作為をしてはなりませんぞ。五百城入彦《イオキイリヒコ》、わかっておろうな」

「兄者、それは、邪推というものですぞ」

「ならば、よいがの」

「ところで、なに用かの」

「大王が、武尊《タケルノミコト》の残留部隊の慰労のために、尾張に向けて嗜好品を送るそうです。吾らも、これに協力すべきかと……」

八坂入媛《ヤサカノイリビメ》は、五百城入彦王子《イオキイリヒコノミコ》と顔を見合わせたあと、「これでは、やりきれない」という仕草で稚足彦王子《ワカタラシヒコノミコ》にもの申した。

「その必要はない。汝がそうしたいというのであれば、止めはしないが……」

五十茸山で賊徒の罠に

この年の夏は、猛暑の連続であった。残暑もきびしかったが、八月の声を聞き、ようやく朝晩冷えてくるようになった。武尊《タケルノミコト》は、残余の兵士たちの無聊《ぶりよう》を慰めるため、久米八腹《クメノヤハラ》の案内のもとに、何回か近郷の森で猪《いのしし》狩りや兎《うさぎ》狩りを催した。

その後、大王《おおきみ》から督励と称して、白酒《しろき》・黒酒《くろき》などの酒類に加え、さまざまな嗜好品が届けられた。そのなかには、蜂蜜・甘葛《あまづら》・鮒鮨《ふなずし》・雉腊《きじきたひ》（雉の干し肉）などの珍味も添えられていた。大和の兵士たちは、国もとの甘味や酒肴に飢えていたので、大喜びでこれらを味わった。

別途、物部気津奴別《モノノベノケツヌワケ》のところには、物部宗家から土産物を手に一〇名ほどの兵士が遣わされてきた。気津奴別は、物部宗家が尾張に残留する我が身を気遣ってくれたのであろうと、まさに欣喜雀躍《きんきじゃくやく》の態で彼らを迎えたのであった。

　ほかには、これといってさしたることもなく、平穏無事に月日がすぎていった。

ところが、そろそろ冬にかかろうかという時節、美濃と近江の国境に所在する五十葺山《いぶきやま》（伊吹山のこと）の麓《ふもと》に賊が出没し、民を苦しめているといううわさが頻々《ひんぴん》と流れてきた。武尊《タケルノミコト》は、近習の者からこのことを聞くや、このところ腕を振るう機会もないし、なまっている体を鍛えなおす良い機会だと考え、その五十葺山を訪ねてみることにした。そして、前日のうちに、内々に近侍の者にその旨、徹底しておいた。

　当日は、朝早くから七掬脛《ナナツカハギ》に数人分の弁当の用意を頼み、それが整うまでの間、宮戸彦《ミヤトヒコ》のところへ寄り、四方山話《よもやまばなし》に花を咲かせた。そして、草薙剣《くさなぎのつるぎ》は、賊が相手ゆえ、使うのは畏《おそ》れ多いと判断し、宿所に残したまま出かけたのである。

　武尊《タケルノミコト》には、いつもであれば、内日子《ウチヒコ》を含めて近侍の者四名が従うのであるが、今回は、そのうちの一名が見当たらず、残りの三名で武尊に随従することとなった。

　武尊《タケルノミコト》ら四名は、天白川《てんぱくがわ》河口から船出すると、伊勢湾を北西に辿《たど》り、さらに、味蜂間《あはちま》の海を大垣の近くまでさかのぼり、揖斐川《いびがわ》支流の牧田川に少々分け入った。下船すると、牧田川からさらに藤古川《ふじこがわ》（牧田川支流。伊吹山の南斜面が水源）へと川沿いを辿り、巳《み》の下刻（午前一〇時すぎ）には五十葺山の麓まで辿り着いた。この山は、石灰岩層によって覆われているため、樹木が育ちにくい。山麓は、あたり一面の草原で、所々にぽつんぽつんと樹木が佇立《ちょりつ》するのみである。時折、伊吹颪《おろし》として知られる北西からの季節風が山頂から吹きつけ、山麓の草木を一斉になびかせる。まさに、野分《のわき》の風という形容がぴったりである。

「やれやれ、やっと着いたか」と、ひと休みできそうな場所を物色し、あたりに目を配る。だが、目当ての賊らしき者は、いっこうに姿をみせる気配がない。武尊《タケルノミコト》は、「えい、ままよ」と七掬《ナナツカ》脛《ハギ》が用意してくれた握り飯を取り出し、近習《きんじゅう》の者三名とともに、草むらに腰を下ろして食べることにした。

食べ終わったあと、暫時《ざんじ》、その場にとどまってようすをみるも、たまに通行人が現われる程度で、さっぱり期待する情勢の展開はうかがえない。そこで、武尊《タケルノミコト》は、せっかくここまで来たのだから、この機会に足を伸ばして五十葺山に登ってみるのも慰みになろうと、みなに諮《はか》ってこれを行動に移した。

五十葺山は、標高一四〇〇メートル弱の山である。武尊《タケルノミコト》たちは、登るにつれ、何か所か、草むらがはぎ取られた小さな窪地を目にする。おそらくは、それらは、猪のぬた場（泥浴びの場所）であろう。それらの近くの杉《すぎ》や伊吹《いぶき》の幹には、泥がこびりついている。これは、猪がぬた打ちをしたあと、体を幹に擦《こす》りつけた跡に違いない。

五十葺山の中腹に近づくにつれ、露出した岩が目立ちはじめた。

そのいっぽうで、しだいに、霧が濃くなり、周囲への展望がきかなくなってくる。それどころか、にわかに黒雲が湧《わ》き起こり、あたり一面が薄暗闇の世界と化してしまう。やがては、稲妻が走り、雷鳴がとどろいたかと思うと、吹き荒れる風にあおられて雹《ひょう》が勢いよく舞いはじめた。この雹による体への衝撃は相当のもので、このまま打たれていたのでは、たまったものではない。みなして近くの杉の樹の下に走り込んだ。

しばらくして、雹は降り止み、あたりは明るさを取り戻したが、風のほうは、当分収まりそうにもない。すると、こんどは、いずこともなく、大型の白い猪が現われ、牙《きば》を剥《む》きたて、ものすごい勢いで武 尊《タケルノミコト》に体当たりしてきた。とっさに身をよじって猪の牙を避けることはできたが、さすがの武尊も、猪の当たる勢いに負け、群がる露岩の上に弾《はじ》き飛ばされてしまった。かの猪は、その勢いのまま、猛烈な速度で走り去っていった。

近侍の者たちは、驚愕して、倒れている武 尊《タケルノミコト》のもとに駆け寄った。武尊は、一瞬、右脇に激痛をおぼえたであるが、「なんのこれしき」と何気ないふうを装い、起きあがった。

天候が急変したり、獣《けもの》が襲ってきたりと、この山は、武 尊《タケルノミコト》たちに対してきびしい対応をする。もともと、賊を退治するためにきたのであって、登山が目的ではない。夕刻にかかると、下山がむずかしくなることもある。衆議一決、山歩きはこの程度にしてここらで引き返すことにした。武尊は、右脇の痛みを鎮《しず》めるため、近侍の者を先行させ、ゆるりゆるりと降りることにした。

そして、山麓に降り立ったときのことである。二〇名ほどの賊とおぼしき者が、待ち構えていたかのごとく、ばらばらと姿を現わし、武尊《タケルノミコト》たちを取り囲んだ。賊をおびき出すことができたのは、武尊の思惑どおりで、これはこれで上々の首尾といえた。

武尊《タケルノミコト》は、「よき敵ござんなれ」とばかりに、剣を抜いてこれに相対する。たちどころに三名ほど斬って捨てたが、右脇の痛みのせいか、いまひとつ動きに精彩がない。

敵も然《さ》る者、相手が並みの者ではないと知ると、戦法を変えてきた。彼らは、武尊《タケルノミコト》たちを取り巻くと、休む間もなく、そのまわりをゆっくりと右まわりにまわりはじめた。押せば退《ひ》き、退けば押すというふうで、なかなか攻撃対象を絞らせない。

武尊《タケルノミコト》たちが少々もてあまし気味になっているところへ、突如として「王子《みこ》、助勢いたす」と叫んで、十数名の兵士が割ってはいってきた。その鋭鋒すさまじく、賊徒は、みるみる圧倒され、四散する。しかし、この際の賊徒の動きは、それまでの動きにくらべると、あまりにも不甲斐《ふがい》なさすぎる。唯々諾々《いいだくだく》と引き下がっていったかの感がある。

武尊《タケルノミコト》の三名の近習は、助勢者のなかに仲間の近習を見つけ、「おい、どこに行っていたんだ」と声をかけながら、その男のところへ歩み寄っていった。近習たちの行動を見て、武尊も、剣に付いた血糊《ちのり》を布切れで拭き取りながら、礼を言おうと助勢をしてくれた者たちに近づいていった。

すると、にわかに斜めうしろから武尊《タケルノミコト》の首筋に向けて剣が弧を描いた。武尊は、加勢の者たちのなかに見慣れた近習を認めたことだし、彼らの「王子」という呼びかけも聞いており、彼らのことを仲間と思ってまったく警戒していなかった。本能的に体をひねったものの、その一撃を避《よ》けきれずして左肩に衝撃が走った。不意の攻撃にさらされたとはいえ、これを避け得なかったのは、やはり右脇の障害が尾を引いていたからなのであろうか。

武尊《タケルノミコト》は、苦痛によろめきながらも、右手一本で剣を操り、なおも斬りかかってくる悪党を数名斬って捨てた。そこへ、頭巾《ずきん》で顔を覆った、彼らの首領とおぼしき男がうしろから迫り、武尊の胴に斬りつけてきた。武尊は、振り向きざま、かろうじてこれに剣を合わせたが、相手の剣の勢いに負け、右の脇腹に相手の刃《やいば》が食い込んだ。しかも、相手の放つ二の手、三の手に、武尊はずるずると下がるしかなく、とうとうみずからの剣を手放して仰向《あおむ》けに倒れてしまった。

かの三名の近習のうち、二名はたちどころに斬殺された。内日子《ウチヒコ》のみが、悪党どもの白刃をかい潜《くぐ》り、かろうじてこれを逃れると、何本かの小刀を打ち込み、幾人《いくたり》かの敵を倒した。悪党のあいだに、「こいつは、打剣の技を使うぞ。気をつけろ」という声が飛び交った。

内日子《ウチヒコ》は、武尊《タケルノミコト》の急を目にし、頭巾の男めがけて小刀を五本つづけて打ちつけた。しかし、頭巾の男は、みずからの剣で右に左にとこれをはじいた。そのたびに鋭い金属音がこだました。内日子が小刀を使い果たすに及んで、残りの悪党どもが集まってきて彼を取り囲んだ。

この男どもは、武尊《タケルノミコト》の傍に、手の者を送っており、その者からの通報を得るや、先まわりして武尊を待ちうけ、機会をうかがっていたのである。いや、それどころか、先の賊徒も、彼ら刺客の意図を受けて行動した者たちのように思える。そこには、巧妙きわまる罠《わな》が仕掛けられていたということになる。

武尊《タケルノミコト》は、身体をなかば起こしながら、かの首領とおぼしき男に問う。

「汝《なれ》らは何者だ。吾に油断があったは、無念なり」

かの男は、上から覗《のぞ》き込みながら、武尊《タケルノミコト》にもの申す。

「覚えているか、あの海石榴市《つばいち》でのことを」

武尊《タケルノミコト》は、激痛に耐えつつ、弟橘媛《オトタチバナヒメ》と待ち合わせをした海石榴市での情景を思い起こした。

そういえば、あのとき襲ってきた輩《やから》のなかに、彼とおぼしき奴がいた。失神した弟橘媛を抱えて武尊を待ち伏せしていた奴が。

「なんと、あのときの」

「そうさな。吾は、不覚をとって、汝に頬骨《ほおぼね》をつぶされた」

彼は、そう言いながら、頭巾の下部を引き下ろした。彼の頬から顎《あご》にかけての大きな傷跡がむき出しになった。

「ここで汝は死ぬ運命なのだ。そうよのう、汝との縁は歌垣山《うたがきやま》以来のことになる。思えば、ずいぶんと長いつきあいだった。じつは、胆沢《いさわ》の地で汝を毒矢で狙ったのも、吾らなのだ……。ふっふっふっ、思い知ったか」

「うーむ。鬼畜にも劣る奴ばらめ」

彼こそは、物部膽咋宿禰《モノノベノイグイノスクネ》や八坂入媛《ヤサカノイリビメ》に仕えていた津門男人《ツトノオヒト》その人であった。

そもそも、上からの指示というものは、なにも明確なものである必要はない。むしろ明確な指示は、上に累《るい》を及ぼす危険性が高くなる。上の者が口に出さなくても、その心中を忖度《そんたく》して先へ先へと動くのが、彼のような陰の仕事にたずさわる者の宿命なのである。

しかし、彼の場合、それだけが武尊《タケルノミコト》暗殺の動機ではないといえよう。一介の市井《しせい》の子にすぎないと思っていた者が、あれよあれよという間に日嗣《ひつぎ》の王子《みこ》となり、しかも、その者から致命的とも思える傷を負わされたのである。それゆえ、妬《ねた》みと恨《うら》みがない交ぜになって積もりに積もっていったとみることもできるであろう。

津門男人《ツトノオヒト》が、いよいよ武尊《タケルノミコト》に止《とど》めを刺そうと、剣の柄《つか》を逆手《さかて》に持ち替えて両手で握り、高々と持ち上げた。と、そのとき、鋭い矢音がしたかと思うと、津門男人が、背中に矢を受け、うめき声を上げながら倒れた。さらに彼の仲間にも、つぎつぎと矢が命中する。またしても、武尊は、弟彦《オトヒコ》たちに急を救われたのである。内日子《ウチヒコ》も、数か所の切り傷をこうむりながらも、すんでのところで命拾いをしたのであった。

じつをいうと、このところ、弟彦《オトヒコ》は、弓矢の構造の改良に余念がない。この日も、いくつかの試作品をこしらえ、研究の成果を検分してもらおうと、武尊《タケルノミコト》を捜しまわっていた。宮簀媛《ミヤズヒメ》に伺いを立てると、草薙剣《くさなぎのつるぎ》が宿所に置いてあるから、そう遠くまで出かけるはずはないということであった。しかし、宮戸彦《ミヤトヒコ》のところへ行くと、武尊が五十葺山《いぶきやま》の賊のことを話していたという。念のため、七掬脛《ナナツカハギ》にも当たってみると、なんと早朝から握り飯を所望されたという。弟彦は、武尊の行く先に不安を覚え、七掬脛を誘うとともに、弓仲間の者数名をともない、武尊のあとを追ってきたのである。

ところで、これよりも早く、五十葺山を少々上った高みにあって、岩陰からひとりの男が武尊《タケルノミコト》の動きを注視していた。その後方には、ざっと見て七〇名ほどの兵士が詰めている。それから、奇異なことに、最初に武尊を襲った賊徒の連中が、つぎつぎと息を切らせながら、この男のもとへ駆けつけてくるではないか。

かの男こそは、八坂入媛《ヤサカノイリビメ》の遠縁にあたる多伊賀里《オオノイカリ》である。彼は、尾張王の乎止与《オトヨ》に完全に帰服しているわけではなかった。それどころか、乎止与に取って代わろうとする野望を胸に秘め、長いあいだ、機会をうかがってきたのである。

じつは、多伊賀里《オオノイカリ》は、津門男人《ツトノオヒト》からの協力要請を受けると、尾張王乎止与《オトヨ》を窮地に陥れることができるとふんで、これは面白いことになるぞと狂喜し、みずから進んで賊徒との渡りをつけてやったのである。そして、津門男人から「明朝、武尊《タケルノミコト》が五十葺山の麓に向かう」との通報を受けるや、成りゆきやいかんと、配下をともなってここまで出張ってきていたのである。

多伊賀里《オオノイカリ》は、賊徒の対応が遅れたがために、武尊《タケルノミコト》に山登りをする余裕を与えてしまい、計画倒れになるのではないかとやきもきしていたが、下山した武尊を賊が囲むにいたってようやく平静を取り戻した。

――ふむ、王子め、まんまと計略にはまりおったか。待てよ、これからが見ものじゃて。おお、津門《ツト》めが、あそこに控えておるわ。いよいよ、汝の出番じゃな。

ことは順調に運んでいるようで、津門男人《ツトノオヒト》が逆手に持ち替えた剣を高々と振り上げるに及んで、多伊賀里《オオノイカリ》は、「津門め、いよいよ本望を遂げるか」と、小気味よい笑みを浮かべる。しかるに、情景は一変した。突如として津門男人が倒れ、その場へ弓を手にした者たちが駆けつけてくる。

ここにいたって、多伊賀里《オオノイカリ》は、顔を引きつらせ、配下の者になにごとかささやくと、兵士たちのうしろに賊徒をともない、早々にその場を離脱した。そして、途次、多伊賀里の兵士たちがにわかに後続の賊徒を襲い、口封じのために彼らを皆殺しにしたのである。

武尊、荒野に散る

真っ先に飛び出し、武尊《タケルノミコト》に取りすがって泣きわめいたのは、七掬脛《ナナツカハギ》に随従せる家守《ヤカモリ》であった。

そのうしろから駆けつけてきた弟彦《オトヒコ》と七掬脛も、武尊が深傷《ふかで》を受けていることに動転した。七掬脛は、急ぎ、五十葺山《いぶきやま》の裾野から薬効のある野草を探り、みずからの手持ちの薬と混ぜ合わせて調合し、これを武尊の左肩と右脇腹の二か所の傷口に塗布して固定した。ついで、近くの樹《き》の枝を伐り落として二本の棒をつくり、ころがっている者の衣類を剥ぎ取ってその二本の棒に渡し、いまでいう担架《たんか》のごときものをこしらえた。

弟彦《オトヒコ》・七掬脛《ナナツカハギ》の一行は、武尊《タケルノミコト》を担架に乗せて火高火上《ほだかひかみ》の館に向け急ぐ。

武尊《タケルノミコト》は、担架で運ばれながら、混濁する意識のなかで、かの彦爺の言葉を思い起こしていた。

――彦爺の戒めを疎《おろそ》かにしてしまったようだな。やはり気がゆるんでいたのかな。大王《おおきみ》に命じられた使命は、すでに果たし終わっていたのだから、急いで大和に帰還していれば、どうということはなかったのかもしれない。だが、吾には、武将がいちばん似合っている。十千根大連《トチネノオオムラジ》や八坂入媛《ヤサカノイリビメ》たちと顔を会わす王宮など吾の居るところではない。否、それはきれいごとであって、本当は、弟橘媛《オトタチバナヒメ》や長日子《ナガヒコ》がみまかり、心の支えを失って修羅場に臨む気力が衰えていたのだろう。

顧みるに、武尊《タケルノミコト》において強さとやさしさとの均衡が崩れてしまい、武尊の気持ちのやさしさが彼を優柔不断《ゆうじゆうふだん》にし、敵対する者に隙《すき》をつくってしまったといえるのかもしれない。

やがて、武尊《タケルノミコト》は、我に返った。そして、荒い息のなかから、進路を変えてすこしでも京《みやこ》に近づくよう命じた。武尊は、このたびの手傷は、致命的なものであると観念しており、京にすこしでも近いところで生を終えたいと望んだ。それゆえ、余力のある間に京との距離をすこしでも縮めておきたかったのである。そのとき、武尊は、かの建稲種《タケイナダネ》に思いを馳《は》せていた。彼は、瀕死《ひんし》の状態にあるにもかかわらず、国もとへ帰ろうと必死の努力をしたのではなかったか、と。

弟彦《オトヒコ》たちは、武尊《タケルノミコト》の指示にしたがい、味蜂間《あはちま》の海沿いの道を鈴鹿《すずか》の方角に向かうことにした。とはいえ、あたりは、すでに陽も落ち、月が煌々《こうこう》と冴《さ》え渡っていた。とりあえず手近なところで一夜を明かすことにした。

翌日、武尊《タケルノミコト》は、「だいぶ休養できたので、すこし歩きたい」と所望《しょもう》した。しかし、それも長くはつづかなかった。當藝野《たぎの》（岐阜県養老郡養老町のあたり）にさしかかると、「いま吾が足得《え》歩《あゆ》まず、たぎたぎしくなりぬ（道がでこぼこして歩きにくい）」と言いだした。

昼下がり、知らせを受けた吉備武彦《キビノタケヒコ》が、物部気津奴別《モノノベノケツヌワケ》とともに、兵を引き連れて合流してきた。武彦は、武尊《タケルノミコト》の変わり果てた姿に涙を抑えることができなかった。武彦は、自分が武尊の動向をしっかり押さえていなかったことを悔やむ。しかし、いまとなっては、いかんともしがたい。

武尊《タケルノミコト》一行は、ようやく尾津《おつ》の浜にたどり着いた。たしか、武尊は、往路において黒松の背後に控える巌《いわお》の隙間に小型の剣《つるぎ》を納めたはずである。彼は、みずからの足でその場所を探りあて、その間隙の奥深くに手を入れて例の剣を引き出した。まわりの者は、「なにごとやあらん」と不審に思って見ていたが、剣が出てくるに及んで、みな一様《いちよう》に低頭した。

武尊《タケルノミコト》は、弟橘媛《オトタチバナヒメ》とともに帰還し、一緒にこの剣を確認するはずだった。それは、二人だけの約束であった。しかし、弟橘媛はすでに亡く、いままた自分も、瀕死の重傷を負っており、先行き命の保証はない。彼は、天界の弟橘媛に思いを馳せ、天界にてふたたび逢うことを誓うのであった。

武尊《タケルノミコト》は、いくたびか担架を降り、歩行につとめた。三重村（四日市市のあたり）では、「吾が足は三重の勾《まがり》（勾餅《まがりもち》のこと）のごとくして、甚《いと》疲れたり」と口にした。その先では、坂道（杖《つえ》衝坂《つきざか》のことで、四日市市采女町に所在）を杖にすがり、あえぎながら登らねばならなかった。そして、ついに能褒野《のぼの》（鈴鹿市加佐登《かさど》町のあたり）にいたり、この地で、武尊は、死期を悟るのである。

ここから東に向かい、伊賀上野に出てすこしばかり南下し、初瀬街道を名張《なばり》・榛原《はいばら》・海石榴市《つばいち》と辿《たど》れば、そこはすでにして大和の京《みやこ》である。望郷の念やみがたく、武尊《タケルノミコト》は、つぎの歌を残す。

「倭《やまと》は国のまほろば　たたなづく青垣　山隠《やまごも》れる倭しうるはし」

武尊《タケルノミコト》の脳裏には、京《みやこ》の両道入姫王女《フタジノイリビメノヒメミコ》、吉備の穴戸武媛《アナトタケヒメ》、いまは亡き弟橘媛《オトタチバナヒメ》に長日子《ナガヒコ》、それに兄の大碓王子《オオウスノミコ》、そうした人びとの面影が走馬灯のように現われては消える。

ここで、武尊《タケルノミコト》は、気力を振り絞って自分を取巻く人びとに、「神のご加護と汝たちの奮闘のお蔭で、望外の結果を得ることができた」と別れの言葉を伝えた。

とりわけ、弟彦《オトヒコ》と七掬脛《ナナツカハギ》には、これまでの数々の功績に十分報いることのできなかったことを詫びた。これに対して、二人とも、「王子は、決断力に溢《あふ》れている。強いだけではなく、思いやりも深い。そのような征東大将軍に仕え、とても充実した日々を送ることができた」と、武《タケルノ》尊《ミコト》に思いのたけをぶつけた。

ついで、武《タケルノミコト》尊は、吉備武彦《キビノタケヒコ》に、幼きときから自分を絶えず支えつづけてくれたことに深謝し、あわせて、穴戸武媛《アナトタケヒメ》とその子の将来を託した。加えて、両道入姫王女《フタジノイリビメノヒメミコ》と倭媛尊《ヤマトヒメノミコト》に感謝の気持ちを伝えてほしいこと、同行してきた三〇名の蝦夷《えみし》を倭媛尊のところへ送ってほしいこと、こうしたことを頼んだ。

吉備武彦《キビノタケヒコ》には、さらに大王《おおきみ》に奏上すべき文言を口述した。

『日本書紀』は、それを、つぎのように記《しる》している。

「私は勅命を受けて、遠く東夷を討ちました。神恩をこうむり皇威に頼って、叛《そむ》く者は罪に従い、荒ぶる神も自《おのず》から従いました。それで甲《よろい》を巻き戈《ほこ》を納めて、心安らぎ帰りました。何《いず》れの日か天朝に復命しようと思っていましたのに、天命たちまちに至り、余命幾《いく》ばくもありません。さびしく荒野に臥《ふ》し、誰《だれ》に語ることもありません。自分の身の亡ぶことは惜しみませんが、残念なのは、御前にお仕えできなくなったことです」

ついで、武《タケルノミコト》尊は、武彦《タケヒコ》に耳を近づけるよう指示し、ひそかに語った。

能褒野王塚古墳　亀山市田村町に所在する４世紀末の前方後円墳。能褒野を武尊の終焉の地とする「記紀」の記述に基づき、宮内庁は本古墳を武尊の墓と認定した。

「吾は、八坂入媛《ヤサカノイリビメ》の刺客にやられた」

「な、なんと……」

武彦《タケヒコ》は、絶句した。てっきり賊徒の仕業《しわざ》と思い込んでいたが、武尊《タケルノミコト》の闇討ちの背後には、大和王権の行方を左右しかねないほどの陰謀が渦巻いていたのである。武彦は、全神経を集中して武尊のつぎの言葉を待ち受けた。

「しかし、このことは、大和に戻っても、おくびにも出すな。吾の息子たちに危害が及ぶ。つぎの大王は、稚足彦王子《ワカタラシヒコノミコ》であろう。十千根大《トチネノオオ》連《ムラジ》に代えて武内宿禰《タケノウチノスクネ》を盛りたてるがよい」

武尊《タケルノミコト》は、苦しい息のなかから、これだけのことを伝えた。

そして、最後に、つぎのようにつぶやき、やがて、静かに息を引き取った。

「嬢子《をとめ》の床の辺《へ》に　我が置きし剣《つるぎ》の大刀《たち》その大《た》

刀《ち》はや」

草薙剣《くさなぎのつるぎ》は、武尊《タケルノミコト》にとって、みずからの守り神ともいうべきものであった。それを宮簀媛《ミヤズヒメ》のもとに置いてきてしまったことを、心の底から悔いていたのである。とはいえ、武尊の手には、弟橘媛《オトタチバナヒメ》ののこしたあの頸珠《くびたま》がしっかり握られていた。享年三〇歳であった。

まわりの者は、一様に別れを惜しんで嘆きの声を上げた。

そのとき、人びとの頭上高くを数羽の白鳥《しらとり》がはばたいていた。やがて円を描いてぐるぐるまわると、それぞれ思い思いの方向に飛んでいった。

同じころ、伊勢神宮では、神殿にて倭媛尊《ヤマトヒメノミコト》と五百野王女《イオノノヒメミコ》が神に祈りを捧げていたが、たまたま、二人ともが、揺らめく薄霧のなかに、なにやら語りかけようとしている武尊《タケルノミコト》のほのかな面影が浮かぶのを感じ取った。胸騒ぎがして戸外に出てみると、天空を悠々と一羽の白鳥がはばたいており、やがて大和の方角に向けて飛翔し、去っていった。お互いにひとりの偉大なる英雄が隠れたのをここにさとったのである。

大王の落胆ぶりも、はなはだしきものがあった。

『日本書紀』は、このときの大王の思いを、つぎのように記《しる》している。

「わが子、小碓皇子《オウスノミコ》、かつて熊襲《くまそ》の叛《そむ》いたとき、まだ総角《あげまき》（角髪《みずら》に同じ）もせぬのに、長く戦いに出て、いつも私を助けてくれた。東夷が騒いで、他に適当な人がなかったので、やむなく賊の地に入らせた。一日も忘れることはなかった。朝夕に帰る日を待ちつづけた。なんの禍《わざわい》かなんの罪か、思いもかけずわが子を失ってしまうことになった。今後だれと鴻業《あまつひつぎ》（帝王のなすべき大事業）を治めようか」

国の形をつくらんとする武尊《タケルノミコト》の壮図は道半ばにして潰《つい》えたとはいえ、武尊を惜しむ声は強く、その偉業は、代々の王権によって高く評価され、伝えられていくことになるのである。

暴かれた陰謀の内幕

ここで、葛城宮戸彦《カツラギノミヤトヒコ》の動静をすこしばかり追ってみたい。

武尊《タケルノミコト》の急を知った宮戸彦《ミヤトヒコ》は、従者の谷田《ヤタ》・尻手《シッテ》らを連れ、館を飛び出した。彼らは、大型の平底船に乗り、一頭の乗馬をともなった。そして、大垣の手前で船から降り立つと、宮戸彦は、みずからの体の自由がきかず、馬上で谷田にうしろから手綱を取ってもらった。彼は、五十葺山《いぶきやま》の麓まで直行し、武尊が襲われた場所で馬を降りた。そして、刀傷・矢傷を受けてころがっている襲撃者の面をひとつひとつ確認していった。

まず目についたのは、頬《ほお》のあたりに大きな傷跡がある男で、顔を覆っていたと思われる頭巾《ずきん》が首に巻きついていた。その男は、彼が懸念していたとおり、あの胆沢《いさわ》の集落で物部気津奴別《モノノベノケツヌワケ》と密談していた奴に姿形がよく似ている。さらにそのまわりを調べてみると、ころがっている者のうちに、気津奴別の従者とおぼしき者、七、八名を確認することができた。

宮戸彦《ミヤトヒコ》は、歯を食いしばり、眼をつり上げ、咆哮《ほうこう》した。

「おのれ、気津奴別《ケツヌワケ》め。許さずにはおくものか」

随従した者たちも、その怒りの形相に、みな、身震いするほどであった。

夕暮れの迫らんとするなか、宮戸彦《ミヤトヒコ》は、急ぎ武尊《タケルノミコト》の一行を追った。しかし、追いついたときは、すでに武尊の薨去《こうきょ》したあとのことであった。彼は、嘆き悲しむ余裕とてなく、ただちに吉備武彦《キビノタケヒコ》のもとに行き、事情を話した。驚愕する武彦に、さらにつぎのように談じこんだ。

「物部気津奴別《モノノベノケツヌワケ》の処分は、吾にまかせてほしい。そのためには、古酒が必要となる。越国《こし》から持ち帰った酒がまだ残っていれば、その一壷《いっこ》を譲ってほしい。明朝、この集落の隅に酒席を設けておく。宮戸彦《ミヤトヒコ》が『越の古酒の利き酒をやろう』と言ってそこで待っていると、彼に伝えてほしい」

宮戸彦《ミヤトヒコ》は、七掬脛《ナナツカハギ》にも仔細を告げて協力を求め、翌朝早々、集落のはずれの、まわりをかこっただけのにわかづくりの酒席に坐して、気津奴別《ケツヌワケ》を待った。

吉備武彦《キビノタケヒコ》は、一切合切《いっさいがっさい》を胸のうちにしまい込み、宮戸彦《ミヤトヒコ》の坐す酒席に酒壺を届けると、その足で気津奴別《ケツヌワケ》のところへ行き、耳打ちした。

「宮戸彦《ミヤトヒコ》が、武尊《タケルノミコト》をしのびながら越の古酒を酌み交わしたいと、あちらの席で待っておりまするぞ」

「なになに、越の古酒とな。あの小僧、利《き》いた風なことをしおるわい」

物部気津奴別《モノノベノケツヌワケ》は、まんざらでもなさそうな素振りで宮戸彦《ミヤトヒコ》の待つ席のほうに向かって行った。

宮戸彦《ミヤトヒコ》は、さも待ちかねたかのごとく、うれしそうに気津奴別《ケツヌワケ》を迎えた。そして、酒壺を抱えながら、申し向けた。

「これだけの名酒の味がわかるのは、気津奴別公《ケツヌワケノキミ》をおいては、ほかにおりませんからの」

「汝の言うとおりじゃ。吾が先ず味見しなければの。おお、早いところ一杯注《つ》いでくれ」

一杯が二杯、二杯が三杯、なかなかの味とみえて、彼は酒杯をつぎつぎと重ねていく。いまや、彼は、酔眼朦朧《すいがんもうろう》の態である。とはいえ、酒のまわりの早さから推して、酒に若干のしびれ薬が混じっていたのではなかろうか。

そこへ、七掬脛《ナナツカハギ》とその配下の者が五、六名、音もなく気津奴別《ケツヌワケ》の背後に忍び寄る。彼らは、有無を言わせず、気津奴別をかつぎあげて運び出す。

一刻（三〇分）ののち、彼らは、近くの山中に場所を移していた。気津奴別《ケツヌワケ》は、樹の幹に縛りつけられ、宮戸彦《ミヤトヒコ》のきびしい詮議を受けていた。

気津奴別《ケツヌワケ》は、たじたじの態で弁明につとめる。

「吾の従者が武尊《タケルノミコト》の襲撃に加わっていたということが公けになれば、吾とて大和の王宮には戻れない。戻れば、断罪されるだろう。たとえ生き永らえたとしても、生き恥をさらすだけのことだ。いまさら、言い逃れをするつもりはない。この事実を知って、吾がどれほど苦しみ悶《もだ》えたことか、汝らにはわかるまい」

「ならば、汝があの頭巾《ずきん》をかぶった男に命じて武尊《タケルノミコト》を襲わせたのか。ここのところをはっきりさせねば、埒《らち》が明かぬわ」

「あの者は、津門男人《ツトノオヒト》という。物部宗家に仕えていた男だ。この遠征に加わるころは、八坂入媛《ヤサカノイリビメ》の指示を受けて動いていたように思う。吾は、奴がこのような愚かなことをしでかすとは思いもよらなかった」

「なにを言うか。汝とその男が密談しているのを、胆沢で目撃しているのだぞ」

「なんだと。ま、ま、待ってくれ。奴は、あそこでこう言ってきたのだ。『これから常陸・武蔵・毛野《けぬ》と逐次《ちくじ》訪ねることになるが、これらの国々には、物部系の者も多い。彼らに、物部宗家への忠誠を忘れるなと、釘《くぎ》を刺してほしい』と。大和軍に歯向かった駿河《するが》国の例もある。物部宗家は、物部一統の間の絆が弱くなってきたのを憂《うれ》いており、この関係を締め直す必要があると言っているそうな」

「されば、なにゆえに多くの従者を津門《ツト》に預けたのだ」

「奴が、五十葺山《いぶきやま》の麓に出没する賊を成敗したいというので貸したのだ。三日前のことだった」

「いい加減なことを言うな。それでは、なにゆえ、汝の従者は、王子の暗殺とわかっていながら津門《ツト》の命令に従ったのだ。あの状況であれば、彼らは、王子を守る側に立って当然ではないか」

「……」

「さあ、どうなのだ。返答せよ」

宮戸彦《ミヤトヒコ》は、剣を気津奴別《ケツヌワケ》の顔に突きつけた。

気津奴別《ケツヌワケ》は、しばらく目を閉じたまま、無言を保っていたが、とうとう観念したのか、懐にしまってある紙片の存在を示唆した。

宮戸彦《ミヤトヒコ》は、気津奴別《ケツヌワケ》の懐をまさぐり、紙片を探し当てた。その紙片には、気津奴別あてに「津《ツ》門男人《トノオヒト》から要請があれば、従者を差し出し、かの者の指揮下に服させよ」と書かれており、末尾に物部十千根大連《トチネノオオムラジ》の署名と大連の官印が添えてあった。

これを読むや、宮戸彦《ミヤトヒコ》の顔から血の気が失《う》せた。この文《ふみ》のとおりだとすると、明らかに大和王権内部からする大掛かりな陰謀ということなる。宮戸彦は、気津奴別《ケツヌワケ》の顔をのぞきこみながら、問う。

「物部十千根大連《トチネノオオムラジ》が、武尊《タケルノミコト》の抹殺を図ったということなのか」

「はじめは、吾もそのように思った。だが、違う」

「どう違うというのだ。これだけの証拠がある以上、もはや否定のしようがないではないか」

「それが違うのだ。……吾は、津門《ツト》からこの紙を渡されて、てっきり十千根大連《トチネノオオムラジ》の命令書だと信じ込んでしまった。紙は、きわめて貴重なもので、そうたやすくは手にはいらない。おまけに物部十千根大連の署名に添えて大連の官印が押されている。……ところが、こんどの事件が起きてから、この文を見直してみたところ、おかしなことに気がついた」

「おかしなことだと」

「さよう。大連《おおむらじ》の朱印が色あせして薄黄色に変色していた。本物の官印であれば、印影がこんな短期間に色あせするはずがない。それに、そもそも、この官印は、あまりにも稚拙《ちせつ》にできている。それゆえ、これは、偽造の官印を使ったのに違いないとな」

「なんと」

大連《おおむらじ》の押印の跡をよく見ると、なるほど印影が薄い。しかも、曲がったり、途切れたりしたところがあり、たしかに官印としてのできばえがよくない。

「うーむ。京《みやこ》のだれかが十千根大連《トチネノオオムラジ》の名を騙《かた》ったということか。否、津門《ツト》が騙ったとも考えられるな。……仮に汝の言うことが正しいとしても、汝の軽率さがこうした事態を招いたことには間違いあるまい。いかなる理由があろうとも、汝を許すわけにはいかない」

たしかに、宮戸彦《ミヤトヒコ》の察するとおり、八坂入媛《ヤサカノイリビメ》やその次子の五百城入彦王子《イオキイリヒコノミコ》であれば、紙を融通することも容易であったろう。しかも、彼らは、物部十千根大連《トチネノオオムラジ》が気津奴別《ケツヌワケ》に従者を送り込んだ事実を承知している。おまけに、五百城入彦王子は、津門男人《ツトノオヒト》とひそかに連絡を取りあっているのである。

宮戸彦《ミヤトヒコ》は、剣を抜いて気津奴別《ケツヌワケ》を樹に縛りつけていた縄を切った。気津奴別は、自分が斬られるのかと恐れおののいていたが、縄がほどけて自由な身となったので、すこしばかり拍子抜けがした。

「だが、これで自由の身にしたわけではないぞ。吾と剣をもって立ち会え。体が利《き》かぬとはいえ、堂々の勝負をしてやる」

気津奴別《ケツヌワケ》は、右手で宮戸彦《ミヤトヒコ》を指さしながら、わめく。

「吾が汝に勝てるわけもなかろう。もはや王宮には戻れぬ身じゃ。斬るなり、突くなり、好きなようにせよ」

その瞬間、宮戸彦《ミヤトヒコ》は、やや右にまわり込むや、剣を一閃《いっせん》させて気津奴別《ケツヌワケ》の利き腕を斬り落とした。気津奴別は、あまりの衝撃に気を失って倒れた。

宮戸彦《ミヤトヒコ》は、うしろで成り行きを見守っていた七掬脛《ナナツカハギ》に告げた。

「吾は、三河の大碓王子《オオウスノミコ》を訪ねて落ちていく。すまぬが、この男の始末を頼む」

「心得た。別れとは寂しいものよの。さらばじゃ。達者でな」

「かくいう汝こそ。さらばじゃ」

宮戸彦《ミヤトヒコ》は、不自由な身を従者に支えられながら、山道をくだっていった。その後姿は、ひどく侘《わ》びしげであった。

七掬脛《ナナツカハギ》は、宮戸彦《ミヤトヒコ》と別れの言葉を交わすと、急いで気津奴別《ケツヌワケ》の切断された腕を止血し、薬を塗って手当てを施した。そして、苦痛に顔をゆがめる気津奴別に語りかけた。

「手当てさえしっかりすれば、死ぬことはない。せっかくの命、大事にされよ」

「むむ、かたじけない……」

ところで、宮戸彦《ミヤトヒコ》は、道すがら思案の末、もっとも信頼のおける従者の谷田《ヤタ》に、先ほどの紙片を八坂入媛《ヤサカノイリビメ》の長子、稚足彦王子《ワカタラシヒコノミコ》に内密に届けるよう託すことにした。物部十千根大連《トチネノオオムラジ》や八坂入媛に渡したのでは、握りつぶされるのは目に見えている。しかも、吉備武彦《キビノタケヒコ》からは、「御子たちに害が及ぶゆえ、あからさまにするな」という武尊《タケルノミコト》の今際《いまわ》の言葉も聞かされていた。こうしたことどもを勘案し、稚足彦王子であれば、賢明に処理するであろうと判断したのである。

たしかに、それは、最善の策であった。稚足彦王子《ワカタラシヒコノミコ》はというと、受け取った紙片をだれに見せるともなく、焼却に付した。とはいえ、彼は、この後、武尊《タケルノミコト》の一統への負い目を深く背負わせられることとなる。彼は、息子の和訶奴気王《ワカヌケノミコ》、さらには、弟の五百城入彦王子《イオキイリヒコノミコ》の系統を差し置いてまでして、武尊の第二子、足仲彦《タラシナカツヒコ》を日嗣の王子として指名するのである。

それから、七掬脛《ナナツカハギ》はというと、彼も、家守《ヤカモリ》の処遇を吉備武彦《キビノタケヒコ》に託すと、一族郎党を率いて西を指して落ちて行ったのである。その集団のなかには、皮剥《カワハギ》の姿も見受けられた。

大和王権のその後

武尊《タケルノミコト》ののこした草薙剣《くさなぎのつるぎ》は、宮簀媛《ミヤズヒメ》により、尾張国年魚市郡《あゆちのこおり》に社地（のちの熱田神宮）を求めて祀られた。

武尊《タケルノミコト》が日高見《ひたかみ》国からともなった蝦夷《えみし》は、当初、伊勢神宮に付託された。しかし、彼らは、昼夜なく騒ぎ、出入りにも礼儀がなく、さすがの倭媛尊《ヤマトヒメノミコト》も、これをもてあまし、大王《おおきみ》に要請して引き取ってもらった。結局、彼らは、畿外へ分散配置されることになった。

間もなくして、武尊《タケルノミコト》の母、稲日大郎姫《イナビノオオイラツメ》が薨去《こうきょ》し、これにともない、八坂入媛《ヤサカノイリビメ》が正妃にたてられた。八坂入媛は、武尊と宮簀媛《ミヤズヒメ》の婚姻により、疎遠になりかけた尾張国との縁を取り戻そうと、尾張国に働きかける。そのあげく、いまは亡き建稲種《タケイナダネ》と玉姫とのあいだの女《むすめ》、志理都紀斗売《シリツキトメ》を、五百城入彦《イオキイリヒコ》王子《ノミコ》の妃として迎えることになる。

そのいっぽうで、大王は、武尊《タケルノミコト》を偲ぶあまり、東国を巡幸された。伊勢から東海道《うみつみち》を進み、走水《はしりみず》の海を渡ると、引きつづき上総《かみつふさ》から船で内房沿いを南下し、安房水門《みなと》（館山湾奥の平久里《へぐり》川河口をさす）まで行かれたのである。

さて、時代は移り行く。景行《ケイコウ》帝のあとを継いで、稚足彦王子《ワカタラシヒコノミコ》が成務《セイム》帝となると、武内宿禰《タケノウチノスクネ》が大臣《おとど》に任ぜられ、大和国きっての重鎮となった。その後、成務帝は、足仲彦《タラシナカツヒコ》に帝位を譲る。これが、仲哀《チユウアイ》帝である。

仲哀《チユウアイ》帝は、「自分はまだ二〇歳にならぬとき、父の王はすでに亡くなった。魂は、白鳥《しらとり》となって天にのぼった。慕い想う日は一日も休むことがない。それで白鳥《しらとり》を陵のまわりの池に飼い、その鳥を見ながら父を偲ぶ心を慰めたいと思う」と言い、白鳥を諸国に求めた。

即位二年目にして、仲哀《チユウアイ》帝は、気長足姫《オキナガタラシヒメ》を正妃とした。気長足姫の父は、琵琶湖の東岸に勢力を張る気長宿禰王《オキナガノスクネノオオキミ》である。

ところで、日本海側の但馬《たじま》・丹後《たんご》・若狭《わかさ》といった地域には、北九州から多くの人びとが居を移してきており、やがて、彼らは、近江経由で淀川流域の河内へとはいっていく。それゆえ、河内には、北九州の人びとを中核に近江以北の人びとを巻き込んだあらたな勢力が育ちつつあったのである。気長足姫《オキナガタラシヒメ》は、女性とはいえ、こうした新興勢力を代表する一方の雄であった。

仲哀《チユウアイ》帝は筑紫に赴き、熊襲征伐を企図したものの、目的を果たさずして橿日宮《かしひのみや》（のちの香椎《かしいの》宮《みや》）にて急死した。仲哀帝亡きあと、気長足姫《オキナガタラシヒメ》は、和子《わこ》・誉田別王子《ホムダワケノミコ》（のちの応神帝）をともない、武内宿禰《タケノウチノスクネ》と武振熊命《タケフルクマノミコト》の先導のもとに海路にて京《みやこ》に向かい、河内に応神王朝（河内王朝とも）

を興す。この王権は、朝鮮半島にたびたび兵を送り、高句麗《こうくり》・百済《くだら》・新羅《しらぎ》などといった国々との間で権謀術数をめぐらし、権益の確保に意をそそいだ。

また、応神王朝では、奈良盆地の南西部に拠る葛城《カツラギ》氏や、同盟国の雄たる吉備《キビ》氏などが際立った実力を蓄えるようになる。武尊《タケルノミコト》の事業を援《たす》けた、あの葛城宮戸《ミヤト》彦《ヒコ》や吉備武彦《タケヒコ》の後裔《こうえい》たちが、である。しかし、こうした氏族の台頭は、朝鮮半島の利権とも絡み合い、倭国の主導権をめぐる争いを誘発することにもなっていくのである。

あとがき

私が本稿の筆をとったのは、日本の人びとの間に蔓延《まんえん》している、ひとつの風潮を少しなりともくつがえしてみたいと思ったからです。それというのは、ひと言でいえば、総じて日本人が、母国、日本の成り立ちを語ることに自信を失っているということです。

私たちの世代は、敗戦の混乱期を経るなかで、貧困にさらされ、欧米の豊かな文化に圧倒されて育ちました。それゆえ、私は、若いころから、日本の歴史と文化の実相を探り、その復権に意を注いできました。その過程で、日本の成り立ちに格別の関心を抱くようになりました。

日本には、誇るべき歴史の積み上げが多々あるにもかかわらず、古代の歴史が正当に評価されていないきらいがあります。近年、『古事記』や『日本書紀』の記述を跡づけるような考古学的発見も相ついでいます。これらの書物に書きしるされたことから、わが国の草創期の風景に想いをいたしてもらいたいというのが、私の願いです。

ひるがえって、お隣りの韓国に目を向けてみると、わが国とはあまりにも事情が異なることに驚かされます。このところ、韓国では、朝鮮半島の古代の英雄をとりあげた数々のドラマが高視聴率を得ていると聞きます。こうしたドラマは、日本にも流入し、日本の若者の心を捉えています。しかしながら、我々は、これらのドラマの筋立ての面白さのみに目を奪われてはなりません。韓国の人びとが、自分の国の成り立ちに強い誇りと愛着を抱いているという事実にこそ、敬意をはらうべきです。

『記紀』の描く日本武尊《ヤマトタケルノミコト》には、大和王権が支配を固める過程で登場した複数の武将たちの姿が投影されている、とみる大方の見解は正しいと思います。それがゆえに、私は、武尊を悲劇の主人公としてとらえる『古事記』よりも、武尊を大和国に誕生した偉大なる英雄として取り上げる『日本書紀』の基調に従うことにしました。そして、その活動をとおして、わが国創立初期における統一国家建設に向けての苦難と曙光を語ることに意義を見いだしたのです。

武尊の活躍した時代は、四世紀の半ばにかけてです。大和国《やまと》の王は、倭《わ》国の盟主に収まっていたものの、その勢力圏は、東に向けては、関東近辺までというにとどまっていました。しかも、倭国の辺境にあたる関東北部から東北にかけては、さまざまな先住民が居住していました。

他方、中国大陸では、晋《しん》王朝の衰退に乗じて高句麗《こうくり》が強勢となり、朝鮮半島を南下し、新興の百済《くだら》や新羅《しらぎ》に戦いを挑むという情勢にありました。倭国にとっても、朝鮮半島の南端に築き上げてきた権益がおびやかされる懸念が出てきました。こうした事態を乗り切るためには、大和王権を核とする連合政権の基礎を固め、統一した国家意思のもとに行動することが要請されます。武尊は、その枠組みをつくるべく東奔西走したのです。

私がこの物語の構想を練りはじめてから、すでに七、八年になります。わが国の、漠とした黎明期の景色に溶け込むには、かなりの勇気と根気がいります。なかでも、苦労したのは、その時代の地勢や風俗の把握、移動手段の実情の確認、それに戦闘場面の描写です。

馬が導入されたのは、考古学的には、もう少し時代が下るとされています。しかし、当時、朝鮮半島から多くの人びとが渡来しており、倭人も半島との間を頻繁に往来しておりました。こうした状況から考えて、中型の骨格をもつ馬がすでにわが国に入っていたというように考えることにしました。また、船についても、太平洋岸を陸奥《みちのく》まで船団を組んで渡航するわけですから、帆を張り、櫓《ろ》を使っていたという前提に立って話を進めることにしました。

北方民族由来の儀礼や習俗については、私が北海道に在住した当時の見聞が土台になっています。また、この小説では、戦闘の場面が数多く出てきますが、個人技にせよ、兵術にせよ、これもまた私自身のこれまでの経験が役立ったと思っております。それらの背景にあるのは、大学の空手部でつちかった空手技への飽くなき探求心であり、また、騒然とした社会情勢のなか、警視庁に身を置いて直面した数多くの試練です。

あとがき

本稿では、『記紀』の文章を、引用、改変するなどさまざまな形で活用しています。これらは、基本的に宇治谷孟『日本書紀』および次田真幸『古事記』（いずれも、講談社学術文庫）に拠っています。このほか、谷川健一『日本の神々』（岩波新書）、上田正昭『日本武尊』（吉川弘文館）、吉井巖『ヤマトタケル』（学生社）など、多くの文献を参照させていただきました。ここに、古代史や考古学の分野における諸先達に、心からなる敬意と感謝を表したいと思います。

最後に、敬文舎の柳町敬直さんが、私の作品に理解を示され、その出版にご尽力いただいたことに、深く感謝いたします。そして、柳町さんとの間の仲介の労をとっていただいた、警視庁時代の畏友、向井泉市さんに、改めてお礼を申し上げたいと思います。

二〇一七年七月一九日

伊達興治

倭国創世紀　ヤマトタケルの物語

2017年 9月 28日　第 1 版 第 1 刷発行

著　者　伊達 興治
発行者　柳町 敬直
発行所　株式会社 敬文舎
〒160-0023　東京都新宿区西新宿 3-3-23
ファミール西新宿 405 号
電話　03-6302-0699（編集・販売）
URL　http://k-bun.co.jp
印刷・製本　中央精版印刷株式会社

Printed in Japan ISBN978-4-906822-75-1